平成「春闘」史
~未来の職場のため、歴史に学ぶ~

荻野 登 著

はしがき

　「平成」が30年の時を重ねて終わる。バブルの絶頂期に始まった「平成」は，年の経過とともに経済低迷の色を濃くし，いまなお，デフレからの脱却に至っていない。
　こうしたなか，わが国労働運動の金看板ともいえる「春闘」も，この30年の間に大きな変化の波に洗われた。バブル経済の崩壊後，多くの金融機関が経営危機に直面した。その後，世紀の変わり目にはグローバル化の風圧が強まり，「春闘」はこの後，超円高，ITバブル崩壊，リーマンショック，東日本大震災など，さまざまな社会経済の激変によって揺さぶられ続けた。

　1955年に始まった「春闘」は，通常，西暦が冠されることが多いので，元号が本書のタイトルに含まれていることに，違和感をもたれる読者もいることだろう。しかし，平成の始まりである1989年は，東西冷戦構造の崩壊という世界史的出来事があっただけでなく，わが国労働運動史上，労働界が再編され日本労働組合総連合会（連合）の発足した年でもあった。世界史的にも大きなターニングポイントとなった「平成」のスタートは，その直後に「バブル崩壊」という未曽有の経済危機が待ち受けていた。本書は，主にこの「平成」の始まりの時代から終わりに至る30年間，さまざまな変化や危機に直面した労使がどのように対応してきたかを「春闘」を軸にたどる。そのため，あえて「平成」を表題のなかに入れた。

　毎年繰り返される「春闘」の要求から解決に至るプロセスは民間だけでなく，官公労についても，ほぼ同じである。産業別組織は，夏の定期大会などでその年の「春闘」を総括し，翌年の闘争方針案の討議を秋から始める。同時に，連合のほか相場形成に影響の強い金属労協は，各産別の方針策定に向けた考え方の基礎となる要求基準を年内に固める。これを受けて，各産別はそれぞれの要求を決め，それをもとに傘下の企業別組合等が経営側に提出する要求書に落とし込む。
　そして，大手企業の労組は2月上旬から要求を提出し，ほぼ1カ月の集中的な労使交渉・協議を経て，3月中旬には産別などが決めた回答指定日に企業から回答を引き出す。この結果などを受けて，中小などの交渉が加速し，このプロセスで形成される賃上げ相場が，人事院勧告や最低賃金の決定に影響を及ぼす。
　大多数の労働組合が春という特定の時期に集中的に要求を提出し，一斉に回答を求める「春闘」のような賃金決定システムを構築しているのは，わが国以外，存在しない。

　本書でこうした歴史をたどることができたのは，発行元の産労総合研究所の存在がある。筆者が2003年に終刊となった『週刊労働ニュース』（1959年創刊，発行・日本労働協会～日本労働研究機構）の記者・編集長のころから，同研究所発行の『賃金・労働条件総覧』（2003年まで『賃金交渉資料』）で，2002年版以降，各年の春闘における労使交渉の課題・争点を執筆し，大手の回答が出そろった4月には『賃金事情』の誌上でその結果とポイントをまとめた「春闘レポート」を執筆する機会をいただいてきた。
　この21世紀に入ってからの各年の春闘をまとめた原稿を加筆・修正したものが，本書のベースとなっている。このほか，1990年代については，筆者が日本労働研究機構のころにまとめた1990年代の春闘の

動向をベースにしている。

　また，2000年代前半の一部については，『労政時報』（労務行政研究所）に寄稿した原稿，また，夏の大会を経た労働運動の動向については，愛知県経営者協会の会報に毎年寄稿してきた原稿も一部活用させていただいた。

　こうした原稿を「平成春闘史」という形で刊行していただいた産労総合研究所には心より感謝申し上げたい。一部の転載を許諾いただいた労務行政研究所と愛知県経営者協会にもお礼申し上げたい。また，ここで記載されているデータの背後には，独立行政法人労働政策研究・研修機構調査部による日常的な情報収集の積み重ねがある。この場を借りて調査員各位にもお礼申し上げる。

　「春闘」は二度の「終焉」に直面し，メディアからは「賞味期限切れ」と揶揄されながらも，生き延びてきた。安倍政権発足以降は，賃金の引上げがデフレ脱却の切り札との期待から，久しぶりに世間の注目を集めることとなった。そして，この間拡大した中小企業と大手との規模間格差，正規・非正規間の雇用形態間格差の是正に向けた取組みの比重を高めてきた。一方，労働組合にとって，全体の水準をリードする産業・企業の枠組みをどう形成するかといったあらたな課題に直面している。

　本書の刊行によって期待されることは，あらたな「春闘」の方向性を考えるとき，この30年の歴史を振り返ることで，何らかのヒントを提供できるのではないかということである。1980年代までは労働戦線統一の動向に加え，春闘の交渉時には労働組合がストライキに突入するかどうかという社会的な関心も高く，労働運動の歴史やそのあり方を論ずる書籍が多く刊行されてきた。しかし，1990年代に入り，ストが減り，賃上げも低迷するなか，世間の関心が遠のき，労使関係の動向をまとめた資料・書籍が極めて少なくなった。本書のもうひとつの期待は，その隙間の幾ばくかを埋めることであり，それを果たすことができるならば，望外の幸せである。

2018年12月
荻野　登

　なお，本書の内容は著者の個人的見解であり，所属する組織とは関係ないことを申し添える。

平成「春闘」史
~未来の職場のため、歴史に学ぶ~

荻野 登 著

第1章 春闘の始まり～1990年代春闘 ……………… 11

第2章 21世紀春闘の推移（2000～2018年）……………… 21

2000年春闘　逆風下に光明、電機大手で65歳までの雇用延長……… 23
2001年春闘　強まるグローバル化の風圧………………………… 29
2002年春闘　右肩上がり春闘の終焉……………………………… 39
2003年春闘　2回目の終焉を迎えた「春闘」……………………… 47
2004年春闘　中小の相場形成と賃金制度の見直し……………… 55
2005年春闘　積極賃上げで「格差是正」求める労働側…………… 63
2006年春闘　「ベア」から「賃金改善」へ…………………………… 71
2007年春闘　経営側の先行き懸念を打破できず………………… 81
2008年春闘　賃上げムードも終盤の逆風で冷え込む……………… 93
2009年春闘　交渉揺さぶる金融危機……………………………… 105
2010年春闘　政治・経済とも大きく様変わり……………………… 115
2011年春闘　東日本大震災で集中回答日が消滅………………… 125
2012年春闘　震災の影響で五里霧中の展開……………………… 135
2013年春闘　アベノミクスの始動…………………………………… 145
2014年春闘　政労使合意を踏まえた展開に……………………… 155
2015年春闘　2000年以降で最も高い賃上げに………………… 167
2016年春闘　「人手不足」「格差是正」で春闘メカニズムに変化…… 179
2017年春闘　賃上げ相場形成に構造変化………………………… 189
2018年春闘　顕在化した波及の構造変化………………………… 201

contents

第3章 春闘の性格を大きく変えたアベノミクス……211

資料編

〔政労使合意文書等〕

<資料1> 2000年から動き出したワークシェアリング議論 ………… 226
<資料2> 雇用問題に関する政労使合意 …………………………… 231
<資料3> ワークライフバランス「憲章」と「行動指針」の策定 …… 233
<資料4> 雇用安定・創出の実現に向けた政労使合意 ……………… 235
<資料5> 経済の好循環実現に向けた政労使の取組みについて ……… 238
<資料6> 経済の好循環の継続に向けた政労使の取組みについて ……240

〔参考論考〕

1990年代以降、正社員の賃金体系・賃金制度はどう変わったか
　　　　　　　　　　　　　　　　　　　（荻野　登）……… 242

平成年表（春闘関連）………………………………………… 6
おもな団体の概要 …………………………………………… 22
ミニ用語解説 ………………………………………………… 38
グラフにみる雇用・失業、賃金、労働時間の変化 …… 62・92
「経営労働政策特別委員会報告」タイトル一覧 ………… 210
凡例 …………………………………………………………… 247

平成年表（春闘関連）

年号暦	西暦	社会・経済の主な出来事	人事・労務，労使関係等の主な出来事	主な労働関係法律の改正・施行	経団連「経労委報告」タイトル	総理大臣	①成長率 ②賃上げ ③初任給 ④総人口
平元	1989	・天皇崩御。昭和から平成へ ・消費税導入。税率は3％(1997年4月から5％) ・日経平均株価最高記録38,915円 ・中国天安門事件 ・冷戦終結宣言（マルタ会談） ・ベルリンの壁崩壊	・日本労働組合総連合会（連合）発足（総評が解散し，旧連合に合流。官民統一の連合に） ・連合結成を受けて，旧総評，旧同盟系でそれぞれ結成されていた産業別組織の統合が進む（食品，紙・パルプ，機械・金属など） ・東京都，セクシュアルハラスメントに関する相談業務開始		2002年まで，日経連「労働問題研究委員会報告」として公表 真の豊かさの実現のために	海部俊樹 (1988年10月より)	①4.3% ②5.17% ③160,900円 ④12,313万人
平2	1990	・大学入試センター試験スタート ・東西ドイツ統一 ・イラクがクウェートに侵攻	・平均賃上げ方式から個別賃金方式への取組み志向強まる ・凸版印刷，スーパーフレックス社員制度導入（現在はフリータイム制）	・高年齢者雇用安定法改正（定年後再雇用の努力義務化）	政治，経済，社会の健全な発展を考える		①6.0% ②5.94% ③169,900円 ④12,354万人
平3	1991	・東京都庁が新宿に移転 ・雲仙普賢岳で大火砕流発生 ・湾岸戦争 ・ソ連崩壊	・国民年金，20歳以上が強制加入へ（これまでは学生は任意加入）		新時代へのわが国の対応と経営者の選択	↓ 宮澤喜一(11月)	①2.2% ②5.65% ③179,400円 ④12,398万人
平4	1992	・バブル景気（谷1986.11～山1991.2）崩壊へ ・PKO協力法成立 ・公立学校で月1回の学校週5日制スタート ・東海道新幹線「のぞみ」，山形新幹線運行開始	・国家公務員の完全週休2日制実施	・育児休業法施行	新時代の経済・社会と労使関係を求めて		①1.1% ②4.95% ③186,900円 ④12,431万人
平5	1993	・偏差値等に依存した進路指導を禁止 ・冷害による米不足で，米を緊急輸入 ・欧州連合（マーストリヒト）条約発効 ・皇太子ご成婚	・週40時間労働原則化，変形労働制導入 ・東京管理職ユニオン結成 ・富士通，成果主義人事制度に移行 ・就職氷河期（2005年頃まで）	・短時間労働者の雇用管理の改善等に関する法律（パートタイム労働法） ・労働基準法改正（週40時間労働原則化，変形労働時間制度導入）	新しい国際化時代における日本の労使の選択	↓ 細川護熙(8月)	①1.0% ②3.89% ③190,300円 ④12,466万人
平6	1994	・関西国際空港開港 ・ソニー，PlayStation発売	・60歳定年，義務化	・改正厚生年金保険法成立（定額部分の支給開始年齢引き上げ）	深刻化する長期不況と雇用維持に向けての労使の対応	羽田 孜(4月) 村山富市(6月)	①2.3% ②3.13% ③192,400円 ④12,492万人
平7	1995	・兵庫県南部地震（阪神・淡路大震災）発生 ・世界貿易機関（WTO）発足 ・地下鉄サリン事件発生 ・1ドル=79.75円 ・Windows95発売	・日経連「新時代の『日本的経営』」報告書（雇用ポートフォリオ）発表 ・阪神・淡路大震災により，関西私鉄各社が集団交渉から離脱 ・ベネッセコーポレーション，カフェテリアプランを導入	・育児休業法が，育児・介護休業法に改題	日本経済の再活性化と経営者，労使の課題		①3.4% ②2.83% ③194,200円 ④12,520万人
平8	1996	・O157による集団食中毒発生			構造改革によるダイナミックな日本経済の実現に向けて	橋本龍太郎(1月)	①2.8% ②2.86% ③193,200円 ④12,544万人
平9	1997	・金融機関の破綻相次ぐ（北海道拓殖銀行，山一證券，徳陽シティ銀行など） ・消費税5％に引上げ ・アジア通貨危機 ・香港が中国に返還	・武田薬品工業，成果主義人事制度導入 ・ソニー，執行役員制度導入	・労働者派遣法改正（適用職種26種に拡大）	雇用安定と国民生活の改善をめざす構造改革 「第三の道」の模索		①0.0% ②2.90% ③193,900円 ④12,604万人
平10	1998	・日本版金融ビッグバンスタート ・自殺者，初めて30,000人超す（2011年まで続く） ・長野冬季オリンピック開催	・鉄鋼労連，賃金改善要求交渉を2年分まとめて行う「隔年方式」に移行 ・松下電器産業，前払い退職金制度（全額給与払い型社員制度）	・労働基準法改正（女性の時間外・休日労働，深夜業の規制の廃止）	危機からの脱出―第3の道を求めて	↓ 小渕恵三(7月)	①△0.9% ②2.66% ③195,500円 ④12,639万人

（注）「主な出来事」は，各年に発生した事象をアトランダムに列記したもので，必ずしも発生順にまとめたものではない。「労働関係法律の改正・施行」は特記以外は施行を示す。「①成長率」は，国民所得統計による概算（年度・実質）。「②賃上げ」は主要民間企業（厚生労働省）。「③初任給」は大学卒初任給で，1974年までは新規学卒者の求人初任給，1975年以降は賃金構造基本統計調査による。「④総人口」は労働力調査による。

年号暦	西暦	社会・経済の主な出来事	人事・労務，労使関係等の主な出来事	主な労働関係法律の改正・施行	経団連「経労委報告」タイトル	総理大臣	①成長率 ②賃上げ ③初任給 ④総人口
平11	1999	・男女共同参画社会基本法成立 ・地域振興券交付開始 ・ＥＣ統一通貨ユーロ誕生 ・ＮＴＴドコモ，i-モードサービス開始	・3月の完全失業率，初めて5％を上回る ・日産自動車COO（最高執行責任者）にカルロス・ゴーン就任。必達目標（コミットメント）経営を導入（2008年まで執行） ・セクハラ防止が配慮義務化 ・ホワイトカラーの全職種の人材派遣が可能に ・学生職業センター（学生版ハローワーク）開設 ・イギリス政府機関がNEET（ニート。Not Education, Employment or Training）について報告。以降，日本でも注目される	・労働者派遣法（ポジティブ・リスト方式→ネガティブ・リスト方式へ） ・職業安定法改正 ・改正労働基準法施行（労働契約期間の延長，労働条件明示の強化，変形労働時間制の要件変更，企画業務型裁量労働制創設等） ・改正男女雇用機会均等法	ダイナミックで徳のある国をめざして		①0.7％ ②2.21％ ③196,600円 ④12,664万人
平12	2000	・介護保険制度スタート ・九州・沖縄サミット ・2,000円札発行	・65歳までの雇用確保措置努力義務化 ・電機各社，業績連動型賞与に移行 ・みちのく銀行の高齢者の賃金減額の可否を争う裁判，最高裁が大幅減額を不当と判断 ・電通過労死裁判で，会社側に約1億7千万円の賠償支払い命令 ・ファミリーフレンドリーの概念，企業への浸透始まる ・国民年金，学生納付特例制度施行	・改正高年齢者雇用安定法（65歳までの雇用確保措置努力義務化） ・企画業務型裁量労働制導入（98年の労基法改正による） ・介護保険法施行 ・改正厚生年金保険法（報酬比例部分の支給開始年齢引上げ）成立	「人間の顔をもった市場経済」をめざして	森 喜朗（4月）	①2.5％ ②2.06％ ③196,900円 ④12,688万人
平13	2001	・省庁再編，1府12省庁へ ・アメリカ同時多発テロ事件 ・iPod発表 ・東京ディズニーシー開園 ・ユニバーサルスタジオジャパン大阪開園	・厚生労働省発足 ・職務内容等の明示，募集・採用時の年齢制限撤廃等が努力義務化 ・富士通，成果主義人事制度の見直しへ ・確定拠出年金制度スタート ・個別労働紛争解決制度スタート ・ＪＥＣ連合発足（化学，石油，ゴム等の化学系別が統合） ・この年から各地にヤングハローワーク開設（2001年は，大阪，神戸，横浜，渋谷で開設）	・個別労働関係紛争解決法 ・改正育児・介護休業法（不利益扱いの禁止） ・改正雇用対策法（募集・採用時の年齢制限撤廃等が努力義務化） ・確定拠出年金法	多様な選択肢をもった経済社会の実現を	小泉純一郎（4月）	①△0.6％ ②2.01％ ③198,300円 ④12,715万人
平14	2002	・公立学校完全週休2日制実施（ゆとり教育スタート） ・住民基本台帳ネットワーク開始 ・日朝首脳会談。拉致被害者5人帰国	・日経連，経団連と統合し「日本経団連」に ・社会経済生産性本部「日本型成果主義」提唱 ・ダイエー，勤務形態，勤務地を自由選択できるCAP制導入 ・イオン労組，パート社員の組織化指針策定	・確定給付企業年金法	構造改革の推進によって危機の打開を		①0.9％ ②1.66％ ③198,500円 ④12,740万人
平15	2003	・日経平均株価，7,607円88銭の大底（1982年来の安値水準） ・個人情報保護法成立 ・地上デジタルテレビ放送開始 ・日本郵政公社発足 ・「13歳のハローワーク」（村上龍）刊行	・鉄鋼，造船等4単産が基幹労連に統合		この年から，経団連「経営労働政策委員会報告」として発表 多様な価値観が生むダイナミズムと創造をめざして		①2.0％ ②1.63％ ③201,300円 ④12,758万人
平16	2004	・トヨタ自動車の2003年度の純利益，日本初の1兆円超 ・中越地震他自然災害多発 ・自衛隊イラクへ派遣	・製造業への人材派遣が解禁，紹介予定派遣が法制化 ・解雇ルールの策定，有期契約および裁量労働制に関する見直し ・社員の発明特許として200億円支払いを命じる判決（日亜化学工業・青色発光ダイオード訴訟） ・住友電工男女差別賃金訴訟，和解（提訴は1995年） ・「虚妄の成果主義」（高橋伸夫）「内側から見た富士通『成果主義』の崩壊」（城繁幸）等がベストセラーに	・改正育児・介護休業法（有期雇用者の権利拡大） ・改正労働審判法（2006年スタート） ・改正高年齢者雇用安定法 ・改正労働基準法（解雇ルールの策定，有期契約および裁量労働制に関する見直し） ・改正労働者派遣法，職業安定法（物の製造業務の派遣解禁，紹介予定派遣の法制化等）	高付加価値経営と多様性立国への道		①1.6％ ②1.67％ ③198,300円 ④12,767万人

年号暦	西暦	社会・経済の主な出来事	人事・労務、労使関係等の主な出来事	主な労働関係法律の改正・施行	経団連「経労委報告」タイトル	総理大臣	①成長率 ②賃上げ ③初任給 ④総人口
平17	2005	・総選挙で自民圧勝。郵政民営化法案可決 ・日本の総人口、初の減少（1億2,766万人） ・個人情報保護法施行 ・JR福知山線脱線事故	・日本経団連、ホワイトカラーエグゼンプション制を提唱。厚労省、法律化検討へ ・東京都、パワーハラスメントに関する相談業務開始 ・くるみん認定制度スタート	・労働組合法改正（労働委員会審理の迅速化） ・次世代育成支援対策推進法施行	労使はいまこそさらなる改革を進めよう		①2.0% ②1.71% ③196,700円 ④12,766万人
平18	2006	・会社法施行 ・2002年1月からの景気拡大がいざなぎ景気を抜く ・法テラス（日本司法支援センター）設立 ・耐震強度偽装問題発覚 ・ライブドア事件	・ホワイトカラーエグゼンプション法案に「残業代不払い法」等と批判。法案は未提出に ・65歳までの雇用確保、原則義務化 ・電機連合「職種別賃金要求」へ ・直接的な差別・格差ではないが、結果的に差がつく間接差別を禁止する概念が明文化	・改正高年齢者雇用安定法施行（65歳までの雇用確保義務化） ・公益通報者保護法	経営者よ 正しく 強かれ	安倍晋三（9月）	①1.4% ②1.79% ③199,800円 ④12,761万人
平19	2007	・トヨタ自動車の世界生産台数が世界1位に ・食品会社の偽装事件相次ぐ ・社会保険庁の年金記録問題発生 ・サブプライムローン問題（世界金融危機）発生 ・日本郵政株式会社（他4会社）スタート	・団塊世代、大量退職へ（2007年問題） ・連合「非正規労働センター」設立。労組の非正規対策進む ・離婚時の厚生年金の分割、施行 ・高齢者の医療の確保に関する法律施行。メタボリックシンドローム対策等への関心高まる		イノベーションを切り拓く新たな働き方の推進を	福田康夫（9月）	①1.2% ②1.87% ③198,800円 ④12,776万人
平20	2008	・リーマン・ブラザーズが経営破綻（リーマン・ショック） ・秋葉原通り魔事件 ・洞爺湖サミット開催 ・年越し派遣村（2008.12.31～2009.1.5）	・日本マクドナルド等で「名ばかり管理職」問題発生 ・この頃から、ユニクロ、ロフト等でパート社員の正社員登用すすむ	・パートタイム労働法改正（労働条件明示義務化、差別的取り扱いの禁止） ・労働契約法	日本型雇用システムの新展開と課題	麻生太郎（9月）	①△3.4% ②1.99% ③201,300円 ④12,771万人
平21	2009	・総選挙で民主党大勝。政権交代 ・裁判員制度スタート ・米GM、経営破綻	・パワハラも労災認定の対象に（心理的負荷評価表改正） ・広島電鉄、契約社員全員を正社員化	・育児・介護休業法改正（短時間勤務、子の看護休暇拡充、男性の育児参加促進）	労使一丸で難局を乗り越え、さらなる飛躍に挑戦を	鳩山由紀夫（9月）	①△2.2% ②1.83% ③201,400円 ④12,752万人
平22	2010	・日本年金機構発足 ・中国の実質GDP、日本を抜いて世界2位に ・iPad、日本で発売開始 ・日本航空会社更生法適用 ・小惑星探査機「はやぶさ」帰還	・ゆとり教育世代が社会人に ・楽天、英語を社内公用語に	・労働基準法改正（1ヵ月について60時間超えの時間外労働の割増賃金） ・改正育児・介護休業法施行（パパ・ママ育休等）	危機を克服し、新たな成長を切り拓く	菅 直人（6月）	①3.2% ②1.82% ③200,300円 ④12,751万人
平23	2011	・東日本大震災。福島原発事故発生 ・貿易収支、31年ぶりの赤字 ・世界人口が70億人に ・欧州（ギリシャ他）の経済危機が深刻化	・自営業者も労働者に該当するとの最高裁判決（新国立劇場、INAXメンテナンス事件） ・くるみん認定（次世代育成支援）企業1,000社超に		労使一体となってグローバル競争に打ち勝つ	野田佳彦（9月）	①0.5% ②1.83% ③205,000円 ④12,780万人
24	2012	・衆議院、都知事ダブル選挙。政権交代 ・アメリカ、ロシア、フランス、韓国で大統領選挙 ・竹島、尖閣諸島の領有権問題が顕在化 ・東京大学秋入学移行を発表 ・東京スカイツリー開業	・適格退職年金制度廃止 ・「若者雇用戦略推進協議会」発足 ・新卒採用協定見直しで2014年からの採用解禁は2012年12月に ・UIゼンセンに旧デパート系産別が統合し、UAゼンセンに	・労働者派遣法改正（日雇派遣原則禁止等） ・改正労働契約法（有期から無期雇用への転換を図る） ・改正高年齢者雇用安定法成立（希望者全員が65歳定年へ）	危機を乗り越え、労使で成長の道を切り拓く	安倍晋三（12月）	①0.8% ②1.78% ③201,800円 ④12,751万人
25	2013	・第2次安倍内閣の経済政策「アベノミクス」始動。デフレ克服のためインフレターゲットを設定、大胆な金融緩和を実施。1年間で円が20円近く下落。日経平均株価は1年で6,000円近く上昇 ・経常収支が前年比31.5%減少。比較可能な1985年以降で過去最少の黒字3兆3061億円。貿易収支は10兆6399億円の赤字 ・特定機密保護法成立	・「アベノミクス」によって設立された各種会議は、経済財政諮問会議、産業力競争会議、政労使会議、働き方改革実現会議等。2013年では産業力競争会議が「解雇の金銭的解決を進めるべき」とするペーパーを提示 ・厚労省、ブラック企業対策に乗り出すことを表明 ・連合、次期2014春闘で5年ぶりのベア要求復活を決定	・改正労働契約法施行。勤続5年超労働者の無期雇用転換認める ・改正障害者雇用促進法成立 ・改正労働契約法の勤続5年超労働者の無期転換権を、大学教員・研究者に限り10年とする特例法成立	活力ある未来に向けて 労使一体となって危機に立ち向かう		①2.6% ②1.80% ③201,200円 ④12,730万人

年号暦	西暦	社会・経済の主な出来事	人事・労務,労使関係等の主な出来事	主な労働関係法律の改正・施行	経団連「経労委報告」タイトル	総理大臣	①成長率 ②賃上げ ③初任給 ④総人口
26	2014	・消費税8%に増税 ・集団的自衛権の限定的容認を閣議決定	・ホワイトカラーエグゼンプションの導入,外国人の技能研修制度の見直しを盛り込んだ「日本再興戦略2014」公表 ・パタニティハラスメント,マタニティハラスメントへの理解・認識,取組みが顕著に ・塩崎厚労相,GPIF(年金積立金管理運用独立行政法人)の年金資金の積極的運用を表明	・労働安全衛生法改正 ・パートタイム労働法改正	デフレからの脱却と持続的な成長の実現に向けて		①△0.3% ②2.19% ③202,900円 ④12,708万人
27	2015	・平和安全法制整備法案,国際平和支援法案可決 ・マイナンバー(個人番号)の通知開始 ・トヨタ自動車の当期純利益,日本企業初の2.1兆円 ・東芝,巨額不正会計発覚	・2015春闘では,各社の非正規処遇改善が顕著に ・一億総活躍社会実現のための緊急対策発表(介護離職ゼロ,法人税20%台に引き下げ,名目成長率3%,希望出生率1.8%等) ・都労委,コンビニ店長の労働者性を認め,団交に応じないのは不当労働行為とする団交応諾命令を下す	・改正労働者派遣法施行 ・外国人技能研修制度改正法案(受入期間を3年から5年,介護人材の受入れ等)国会提出(2016年192通常国会で成立)	生産性を高め,経済の好循環をめざす		①1.4% ②2.38% ③204,500円 ④12,710万人
28	2016	・日本銀行,マイナス金利導入を発表 ・長期金利(10年物国債)が史上初のマイナス ・熊本地震発生 ・民主党と維新の党が合流,民進党を結成 ・イギリス,EU離脱の国民投票で離脱派が勝利 ・東京都知事選で小池百合子が当選 ・アメリカ合衆国大統領選挙でドナルド・トランプが当選	・「ニッポン一億総活躍プラン」,同一労働同一賃金の議論を広めるよう提言(以後,政労使会議等,各場面で活発な議論が展開) ・同じく「ニッポン一億総活躍プラン」,時間外労働規制のあり方について再検討を開始するよう指示 ・厚労省,「正社員転換・待遇改善プラン」公表。非正規率10%目標 ・渋谷区で同性パートナーシップ条例施行など,LGBT支援の動き広まる ・働き方改革実現会議発足 ・女性活用推進法成立,女性の活躍推進に向けた行動計画が義務化 ・厚労省,配偶者手当の縮小・廃止を促す報告書公表 ・東京地裁,定年後再雇用の賃金差別は違法」とする判決(長澤運輸事件) ・GPIF(年金積立金管理運用独立行政法人)の,2015年度,2016年度第一四半期の巨額損失が明るみとなる		人口減少下での経済の好循環と企業の持続的成長の実現		①1.2% ②2.14% ③205,900円 ④12,693万人
29	2017	・国有地売却をめぐる森友学園問題発生 ・衆議院選挙 自民党圧勝,希望の党大敗,立憲民主党躍進 ・テロ等準備罪(共謀罪)成立 ・東芝債務超過問題発生	・働き方改革実現会議,残業上限を月100時間未満とする ・4月の有効求人倍率,過去最高の1.48倍 ・東京地裁,女子新入社員が自殺した電通に,違法残業として罰金50万円の命令判決	・育児・介護休業法成立 ・労働時間の適正な把握に向けた新ガイドライン策定	人口減少を好機に変える人材の活躍推進と生産性の向上		①1.6% ②2.11% ③207,800円 ④12,671万人
30	2018	・トランプ大統領と金正恩による米朝首脳会談開催 ・民進党と希望の党の議員が国民民主党を結成 ・大阪府北部地震発生 ・オウム真理教事件に関与した死刑囚全員の死刑執行が完了 ・統合型リゾート整備法(IR実施法・カジノ法)が可決成立 ・北海道胆振東部地震発生	・長澤運輸,ハマキョウレックス最高裁判決。ある程度の定年後格差を容認 ・安倍首相,企業の継続雇用年齢を65歳以上に引き上げる方針示す(国会・所信表明演説) ・人事院,国家公務員の定年年齢を段階的に65歳に引き上げる」申し出を,内閣と国会に提出 ・中西宏明経団連会長,2012年春入社者からの就職活動ルールの廃止を表明	・働き方改革関連法成立,裁量労働制の対象拡大は見送り ・パートタイム・有期雇用労働法成立	働きがいと生産性向上,イノベーションを生み出す働き方改革	↓	②2.26% ③210,100円

ⓒ連合通信社

▲1955年1月28日，東京・虎ノ門の共済会館で開かれた「春季賃上共闘総決起大会」。私鉄総連，炭労，電産，合化労連，紙パ，全国金属の6単産が参加したが，3月になって化学同盟と電機労連が合流して「8単産共闘」となった。

▼総評本部はこうした動向を受けて，同年3月23日，傘下の単産および地方組織である地評本部に，春季闘争への共闘強化を要請する文書を発出した。

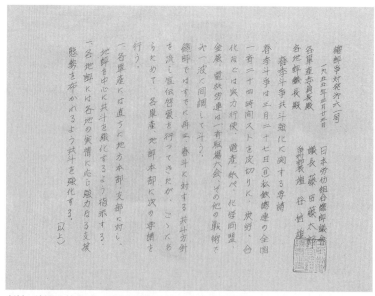

（独）労働政策研究・研修機構労働図書館所蔵資料

第1章
春闘の始まり〜1990年代春闘

年	社会・経済の主な動き	労使の主な動き
1955年	戦後復興期	春闘の始まり「ヨーロッパ並み賃金を」
1965年	高度経済成長	
1973年	第一次オイルショック 経済安定成長（中成長）	大幅賃上げの終わり―春闘の終焉 国民経済との経済整合性
1989年 1990年初頭	東西冷戦の終結 バブル経済の崩壊	連合結成
1995年	阪神大震災	日経連の『新時代の「日本的経営」』

賃金決定だけでなく，マクロ経済面において，「春闘」がわが国経済に与えた影響はきわめて大きい。1955年の八単産共闘（合化労連，私鉄総連，電産，炭労，紙パ労連，全国金属，化学同盟，電機労連）による共同行動で「春闘」が始まったとされ，その歴史は半世紀を優に超える。本章では春闘の始まり，高度成長期，石油危機を経た安定成長期を経て1990年代までの「春闘」の軌跡について概観する。

▲1955年1月30，31日に開かれた合化労連臨時大会

1．春闘の生成，最初の「春闘の終焉」（1955～1975年頃）

◆春闘の始まりと定着

小島健司著『春闘の歴史』(1975年)によると，「春闘」は，①毎年春という時期に，②できるだけ多くの産業別労働組合（以下，「産別」）が結集し，③統一指導部による賃金闘争として行う，④とくに賃金引上げを中心とする闘争——と定義している。この定義は，現在に至るまで普遍性を有している。2018年現在でも，賃上げを中心とする要求を，時期を揃えて提出し，全国的中央組織（ナショナルセンター）や産別の指導・調整の下に，各企業と団体交渉や労使協議を行っている。

企業別労働組合が交渉単位の基礎とはなるものの，企業業績などを超えて要求を揃え，その回答もできるだけ揃えることが，春闘の主目的だった。春闘の発案者である太田薫合化労連委員長は，春闘における統一闘争を「暗い夜道を1人で歩くのは不安だ。みんなでお手々つないで進めばこわくない」と表現した。産業別統一闘争を軽視し，政治主義に傾いた地域・家族ぐるみの大衆闘争（当時の高野実総評事務局長が主張）ではなく，企業別組合の弱点を克服するため，産業別統一闘争を軸とする賃上げ交渉方式の必要性を強調していた太田氏の考え方を端的に示すものといえる。ストライキを打っても労働条件が向上する保証はない一方，ストの間はその企業は市場を失うことになるため，できるだけ同じ産業の各企業は同じ時期に闘争を組む必要があるという，太田氏の考え方が大きく反映されていた。

春闘が始まった1955年は，戦後史のなかでも画期的な年だった。政治的には保守合同による自民党結成・左右社会党の統一によるいわゆる「55年体制」が確立，日本経済が戦前水準に回復し，日本生産性本部が発足するなど，戦後復興から経済拡大期に入ろうとしていた。

当初，春闘方式は旧総評系の組合を中心にストライキを背景に回答を迫ったこともあり，「経済要求に名を借りた政治闘争，あるいは階級闘争といわざるを得ない」(日経連)，「春闘は日本の経済社会を混乱，麻痺させ，みずからの政治的野心と革命的闘争の野望を満たそうとする暴挙」(自民党)と手厳しい批判を浴びた。

しかし，わが国独自の賃金決定システムである春闘方式は，折からの高度経済成長の波に乗って，年を追うごとに定着した。1956年春闘では詳細な闘争スケジュールを定め，前段交渉を積み重ねるという現在に至る春闘方式の原型が固められた。また，翌1957年春闘では最低賃金制度の確立という統一目標を掲げ，政治色を帯びることとなった。その後，交渉時期だけでなく，ストライキなどの戦術のスケジュールもすり合わせて交渉に臨むようになった。

春闘草創期は，私鉄や炭労のストライキを背景とした妥結結果が「春闘相場」を形成。さらに日本国有鉄道・日本電信電話公社・日本専売公社の3公社関係労組（公労協）との共闘関係も深ま

▲三井三池争議

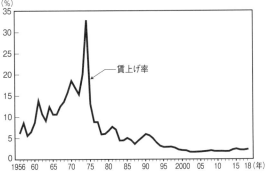

図1 主要企業春季賃上げ率（1956〜2018年）

資料出所：厚生労働省「民間主要企業春季賃上げ要求・妥結状況」

り，最終的には労働委員会における調整（あっせん，調停，仲裁等）を経て決着するパターンが続いた。不況だった1958年は私鉄総連が前半をリードし，合化労連が締めくくった。

1959年，鉄鋼労連がこの戦列に加わり，翌1960年に総評および中立労連が「春闘共闘委員会」を設置したことで，さらに統一闘争としての性格が強まる。総労働対総資本の対決といわれた三井三池争議と一体で取り組んだ1960年春闘は全国金属が先行の役割を果たした。こうした交渉の積み重ねにより，まず民間部門の労使交渉の結果により春闘相場が形成され，その後に公労協が準じ，国家公務員給与も1960年頃に公民給与の比較方式が確立するなど，春闘相場が人事院勧告にも影響する「民間先行方式」が定着する。

1956年の『経済白書』は「もはや戦後ではない」と記述。その後，日本経済は1950年代後半から「岩戸」「オリンピック」「いざなぎ」との名前が冠された好景気が続いた。1961年に発足した池田内閣は「所得倍増計画」を発表し，これに呼応するように労働側は，1963年から「ヨーロッパ並み賃金」の実現をスローガンに掲げた。

1955年から1960年代前半までが，春闘の成長期とみることができる。春闘への参加組合員数が1955年には70万人だったが，1956年には290万人に急増し，1961年には440万人に達した。高度経済成長が加速した1960年代に入ると，製造業の代表格である鉄鋼労使が，賃上げ相場のパターンセッターを務めることになる。さらに，鉄鋼のほか，輸出主導による経済発展の原動力となった造船・重機，電機，自動車などの産別によって，1964年に全日本金属産業労働組合協議会（金属労協）が結成されてからは，春闘共闘委員会ではなく，民間の金属4業種が賃金交渉をリードし，パターンセッターとなる「JC春闘」に転換する。また同年，民間労組が主体の「同盟」が結成された。

1964年はまた，池田首相と太田総評議長のトップ会談が行われ，公共企業体の賃金は民間賃金に合わせて格差是正することが確認された。これによって，民間重化学部門の賃上げが，公共企業体等労働委員会（公労委）を通じて，公企体労働者に波及するメカニズムが形成されるようになる。このような経過を経て，春闘は社会的に認知され，官民一体の取組みという色彩を強めることになる。

こうした経緯もあり，春闘への参加組合員数は1965年の635万人から1970年には801万人となり，組織労働者の3分の2を占めるに至る。また，戦術面では，私鉄，国鉄を中心とした交通・公労協の統一ストを背景に，民間相場を引き上げ，公企体へ波及させる構図が確立する。

◆高度経済成長期の春闘——賃金格差圧縮に寄与

1966年からオイルショック直前の1973年までのわが国経済は，実質成長率で10％という高度成長の絶頂期にあった。労働力需給が逼迫していたこともあり，賃金上昇が促されやすい環境にあっ

た。主要企業の賃上げ率は，春闘が始まった1950年代後半以降は10％に満たなかったが，その結果，東京オリンピックが開催された1964年から12年連続で，毎年10％以上の賃上げを獲得する（図1）。

この高度成長期におけるもうひとつの特徴として，賃上げ額が平準化していったことを指摘することができる。労働省「民間主要企業における春季賃上げ状況の推移」の賃上げの分布を四分位分散係数でみると（分散係数の値が小さいほど，データの分布の広がりが小さいことを示す），春闘が始まる前は，0.3以上でかなりばらつきがみられたが，春闘開始以降は，0.2に縮小。1967年からの8年間は「春闘相場」の波及効果が発揮されて0.01以下が続くなど，賃上げ額にほとんど差がない状況が続いた。また，率でみると，ベースの高い大企業より中小企業の引上げ率のほうが高まるなど，毎年の賃上げが企業間規模の格差縮小にもつながっていた。この時期は，高度成長期で，若年労働力不足が著しく，経営側が春闘の「相場賃金」を無視しては，人材確保ができない時代でもあった。

1970年の人事院勧告で，初めて実施時期（5月1日）を含め完全実施されたこともあり，春闘相場が民間・中小だけでなく，公務員にも波及していくパターンが定着する。こうして春闘は，日本社会の賃金格差の圧縮に寄与した結果，国民の大半が自分の生活を中流だと認識する「一億総中流社会」形成の一翼を担ったともいえる。

◆オイルショック──最初の「春闘の終焉」

その春闘に最初の大きな転換点が訪れる。1973年の第1次オイルショックにより，高度経済成長は破綻する。買い占め・買いだめ，売り惜しみによる影響もあり，前年比で卸売物価は30％，消費者物価は20％前後アップの「狂乱物価」の様相を呈した。政府も総需要抑制策を打ち，この抑制策の下で雇用調整も行われた結果，企業倒産が危機ラインといわれた1万件を突破した。そして，1974年の実質GNPは戦後初めてマイナスを記録

▲鉄鋼労連第51回定期大会で「前年実績アルファは通用しない」と発言する宮田委員長（1974年8月，大分県別府市）

した。1974年春闘は，この高いインフレ率の下で展開。この年は，公害反対，年金，スト権闘争も一体化し，春闘共闘委は「国民春闘」を呼号し，空前の交通ゼネストも打たれた。その結果，同年の主要大手企業では平均32.9％の大幅賃上げで決着した。

しかし，このままの賃上げを続ければハイパーインフレを引き起こしかねないことから，経団連の前身である日本経営者団体連盟（日経連）は「大幅賃上げの行方研究委員会（のちの労働問題研究委員会）」を設置し，「大幅賃上げは国民経済を破壊する」とのキャンペーンを展開。「1975年は15％以下，1976年以降は一ケタ」というガイドラインを示した。日経連の姿勢に労働側は「所得政策の導入に他ならない」と反発。しかし，労働側の対応は一枚岩ではなく，民間労組を中心に，経済との整合性を重視した対応が必要ではないかとの姿勢も強まる。そして，宮田義二鉄鋼労連委員長が「1975年春闘では経済成長に見合った実質賃金向上をめざす闘争に転換する」と発言。鉄鋼労連や造船重機労連が，「前年度実績プラスアルファ」という要求パターンを見直し，1975年の春闘ではインフレ沈静化のため国民経済との整合性を重視した自制的賃金要求である「経済整合性論」に要求スタンスを転換した。

▲太田薫著『春闘の終焉』

▲産業労働懇話会

この結果，1975年の賃上げは13.1％に低下し，政府は1976年に狂乱物価終息を宣言。1975年は春闘の大きな転換点となった。これ以降，10％超の2ケタ賃上げは影を潜める。

この結果について，労働界の評価は真二つに分かれた。整合性論を主唱した鉄鋼労連は「安定経済への移行過程期の賃上げとしては，少なくとも国民経済論的見地からすればまずまずの状況」と評価，一方，春闘スタート時からの主軸産別である合化労連は「75春闘は完全に敗北したと認めなければならない」と総括した。

いずれにしても，これによりヨーロッパ並み賃金をめざした「大幅賃上げ路線」にピリオドが打たれ，春闘の発案者である太田薫氏は，自著で『春闘の終焉』(1975年) と引導を渡した。

さらに，1975年11月の8日間に及ぶ官公労のスト権ストが敗北に終わったことで，官公労の闘争は影響力を失っていく。国労，動労と共闘を組んでいた私鉄総連は1977年から中央労働委員会（中労委）のあっせん・調停から離れ，労使自主交渉に移行する。これ以降，官民の溝は深まり，官公労主軸の総評は春闘における指導力を失っていく。

◆政労使協議の進展

春闘のこうした変化について，その背景としてナショナルレベルや企業労使間にまで及ぶ労使協議の場の定着が大きく寄与したといえる。

まず，ナショナルレベルでは，1970年に労働大臣の私的諮問機関として設置され，政労使学のトップリーダーが産業・労働政策全般について定期的に懇談する「産業労働懇話会（産労懇）」が大きな役割を果たした。会議では首相や主要閣僚も出席して，政策課題に関する報告を基にした意見交換が行われた。国際的な経済情勢も含むマクロ経済の状況について，労使が情報を共有する貴重な機会となった。1975年春闘で他産別に先駆けて「前年度実績マイナスα」方式への転換を提案し，経済整合性論を主張した宮田義二鉄鋼労連委員長は，その下地を生んだのは「産労懇」だったと回顧している。

産労懇を通じた政労使間の共通認識の形成が，とくにオイルショックにあたり，労働側はマクロの経済動向を踏まえ，国民経済との「経済整合的」な要求を組み立て，交渉に臨むようになる土壌を作っていったとみることもできる。

さらに企業内労使にあっては，日本生産性本部が生産性向上運動の一環として進めた「労使協議」の場の定着が大きい。労組が日常的に経営側との間で，企業の経営状況，経営計画に至るまで，多様な議論が交わされるようになった。

なお，経営側は1975年に鉄鋼，造船，電機，自動車の金属4業種の社長，労務担当重役による会合である「八社懇」を発足させ，以降，鉄鋼の賃上げ回答を基軸にした春闘相場が形成・確定されるようになる。

2．安定成長期，ストなし春闘の定着
 （1976年～1989年頃）

◆経済整合性論による賃金決定

1975年以降は，経済整合性論に立った賃金決定

が定着していく。1976年の春闘では，金属労協（IMF・JC）の主要4産別（鉄鋼労連，造船重機労連，電機労連，自動車総連）が集中決戦をめざし，同時に一斉回答を引き出した。この年以降，JC集中決戦が賃上げ相場形成に大きな影響力を発揮するようになる。そして，賃上げ相場形成のパターンセッターとなったJCが主唱する「経済整合性論」は，インフレを抑制しつつ，経済成長率が4〜5％程度の中成長を達成するというマクロ経済の目標面では大きな貢献を果たした。

石油危機後に労働側がこうした自制的な賃上げ要求にシフトしたこともあり，わが国は欧米諸国が陥った景気後退とインフレが同時進行するスタグフレーションからいち早く脱した。欧米先進国はインフレに対応するため，政府が賃金決定に介入する「所得政策」を実施したが，わが国の場合，労使の自治により，この難局を乗り切ったことになる。これ以降，民間主導で「ストなし・一発回答」といわれるパターン化した春闘が定着し，JC路線に反対する論者からは，「管理春闘」と揶揄するような状況に陥っていったことも否定できない。

こうした状況を踏まえ，国民春闘共闘会議の「春闘白書」（1977年）は，「春闘という方式は経済の二重構造のなかで，企業別組合が全社会的に足並みを揃えて，相場を形成するという，日本独特の条件に即して生まれた方法である。そして高度成長期には一定の成果をあげ，個別企業の制約を乗り越えた社会的な相場を形成するという効果をもった」としつつも，高度成長という条件が失われ，春闘相場が低く抑えられる体制が強化されてきた現状では，「もたれあい」の傾向という弱点が生じていると指摘した。

その一方，経営側団体の日経連は，実質生産性上昇率の枠内に抑える生産性基準原理を主張し続けた。これに対して，同盟は実質生産性に見合う形で実質賃金を上昇させる逆生産性基準原理を掲げるなど，賃上げを巡る労使の論争は続いた。とはいえ，日経連が1978年に発表した『賃金問題研究委員会報告』では，「低成長時代に入って数年，

▲スト中の駅構内

図2　労働争議件数の推移（1946〜2017年）

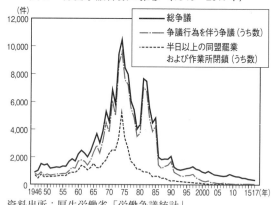

資料出所：厚生労働省「労働争議統計」

この間，わが国の経済情勢について，民間企業労働組合を中心とした労働組合指導者とわれわれの間に，ほとんど考え方の相違がみいだせなくなった」との表現があり，1980年代半ばには「労働組合も基本的な認識においてはわれわれと大差ない」と指摘するまでに至った。このように，労使間の経済認識に大きな乖離がみられないなか，1977年から1989年の賃上げ率は3〜8％台で推移した。

こうして「春闘」は，いわば日本経済にビルトインされた「社会的所得配分メカニズム」として機能してきたといえる。

◆ストなし春闘へ

ストライキに代表される労働争議は，春闘の定着とともに，1960年代から70年代にかけて顕著に

増加する。1960年の半日以上のストライキ件数が年間1,053件，参加人員数は917,454人だったが，1970年には2,256件，1,719,551人に達している。その後，オイルショック後に，人員の整理・合理化が頻発したことを受け，ストライキの件数はさらに増加し，1974年は半日以上のストライキ件数が5,197件，行為参加人員数が3,620,283人のピークに達した。

しかし，1981年春闘で公労協は，17年ぶりにストなしで賃金闘争を収束させた。また，ストライキを背景に交渉を追い込む代表例にあげられる私鉄労使の交渉においては，第2次オイルショックの影響を受けた1982年春闘で，史上初めて交通ストが回避された。その後，闘争戦術としてストライキを配置するものの，実施には至らず妥結する「ストなし春闘」のパターンが定着していく（図2）。

3．バブル崩壊後の1990年代春闘　（1989年～）

平成のバブル経済は1989年末に株価が38,915円の史上最高値を記録した後，急速にしぼみ，わずか10カ月間で半値に転落。日本経済は長期不況の深みにはまっていく。春闘においては，1990年代後半からは，デフレの進行が加わり，「定期昇給プラス過年度物価上昇分プラス生活向上分」という，インフレを前提とした労働側の従来型の要求方式は有効性を失い，賃上げ率は下落の一途をたどった（図3）。

とはいえ1990年代初めは，株価と地価の下落という資産デフレの坂道を転がり始めていたものの，製造業の業績は堅調で，1990～1992年の賃上げ率は5～6％程度で推移した。とくに四分五裂していたナショナルセンターが1989年に統一して誕生した連合の初陣となった1990年春闘では，5.94％の高い賃上げを獲得した。しかし，振り返ると，これが連合結成以来，最高の賃上げ率となる。

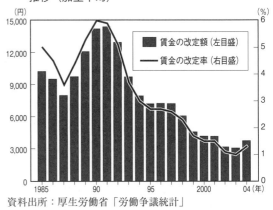

図3　1人あたり平均賃金の改定額および改定率の推移（加重平均）

資料出所：厚生労働省「労働争議統計」

▲連合の結成（1989年11月21日）

◆連合発足――賃上げ，時短，制度・政策要求の3本柱

連合を結成したとはいえ，春闘における賃金・労働条件の交渉については，JC加盟組織を含めて，連合加盟産別が「責任」を担い，連合は「調整」という役割分担を確認していた。そのため，JCが春闘のパターンセッターの役割を担い続けることになった。

1993年春闘から，金属労協加盟の8単産は，春闘のヤマ場（集中回答日）を，従来の4月から「3月中決着」に移行させた。4月は新年度のスタート時期だけに，社会全体に及ぼす影響が大きすぎるという理由だけでなく，賃金・労働条件の改定は前年度中に確定させるほうが合理的という判断もあった。

連合は，春闘を「総合生活改善の取組み」と称し，賃上げと併せて労働時間短縮，政策・制度要

求を「3本柱」に据え，1990年代前半はとくに「時短」に力点をおいた。

当時，膨大な貿易黒字を生み出す要因として欧米諸国から「不公正（アンフェア）」とされたのが長時間労働だった。1991年の統計では，製造業労働者で日本は年間2,080時間と2,000時間台を超えており，ドイツに比べて年間で500時間もの差があり，先進工業国のなかで最長だった。このため，連合は，1991年春闘を「時短元年春闘」と位置づけ，賃上げと労働時間短縮（時短）を同等の力で取り組む方針を掲げ，目標を1993年1,800時間台の達成においた。長い労働時間を短縮するための取組みを労働組合は強め出す。

1991年春闘の結果，電機と鉄鋼の労使は，1991年度の休日増に合意するなど前進が図られ，とくに鉄鋼の労使間では，1995年に年間1,800時間台をめざす時短中期プログラムを確認し，1993年春闘で2日間の休日増で妥結した。自動車大手でもトヨタ，日産，本田技研の3社が，1992年春闘において1995年に1,800時間台を達成することで合意，翌1993年春闘では，休日1日増を獲得するなど，1990年代前半は製造業を中心に時短が進んだ（図4）。

◆賃上げ・一時金（賞与）の一括要求方式へ

春闘時における賃金交渉とは別に，物価動向や企業業績の推移をみながら夏や冬に交渉していた一時金（賞与）交渉を，春闘で一括交渉する傾向も，1990年代に主流となっていく。1990年に鉄鋼労連が先鞭をつけ，1993年から自動車総連，造船重機労連も春闘の賃上げ要求と一時金要求を一括して経営側に提出する一括要求方式を始めた。電機連合は，1998年から賃上げ・一時金の一括要求方式に移行する。

大手企業の場合，年間一時金は4～6カ月分を占め，年間総賃金は月例賃金の16～18カ月分が支給される。一括要求方式への移行は，一時金のウエイトが高いわが国独特の賃金制度が背景にある。一方，組合にとっては交渉一元化による時間や予算の節約効果を期待しての動きといえる。夏

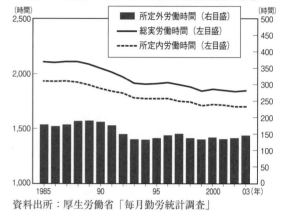

図4　労働者1人平均年間総実労働時間の推移

資料出所：厚生労働省「毎月勤労統計調査」

と冬の一時金（賞与）を賃上げとは別に交渉した場合，要求策定から交渉・妥結のプロセスを考えると，ほとんど一年中を賃金関係に時間をとられることになる。交渉を集約化することで，賃金以外の労働時間短縮といった労働条件整備や政策要求立案の取組みを強化させる狙いもあった。

このように，月例賃金の引上げだけでなく，一時金との一括交渉への移行も1990年代の春闘を特徴づける新たな動きといえる。さらに1999年春闘からは，電機産業労使の一部が，経常利益や営業利益といった経営指標を使い，労使交渉を行うことなく企業業績によって一時金の支給額が自動的に決定される「デジタル方式」を取り始めた。この流れは，その後，他産業に拡大した。

◆「平均賃上げ」から「個別賃金」へ

組合側の賃上げ要求方式が，「平均賃上げ」から「個別賃金」に移行する流れも，形成され始めた。個別賃金方式とは，年齢や勤続年数など一定のポイントを決めて，そのポイントの労働者の賃金をいくら引き上げるか，あるいは絶対額の水準で回答を求める方式である。一方，平均賃上げ方式は，組合員1人あたりの平均賃金の引上げ額や率を要求し，交渉する。

平均方式で一律の賃上げが実施されても，もともと賃金ベースが企業間や規模間で異なる場合，賃金格差の是正には結びつかない。このため，産業内・規模間の平準化に向けた取組みともいえる。

電機連合は1993年春闘を「個別賃金元年」と位置づけ、従来の組合員1人平均による要求方式から、35歳の技能者ポイントの賃上げを中心にした個別賃上げ方式に移行した。その結果、電機連合の全体平均で3.6％に止まった賃上げも35歳ポイントでは4.8％を獲得し、個別賃上げ方式が普及する先鞭をつけた。

個別賃金の取組みはこの後、各組合にも拡大し、要求方式の見直し面で、1990年代の新たなトレンドとなった。

連合は、個別賃金要求方式について、①特定銘柄の労働者の賃金水準・賃上げを決める方式、②企業の枠を越えて賃金水準・賃上げの社会的横断化をめざす取組み、③企業にとって総人件費の引上げ額はそれらの積上げの結果として算出される――と定義。1995年の春季生活闘争から、連合は「率要求」から「額要求」に転換し、中小企業を軸とする賃金の引上げを重視した格差圧縮に力を入れ始める。これに対して日経連は、要求ポイントの個別銘柄が、年齢や勤続など属人的要素が強すぎると反論した。

◆1995年阪神・淡路大震災の公益系への影響

1995年は、春闘史上でターニングポイントを画した年といえる。1月に阪神淡路大震災が発生。公益産業はこの震災の影響が大きく、産別の私鉄総連はスト配置を取り止めたほか、従業員数が最も多いNTTの労働組合も、集中回答日前に妥結した。

1967年に大手私鉄15社中11社でスタートした伝統的な交渉システムである中央集団交渉は、この間、若干の増減はあったものの、震災直前には東急、東武、営団、京成、阪神、阪急、南海、近鉄、京阪の9社が参加していた。しかし、阪神淡路大震災を契機に、関西の阪神と阪急が脱落、1996年春闘では京阪も個別交渉の道を選択し、翌1997年春闘には、東急が中央集団交渉からの離脱を表明。これ以降、私鉄春闘の伝統だった、産業横断的な賃上げを複数の企業労使が同じテーブルで交渉する中央集団交渉方式が崩壊し、ストなし路線が定着していく。こうして、産業労使が一堂に会して交渉する中央集団交渉方式は「終焉」を迎えた。

これまでの景気後退の時期には、金属産業に代わって業績の上下が少なかった公益産業が賃上げのダウンに歯止めをかけてきた経緯がある。1986年の円高不況時期には、不況の影響を受けにくい私鉄、電力などの23産別が参加する「第3次産業労組連絡会（三次産業共闘）」が結成された。しかし、こうしたグループも規制緩和などの影響を受け、賃上げ相場のリード役を果たすことは困難になっていく。

そして2000年春闘ではついに、大手金属関係の500円程度というわずかな有額ベア回答が公益産業に波及しなかった。NTT、電力、私鉄では軒並みベースアップ・ゼロ（ベアゼロ）の決着となり、春闘機能の根幹である賃上げ相場の波及が完全に崩れた象徴的な決着だった。これ以降、公益産業では2005年春闘までベアゼロが続くことになる。

◆日経連「新時代の『日本的経営』」（1995年）

1995年5月に日経連が報告書「新時代の『日本的経営』―挑戦すべき方向とその具体策」を発表した。同報告書では、「日本的経営の特質は、終身雇用慣行や年功賃金制度といった制度・慣行ではなくて、そうした運営の根本にある『人間中心（尊重）の経営』『長期的視野に立った経営』という理念が日本的経営の基本である」との立場を示す。しかし、運営面の制度や仕組みは、「環境条件の変化に応じて変える必要がある」と指摘。そのうえで、雇用形態の動きから今後のあり方を想像すると、長期蓄積能力活用型、高度専門能力活用型、雇用柔軟型の3タイプに動いていくと考えられる、とした。

図5の左下は、従来の長期継続雇用という考え方に立って、企業としても働いてほしい、従業員としても働きたいという、「長期蓄積能力活用型グループ」。能力開発はOJTを中心とし、Off・JT、自己啓発を包括して積極的に行う。処遇は

図5 企業・従業員の雇用・勤続に対する関係

資料出所：日経連『新時代の「日本的経営」』

表 グループ別にみた処遇の主な内容

	雇用形態	対象	賃金	賞与	退職金・年金	昇進・昇格	福祉施策
長期蓄積能力活用型グループ	期間の定めのない雇用契約	管理職・総合職・技能部門の基幹職	月給制か年俸制 職能給 昇給制度	定率＋業績スライド	ポイント制	役員昇進 職能資格昇格	生涯総合施策
高度専門能力活用型グループ	有期雇用契約	専門部門（企画、営業、研究開発等）	年俸制 業績給 昇給なし	成果配分	なし	業績評価	生活援護施策
雇用柔軟型グループ	有期雇用契約	一般職 技術部門 販売部門	時間給制 職務給 昇給なし	定率	なし	上位職務への転換	生活援護施策

資料出所：日経連『新時代の「日本的経営」』

職務，階層に応じて考える。図5のまん中は，企業の抱える課題解決に，専門的熟練・能力をもって応える，必ずしも長期雇用を前提としない「高度専門能力活用型」。わが国全体の人材の質的レベルを高めるとの観点に立って，Off・JTを中心に能力開発を図るとともに自己啓発の支援を行う。処遇は，年俸制にみられるように成果と処遇を一致させるとした。図5の右上，企業の求める人材は，職務に応じて定型的業務から専門的業務を遂行できる人までさまざまで，従業員側も余暇活用型から専門的能力の活用型までいろいろいる「雇用柔軟型のグループ」。必要に応じた能力開発を行い，処遇は，職務給などが考えられるとした。

ただし，こうしたグループは固定したものではなく，企業と従業員の意思でグループ相互間の移動も当然起きるとしつつも，「雇用の動向を全体的にみれば，好むと好まざるとにかかわらず，労働市場は流動化の動きにある」との見通しを示した。

その後，非正規雇用や雇用の流動化は増加し，成果主義型賃金も普及していった。労働側は，とくにこの報告書がこれらの動向の契機となったとしている。

◆経営側による横並び春闘批判

日経連は，1990年代半ばから「構造改革春闘」を提起し，①自社型賃金決定，②総額人件費管理，③能力・成果主義賃金——の徹底を強調し始めた。春闘交渉のなかで，経営側は「各社とも世界最高になった賃金をこれ以上上げる余地はない」「高コスト体質是正に向け総額人件費を抑える必要がある」「業績見合いは一時金で対応する」などとの主張を強め，相場波及による横並び春闘を切り崩す対応をとる。

景気回復基調下での交渉となった1997年春闘で，横並びを排する自社型賃金決定がにじみ出る結果となったのが，トヨタの賃上げ回答だった。トヨタの経営側が示したベア700円の回答は，トヨタ労組が加盟する産別・自動車総連が設定したベアの妥結基準600円を100円上回っていた。金額的にはわずかといえるが，これが春闘方式の戦術面の根幹である産別統一闘争のあり方に大きな一石を投じた。

こうした横並び春闘を切り崩す経営側の対応が強まり，産別統一闘争は，1990年代半ばから大きく揺らぎ出す。先述した私鉄の中央集団交渉の崩壊による分裂回答のほか，一時金回答の格差拡大（造船，鉄鋼など）などもみられるようになった。それを最も象徴する出来事が，2000年春闘において，「鉄の結束」を誇った鉄鋼労連の大手5社の統一要求に対する分裂回答となる。ベアの統一回答が崩れたのは，1957年以来だった。

産別統一闘争のほころびは，年を追うごとに拡大し，産別統一闘争のあり方に問いを投げかけたまま，新たな世紀に大きな課題として先送りされた。

第2章

21世紀春闘の推移
2000～2018年

- 2000年春闘 ⇨ 逆風下に光明、電機大手で65歳までの雇用延長 …… P23
- 2001年春闘 ⇨ 強まるグローバル化の風圧 ……………………………… P29
- 2002年春闘 ⇨ 右肩上がり春闘の終焉 ……………………………………… P39
- 2003年春闘 ⇨ 2回目の終焉を迎えた「春闘」 ………………………… P47
- 2004年春闘 ⇨ 中小の相場形成と賃金制度の見直し ………………… P55
- 2005年春闘 ⇨ 積極賃上げで「格差是正」求める労働側 …………… P63
- 2006年春闘 ⇨ 「ベア」から「賃金改善」へ ……………………………… P71
- 2007年春闘 ⇨ 経営側の先行き懸念を打破できず ……………………… P81
- 2008年春闘 ⇨ 賃上げムードも終盤の逆風で冷え込む ……………… P93
- 2009年春闘 ⇨ 交渉揺さぶる金融危機 ……………………………………… P105
- 2010年春闘 ⇨ 政治・経済とも大きく様変わり ………………………… P115
- 2011年春闘 ⇨ 東日本大震災で集中回答日が消滅 ……………………… P125
- 2012年春闘 ⇨ 震災の影響で五里霧中の展開に ………………………… P135
- 2013年春闘 ⇨ アベノミクスの始動 ………………………………………… P145
- 2014年春闘 ⇨ 政労使合意を踏まえた展開に …………………………… P155
- 2015年春闘 ⇨ 2000年以降で最も高い賃上げに ………………………… P167
- 2016年春闘 ⇨ 「人手不足」「格差是正」で春闘メカニズムに変化 …… P179
- 2017年春闘 ⇨ 賃上げ相場形成に構造変化 ……………………………… P189
- 2018年春闘 ⇨ 顕在化した波及の構造変化 ……………………………… P201

おもな団体の概要

日経連，日本経団連，経団連：日経連（日本経営者団体連盟）は，1948年4月，適正な労使関係の確立を目的として発足。2002年，経団連（経済団体連合会）と日経連は統合し，日本経団連（日本経済団体連合会）が発足。2012年からの略称は経団連。2018年5月現在，企業1,376社，業種別全国団体109団体，地方別経済団体47団体などから構成。経済3団体（経団連，日本商工会議所，経済同友会）のうちの1つ。

連合：連合（日本労働組合総連合）は，1989年に結成されたナショナルセンター（全国中央組織）の1つ。加盟組合員は約700万人。

金属労協：全日本金属産業労働組合協議会。1964年結成。自動車総連，電機連合，JAM，基幹労連，全電線の5つの産業別労働組合で構成。春闘のパターンセッターの役割を，JC共闘の発足した1976年以来，担う。

自動車総連：全日本自動車産業労働組合総連合会。1972年10月結成。自動車製造，部品製造，販売，輸送などの労働組合からなる。
主な加盟労働組合：トヨタ，日産，ホンダ，マツダ，三菱自動車，スズキ，ダイハツ，富士重工，いすゞ，日野，ヤマハ発動機など

電機連合：全日本電機・電子・情報関連産業労働組合連合会。1953年6月，電機労連として結成，1992年7月，電機連合に改称。業種は総合電機，重電，家電，音響，通信，情報ならびに部品など電機・電子・情報関連産業の全てを網羅。
主な加盟労働組合：パナソニック，日立，東芝，富士通，NEC，三菱電機，シャープ，富士電機，村田製作所，オムロン，ルネサス，メイテックなど

JAM：1999年9月，ゼンキン連合と金属機械が組織統一して結成。機械・金属産業の産業別労働組合組織として，機械，電機，自動車，車輌，精密機器，鍛鋳造，鉄鋼，アルミ建材，住宅関連機器など幅広い金属製品製造業を包含。
主な加盟労働組合：コマツ，NTN，クボタ，島津，セイコー，矢崎，ダイキン工業，タダノ，TDK，日本精工，日本ビクター，シチズンなど

基幹労連：日本基幹産業労働組合連合会。2003年9月，鉄鋼労連，造船重機労連，非鉄連合の3組織が統一して結成。鉄鋼部門，船重部門，非鉄部門で構成され，それぞれ業種別委員会を配置。
主な加盟組合：新日鐵住金，JFEスチール，神戸製鋼，三菱重工，IHI，住友重機械，三井造船，三菱マテリアル，住友金属鉱山，三井金属鉱業，DOWAなど

全電線：全日本電線関連産業労働組合連合会。1946年7月結成。光ファイバー，光関連製品などの通信ケーブル，電力ケーブル，さらには，自動車，造船，電子機器，コンピュータ関連の各種ケーブルなどを製造する，電線関連産業の労働組合で構成。
主な加盟組合：古河電気工業，住友電気工業，フジクラ，三菱電線など

UAゼンセン：全国繊維化学食品流通サービス一般労働組合同盟。2012年，UIゼンセン同盟とサービス・流通連合が組織統合して結成。繊維・衣料，医薬・化粧品，化学・エネルギー，窯業・建材，食品，流通，印刷，レジャー・サービス，福祉・医療産業，派遣業・業務請負などの労働組合で構成。

2000年春闘

逆風下に光明，電機大手で65歳までの雇用延長

【2000年春闘関係の特徴，主な出来事】

電機大手，トヨタなどはベア500円
鉄鋼大手5社のベア分裂回答
(43年の歴史で初めて横並び崩れる)
全体として前年を下回る賃上げ率
60歳以降雇用延長の労使合意相次ぐ

【社会・経済の主な出来事】

2年連続のGDPマイナス成長
シドニー・オリンピック
2,000円札発行
ITバブル崩壊（2000年4月）

【世 相】

2000年問題，パラパラブーム

1．2000年春闘労使の焦点

■連合がベア1％以上の要求

2000年春闘の賃上げ要求は，連合がベア1％以上，相場形成のリード役である金属労協（IMF・JC）がベア2,000～3,000円と決め，労組は交渉に臨んだ。迎え撃つ経営側は，日経連が「2000年労働問題研究委員会報告」で，1999年春闘以上に「賃金水準の引き下げ」の姿勢を打ち出すなど，労使の考え方の乖離幅は，前年以上に拡大していた。

労働側の要求は，金属労協が前年の3,000円の統一要求からゾーン要求に変更したものの，連合自体は要求額を見直さなかった。しかし，要求自体は前年と大同小異だが，要求哲学には大きな変化が潜んでいる。さらに，金属労協は60歳以降の就労確保の「社会的な流れをつくる」（阿島征夫事務局長）ため，中心的な役割を担うことを確認し，この交渉の成り行きも注目された。

■経済整合性論を転換

一方，20世紀最後となった2000年春闘で，労働側は賃上げ要求政策を転換させた。1970年代，第1次石油ショックを乗り切るために，マクロ経済をベースにした要求政策＝「経済整合性論」が生まれた。しかし，その生みの親である金属労協が，付加価値生産性の動向といったミクロの指数を軸にした政策への転換を企図した。その先頭に立ったのが，鉄鋼労連である。過去3年と向こう2年間の付加価値生産性のトレンドを1.7％と推計し，この数字を機軸に，財務状況やマクロ経済の動向を踏まえてベア3,000円の要求を固めた。国民経済への貢献から，自らが生み出した価値への還元を求める運動への大転換といえる。

2年連続のマイナス成長というボディーブローがきき，1999年春闘の賃上げは，春闘史上の最低となる2.21％（労働省調査）に終わった。前年の春闘で組合は，経営側の「物価，企業業績，雇用の動向を考慮したら賃上げの余地はない」との主張に有効に反論することができなかった。このため，要求を提出できなかった組合や回答を引き出せない組合が，連合傘下で4分の1にのぼった。マイナス・低成長とデフレ経済下で「経済整合性論」が通用しないことは，もはや疑いのない事実となった。

■ベアは生活維持・向上分

「物価上昇分プラス定昇プラス生活向上分」の要求方式の変更を迫られた連合と金属労協は，以下の新たな考え方をまとめた。連合の闘争方針では，「まず賃金体系維持分としての定昇もしくは定昇相当分（2％以上）を確保したうえで，生活維持・向上分1％を上乗せした到達水準」と整理した。金属労協は，「物価動向を踏まえた生活向上分をベアとする」という従来方針を基本に，「金属産業の付加価値生産性，賃金水準，生計費の動向などを要求根拠の新たな要素として加味し，総合的に判断する」との考え方を示した。

全産業平均に比べて5％程度低い賃金格差の圧縮と，過去5年で年率3.3％の堅調な伸びを示す金属産業の付加価値生産性の動向を前面に打ち出したのが，大きな特徴だ。しかし，「連合要求はマクロ・シミュレーションを根拠に景気回復論に立った1％，金属労協は前年同額を掲げるのが難しいゾーンとなった」と，金属労協幹部が解説するとおり，新根拠は示されたものの，それを有効な反撃材料とするほど，各組合の理論武装ができあがっていないのが実情だった。

とはいえ，闘い方での新たな提起が出された。『2000年連合白書』で提案した「定昇確保→ベア上積み」という2段階作戦だった。1999年春闘では，定昇相当分も確保できない組合が相次いだ。このため賃金カーブ分を維持する前段交渉を重視し，定昇とベアを仕分けしてから，本格交渉に移行する戦術をとったわけである。

■30歳，35歳ポイントの個別賃金要求

連合の闘争方針は，1993年から移行を打ち出した，賃金水準の絶対額で要求する個別賃金要求方式を基本に，30歳と35歳の年齢ポイントで到達目

標を設定した。初めて生産技能職と事務・技術職に分けた到達目標を設け，35歳（高卒・勤続17年）の生産技能職で315,000円以上（ベア要求3,100円以上），事務・技術職で330,000円以上（ベア要求3,300円以上）とした。30歳（高卒・勤続12年）では生産技能270,600円以上（ベア2,700円以上），事務・技術職278,100円以上（ベア2,800円以上）とした。目標水準に到達するためのベア要求は率で1％以上を基準とした。また，賃金水準の底上げのため前年から設けた35歳のミニマム要求（最低到達水準）は，前年同額の25万円に据え置いた。併せて新たに30歳の最低到達目標として22万円を掲げた。

一方，金属労協の要求基準は，連合と同じく35歳は標準労働者を中心にした個別銘柄別の決定を基本として，35歳の技能職（高卒・勤続17年）の現行水準300,600円から308,000円以上への引き上げを求めた。ベア2,000円～3,000円のゾーン要求としたことで，鉄鋼労連と，1999年に結成された機械金属関係産別のJAMが3,000円，自動車総連，電機連合，造船重機労連，非鉄金属連合，全電線が2,000円のベア要求となり，要求額が二極化した。

その他の有力産別では，私鉄総連が前年比1,400円マイナスの定昇込み7,700円（30歳ポイント），電力総連がベア2,900円（同ポイント）の要求を固めた。

■60歳以降の就労確保で金属労協系が先鞭つける

もう1つの注目点は，金属労協系がリード役となった年金支給年齢と60歳定年制の制度的な空白を埋めるための取組みだった。金属労協は，1999年9月に決めた運動方針で「60歳以降の就労確保」に向けて，①希望者すべてが働ける制度，②年金支給開始年齢との接続，③60歳以降の就労者の組織化——を基本原則に，2000年の春闘で決着させることを確認した。

これに先立ち，電機連合傘下の組合では，関西家電で労使協議が先行しており，春闘前に松下電器，三洋電機，松下電工で60歳以降の雇用延長が合意されていた。関東系でも，春闘前の決着がほぼ確実視されていたことから，電機連合は雇用延長を産別統一要求にしない方針を固めていた。

松下電器は1999年5月，2001年から再雇用によって就業の最長年齢を延ばし，年金支給開始年齢の繰り延べより8年早く，2005年には65歳まで就労できる制度で合意した。ネクスト・ステージ・プログラムと名付けられたこの制度は「すべての就労希望者」が対象。年金などの公的給付を受給しながら65歳まで働く再雇用の形態として，①現職能の継続を含む直接雇用，②高齢者雇用会社に雇用される請負会社雇用，③派遣会社に所属する派遣会社雇用，④社外へのあっせん——などのコースを想定していた。60歳定年後のコースについては，58歳時点で本人の希望を確認し，翌年から「社内ハローワーク」を通じたコース選定と準備に入る。

松下電器の制度は，60歳定年まで賃金カーブは維持されるが，三洋電機の場合，基本的には55歳から賃金水準を下げたうえでの制度設計とした。希望者は定年到達前に社員から特別社員に身分を切り替え，年金支給開始までの雇用が保障される。

鉄鋼労連は，この取組みを産別統一要求とした。勤務形態は，隔週勤務や短縮日数勤務による「ハーフ勤務」とし，賃金水準は退職時の6割（360万円）を確保する考えを固めた。これは，在職老齢年金として減額支給される年金と高齢者雇用継続給付金を含めた水準で，鉄鋼労連ではこの負担割合を企業4割，公的給付2割と見積った。当時の同給付金制度は，60歳以上65歳未満で雇用保険の被保険期間5年以上の人に対して，60歳到達時の賃金に比べ85％未満の賃金で就労している場合，最高で賃金の25％相当が支給される制度だった。労働時間を半減させて雇用を分かち合うため，本部では「ワークシェアリングの発想に近い」と位置づけた。

このほか，唯一1999年春闘で定年延長を産別統一要求とした造船重機労連は，前年の経営側の回答である「継続協議」から一歩踏み込んだ具体的な回答を求めた。

自動車総連傘下では，リストラドライブの加速

で雇用問題が顕在化する企業も出てきた。このため、「総連全体では取り組めない」との意見もあったが、前年の定期大会では「60歳以降の雇用継続を求める組合員全員に対し、最低でも年金支給開始年齢までの間、雇用と収入が保障される制度とする」という取組みのガイドラインを確認した。これを受け、全トヨタ労連が、雇用継続を運動の重点課題とすることを確認。労使検討委員会を設置し、1年以内に結論を出すよう加盟組織に取組みの強化を要請した。業績好調の本田技研は、2003年からの65歳への雇用延長ですでに労使合意している。このように取組みの手法や内容に違いはあるものの、金属労協の主要産別は60歳以降の就労確保に向けて、足並みを揃えた。

2．2000年労使交渉の結果と総括

●労使関係の激変

2000年春闘は、20世紀最後の春闘という時代の変わり目を象徴する結末になった。グローバリゼーションと市場原理主義の圧力による競争激化や、規制緩和の進展といった企業経営に構造変化を求める風圧が交渉にダイレクトに影響を与えた。また、「雇用春闘」の別名のとおり、改善しない失業率を背景に、雇用問題が労使交渉の重しとなるなか、60歳以降の雇用延長問題がもうひとつの焦点となった春闘だった。

賃上げでは、造船重機、電力、NTTグループの各社がベアゼロを回答。さらに、鉄鋼大手5社も組合が春闘方式に参加してから初めてとなる分裂回答を示した結果、鉄の統一回答と金属相場の公益グループへの波及という2つの従来パターンが崩れた。このため、中小の賃上げ相場の冷え込みは避けられず、2000年の賃上げは春闘史上最低だった前年の1999年の2.21％（労働省調査）をさらに下回り、2.06％まで落ち込んだ。

交渉を振り返って組合幹部は、「ステークホルダーにおける組合のポジションに変化が起きた」（吉井眞之造船重機労連委員長）、「株主重視がここまで強く出てくるとは思わなかった」（鷲尾悦

▲鉄鋼労連は厳しい交渉展開を受け緊急集会を開いた

也連合会長）と語った。日本的労使関係の屋台骨が揺らいできたことを、結果が雄弁に物語っている。春闘改革を主唱する鈴木勝利電機連合委員長は、「今年は（従来型の春闘に）赤信号のシグナルが出たということだろう」とし、春闘改革は「待ったなし」と強調した。連合も、「交渉パターンや統一回答方式に変化が生まれており、今後の共闘のありかたについて再構築が必要」とのコメントを発表した。

●経営側は一貫してベアゼロを主張

交渉で経営側は一貫して「ベアは実施できない」と主張し続けた。「高コスト構造のなか、これ以上の賃上げは憂慮せざるを得ない」（トヨタ）、「総額人件費の観点からベアに応じられる情勢にない」（東芝）、「（賃上げの）余力もないし、物価下落のなか、ベアを実施する余地はない」（石川島播磨重工）――などが代表的な意見だった。

3月15日に金属労協が設定した集中回答日直前になっても相場感すらつかめず、「尋常ならざる事態」（笹森清連合事務局長）のなか、連合と金属労協は、日経連に対して「個人消費の回復のためには適切な賃上げが必要」との緊急申し入れをそれぞれ行った。極めて異例な行動だった。経営側のベアゼロの姿勢を打破するため、金属労協は交渉終盤に向け、1,000円のベアを目標にすることを申し合せ、JC共闘との相乗効果の発揮によるベア確保をめざした。

しかし、ベアで前年同水準を回答した電機・自動車と、ベアゼロなど前年実績を大幅に下回った

鉄鋼・造船重機が明暗を分けた。

　春闘異変を象徴したのが，鉄鋼5社の分裂回答だった。複数年協定の第2ラウンドとなった交渉の賃上げ回答（35歳・勤続17年の標準労働者）は，新日鉄，川崎製鉄，住友金属の3社が2000年1,000円，2001年ゼロ，一方，NKK，神戸製鋼の2社は2000年ゼロ，2001年1,000円に二極化した。大手5社のベア統一回答が崩れたのは，1959年に鉄鋼労連が春闘に参加してからでは初めて，分裂回答は43年ぶりの出来事となった。

　鉄鋼労連は，この年から一時金の統一要求方式をやめ，5社の体力差を踏まえた分裂要求を認める方針に切り換えた。しかし，経営側はベアの格差回答まで一気に切り込んできた。当時の荻野武士鉄鋼労連委員長は記者会見で「いつかはベアの統一回答が崩れる日が来るとは思っていたが」と無念の表情で語った。日産自動車からの鋼材調達先の見直しなど，業界の仁義なきシェア争いは熾烈さを増していた。分裂回答には，もうこれまでどおりにはいかないとのメッセージが込められているともいえた。

　年間一時金（39歳・勤続21年の標準労働者）は，5社すべてが異なる回答を示した。新日鉄の134万円（4.22カ月），NKKの121万円（3.81カ月），神戸製鋼103万円（3.25カ月）の3社が前年同額。川崎製鉄は前年比2万円増の130万円（4.10カ月）だったが，住友金属は前年実績を24万円下回る100万円（3.15カ月）の回答にとどまった。

　造船重機の総合重工7社の賃金交渉は回答日ギリギリまでもつれたが，結果は13年ぶりの「ベアゼロ」決着となった。この結果について田中利夫造船重機労連書記長は「労使関係も情から数字に変わった」と表現。従来の協調的な労使関係が変質しつつある証でもあると指摘した。

　三菱重工の最終赤字1,360億円が象徴するように，輸出採算の悪化や大幅な受注不足から各社の経営側は「1986～1987年の造船不況を上回る厳しさ」との認識に立って交渉テーブルについた。このため，交渉は入口から難航した。前年よりベア要求を1,000円下げて2,000円（定昇6,000円）で臨んだ組合側に対して，三菱重工が就業規則にある定昇凍結条項の実施を逆提案。また，日立造船でも前年秋に分社化した子会社（熊本県・有明工場）に出向している従業員の基本給の10％削減を提案するなど，交渉は日を追って緊迫の度合いを深めた。

　「ベアゼロ」基調の交渉が続くなか，造船重機労連は最終的に電機などの世間動向から判断し，妥結基準（歯止め）をベア500円とすることを決定。あくまでも世間並のベアにこだわった。しかし，最後まで経営側の姿勢を崩せなかった。

　電機大手17メーカーの賃上げは，前年同額のベア500円で決着した。総額人件費をこれ以上増加させないため，経営側は交渉終盤まで「ベアゼロ」を譲らなかった。パターンセッター不在のなか，電機連合は集中回答日の4日前の3月11日，「電機が動かなければどうしようもない。右顧左眄する時期ではなく主体的に判断する」（鈴木勝利委員長）と決断。ベアは「前年実績と同額」，一時金は「4カ月」をスト回避基準とするハラを固めた。この電機の動向が表面化してから，他産業でもベア500円をめぐる労使の攻防が水面下から浮上する。15日の回答日未明まで交渉がもつれた企業があるものの，17社の回答はすべてベア500円，一時金4カ月以上で揃った。

　自動車総連は大手メーカーの回答に対して，「ここ数年の賃上げの低下トレンドに全体として歯止めをかけることができた」との談話を発表した。業界トップのトヨタと業績堅調の本田技研のベアがそれぞれ前年より100円少ないベア500円で決着したものの，11メーカーの単純平均は，前年より132円マイナスの6,494円（定昇込み）を確保。賃上げ率も，前年より0.06ポイント減の2.13％に踏みとどまったためだ。前年ベアゼロだった日産がトヨタと同額の500円で決着したことも，「低下の歯止め」となった。

　交渉リード役のトヨタの交渉もこれまでになく難航した。組合側は3月に入ってから前年のベア600円を上回る1,000円をめざした交渉を展開。しかし，高コスト構造を是正するためには，定昇を

含む賃金カーブ維持分である6,950円以上の賃上げはあり得ないとする経営側の姿勢は固く，交渉の焦点は，前年実績の7,600円前後を巡る攻防に移ったが，最終的に電機労使が落着点としたベア500円で合意した。ただし組合側は，最後までこだわった一時金の2年連続の要求満額割れを阻止し，要求どおり5.9カ月（前年同月数）で決着した。

マツダの労使交渉は，一時緊迫した。組合が一時金の満額回答（5.3カ月）とならない場合は，25年ぶりにスト権確立投票に入る姿勢を示したためだ。経営側が，組合が最終のスト回避基準にした前年実績を0.02カ月（1万円）上回る5.02カ月（164万円）を回答したため，組合は了承した。

公益グループの電力，NTTグループ労使交渉には，規制緩和の強力な風圧が直撃した。電力主要9社とNTTグループ8社は，ベアゼロで決着した。大口ユーザーに対する電力の小売自由化，前年7月の純粋持ち株会社の下におけるNTT分割と米政府からの回線接続料金の引き下げを求める外圧などが，交渉の大きな重しとなった。両産業とも，例年ならば金属集中回答日ないし翌日には回答が出ていたが，異変の春闘を反映し，2日遅れの3月17日に決着した。

電力の夏季一時金は各社前年と同額で妥結した。NTTグループは，業績好調なドコモが2.74カ月，データが2.5カ月を支給する一方で，他の6社は2.2カ月となり，業績格差が一時金回答に映し出された。

私鉄では，金属回答をベースに電力とNTTの交渉を睨みながら落着点を探る従来パターンがとれなかった。このため，私鉄総連はベアゼロを回避するために見切り発車。電力，NTTの前に交渉をまとめるよう努めた結果，3月16日から回答で引き出した。統一交渉した大手の回答は個別賃金方式（30歳・勤続12年）で東急が定昇のみの3,500円。このほか，東武，京急，京成，京王，相鉄，名鉄の5社が4,950円で，平均方式に換算した妥結水準は7,200円となり，前年よりベアで750円下回った。

標準労働者による近鉄と阪急の回答表示は4,750円，京阪3,530円，西鉄4,300円で，平均方式の妥結水準は6,800円となり，関東大手などと格差がついた。私鉄総連の幹部は2000年交渉を「未知の領域での交渉だった」と振り返った。トヨタなど大手企業のベア水準を参考に，産業内外から批判されない妥当な線で落着するのが従来パターンだが，金属相場との連動が断ち切られたため，「未知の領域」での交渉となった。

● 60歳以降の雇用延長では歩み寄り

2000年春闘の前段交渉で焦点だったのは，60歳以降の雇用延長の問題だった。

電機連合は2000年春闘の成果として，「65歳への雇用延長制度」をあげる。他産別に先駆けて17の大手メーカーすべてが，2001年からの年金支給開始年齢とリンクし，希望者全員を対象とした制度を労使合意したからだ。その意味で，雇用延長に道筋をつけ先導役をつとめたことは確かだ。

一方，鉄鋼と造船重機は，2001年からの制度スタートを果たせず，年金と雇用との間に空白が生まれた点で課題を残した。制度設計の隘路となったのは，両産業の構造変化に必要な措置として実施した，大量な出向・転籍者の存在だった。

60歳以降の就労確保については，新日鉄からの「2003年度をめどに実施をめざし，具体的な内容や課題について検討委員会を設置して，2002年度までに検討する」との回答を受け，その他の各社もこれに準じた見解を示した。造船重機各社もここ数年大量の定年退職者が続くことから，「2003年度から1年単位の再雇用制度で62歳まで雇用延長する」との内容で決着した。

全電線加盟の古河電工など大手6社も，60歳以降の雇用延長を労使合意したが，金属関係以外でも制度の大筋を労使合意する企業が相次いだ。各繊維会社，松屋，三越，高島屋などの百貨店，王子，日本，三菱の各製紙会社でも，すでに制度の導入で労使合意に達している。

2000年春闘で組合は，60歳以降の雇用延長という制度面の成果を得たものの，肝心の賃上げ面では重い課題を突きつけられた。

2001年春闘

強まるグローバル化の風圧

【2001年春闘関係の特徴，主な出来事】

経営側，国際競争力，雇用確保重視を強調
賃上げはおおむね前年並み，一部でプラスアルファ
業績向上分を一時金に反映する傾向強まる
鉄鋼労使，一時金を業績連動型へ
連合，初めてパートタイム賃上げ基準を設定
労使でワークシェアリングの共同研究を進める合意形成

【社会・経済の主な出来事】

日本企業の業績は4年ぶりに増収増益
シドニー・オリンピック（2000年9～10月）
アメリカ景気減退
小泉政権（2001年4月～），「聖域なき構造改革」「骨太方針」

【世　相】

Qちゃん，IT革命，ジョブレス・リカバリー（雇用なき景気回復）

1．2001年労使交渉の焦点

　21世紀最初の春闘となった2001年の労使交渉。戦後初めて雇用者の年収は1998，1999年と2年連続でダウンした。2000年冬のボーナスは若干持ち直したものの，主要民間企業の賃上げが春闘史上最低の2.06％（6,499円）に終わったため，全般的には年収が伸びた実感は薄い。賃金が下がっているといっても2年連続で消費者物価が下落しているなかでは，実質賃金の確保といったこだわりが組合側に薄れているのも事実だ。賃上げといっても定昇確保程度のため，メディアから，「春闘」は「賞味期限切れ」などと揶揄される。しかし，労使の当事者からは，「春闘方式」を否定するような意見は聞こえてこない。逆に，賃金中心から労働条件全般を議論する総合的な協約交渉へ，さらにはワークシェアリングや雇用創出，社会保障といった国民的な課題についての社会的合意形成の場として，質的に変容させようとする意向が労使双方から提起された。

■横並び春闘の終焉

　「20世紀型春闘」に引導を渡したのは，奥田碩日経連の会長（トヨタ自動車会長）だった。2001年1月12日に開いた臨時総会の挨拶で，「労働条件一般について横並びで決める時代は20世紀で終わった」と，横並び春闘は打ち止めとの考えを強調した。日経連のトップ・マネジメント調査では，2000年春闘の賃金決定で考慮した最大の要素として「経営状態」をあげる企業が88.6％に達し，「世間相場」「労使関係」などを大きく引き離した。日経連が主唱してきた，各社の支払能力に応じた自社型賃金決定が浸透し，春闘相場の波及を支えてきた「世間相場」を意識した従来型交渉が後退していることが，その発言の背景にあった。さらに別の調査では前年の春闘でベアゼロだった企業が過半数に達したことも，「横並び春闘終焉」宣言の大きな根拠になっているといえる。

　2001年の年明け早々，米経済の減速，日本の株価下落，円安など，景気の先行きがさらに不透明

▲日経連総会で挨拶する奥田会長

になるなか，2001年春闘は始動した。他方，まだら模様とはいえ上場企業の3月期の決算は，連結ベースで4年ぶりに増収増益が見込まれ，企業収益は確実に上向いていた。この企業業績の改善を日本経済全体の自律的な回復に結びつけるために，組合側は「賃上げ」で個人消費を上向かせるべきだとする。その要求内容は，ナショナルセンター，産別とも前年と大きな変化はない。前年の2000年春闘の交渉前段では，年金支給開始年齢の引上げに伴う「60歳以降の雇用延長」がクローズアップされたが，こうした重点的な要求項目がない分，「目玉なき春闘」ともいえた。組合側の統一要求基準については，内容を深化させたり，状況変化に対応するために表現を変えた部分もあるが，基本的に連合系は「純ベア1％以上」，全労連系も「だれでもどこでも月額15,000円の引上げ」という，前年と同じ数字に落ちついた。

　その一方で連合の闘争方針は，「統一的な課題を設定した協約闘争」を全面に打ち出した。その柱には賃上げ以外に，労働時間短縮（時間外割増率の改善）と「60歳以降の継続雇用」を掲げた。とはいえ，時短を優先課題にしたのは一部の産別にとどまった。雇用延長についても先行組織に対する到達闘争といった意味合いが強いこともあり，全体の取組みとはならなかった。そのため，企業業績の回復がどこまで賃上げに反映されるかが焦点となった。

　この時期の業績回復は，不採算部門からの撤退による固定費削減といったリストラ効果によって

収益の向上となった側面が強い。しかし，この収益改善も，新会計基準の前に色あせてしまった。1999年度は連結決算重視への移行が図られ，キャッシュフローの開示で企業の有する現金は白日の下に晒された。さらに，2000年度決算からは，有価証券の時価評価の計上や退職給付会計が導入され，自己資本比率が明確になってしまう。グローバル経済下で投資家にとって重要な指標となる自己資本比率，さらに株主から見た収益率を示す株主資本利益率（ROE）が重要視されるにつれ，経営者の短期収益指向や株主重視の姿勢を強めてくることは間違いなかった。そのため，組合も「従業員と株主がイーブンになった」（笹森清連合事務局長）といった認識で，交渉を進めなければならなくなってきた。

■純ベア1％以上，初のパートの賃上げ基準設定

連合の2001年の賃上げ要求方針は，「賃金カーブ維持」を確実なものにしたうえで「純ベア1％以上」を掲げ，併せて，35歳・30歳の職種別到達目標額，最低到達目標額などを盛り込んだ。各産別の個別の要求額は，連合の統一要求基準と類似の構成産別で作る産業別部門連絡会での調整を踏まえてそれぞれが自主的に決定するとした。つまり，これまで連合が示してきた具体的な「賃上げ要求額」（ベア）については，10ある産業別部門連絡会や加盟産別の賃金水準をベースに，それぞれが設定することにした。その部門連絡会の強化を打ち出しているのもポイントである。毎回の交渉リード役である金属労協に「他力依存」するのではなく，部門連絡会で①統一的な要求基準設定の可能性，②賃金カーブ維持に向けた共同の取組み，③ヤマ場での回答集中化──などを要請した。春闘を連合が組織する必要はなく，産別自決でいくべきだとの加盟組織の主張を踏まえて，産別の自主性に配慮した要求設定ともいえる。

また，交渉前段では加盟組織に「賃金カーブ維持分」の確保に力を入れるよう求めた。これには，2つの背景がある。第1に，2000年春闘で顕在化した定昇制度見直し・廃止の動きが2001年春闘でも加速することが懸念されたこと。日経連の前年の調査でも「定昇制度を見直すか，定昇幅の引下げを検討している企業」が16.7％にのぼっていた。企業のおよそ半分は賃金制度がなく，大手企業でも私鉄など定昇制度が整備されていない企業が数多くある。このため，ベアゼロが相次いだ2000年春闘では，賃上げ相場のマイナス波及が働き，定昇制度がない企業では「ベアゼロ＝賃上げゼロ」で収束するケースが相次いだ。このため，これまで使ってきた要求段階の「定昇相当分」プラス・ベアの表示を，2001年は「賃金カーブ維持分」に改めた。第2に，成果主義をベースにした賃金制度改定やリストラによる労務構成の変化で定昇が額・率とも従来の数値とかけ離れつつあることも背景となる。事実，これまで2％相当といわれていた定昇も2000年春闘の前に再集計してみると，連合の民間平均で1.7％に低下していた。制度がなくても年齢や勤続年数をベースに賃金分布図を作れば，右肩上がりの賃金カーブが描くことができる。これをベースに傘下組織はまず，このカーブ維持を交渉で働きかけるよう方針は求めていた。そのため，2001年の闘争方針は，賃金制度再構築のための指南書という色合いが濃くなっていた。

一方，21世紀初の春闘における労働側の目玉をあげるとすれば，パートタイム労働者の賃上げ基準を初めて設けたことになるだろう。非正規雇用労働者の増加を踏まえて，初めて「時給の10円以上引上げ」の具体的な要求を打ち出した。正社員中心のイメージが強い春闘からの脱却が狙いで，春闘改革のひとつの具体例といえるが，定着するまでには時間を要した。

■JC系は前年同額要求，鉄鋼の一時金を業績連動型へ

賃上げ相場に影響力のある金属労協の要求基準は，純ベアで「2,000円～3,000円」と前年と同額要求。これに沿い，加盟産別のベア要求はJAMの3,000円以外，すべて2,000円で揃った。前年は電機のベア500円が天井相場になり，収益トップのトヨタもその水準に拘束されただけに，4年ぶ

りに国内の新車販売台数が前年比プラスに転じる自動車が，相場リード役になるかどうかが焦点だった。

鉄鋼労連の大手5社は前年の2000年の交渉で，2000年と2001年の賃上げを複数年協定で締結したため，賃上げ交渉はなく，一時金交渉に特化することになる。毎年交渉する一時金については，「年間120万円（生活基礎分）プラス30万円まで（成果還元分）」とし，120〜150万円の要求を各組合がそれぞれ設定した。ただし，新日鉄，川鉄，NKKの3社の労使が2001年から，電機労使がすでに実施している業績連動型の一時金決定方式を取り入れる。造船重機労連は，前年ベアゼロに終わっただけに，2年続きのベアなしは認められないところだった。

一方，公益産業では，前年ベアゼロで収束したNTT労組がベア要求の断念を決めたことが，「連合春闘」のなかでは最大の懸念材料となった。連合の笹森清事務局長も「JC→公益→後続（中小）への波及について，第2陣へのつなぎが非常に難しくなった。春闘は総がらみの体制で取り組まなければならない」と気を引き締めた。JC回答から，それに準じた形で公益産業に波及し，中小もそれを参考にするという「社会的相場形成」の春闘システム（図）は2000年春闘で，NTTと電力のベアゼロで大きな綻びを見せた。交渉前に，一翼を欠く，片肺飛行となってしまったわけだ。

電力総連の電力部会は，高卒30歳・勤続12年の標準労働者の基準内賃金を1,500円（約0.5％）引上げるよう求めた前年要求を，ほぼ半減して臨んだ。私鉄総連も，「1人平均2.2％（定昇相当分）プラス2,900円（ベア分）」を要求。公益産業労組は，規制緩和路線の集中砲火に加え，「規制産業は労働条件の水準が高すぎる」の合唱が続くなか，難しい交渉を余儀なくされる局面に追い込まれていく。

■日経連「雇用安定が最優先，賃金は引上げ困難」

こうした組合側の動向に対して，日経連は2001年1月12日に臨時総会で同年春闘に対する経営側

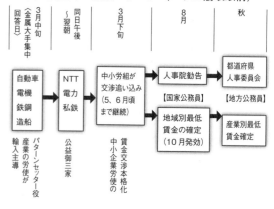

図　賃上げの波及パターン（バブル崩壊以前）

の指針となる「2001年版労働問題研究委員会報告——多様な選択肢をもった経済社会の実現」（労問研報告）を承認した。報告では，労使交渉に向けて，引き続き「雇用の安定を最重要視し，自社の支払能力を基礎に，総額人件費を徹底すべきである」と指南。各企業の支払能力に加え，インフレ抑制のために国全体の実質国内生産性の上昇率を勘案すべきとする「生産性基準原理」に沿った対応をするように要請する。そのうえで，自社の付加価値生産性の成果は，雇用（維持と安定）に次いで「賞与・一時金に配分することが妥当」と主張し，雇用安定を最重視する姿勢を前年に続き鮮明にした。加えて「すでに賃金水準は世界のトップレベルにあり，労働分配率も先進国のなかでも最も高いクラスにある」ことから，従来と同じく「国際競争力を維持する観点からは，これ以上の賃金水準の引上げは困難」との認識を示した。

2001年版の労問研報告で最も特徴的なのは，奥田会長が就任以来，日本社会のあり方として強調している「人間の顔をした市場経済」を基盤とした「多様な選択肢をもった経済社会」を実現させるために，より具体的な方策を提示していることだ。それは雇用問題への対応として，ワークシェアリングという発想を超えた雇用形態の多様化として，「短時間勤務の正社員」（正社員と同様に雇用期間の定めはないが，毎日午前中または週3日だけ働く等）の実現を提案している。前年も主張していた雇用維持のための短時間勤務ではなく，

2005年以降に到来するであろう労働力不足社会を踏まえて，女性・高齢者の活用に対する具体的な提案をしている。

さらに，外国人労働者の活用についても「積極的に活用することによって，わが国の産業・社会の活力が増す」と主張。在留資格・技能研修制度の拡大や移民としての受入れも含めて，「官民一体となって検討・準備に早急に取り組む必要がある」との踏み込んだ提言を盛り込んでいた。

■「ワークシェアリング」の合意形成は同床異夢

2001年1月19日の日経連・連合のトップ懇談会では，ワークシェアリングに関する共同研究を進めることで一致した。組合の闘争方針，経営側の指針のなかで使われている共通の言葉として「社会的合意形成」がある。この言葉の背景には，「社会の安定帯」としてこれまで築き上げてきた日本の労使関係は一朝一夕に崩すべきではないという共通認識がある。しかし，国際競争の激化やグローバル経済が浸透するなか，日本的な労使交渉・協議システムである春闘方式で対応できる課題の範囲も狭まりつつあった。

こうした春闘の到達点と限界を踏まえて，出てきたのが「社会的合意」という新たな問題提起だったのだろう。この年の連合白書も日経連・労問研報告も，ともに社会的合意形成の必要性を訴えている。しかし現実は，その第一歩であるはずの賃上げと雇用との関係について，たとえば欧州におけるワークシェアリング導入の前提だった正規・非正規間の均等待遇の原則，同一労働同一賃金の原則に関して，それに合わせた税，社会保障制度の見直しを含めると，わが国労使が超えなければならないハードルは余りにも高い。これからの社会のあり方を労使が描く時に，やはり春闘方式というシステムを活用せざるをえないのはわかっていても，そのシナリオは未完のまま先送りされた。

2．2001年労使交渉の結果と評価

●強まるグローバル化の風圧

2001年3月14日，金属労協加盟の大手労組に一斉に回答が示された後，15，16日の両日には大手私鉄や電力9社の公益産業の労使交渉も一部を除いて収束に向かい，2001年春闘は大きなヤマを越えた。マクロでみると企業業績は4年ぶりに増収増益と好転しつつも，デフレスパイラルの危機感が拡大し，さらに年初からの米国の景気減速に株価低迷が加わるという輻輳する経済環境下の春闘となり，先行き不透明感の広がりから交渉は回答日直前までもつれた。相場感なき春闘は労使の折り合いがつかず，具体的な水準論議に達しないまま回答日を迎えた。

自動車，造船などの組合は前年を若干上回る回答を引き出し，金属労協全体では4年ぶりに前年比マイナス賃上げに歯止めがかかった。一方，公益関係では前年に続きNTTグループ各社と電力9社はベアゼロを回答。私鉄総連傘下組合に示された回答も前年を上回ることができなかった。このため，主要企業の最終的な賃上げ率は前年を0.05ポイント下回る2.01％（労働省調べ）まで落ち込んだ。

このように，21世紀初の春闘は数字だけをみると，「要求」「回答」とも2000年春闘とほぼ同じで，代わり映えのしない結果に終わったといえる。しかし，この交渉の経過を振り返ると，前年の世紀末春闘で「曲がり角を回り切った」（笹森清連合事務局長）と評されたばかりの2001年春闘に突きつけられたメッセージは，「春闘改革不可避」だったといえる。ひたひたと押し寄せるグローバル経済下における「競争」と「市場主義」が，春闘の労使交渉のなかにも侵入してきたためだ。

●経営側「ベアの余地なし」，組合側「業績回復の還元を」

2001年春闘で組合は，この期の企業業績の回復は，ここ数年の人員削減・賃金抑制といった「リストラ」に従業員が協力した結果だと主張し，そ

の努力・協力への還元としての賃上げを求めた。一方,経営側は国際競争力の維持が大きな課題となっていることから,雇用を最も重視し,労務コスト増となる「ベアには応じられない」との姿勢を崩さなかった。2年連続の消費者物価下落を論拠にベア不要論を展開する経営者もいた。また,業績向上分は一時金に反映させる傾向が一段と強まった春闘だった。

金属労協傘下の組合はおおむね前年水準の確保かプラスアルファで決着したため,鷲尾悦也連合会長は記者会見（2001年3月14日）で,「厳しい状況にもかかわらず,精一杯粘った交渉で,バラツキはあるが前年実績を上回っている。ここのところ,マイナスアルファの春闘が続いているなかで健闘した」と評価した。

奥田碩日経連会長も,自動車,造船などで前年実績を若干上回る回答状況が出たことを踏まえ,同日（3月14日）に会見し,景気・消費動向に与える影響について,「マクロ的には経済の成長率が基準となり,ミクロ的には会社の将来実績などによって決まるだろう。ただ,国際的に高い日本の賃金をこれ以上,上げることは,国際競争力を失うことにつながる」と強調。「ベースアップはできるだけ少なくし,成果は賞与・一時金に反映させることが各企業で行われればよい」と述べた。

連合が求めた,3％程度の賃上げで個人消費の回復を,という目標も結局は前年並の賃上げにとどまり,鷲尾連合会長も「マクロ経済に（消費拡大で）寄与できる水準に達していない。不十分と言わざるを得ない」との認識を示す結果となった。

「バラツキ」が象徴的に表れたのは,自動車の回答だった。前年は4年ぶりに新車登録台数が増加に転じるなど,産業全体の業況が底をうったなかでの交渉となったが,トヨタ,日産,本田技研の大手3社と,国内販売の不振に喘ぐ三菱自工,マツダやトラックメーカーとの格差が回答にダイレクトに示された。1998年以降前年比マイナスの賃上げが続いていたトヨタは,前年比100円増額のベア7,600円（組合員平均,定昇込み・ベア600円）で決着。年間一時金は,組合側が要求した「5.0カ月プラス32万円」（212万円）に対し,経営側が満額回答で応えた。一時金の満額回答は2年連続。日産の賃上げは,トヨタの600円を上回るベア1,000円で妥結,7,000円の大台に乗せた。一方,一時金は予想外の展開となった。カルロス・ゴーンCEOは回答指定日前の3月6日の団体交渉のなかで,「組合員の努力に報いるため満額で応えたい」と切り出し,組合の要求5.2カ月（177万円）を満額回答した。本田技研の賃上げは,トヨタと同じベア600円で妥結し,前年比100円増の7,400円。一時金は,0.25カ月下回る年間5.95カ月で決着した。

大規模な早期希望退職を募集するなどリストラ中のマツダは,前年を300円下回る6,400円（ベア400円）。一時金は4.07カ月（134万円）で妥結した。リコール問題の影響で国内販売不振の三菱自工はベアゼロに終わり,前年を700円下回る5,600円。一時金は,前年比マイナス2.0カ月と大幅な減額となり年間3.0カ月（89.2万円）と厳しい結果に終わった。トラック業界全体の不振が響き,いすゞ,日野自動車はベアゼロで収束した。

● **電機は一時金アップ,公益はベアゼロ基調,経営側は定昇見直しへ**

2000年前半のIT（情報技術）ブームによる半導体や液晶を中心とした電子部品の需要拡大によって,電機大手各社の業績は大幅に回復した。しかし,後半からの半導体市況の悪化やITバブルが崩壊しつつある米経済の影響で,東芝,松下,NEC,富士通などの大手が相次いで2001年3月期決算見通しを下方修正した。そのため,経営側は,「来期の見通しも立たない,雇用確保が最優先」と最後までベアゼロを主張し,交渉は難航した。こうした状況を踏まえて電機連合は,ストライキ回避基準となる歯止めを500円とすることを,3月12日の中央闘争委員会で正式決定。各単組がこれを持ち帰り,個別交渉で経営側に伝え,前年同額のベア500円で妥結した。

一時金は,松下など10社が,会社の業績に応じて金額が自動的に決まる「業績連動方式」を採用している。そのため,残り7社の日立,三菱など

が交渉で決着した。日経連が主張する業績向上分は一時金で、との主張が電機大手の回答に鮮明に表れている。日立は5.0カ月、三菱は「5.0カ月プラス期末特別一時金（0.36カ月）」で妥結するなど、交渉組の平均額は前年より126,942円（10.3％）アップし、業績連動組も交渉組以上のアップが見込まれた。

前年、13年ぶりに「ベアゼロ」に終わった三菱重工など総合重工7社の賃上げ交渉は、ベア600円（定昇6,000円）で決着。吉井眞之造船重機労連委員長は14日、「1,000円に乗せたいという思いがあったことからすれば、決して満足の数字ではないが、それなりに評価してもらえると思う」と語った。

1998年から隔年春闘に移行している鉄鋼大手5社では、2001年はその中間年にあたるため、一時金だけの交渉となった。新日鉄、NKK、川鉄では、組合側が「業績連動型決定方式」の導入を求めたが、導入については合意に至らなかった。回答額（39歳・勤続21年）は、新日鉄が前年比4万円アップの138万円、NKKが前年同額の121万円、川鉄が5万円アップの135万円、住金が14万円アップの114万円、神鋼が前年同額の103万円。NKKは、121万円と別に、2001年4月から実施する業績加算評価制度を活用し、夏と冬の賞与時に2万円ずつ合計4万円を支給するとしている。

後続の公益産業は、前年に引き続き「ベアゼロ」ないし前年実績マイナスアルファで決着した。一方、私鉄大手の賃上げ交渉は組合側の回答指定日までに東急と阪急が妥結するなど、15日中に10社が終結した。近鉄、南海、名鉄は翌日まで妥結がずれ込み、相鉄はストに突入した。統一闘争で交渉した大手の回答表示は、1人平均方式で、東急がベアゼロ（定期昇給6,000円）、阪急がベア200円。営団、東武、京急、京成、京王の5社は個別賃金方式（30歳・勤続12年）で4,800円となり、前年比150円のマイナス。1人平均方式に換算した5社の回答水準は7,100円で、前年比100円のマイナスとなった。私鉄総連はこの年の春闘で、1人平均で「2.2％（定昇相当分）プラス2,900円（ベア分）」の要求を掲げ、定昇の確保に向けた要求方式を打ち出したが、回答表示に「定昇相当分を含む」など定昇という文字が入ったのは、営団、東急、京王、阪急、京阪の5社だけだった。

NTTグループの主要8社の労使交渉は15日、一時金を除いて終結した。4月から導入する新賃金制度で成果賃金への上乗せを組合側が要求していたNTTドコモとNTTデータは、それぞれ1人平均で1,000円、500円の上乗せで合意した。今季交渉で決着する予定だった主要8社の夏のボーナスについては、5月1日から導入されるマイライン（優先接続）のNTTへの加入状況を見極めたうえで改めて交渉するとして、妥結を5月以降に延期することになった。電力の主要9社の賃上げ交渉は、16日に9社すべてがベアゼロ、定期昇給のみの実施で決着した。電力は2年連続でベアゼロとなった。

●薄れる競争力の優位性，市場性で賃金決定

加藤裕治自動車総連事務局長が、回答後の会見で「ダウントレンドに歯止めをかけたかった」と述べたように、額はわずかかもしれないが、前年からの「引き算春闘」をとりあえずストップさせたのは組合にとって大きな成果だった。しかし、前年割れが回避できたというだけで、ベアがあっても500〜600円相場、また公益では「ベアゼロ」基調という結果では、「引き算」できる賃上げ分（ベア）が目減りしているのが現状で、組合にとっては定昇確保まで追い詰められた。

労務コストで次に経営側がターゲットにするのは、当然ながら定期昇給の見直しとなる。事実、東京電力では定昇テーブルの見直しが経営側から示されており、すでに年齢給を廃止したトヨタ、日産以外の自動車メーカーでも、年功給を見直す動きが広がっている。関西経営者協会はこの年、定昇を廃止するかウエイト低下を図るべき、との提言を発表した。

2001年3月期の企業業績は、連結ベースで4年ぶりに増収増益に転じ、前年比で約3割増と急浮

上した。不良債権処理による日本経済の構造改革が内外から問われるなか，景気は再度踊り場にあるとのマインドが強まっているものの，2001年は「ベア」が出せない状況ではなかった。「企業は数百円のベアが出せないわけではなく，出さないというサインを強く示した」（金属労協幹部）ということなのだろう。

企業は支払能力の有無ではなく，「競争」をより意識して賃金決定する傾向をさらに強めた。「出す用意はある。しかし，一律の昇給・ベアではなく，個々人の能力・成果に応じて出す。そして，企業業績向上分は，一時金で還元する」。このスタンスが2001年春闘でより明確になったといえよう。

トヨタ労使の最終交渉となった3月7日の労使協議会で張富士夫社長は「硬直的な昇給を続けることが競争力の再生に重大な影響を与えることを考えると極めて慎重に検討せざるを得ない」と会社側の主張を改めて伝えた。グローバル経済のなかで，「競争力の再生」を図らなければならないという，企業の気迫を感じさせる言葉だった。

草野忠義金属労協議長は3月14日の集中回答日の記者会見で，日本が生産技術面でトップ集団にいることは間違いないが，「振り返ると東南アジアが意外に間近に迫っていた」とのたとえで，コスト面だけでなく，製造能力，技術，品質管理といった面での途上国の追上げを指摘した。

系列関係が崩れてきていることもあり，ある部品メーカーの幹部は「品質が確保できるならば，どの国に進出してもいいし，そこで工場を建てて部品を逆輸入すればいい」と語っている。だからこそトヨタでも，「競争力の再生」をキーワードにさらなる経営革新に取り組まざるを得ない。この圧力がこの春の交渉の重しとなった。

さらに，電機労使の交渉では賃金の市場性が争点となった。電機連合が個別賃上げポイントに設定した35歳・高卒勤続17年での要求に対して経営側は，「量産品の（人件費コストの）競争相手はアジアやパート。またソフト開発の要員が増えているので，この年齢ポイントだけで交渉するのは無理がある」（飯田剛史東芝専務）と，異論を唱えた。電機産業では，今や大卒ホワイトカラーの比率が6〜7割に達している。富士通などではその割合が高く，同ポイントの実在者が存在しない企業もあるという。

経営側が示した銘柄の代表性に対する疑義は，単に各社間の労務構成の差異を根拠にしたものではない。高卒初任給の改定要求に対しても数社が回答を拒否するなど，「賃金は市場が決める」という姿勢を経営側が鮮明にしたものだ。

労働条件決定にあたって，市場メカニズムを重視する経営側の姿勢の変化に対して，電機連合は，今後の課題として，①35歳標準労働者の基準の代表性，②職種別賃金への移行問題，③一律ベアと成果に基づく配分の理論的整理──などをあげ，次の春闘に向けて重点的に検討を進めるとした。これに対して鈴木勝利電機連合委員長は14日の会見で，「業績回復がリストラ効果によるものといわれているが，労働者の犠牲に乗っかって賃金を上げろと言ってもこれが連帯になるのだろうか」「従来どおりのやり方では賃上げ交渉が行き詰まるのは目に見えている」と語気を強めた。

春闘改革を主唱する鈴木委員長でも，失業率が5％台をうかがう雇用情勢やグローバル経済の予想を超えた拡大を実感するにつけ，「変化のスピードが早すぎて焦りを感じている」と語った。

連合と日経連は，大手の回答から間を置かずにワークシェアリングに関する共同研究会を立ち上げた。春闘改革は，隔年交渉の導入といった交渉スタイルの新機軸だけにとどまらない。雇用・賃金・労働時間のバランスをどのように要求のなかに反映させていくのかを含め，春闘改革は待ったなしの段階に突入した。

●春闘改革と社会的合意の形成

2001年春闘を踏まえた以降の賃金闘争のあり方については，電機連合が提起した従来の「35歳・高卒・技能職」ポイントに加えて，「30歳・大卒・事務・技術職」の要求賃金水準を新たに設定し，各労組が選択する「エントリー方式」の導入

が注目された。要求基準では，これまで標準労働者の基準にしていた「学歴」と「勤続年数」を廃止。「基幹労働者」と定義しなおす。従業員のホワイトカラー化が相当な勢いで進んでいるのに対応した方針転換だ。電機連合では「基幹」を現時点ではリーダークラスと想定している。電機連合は将来的には「職種別」を基礎にした賃金制度に移行する方針を打ち出しており，標準労働者の「年功からの脱却」は，それに向けた過度的措置としている。

金属労協の大会で発表された「労使合意による社会的合意形成に向けた新たな運動展開」と題した特別報告も注目された。この報告は，経済成長を背景とした利益配分型の政策課題に代わって，損失分配型のシェアリングが避けられない新たな社会・経済システムづくりに向けて，労使合意による社会的合意形成の必要性を提起したもの。雇用維持・創出に向けては，ワークシェアリングと労働時間短縮を中心課題に位置づけ，賃金シェアリング（時間給発想）の導入や，「1人あたり時短」から「世帯あたりトータル時間」への発想の転換なども盛り込んでいた。こうした合意形成を実現させるためのフレームワークについては，産業別組合それぞれが経営者団体に働きかけ，金属産業全体の労使会議を設け，そこでの合意事項を政府に働きかけることを想定していた。

雇用問題については，各産別が新たな具体方針を示したわけではない。ほぼ2年ぶりに再開された，首相と連合幹部が直接懇談する「政労会見」や「政労使雇用対策会議」の場で，連合が主張する，「緊急雇用対策法の制定」や「140万人の雇用創出」を求めた。また，当面の取組みとして，産業・業種別労使会議の開催と「雇用安定宣言」などによる雇用安定の重要性の確認を強調した。4代目連合会長となった笹森清氏（前事務局長）も，政労使の協調で成果をあげてきているドイツの「雇用のための同盟」を引合いに出し，日本でもこうしたシステムを構築すべきだと主張している。このように，連合系の組合は，雇用危機打開のために，社会契約論に立脚した運動にスタンスを移しつつあった。

―― ミニ用語解説 ――

一時金：いわゆるボーナス。特別給与。賞与。労働組合は，生活一時金の立場に立ち，「一時金」という。

経営労働政策特別委員会報告（経労委報告）：旧日経連が第一次オイルショックへの対処を目的に労働問題研究委員会を設置し，1974年に発表した「大幅賃上げの行方研究委員会報告」が最初。その後，「労働問題研究委員会報告（労問研）」として，毎年発表されてきたが，旧経団連と旧日経連との統合を機に「経営労働政策特別委員会報告（経労委）」名称を変更した。その年の春季労使交渉・協議に対する経営側の基本スタンスや，雇用・労働分野における経団連の考え方を示すことを目的としている。

生産性三原則：生産性＝産出量（アウトプット）÷投入量（インプット）であるが，1955年（昭和30年）3月，日本で，経営者，労働者および学識経験者の三者構成で生産性本部が設立されたとき，生産性運動の基本的な考え方として，「生産性運動三原則」（①雇用の維持拡大，②労使の協力と協議，③成果の公正な分配）を設定し，今に至っている。

ストライキ：労働者が要求や主張を貫徹するために，団結して労務の提供を拒否し（同盟罷業），使用者に圧力をかけること。憲法で認められている権利の１つ。

賃上げ率：平均賃金の引上げ率

定昇：定期昇給。定期的に自動的に昇給する仕組み。たとえば，年齢や勤続に基づき１年に１回昇給する年齢給，勤続給がある場合は，定昇があるといえる。

ナショナルセンター：労働組合の全国中央組織。日本には，連合（日本労働組合総連合会。1989年結成）と全労連（全国労働組合総連合。1989年結成）がある。

パターンセッター：春闘において，リーディング産業がまず高めの回答を引き出し，それを波及させていくという方法を行う際の，それを担う産業別労働組合。主に金属産業が担ってきた。

付加価値生産性：１人あたり付加価値（売上高から外部購入費を引いたもの）

ベア：ベース・アップ。賃金表の改定。「純ベア」とは，「ベア」を「定昇」とは区別していることを強調するときの言い方。「ベアゼロ」とはベース・アップがない状態。

労働分配率：生産された付加価値のうち，労働者が賃金として受け取る割合。国民所得に占める労働者所得の割合をいう場合と，企業が生み出した付加価値に占める人件費の割合をいう場合がある。

ワークシェアリング：総量の決まった仕事を，労働時間の短縮，残業の削減などによって，多くの労働者で分かち合い，雇用を確保・創出すること。1970年代頃から，高失業率に悩んだヨーロッパで議論・導入が進んだ。日本では失業率の高まった2002年に議論が活発化した。

ワークライフバランス：仕事と私生活の調和。仕事と私生活をバランスさせて両立させ，性別や年齢を問わずすべての人が働きやすい仕組みをつくること。1980年代にアメリカで取組みが始まり，世界に広まった。日本では少子化が進むなか，重視されるようになり，2007年頃から官民一体の取組みが始まった。

2002年春闘

右肩上がり春闘の終焉

【2002年春闘関係の特徴，主な出来事】

連合，雇用維持・確保のため，ベアの統一要求を見送る
大手は軒並みベアゼロ（トヨタ，史上最高益でもベアゼロ）
人事院勧告は，初のマイナス勧告
鉄鋼，電機労使で，雇用維持・安定についての確認書締結
電機大手，自動車大手を中心に，経営側から賃下げ逆提案
日経連と経団連の統合（2002年5月）

【社会・経済の主な出来事】

ニューヨーク，同時多発テロ（2001年9月）
失業率6％台へ近づく
希望退職，早期退職の増加

【世相】

タマちゃん，W杯，ipod

1．2002年労使交渉の焦点

■連合初のベア要求見送り，「雇用確保」を前面に

2001年9月11日の同時多発テロは，情報技術（IT）産業のバブル崩壊とアメリカの景気停滞に追い打ちをかけた。世界同時不況の様相が強まるなか，日本経済は3年連続のマイナス成長が確実となり，さらにリストラとデフレが加わり，失業率は6％台目前まで高まった。

こうした状況を踏まえ，連合は2002年の春季生活闘争では，1989年の結成以来初めて，ベアの統一要求基準について具体的な数値を示さない方針を決めた。春闘の相場形成役である金属労協も2002年春闘の基本スタンスを「『雇用の維持・確保』を第一義」とすることを2001年10月15日の三役会議で確認。「デフレスパイラルへの転落を阻止する観点から所得の安定確保を果たすためにも最低でも賃金構造維持分を確保する」との文書を確認した。

こうした動向を受け，鉄鋼労連と電機連合は早々とベア要求の見送りを決め，代わって，雇用維持を主体とした春闘方針を固めた。鉄鋼労連は1987年の円高不況以来，2回目のベア要求見送りとなるが，電機連合は史上初となった。金属機械関係のJAM，非鉄連合，全電線もベア要求見送りを固めた。このほかの加盟組織では，業績にばらつきはあるものの，トヨタ，本田技研など高収益企業を抱える自動車総連と造船重機労連はベア要求を決めた。しかし，第三次産業を含め残りの産別も軒並み見送りに傾いた。

このため，2002年春闘は労使にとって賃上げ交渉が後景に退き，雇用確保が前面に出るという「雇用春闘」（鉄鋼労連）の様相となった。ただし，「雇用の維持・安定が要求になりうるのか疑問」（連合討論集会での意見）といった組合員の戸惑いもみられた。

■連合春闘は「雇用と生活を守る闘い」

連合は，「2002春季生活闘争方針」で2002年春闘を「雇用と生活を守る闘い」と位置づけ，雇用の維持・安定と賃金カーブの維持についての労使確認をベースに闘争を構築すると提起。具体的には秋季年末段階から，雇用に関する労働協約整備とともに，産業内や各企業で雇用安定宣言・雇用維持協定などの取組みを強めるとし，雇用確保を前面に打ち出した。

統一的な協約要求課題として，①賃金カーブの維持，②パートを含めた全従業員対象の企業内最低賃金，③時間外労働の抑制，④60歳以降の継続雇用——の4課題を設定した。賃上げの統一要求基準は，「賃金カーブ維持分プラスアルファ」とし，アルファには産業別部門連絡会で調整することにした。結果的に，賃金カーブ維持分（定昇）プラス・純ベア1％以上といった形での統一的なベアの要求水準が初めて見送られたことになった。

ただし前年と同じく，標準労働者の賃金水準到達目標は示した。35歳・勤続17年で，生産・技術職31万円以上，事務・技術職324,000円以上で，30歳勤続12年では，生産・技術職267,000円以上，事務・技術職273,000円以上。18歳高卒初任給の到達目標は，159,000円以上とした。

また，2001年春闘で初めて統一要求基準に格上げしたパートタイマーの賃上げについては，「すべての組合はパートを含む全従業員対象の企業内最賃について協定化する」という新基軸を打ち出しながらも，時間給引上げ要求は前年同額の10円以上とした。

■経営側「スタートラインはマイナスから」

ベア要求を見送るからといって，賃金カーブ維持分が自動的に確保される保障はなかった。定期昇給制度がない企業は，底（ゼロ）からの交渉とならざるを得ないことに加え，製造業を中心に，この機会に「世界一高い賃金」の水準を切り下げたいという意向が強まっていたからだ。

依然として20～30倍の賃金格差があり「世界の工場」となった中国のほか，東南アジア各国もコスト面だけでなく，製造能力，技術，品質管理の面で日本をキャッチアップしつつあった。競争力

の優位性が危うくなればなるほど、「賃金は市場が決める」が賃金決定の基準になる。

鉄鋼大手5社では定期昇給制度が確立しているため、組合員の定昇（35歳・勤続17年で3,700円）は確保される。しかし、電機の場合は、大手企業の大半で定昇制度が存在しないため、ゼロからの交渉となる。ところが、経営側は「スタートラインはマイナスから」（大手電機メーカー労務担当幹部）と言ってはばからなかった。まず、交渉のスタートラインは水準切り下げであり、第2ステップが現行水準を維持すべきかどうか、第3が賃金カーブ維持という交渉展開を描いていた。ベア要求ゼロと言っても、労使交渉は入り口から難航が予想された。

こうした大手の動向に対して、その影響を直接受ける中小労組からは、不安の声があがった。「ベアゼロ容認の流れが形成されると、法定最賃引上げに影響を与える」「具体的賃上げ水準が必要だ」「定昇や賃金カーブ維持分についての情報公開が必要」（連合・討論集会での意見）など、ベアゼロ春闘が形成され、そのマイナス波及が中小に及べば、賃金格差はさらに拡大してしまうとの危機感が広がり始めた。

■雇用維持・確保をどう担保するのか

1998年から隔年賃上げ交渉となった鉄鋼労連は、2002年春闘ではベア要求しない代わりに、2年間の「雇用安定協定」の締結を経営側に求める春闘方針の素案を構成組合に示した。この結果、鉄鋼労連は向こう2年間はベアなしとなる。記者会見で荻野武士鉄鋼労連委員長は、ベア要求見送りの背景を「鉄鋼業界は少なくみても、あと2年は厳しい状況が続く。労働条件を引き上げるスタンスはとりにくい。安易に雇用を扱う風潮が蔓延するなか、組合がそれに歯止めをかけるのも重要だ」と語った。

雇用安定協定は、各企業の個別労使で結ぶ。雇用の維持・確保を経営責任として最大限努力させ、「希望退職や整理解雇を行わない」（同委員長）ことを歯止めとすることを狙った。このほか、鉄鋼労連が要求するのは、①定期昇給制度の2年間実施の確約、②実労働時間の短縮、③60歳以降の就労確保——など。

一方、電機連合は、「組合がベアを見送っても、雇用が守られるという保障はない」（鈴木委員長）ことから、労使が共同で雇用安定策を研究する場の設置を経営側に要請することにした。要請先は、電機業界の人事労務に関する専門組織として同年、2001年10月に発足したばかりの「電機・電子・情報通信産業経営者連盟」（電経連）。研究会設置後、雇用維持のための方策としてワークシェアリングなど具体策の検討に入り、その結論を2002年1月に開く中央委員会で提起したうえで、春闘交渉と並行して経営側と協議する構想をまとめた。

2001年の夏以降、大手電機メーカーでの大規模な人員削減計画が立て続けに打ち出されているため、鈴木委員長は、人員整理が必要な場合、アメリカのレイオフ（一時解雇）制度のように2～3年間の措置として、休職中も賃金の9割を雇用保険と会社負担で保障し、業績が回復したら復職してもらう制度の導入も視野に入れていた。

こうした労組の動向に対して、経営側からはすでに「これまでも雇用の維持には努力してきたのにこれ以上何を望むのか」（大手鉄鋼メーカー幹部）といった反発も出てきた。しかしながら、「雇用安定宣言や雇用維持協定のイメージやその実効性の担保について共通認識がない」（連合中央討論集会での発言）の指摘のように、労組内でも「雇用春闘」について、すり合わせができていないのが実情だった。

「現在の雇用不安に対応するのは単組だけでは限界がある。社会的合意づくりを含めて雇用確保を中心に据えた春闘とすべき」（連合中央討論集会での発言）。失業率が5％台に乗り、さらに高失業社会に転じかねない状況では、この指摘のとおり、一企業のなかで雇用を守るためにできる努力の幅は狭められてきていた。

■政労使の社会的合意とワークシェアリング導入へ

連合と日経連は2001年10月18日，「『雇用に関する社会合意』推進宣言」を共同発表した。宣言では，深刻な雇用情勢の打開策として，使用者は「雇用を維持・創出し，失業を抑制する」，一方，労働組合は「生産性の向上やコスト削減などの経営基盤の強化に協力するとともに，賃上げについては柔軟に対応する」ことにそれぞれ最大限の努力を傾注することをうたった。内容的には1982年にオランダの労使が確認した「ワッセナー合意」に近い。しかしながら異なるのは，政府のコミットメントがなく，その役割が明記されていない点だった。

オランダでもこの宣言を受け，パートタイム労働の拡大という形でのワークシェアリングが進み，1982年当時12%だった失業率が，2002年では2%台とほぼ完全雇用の状況まで低下している。連合と日経連もこの宣言を受け，雇用を維持・創出するための具体的方策として本格的にワークシェアリングに関する議論を開始した。2001年10月末に「多様な働き方・ワークシェアリング問題研究会」を立ち上げ，2002年の3～4月に中間的なとりまとめを発表する予定を確認した。こうした動向を受けて政府も，ナショナルレベルで労使が議論を開始したワークシェアリングについて「重要な課題で注目している。与党としても何ができるか考える必要がある」（麻生太郎自民党政調会長）と支持する動きも出た。

この時点で労使間の最大の対立点は，賃金の取扱いだった。緊急避難的に所定内労働時間の縮減が必要な場合，その分の賃金抑制はやむなしという一歩踏み込んだ姿勢に転換しつつも，連合は残業（サービス残業含む）を削減したうえで，雇用創出につながらなければ，ワークシェアリングとはいわないと主張。一方，日経連は，雇用維持は多様な働き方の推進を通じて行わなければならず，時短分の賃下げは当然というスタンスを変えず，あくまでも，ワークシェアリングを雇用維持策として位置づけた。

▲ワークシェアリングに関する政労使合意（2002年3月）

金属労協も，ワークシェアリングの導入を中期的方針の中心に据え，賃金シェアリング（時間給発想）の導入や，「1人あたり時短」から「世帯あたりトータル時間」への発想転換も訴え始めた。こうした取組みも，企業を超えた労使協議の枠組みが必要なため，産業別組合それぞれが経営者団体に働きかけ，金属産業全体の労使会議となる「日本金属産業労使会議」を設け，そこでの合意事項を政府に対して働きかけることを想定していた。

こうした意見の相違はあったものの，2002年3月29日に2001年11月から始まった政労使による検討会議で，日本型ワークシェアリングに関する原則を合意した。

このように，2002年春闘は，個別企業の賃上げ交渉よりも，企業レベルに加え，産業さらに国レベルで雇用安定の申し合わせがどのように進むかに注目が集まっていた。

2．2002年労使交渉の結果と評価

●パターンセッター・相場波及が崩壊し，ベアゼロ，賃下げ逆提案

2002年春闘は，労働側戦術の定石だった金属大手によるパターンセッター方式と相場波及効果が崩れ，歴史的な転機となった春闘だった。2002年春闘の異例さは「雇用」「ベアゼロ」，さらに「賃下げ逆提案」の3つの言葉で要約することができる。

第1の「雇用」。まず交渉前は大多数の労働組

合が，史上初めて雇用の維持・確保を最優先課題に要求を組み立てたことが最大の特徴だった。逆に言うと，史上初めてベースアップ要求を見送った組合が大半を占めたことになる。

第2は，自動車，造船などベア要求した組合に対しても経営側は軒並み「ベアゼロ」回答で跳ね返した。労使交渉での最大争点は国際競争力だった。

第3は「賃下げ逆提案」。金属労協の集中回答日の直後に，大手電機メーカーを中心に経営側からの賃金カット・昇給延伸，時間外割増率の引下げといった逆提案（緊急労務対策）が次々と明らかになった。史上最悪の決算を背景に，雇用維持と引き換えにした労働条件の切り下げを，組合は飲まざるを得なかった。総合電機メーカーは軒並み減収減益で，赤字の合計は1兆円以上に及ぶ。電機メーカー各社はITバブル崩壊以降，生産設備の整理や大幅な人員削減の結果，在庫調整も進んでいるため，当時が大底だった。

こうした，民間における賃金交渉の結果，今年の賃上げ率は，史上最低を記録し，定昇程度に止まった前（2001）年の2.01％（厚生労働省集計）を大幅に下回り，初めて2％台割れの1.66％まで落ち込んだ。こうした民間企業の賃上げ・賃下げの影響が公共部門に及ぶことは不可避となり，夏の人事院勧告は初のマイナス勧告となった。

● 「右肩上がり春闘」の行き詰まり
―― 4年連続で下がる賃金水準

こうした異例づくめの結果が「右肩上がり春闘」の行き詰まりを反映していることは明らかだ。
日本労働研究機構の「ラスパイレス賃金指数」によると，1999年から受取り側の労働者から見た賃金は減り続けており，4年連続での賃金水準の下落が不可避となった。高齢化など，労務構成の変化や相違の影響を受けることなく，異なる産業間，規模間で労働者の賃金を比較したこの調査によると，2001年のラスパイレス賃金指数は，2000年を100とした産業計で0.1％のダウン。1994年の100.5を下回る水準となり，1999年から受取り側の労働者からみた賃金は減り続けている。

「右肩上がり春闘」が行き詰まったことは，こうした指数からも明らかで，下方硬直性が強いといわれてきた賃金が，目に見える形で下がり始めたともいえる。

では，なぜここまで賃上げ幅が縮まったかといえば，やはり3年続きの物価下落と国際競争力の低下を指摘することができる。連結決算で1兆円という過去最高益をたたき出したトヨタは「ベアゼロ」の結論を下した。一方，合計で2兆円超の赤字となった大手電機メーカー各社では，賃下げを伴う「緊急労務対策」が回答直後に明らかになった。日本経済を担う企業・産業が導き出したこうした結果が，春闘の歴史的転換を象徴していた。

他方，別の異変も起こった。日産のベア・ボーナス満額回答だ。こちらは，横並び春闘の終焉を象徴している。リバイバル・プラン（NRP）による経営再建を一年前倒しで達成した日産だけは，従業員の協力に報いるため，カルロス・ゴーン会長の決断でベア要求1,000円に満額回答した。これは，従業員への還元という側面もあるが，もう一方で，業績低迷時の賃上げ抑制で開いたトヨタ，本田技研との賃金格差を埋め合わせる意味合いもあった。横並び意識が強い日本の経営者からは生まれないゴーン会長ならではの決断だった。

● 日経連会長は「90点」，労働界は厳しい総括

これらは異例づくめだった2002年春闘を象徴する出来事だが，振り返ると，「2002年版労働問題研究委員会報告――高コスト体質の是正と雇用の維持・創出を」が主張した「これ以上の賃上げは論外。ベア見送りにとどまらず，定期昇給の凍結・見直しなどが求められる」を教科書どおり実践した結果ともいえる。奥田碩日経連会長は，記者会見で交渉結果について「90点」と高く評価。また，2002年5月28日，同日の経団連との統合前に開かれた日経連最後の定時総会での福岡道生専務理事の「労働情勢報告」のなかで，2002年労使交渉の特徴として，自己責任型賃金決定の動きが進み，従来以上に横並びが排されたことなどをあ

げ，これからの春闘の役割について，「一律賃上げの水準交渉は意味がなくなってきている」と総括した。

一方，労働側も，従来パターンの行き詰まりを認識せざるを得ない状況を踏まえた総括を行った。連合の中間総括では，国際競争や構造変化などから，これまでの「上げ幅中心の相場形成・波及パターンは成立し難い」との立場を明確にした。金属労協は中間まとめで，業績好調な組合でもベア回答を引き出せなかったことについて，「国際競争が熾烈を極めているなかで，経営側としては，将来に向けたわが国産業・企業の国際競争力維持と企業の生き残りを図る観点から，ベア拒否の姿勢を貫いたと考えられる」と分析。今後は，デフレとグローバル経済のなかでの要求根拠や共闘体制など，総合生活改善闘争のあり方を検討するとした。

全労連も，「02春闘は，労働者の状態や要求，企業の業績と関係なく，賃下げを強行する財界方針が貫かれた」と総括し，労働側にとっては，戦線の立て直しが最大課題となった。

●トヨタは最高益でも「ベアゼロ」
　――進む業績向上分の変動費化

業績還元を，固定費のベアではなく変動費の一時金で行う経営側のスタンスは，急速に強まっていたが，2002年春闘でさらにこの傾向が顕著になったといえる。史上最高益をたたき出したトヨタと本田技研は，組合の一時金要求に満額回答で応えた。トヨタは月数は同じだが定額部分は前年より7万円多い5.0カ月＋39万円で決着。本田技研も前年実績（5.95カ月）を超える6.3カ月で合意した。両社を含めた乗用車メーカー8社の3月期連結決算は最終的には全社黒字となったが，業績堅調組の日産，富士重工，ダイハツ，スズキ，ヤマハ発動機も要求満額で決着している。また，ベアゼロながら前年並みの利益をあげた造船重機各社も，前年より数万円積み増しして決着している。

こうした結果は，日本経団連の夏季賞与集計にも映し出されている。妥結額は平均で768,068円と，前年より1.43％減少（11,161円減）したが，内訳をみると，業種間で明暗が分かれたのも極めて異例であった。製造業174社の妥結額平均は744,466円で，前年夏実績に比べ11,082円，1.47％のマイナスだったが，自動車関係18社が7.42％プラス，造船12社が4.20％プラスとなる一方，鉄鋼がマイナス12.87％，電機がマイナス13.76％など，極めて大きなコントラストを示している。

●80年代米国とダブる電機・自動車の労使

前述のように，賃金構造維持分確保を引き出した電機の大手組合だったが，その直後，日立の5％賃金カットを皮切りに，東芝，松下，NECでも，昇給の半年延伸や時間外割増率を30％から法定の25％に引き下げる逆提案が明らかになった。

この「電機ショック」は，後続組の交渉の重い足かせとなった。こうした影響は当然予想されたため，組合側は会社提案の公表を先延ばしするように働きかけた。電機連合も，提案をやむを得ず受け入れる場合は，「来年3月までの期間限定とする」「一時金や退職金の算定基礎に影響させない」ことなどを指示した。労働界は「（回答から）間をおかずの提案は春闘を否定するもの」（笹森清連合会長）などと一斉に批判の声をあげた。とはいえゴールデンウィーク前に交渉は決着し，表（次頁）のような結果となった。

こうした結果を踏まえて電機連合は，この年の交渉を以下のように総括した。ベアゼロから賃下げの動向については「厳しさを増す国際競争のなかで，どう生き残りを図るのかの強い懸念があるから」と，経営側判断の背景を分析したうえで，今後は国際競争と労働条件が強く関連しあうことを念頭におきながら，水準（絶対額）基準への転換に向けてしっかり論議する必要があると課題提起した。また，「緊急労務対策」については，「まさにやむを得ぬ対応であり，決断であったと，清々と表明しておきたい」とまとめた。同対策の理由としては，①3月期決算が未曾有の赤字，②雇用に責任を持つ労組として2002年度に関するかぎり経営側と危機感を共有した――点を指摘している。

こうした動きは，1980年代の米国労使がくぐりぬけた交渉とオーバーラップする。オイルショックと日本車の追い上げにより，経営危機に追い込まれた米ビッグスリーのクライスラーは1980年，倒産回避のために政府から債務保証融資を受けた。同社はそのマッチングマネー捻出のため，組合に対して，生計費（物価）調整手当（COLA）の見直しや毎年の賃上げの先送り，さらに有給休暇の引下げを求めた。この影響が1982年のフォード，GMの協約改訂交渉に及び，COLAが9カ月間凍結されたのに加え，9日間の有給休暇削減，日曜出勤割増率の廃止が盛り込まれた。それまでビッグスリー各社は，日本の春闘のような横並び方式（パターンバーゲニング）で賃金・労働条件を決めていたが，これをもって事実上崩壊することになる。

　その頃，米国の自動車や電機メーカーにとって国際競争力の脅威となっていたのは日本で，とくに家電品は白モノを除いて米国市場を日本製が席巻した。そして今や，日本が中国の競争力の影におびえている。キャッチアップした日本がキャッチアップされる側に転換したことを，2002年春闘の結果が如実に物語っていた。2002年春闘で強まった賃金抑制の動きは，一時的なものではなく，デフレ環境が続く限り，さまざまな産業で浮上する可能性が高かった。これまで，賃金は下方硬直性が強いとされてきたが，この原則が崩れ始めた。成果主義の拡大で1998年からすでに下方硬直性が弱まりだしたとの分析もすでにあった。

● 「雇用春闘」とその実効性

　一方，大多数の組合がベースアップ要求を見送り，「雇用春闘」の色彩を濃くした2002年春闘で，労使は，金属産業を中心に雇用の維持・確保に向け，労使協定や宣言などを確認した。とりあえず，雇用に関する歯止めで労使合意が進んだといえる。

　2年間のベア要求見送りの代わりに雇用安定に関する協定を求めた鉄鋼労連は，大手5社の労使それぞれが「雇用の維持に関する確認書」を締結。協約期間中，雇用の場の維持・確保に全力を

表　2002年電機，自動車大手での会社側逆提案の結果

松下	・昇給実施を10月1日に延伸 ・時間外割増率を4月から1年間，法定の25％に下げる
日立	・今春の労使交渉で確定した昇給実施後の基準内賃金を，6月から1年間をめどに，平均で5％下げる（実質3％の下げ）
東芝	・昇給実施を10月1日に延伸 ・時間外割増率を新年度から1年間，法定の25％に下げる
富士通	・昇給実施を5カ月凍結し，9月21日から実施 ・時間外割増率を新年度から1年間，法定の25％に下げる ・一時休業中の賃金保証率は，80％を基準とする（長期を想定，現行は事業所でばらつき，短期間では95％のケースもある）
NEC	・昇給実施を10月1日に延伸 ・時間外割増率を4月から1年間，法定の25％に下げる
三菱	・新年度の年間所定労働日240日のうち，7日を特別協定休日とする。特別協定休日は無給のため，日数削減分（2.9％），賃金が削減されることになる ・時間外割増率を新年度から1年間，法定の25％に下げる
三菱自工	・定期昇給の実施を10月1日に延伸
いすゞ	・基準内賃金を4月から1年間，7％削減する

あげることなど，努力義務を明記している。しかし，回答後経営側は「最初から法的な拘束があるとは考えていない」（羽矢惇新日鉄常務）などの認識を示した。これ対して労働側は「確認書は労使の署名を伴うものなので協定そのものと受け止める」（荻野武士鉄鋼労連委員長）と述べるなど見解が大きく異なる。

　同じく，史上初めてベア要求しなかった電機連合傘下の大手メーカー組合と各企業も，雇用安定に向け，議事録確認，回答書への付記，労使宣言の形で労使確認している。こうした労使の確認は春闘史上初であり，その意義は大きいといえる。しかし，問題は実効性である。確認をカラ手形にしないために綿密で，日常的な労使対話がより必要となった。

● 「春闘は曲がり角を曲がり切った」
　――21世紀型への離陸

　リストラや企業倒産が落ち着く気配はなく、雇用失業情勢は、量・質の両面で抜き差しならない局面に入っていた。前年の2001年春闘でもうひとつ話題となったワークシェアリング（以下、WS）は、三洋電機や日本精工など一部の大手企業で、雇用維持のため、所定内労働時間を短縮し賃金を縮減する「緊急避難型WS」の導入を合意する動きがあったものの、大きなトレンドにはならなかった。

　WSはもちろん魔法の杖ではないが、2002年3月末に政労使の検討委員会がWSを通じた雇用維持・安定に向けた枠組みを合意した意義は大きい。また、電機連合が統一要求し、引き出したパートタイム労働者などの非典型労働者の労働条件向上に寄与するための18歳の産別最低賃金1,000円アップは、政労使委員会で中長期な多様就業型導入の前提条件と位置づける均等処遇確立の第一歩を記したものとみることができた。

　笹森清連合会長は2002年3月13日の会見で、春闘を「曲がり角を曲がり切り、新たな段階に入った」と表現した。2002年春闘が、笹森連合会長が指摘する「賃金、労働時間、雇用、社会保障をトータルに見直す21世紀型の春闘」のスタートならば、労働側には大胆な戦略転換が必要となった。ここは春闘を「社会の諸制度や個人のライフスタイルを含めて議論する場のひとつ」と位置づける奥田日経連会長の方向性との乖離幅は小さい。

　日本脅威論が渦巻いた1980年代に欧米の労使が通過した困難な道のりを、今度は、日本の労使がたどりつつあった。方法論は異なっても、競争力を回復させるために、各国とも10年以上を要した。それを可能にしたのは、経済・社会のトータルなモデルチェンジだったことに思いを致すべきだろう。

　では、春闘の大きな節目を踏まえて、労働側はどんな再構築策に打って出ようとしたのか。まず連合は、2002年春闘で賃上げ要求基準を「賃金カーブ＋アルファ」と設定したことについて、具体的数値基準を示した産別が少なかったことから、「うまく機能したとは言い難い」と自省。そのうえで、2003年春闘では統一的な賃上げ要求基準を示さず、各産業別組織の主体性に委ねる方向に転換した。ナショナルセンターとしては、生計費に基づいたミニマム確保に取り組むことを提起した。その代わり「賃金カーブ確保」や「労働時間管理の徹底」「企業内最低賃金」など、すべての組合が共通して取組む「ミニマム運動課題」の設定を新たに打ち出した。

　一方、産別組織は職種別賃金の決定機能を春闘に求める動きを強めた。電機連合は、「製品組み立て」「機械加工」「システムエンジニア」（SE）など、職種ごとに賃金水準の改善と産業内横断をめざす「職種別賃金決定方式」の確立に向け、2002年6月から職種別賃金実態調査に着手。組合が関与しない間にIT技術者の賃金相場が形成されることを食い止めるために、職種ごとの賃金水準の実態を把握し、代表銘柄（35歳・勤続17年など）の水準確保・到達闘争から、2006年をめどに職種別賃金決定闘争への脱皮をめざした。自動車総連も、生計費中心の賃上げ要求から職種や技能を軸にした要求根拠づくりに踏み出す意向を固めた。このように、金属労協を中心に職種別賃金を重視した賃金闘争にカーブを切り始めた。

　一方、日経連は経団連との統合による「日本経団連」設立を前に、『成果主義時代の賃金システムのあり方』を発表した。報告では従来の年功的一律型の賃金システムから成果・貢献度を反映した「多立型賃金管理」への移行を提起し、そのため「定期昇給」の見直しも主張、成果・業績に応じて昇給も降給もありうる「定期昇降給」を提案した。

　このように、右肩上がり春闘が行き詰まった状況を踏まえ、2003年春闘以降は、ミニマム規制や横断的職種別賃金の確立をめざす組合側と、一律賃上げから完全脱皮し、成果主体の賃金制度へ大きく舵を切ろうとする経営側が、賃金決定システムをめぐって新たな攻防を展開することが予想されることとなった。

2003年春闘

2回目の終焉を迎えた「春闘」

【2003年春闘関係の特徴，主な出来事】

連合，ベアの統一要求を示さず

大手はほとんどベアゼロ（日産ベア1,000円）

前年を下回る賃上げ（1.63％）

金属労協，初のJCミニマム設定（底上げをめざす動き）

政労使，雇用問題に関する合意（2002年12月）

賃金制度見直し（年功的賃金体系見直し）は別途労使協議へ

【社会・経済の主な出来事】

鳥インフルエンザ

【世　相】

なんでだろ～，へぇ～

1．2003年労使交渉の焦点

■労使共通の目標はデフレ脱却
――連合・金属労協とも初めてベア要求断念

　2003年春闘は，二度目の「春闘」終焉に直面した年だった。日本経団連が旧日経連の「労働問題研究委員会報告」に代えて発表した「2003年版経営労働政策委員会報告――多様な価値観が生むダイナミズムと創造をめざして」（経労委報告）で，「労組が賃上げ要求を掲げ，実力行使を背景に社会的横断化を意図して『闘う』という『春闘』は終焉した」と宣言した。さらに，「春闘から討議し検討する『春討』への色彩を強める」と強調。経営側のこうした動向だけでなく，労働側も2003年春闘を期して，その機能を「ベア中心からミニマム重視」に戦略転換を企図した年だからである。

　2003年春闘に向けて連合と相場リード役の金属労協は，共に初めてベースアップに関する統一要求基準の設定を断念した。第一次石油危機によるインフレ加速により，1975年春闘で前年度プラスアルファ要求が崩れ，労働側が「経済整合性論」による賃上げ要求にシフトし，大幅賃上げ要求型春闘が第1回目の「春闘の終焉」を迎えたように，2003年春闘は，デフレの加速で経済整合性に立脚した「ベア要求中心型春闘」が行き詰まり，二度目の「春闘の終焉」を労使両方の主張が裏付ける格好になった。

　労使共通の目標は，インフレ回避からデフレ脱却に移った。

■ベア中心からミニマム重視

　連合の2003年春季生活闘争方針の基本的な考え方は，4つの最重点課題とすべての組合が取り組む3つのミニマム運動課題からなる。

　重点課題としては，①政策制度を柱とした景気回復と雇用確保の実現，②賃金カーブの確保と賃金の底上げ，③パート労働者等の処遇改善と均等待遇の推進，④不払い残業の撲滅と総労働時間短縮の推進――を設定。①の部分は主に連合がナショナルセンターとしての責務で進めることとなっており，2002年12月4日の「雇用問題に関する政労使合意」が，その第1の成果になったといえる。これらの最重点課題を具体化するために，②～④の3つを全構成組織が何らかの形で交渉に乗せることが，求められている課題である。②の賃金カーブの確保は，経営側が前年以上に賃金制度の改革による定期昇給の凍結・見直しを今季交渉の課題としているだけに，ベア要求なしが大半とはいえ，賃金カーブ維持（維持か賃下げか）が労使の攻防ラインになることは必定だった。

　賃金制度が整備されておらず，賃金カーブ算定が困難な組合の目安として，連合は1年平均の昇給額・月額5,700円を提示した。これは，年齢別最低賃金として設定している18歳・148,000円と最低到達目標の35歳・245,000円を結んだ賃金カーブをモデルに算出したものだ。とはいえ，高齢化や成果・能力部分の拡大などの影響で，この10年で定期昇給相当部分が年々目減りし，かつての2％台から1.7～1.8％まで縮減されている。ここに歯止めをかける労組の具体的な賃金戦略は，依然として見出せていなかった。

　③は，全従業員対象の企業内最低賃金の協定化であり，2002年と同じく全組織がパート労働者の賃上げに取り組み，時間給で10円以上の引上げをめざす。そして，パート賃金の底上げを図るため，パートを含む全従業員対象の企業内最低賃金協定化（時間額表示）の締結と改定に取り組む。その到達目標は900円以上，最低到達目標は790円以上とした。

　もうひとつ本気度が試されるのが，④の不払い残業の撲滅と労働時間管理の協定化だ。「ノーワーク・ノーペイ」をもじった，「ノーペイ・ノーワーク」（サービス残業撲滅）のスローガンを掲げた。ただし，年間総実労働時間1,800時間を掲げ，10年以上たっても実現できない長時間労働の是正や，リストラで人員減少のなか繁忙を極める現場実態からみると，時短運動を再構築するには相当の気構えが求められた。

■金属労協が初のミニマム設定
——相場波及から社会的波及へ

2001年頃から金属労協系を中心に,「連合がベースアップの『統一要求基準』を示す必要はなく,産別・部門連絡会に任せるべき」だとの主張が有力になり,2003年に至って,ナショナルセンターと産別のすみわけがより明確になった。つまり,連合は中小,地域,未組織・パートなど社会的な配分,ミニマム闘争に軸足を移すことになり,各産業の実情を踏まえて,賃上げ統一闘争の機能主体は,産別が担うことになった。

連合はこうした春闘機能の変化を方針のなかで,「組合運動の求心力を高め,交渉結果の社会的波及をめざす」と位置づけた。いままでのベア中心の要求組み立てとその結果の相場波及という春闘機能からの決別を意味した。パートの賃上げに象徴される未組織を巻き込んだ運動の求心力を高め,交渉結果(協約化)を通じて,社会的な波及力獲得をめざす方向への転換といえた。これも,春闘による賃上げ相場波及機能の行き詰まりという面で,前年プラスアルファ要求方式による従来型「春闘」の終焉を裏付ける動きとみることができる。

その具体的な表れが,金属労協が初めて設定したJCミニマムだった。水準は35歳勤続ゼロ年で21万円。設定の参考にしたのは人事院調査の標準生計費や金属労協の全組織調査などで,これを最低基準として,将来的にはこれ以下をなくしていく運動展開を想定した。金属労協はこれとあわせて,企業内最低賃金と産別最賃の取組みを連動させ,企業,産業内の賃金の「底上げ」を図るため,2002年9月の大会以降,本部内に最賃センターを設置した。

とはいえ,金属産業の賃金水準が全産業平均の95%にとどまっていることから,「金属産業にふさわしい賃金水準」を追求することも闘争方針で確認し,これを受けて自動車総連は,ベア要求の方針を固めた。

こうした動向もあり,全労連は「来春闘で賃金(ベア)に取り組むのは全労連以外にない。全労連(の成果)が世間相場になる。これまで以上に社会的注目集める」(坂内三夫事務局長)との姿勢を示した。そのため,初めて「大幅賃上げ」の看板を下ろした。全労連は結成以降,大幅賃上げを要求に掲げ,春闘の正統的な後継者を自認している面があったが,この降板も「春闘終焉」にまつわる出来事として軌を一にしているといえなくもない。全労連の新基軸は,「提案型」春闘を打ち出したのがポイントで,具体的な統一要求基準として,①誰でもどこでも月額1万円以上の賃金底上げ,②パート労働者の「誰でもどこでも50円以上の時給引上げ」,③18歳・高卒初任給180,000円以上・全国一律最低賃金「時給1,000円以上,日額7,400円以上,月額150,000円以上」——などを設定した。

■大多数がベア要求を見送り
——要求組は自動車総連,UIゼンセンなど

歯止めのかからないデフレに加え,不良債権処理の加速,さらに業績回復の不透明さから,はやばやと2002年につづいてベア要求見送りを示唆する産別が相次いだ。こうしたなか,自動車総連は平均方式による賃上げ要求の基準を「賃金カーブ維持分プラスアルファ」とする方針を固めた。賃上げ相場に最も影響力を有するトヨタ労組の動向がカギになるとはいえ,とりあえず,ベア要求できるところはするとのスタンスを固めた。ただし,ベア分についての額表示ができなかったのは,初めてだった(前年のベア要求は1,000円基準)。各社の収益,業績の二極化を考慮しての基準設定となった。

前年の2002年の春闘では,日産以外の大手メーカーでベアゼロが相次ぎ,過去最高益のトヨタも同様だっただけに,2003年春闘では,国際競争力維持と高コスト構造をめぐる労使の主張がどこまでかみ合うかが焦点となった。

2002年9月にゼンセン同盟とCSG連合などが統合して民間最大産別となったUIゼンセン(76万人)も基本的には,ベア要求を前提とする方針を固め,「賃上げカーブ維持(1.8%)プラスアルファ」とする賃金闘争の方針案を決めた。賃上げ

2003年

要求を自粛していては,「組合がデフレスパイラルの補助装置になってしまう」(髙木剛UIゼンセン会長)というトップの危機感がある一方で, 傘下の産業業況に明るさが見えないところが多く, 中小労組など格差是正を求めるところ以外は, 賃金カーブ維持中心の取組みとなる公算が大きかった。事実, 連合系でのベア要求組は, 少数派となった。

一方, 賃上げ相場形成に影響力のある電機連合は2年連続でベア要求を断念。ただし, 電機連合の賃金政策として新たに打ち出している「職種別賃金方式」の第一歩という位置づけで, 要求を組み立てた。具体的には, 2002年春闘に引き続き要求ポイントとして, 傘下の各組合が「35歳技能職」と「30歳事務技術職」のどちらかを選択するエントリー制を採用した。ただ前年と異なり, モデルの定義から,「学歴」と「勤続年数」を除外した。また, V字回復が思うように進まず, 追加的リストラ策を打ち出す企業が出ていることから, 2002年春闘で確認した雇用維持への努力をうたった労使確認を改めて協議した。

同じく金属労協傘下で, 前年は自動車総連とスクラムを組んでベア要求した造船重機労連も, ベア要求断念を傘下組合に方針提起した。

公益関係も, ベア要求を見送った。NTT労組は, NTTグループ主要8社すべてがベア要求を見送る方針を確認し, 要求断念は3年連続となった。また, 2002年春闘で, ドコモ, データとコミュニケーションズの3組合が改善要求し, ドコモとデータが有額回答を獲得した業績に対応した成果手当についても, 要求を見送った。これによって, NTTグループは4年連続のベアゼロが確定した。電力総連も, 電力自由化などで各社で人員削減などの経営効率化が行われている情勢を配慮し, 2年連続でベア要求断念の方針を決めた。

■**政府, 日本経団連, 連合の「雇用問題に関する政労使合意」**

2002年12月に発表された, 政府, 日本経団連, 連合の三者による「雇用問題に関する政労使合意」は, 連合が重点課題4本柱のひとつにすえる

「雇用の確保の実現」の成果ともいえる。ナショナルセンターの責務として,「後半は雇用問題に特化」「雇用で突っ走る」(笹森会長)と語っていたトップの姿勢を裏付ける動きともいえた。ただし, その内容が, 労働側には具体的すぎ, 経営側には抽象的過ぎるとの意見が連合内にあった。つまり, 雇用の維持・確保について経営側は,「雇用の維持・確保が社会的使命であることを改めて認識し, これまで以上に雇用の維持・確保に最大限の努力を行う」との意気込み(心構え)を表明しているのに対し, 労働側は,「雇用コストを削減して雇用維持を図らなければならないような場合には労働条件の弾力化にも対応する」と, より具体的な対応を自ら表明しているからだ。

これに対して, 日本経団連の「2003年版経労委報告」では,「連合の姿勢を評価する」との立場を表明した。連合側はあくまでも, 雇用維持を前提にしているものの, 時間単価の切下げを飲むこともありうるとの姿勢を示唆しているからだ。たしかに, この表現は2002年3月に合意したワークシェアリングに関する政労使合意で労働側が確認した「緊急対応型ワークシェアリングの実施に際しては, 労働者は, 所定労働時間の短縮とそれに伴う収入の取扱いについて柔軟に対応する」との内容よりも踏み込んでいた。所定内の時短に相応した賃下げを認めるといった内容だったものに比べ, 今回の合意では, たしかに一歩踏み込んだ考え方を示している。

「2003年版経労委報告」はさらに,「企業の支払能力は深刻な状況にあり, 賃金引下げに迫られる企業も数多い」などとしたうえで, 人件費と利益の源である付加価値の向上がなければ, 雇用の保持すら危うくなるという危機感をこれまで以上に強調, 雇用と賃金問題を同一にとらえているとの考えも示していた。

こうした経営側の姿勢が2003年春闘の交渉の基調となるならば, 雇用維持と引き換えに賃下げを飲まざるを得ないケースが多発することが容易に予想された。それだけに, 組合にとって2003年春闘は, 組合員の納得性の高い結果をどう引き出せ

るかが課題となり，一方，労働条件を変更した場合は，経営者にも説明責任とその後の結果責任が強く問われることになった。

2．2003年労使交渉の結果と評価

●ひとつの時代の終焉

2003年春闘は2003年3月12日，金属産業の大手組合に一斉に回答が示され，最大のヤマ場を超えた。大多数の組合がベースアップ要求を見送ったことで，定期昇給相当分の確保（賃金カーブ維持）や一時金の増額が最大の争点となったが，交渉リード役の金属労協傘下の大手労組の大半が賃金カーブ維持を確認。一時金は，全体的に水準が回復した。

各種の賃上げ集計をみても前年と同水準か若干落ち込んだ程度で，日本経団連の最終集計は，大手企業の平均で1.65％・5,391円（前年1.59％・5,249円）だった。しかし，笹森清連合会長は3月12日，金属集中回答日の記者会見の冒頭，「完全に時代が変った」と述べた。大手が賃上げ交渉をリードし，それを踏み台に各組合が交渉を展開する従来型春闘は機能不全に陥ったのである。今年の交渉結果が，春闘の「転換」に止まらず，ひとつの時代の「終焉」を刻印したということである。これを特徴づけた2003年春闘での出来事を以下，あげてみる。

・トヨタ労組のベア要求断念

2003年10月の大会でトヨタ労組は「今後はベアを要求しない年もあり得る」との方針を確認したが，最終的にはベア要求を見送った。大会時点から今期の過去最高益が当然視されたにもかかわらず，労組側のこうした自粛路線に米自動車ビッグスリーお膝元の日刊紙『デトロイト・ニュース』は，早速コラムで取り上げ，「組合員の自主的な賃金抑制は驚きだ」と論評した。2期連続で過去最高益が予想されるなかでの，組合側の賃上げ抑制ボランタリズムは，米国では考えられない話だからだ。

▲日産のカルロス・ゴーン社長

・経営側，「『闘う』という『春闘』は終焉」

「2003年版経労委報告」では，「労組が賃上げ要求を掲げ，実力行使を背景に社会的横断化を意図して『闘う』という『春闘』は終焉した」「春闘から春討への色彩を強める」などと主張した。そして，「ベアは論外，定昇の見直し，凍結も」と述べるなど，賃下げの必要性も示唆。2003年春闘の交渉展開はこの筋書きに近いものとなった。

・「ベア中心からミニマム重視」に戦略転換

労働側も要求段階での戦略転換を明確にしていた。連合と相場形成役の金属労協は共に初めて，ベースアップ要求に関する具体的数字の設定（数値の入った統一要求基準）を見送った。そして，春闘の具体的な担い手は産別であり，連合は調整と企画・立案を中心に担うことを確認。2003年春闘を期して，連合だけでなく全労連も春闘機能を「ベア中心からミニマム重視」に戦略転換させようとした。ベアによる賃上げ相場の波及から，パート労働者を含む労働条件の底上げと社会的波及に取組みの軸を移す方向を追求する考えだった。

・ゆらぐ産別統一闘争

市場競争に対抗するため労働組合が産業別に統一した要求を掲げ，要求提出日・回答指定日の設定などを通じたスケジュール闘争を行う産別統一闘争は，春闘方式の要だった。しかし，2003年春闘では，これも大きく揺れ動いた。

自動車総連は賃金カーブ維持プラスアルフという産別統一要求基準を設定したにもかかわらず，先にみたように，トヨタはベア要求を断念した。一方，日産は2年連続で組合1,000円のベア要求

に満額回答で応じるという予想外の展開をみせた。しかも，金属集中回答日の2週間も前に，一時金要求を含めカルロス・ゴーン社長みずから満額回答の意思を表明した。

また，私鉄総連傘下の京浜急行労組も経営側の異例な対応に戸惑った。業績回復を受け，経営側は1月中に経営側が事実上の有額回答を示し，妥結を求めたためだ。

電機，造船の産別内でも一部労組が業績不振から，統一闘争から離脱するなど，2003年春闘は産別統一闘争のほころびが随所で目立った。

・「生計費保障」から「投資」に

日産のカルロス・ゴーン社長はベア有額回答の意味についても，これまでにない考え方を示した。日産労使は，「ベアは未来に向けた投資」という位置づけで折り合った。ベア要求を見送りつつも，別枠6万円支給で妥結したトヨタ労使の根拠も「投資」だった。

生産性の向上を不断に追求する労働者＝人的資本には「投資」するという視点を前面に打ち出したことになる。標準生計費的なレベルをクリアしてしまった大手企業では，「企業業績の精算は賞与で」「ベア・昇給は投資を根拠に行う」という方向性が明瞭になってきた。2003年春闘では，トヨタ（5カ月プラス50万円プラス別枠6万円），日産（5.8カ月），ホンダ（6.4カ月）の一時金は，ともに過去最高水準の年間支給月数で妥結した。

さらに，定期昇給と並んで年功的・属人的な賃金項目の代表格でもある家族手当の廃止も加速する見込みだ。キヤノン，髙島屋，伊勢丹といった業界勝ち組企業では，家族手当廃止で労使合意している。厚生労働省が4月に発表した男女間の賃金格差解消のための賃金管理および雇用管理改善方策に係るガイドラインでは，「生活手当は，男女間賃金格差を生成するような支給要件で支払われている場合には，廃止することが望ましい。家族手当のうちの子どもに対する手当や，住宅手当を残したとしても，配偶者に対する手当は廃止することが望ましい」とした。

■賃金・雇用とも「踊り場」に

中小企業の経営者からは，地方では数年前から賃下げしているのだから，2003年の春闘では賃下げを明言するべきだとの意見が，日本経団連には寄せられていた。ただし，そこまでダイレクトには主張しきれないため，日本経団連の「2003年版経労委報告」では，「ベアは論外，定期昇給制度の見直し，凍結も話し合いの対象になりうる。雇用を維持する代わりに，賃金は下げるという選択に迫られる企業も多数生じよう」といった表現に落ち着いた。

大手企業で目立った賃下げが表れていないとはいえ，地方や中小で賃下げが先行していたことは，政府統計が示していた。日本労働研究機構（当時）の「ラスパイレス指数」でみたところ，1999年から2001年までの3年連続で，賃金水準は前年度を下回っている。さらに，2002年の賃金構造基本統計調査によると，男性の年齢階級別賃金は，1997年の水準まで下落していた。また，『2003ユースフル労働統計』（日本労働研究機構）によると，ボーナスなどの減額が響き，生涯賃金は1997年をピークに下降線を描き出しており，生涯賃金は10年前の水準に逆戻りしていた。こうしたマクロ統計からも賃金水準の低下は，明確になっていた。

ただし，2003年の賃上げ交渉の推移をみる限り，前年並みの賃上げを維持し，一時金は回復基調となっているだけに，賃金自体は「踊り場」の様相といもえた。

一方，雇用もとりあえず「踊り場」の様相を呈していた。完全失業率は依然として5％台後半に張り付いているものの，暴風雨はすでに，通り過ぎた状況といえた。

2002年12月に確認された雇用問題に関する政労使合意のなかで，経営側は「雇用の維持・確保」に最大限努力し，労働側は雇用コストを削減して雇用維持しなければならないときは，「労働条件の弾力化にも対応する」ことをそれぞれの責任として明記した。「雇用が守られるのならば」の括

弧つきだが，労働側は賃金などの既得権にこだわらないとの姿勢を示したわけだ。とはいえ，2003年の春闘交渉で，雇用か労働条件の切り下げかがクローズアップされたケースはほとんどなかった。

その背景には，2001年から2002年にかけて希望退職や早期退職がピークとなり，雇用調整については一服感があったことがあげられる。東京商工リサーチの調査によると，2002年に希望・早期退職を募集した上場企業は，前年比5割増の200社にのぼっていた。労組の実感もこれを裏付ける。機械金属関係を組織するJAMによると，2002年は傘下の組合で希望・早期退職を募集しなかったところを探すほうが難しいほど，希望・早期退職が相次いだという。2003年春闘では，希望・早期退職のピークは過ぎ去っていたことになる。企業は，2002年春闘で話題となったワークシェアリングではなく，よりダイレクトな人員削減を優先的に選択したことになる。

● 「ベア論外」から「定昇見直し」へ
——相次ぐ賃金制度改革

2002年春闘，さらに2003年春闘でも「ベアゼロ」を貫いた経営側が，「定昇」という年功賃金制度の本丸に切り込む決意を実行に移したのが，2003年春闘のもうひとつの特徴といえる。

成果主義賃金ブームで年功カーブはすでに，寝てきているような印象もあるが，実際は大きく崩れているわけではない。定昇廃止・見直しの矢面に立ち，成果主義が最も浸透している感のある電機メーカーでも事情は同じだ。電機連合が17社の大手メーカーの組合員に実施している賃上げ実態調査を，前述の「ラスパイレス指数」で再計算したところ，最近4年間，34歳から35歳の昇給額は，前年実績をほぼクリアし，下降することはなかった。成果主義的な賃金制度の色彩が強まっているとはいえ，昇給額に大きな変化はなかったわけだ。

マクロレベルでみた賃金水準の低下は明らかだが，2003年春闘で経営側が問い掛けたのは，依然として残っている年功的賃金体系を本格的に見直すというサインだったといえる。年功的賃金項目の圧縮と，成果主義への移行は加速するものとみられた。

今春闘の交渉のなかで経営側から定昇の圧縮・廃止といった逆提案があったケースでも，組合に対する回答は賃金体系（カーブ）維持に落ち着いた。しかし，経営側から問題提起された賃金制度＝年功的賃金体系の見直しが今後，労使交渉のメーン・イシューになることは避けられない。限られたパイは，定昇に代表される属人給的な一律賃上げではなく，成果主義をベースにした，仕事基準による配分に移行する動きが加速するのは間違いなかった。これは，民間企業に限ったことではなく，郵政公社の新賃金制度や公務員制度改革の柱である新たな能力等級制にも盛り込まれた。

その意味で，労組にとってもこれからが正念場といえた。だだし，賃金制度の見直しは1～2年かけて行う息の長い交渉になる。笹森連合会長が「これからは一年中生活闘争になる」と，春闘の通年化を見越すのもこのためだった。

● 均等待遇や職種別賃金が前面に

連合は今春闘を期して，ミニマム運動を春闘の軸におくスタイルに転換した。全労連も「底上げ」重視に転換した。金属労協は，初めてJCミニマムを設定した。

では，こうした新たな枠組みがみがどこまで浸透したかについて，連合は加盟産別（回答41組織）に対するアンケート実施している。ミニマム運動課題については，ほとんどの産別が今後とも強化・継続すべきだと回答。しかし，「賃金カーブ維持」「パート賃上げ」「不払い残業撲滅」の3課題すべてを方針化したのは16産別に止まっている。

このように，新路線の定着度は今一歩だが，中間まとめで連合は，「すべての組合が参加し交渉結果の波及をめざすミニマム運動課題の取り組みを引き続き強化していく」と主張。来年以降もこの路線で臨む。そのためにも，ミニマム運動の重要な根拠として，連合には独自で具体的な賃金ミニマムの設定が求められる。ただし，雇用形態が多様化するなか，連合ミニマムを作る必要がある

のか，有効な数字を出せるのかという疑問もあった。このため，中間まとめでは「賃金のミニマム水準については，生計費と賃金に関する検討結果を踏まえ，早急に結論を出すよう努める。また，部門別連絡会や産別においては，それぞれの職種や一人前の労働者像に着目した銘柄別目標水準の設定に努める」との表現にとどめた。

組織内に依然根強い「連合がベアの統一要求基準を示すべき」との声を受けたベアを含む統一的要求設定等の是非については，「マクロ経済の好転等を踏まえ別途議論する」とするなど，連合の来春闘の賃上げ要求に向けた姿勢は，明確ではなかった。

●社会的波及めざす労組

賃上げ集計と，連合アンケートの結果をみても，ミニマム課題のうち，「賃金カーブの確保」は，クリアできたとみなすことができるとしても，「均等処遇」と「時短」は事実上先送りされた。均等処遇の具体策として，全従業員対象の企業内最低賃金の協定化と，パート労働者の時間給で10円以上の引き上げを掲げたが，目に見える成果を上げたのは，UIゼンセンなど一部の産別に止まっている。

また，サービス残業＝不払い残業の撲滅についても，行政の監督強化という追い風もあり，改善事例もでてきているが，職場慣行の抜本的な見直しを労組リードする事例は限られた。

連合などが春闘機能の転換を方針のなかで打ち出すのは，ベア中心型春闘の行き詰まりを受けたもの。だからこそ新機軸を「組合運動の求心力を高め，交渉結果の社会的波及をめざす」におく。パートの賃上げに象徴される未組織を巻き込んだ運動の求心力を高め，交渉結果（協約化）を通じて，すべての労働者に影響を与えるような「社会的波及力」の獲得へ方向転換したいとしているわけだ。そのためには，従来の企業内労使関係の枠にとらわれない，底上げやミニマムをキーワードにした全方位的運動が不可欠になるが，その行方は未知数だった。

2004年春闘

中小の相場形成と賃金制度の見直し

【2004年春闘関係の特徴，主な出来事】

連合，要求を数字で示さず，賃金カーブ維持（定昇確保，賃金構造維持）
大手はほとんど賃金構造（カーブ）維持
一時金は前年比アップ
連合，初の中小賃上げ要求指針の設定

【社会・経済の主な出来事】

経済は緩やかな回復過程
青色発光ダイオード訴訟判決

【世　相】

オレオレ詐欺
13歳のハローワーク

1．2004年春闘，労使交渉の焦点

■組織率低下が春闘機能の弱体化を加速

2003年，ついに労働組合の組織率が20％の大台を割り込んだ。この数年，時間の問題だったともいえるが，労働組合の組織基盤の脆弱化が進むなかで，2004年春闘が始動した。

日本経済は緩やかな回復過程となり，企業収益や設備投資，さらに雇用統計面でも明るい材料が出てきた。2004年春闘は労働側にとって，5年連続となる可処分所得の減少に歯止めをかけ，雇用優先・賃上げ自制の譲歩型交渉から抜け出す好機だった。

しかし，連合は前年に引き続き，要求基準を具体的な数字で示さず，金属労協（IMF・JC）も賃金構造維持分（定昇）の確保を前面に掲げるなど，積極的な賃上げを求める要求設定には至らなかった。日本経団連が主張するように「春闘」は終焉し，賃上げ相場の形成役という春闘の影響力も，組織率低下とパラレルしてさらに後退する局面に立ち至った。

こうした実情を受けて，労組側から春闘再構築に向けた新機軸も打ち出された。それが，ナショナルセンター，産別，単組の機能・役割を従来以上に明確にした闘争を組み立て，3月中に中小・地場における賃上げ相場を形成しようという試みであり，ここでナショナルセンターの手腕がより試されることになった。

個別労使交渉のなかでは，定昇廃止に象徴される賃金制度改革のトレンドが加速することは必至で，電機や自動車の大手企業では2003年から，定昇廃止など年功的な賃金体系の見直しを決めた労使が相次いだが，この動きはその他の産業や中小企業にも波及していくことが容易に想定された。

■単組・産別・連合の役割分担がより明確に

2004年の雇用・労働条件をめぐる問題について，連合レベルでは以下のような整理をしていた。「所得格差の一層の拡大と階層固定化，非典型雇用の拡大に伴う雇用の質の劣化，IT技術革新や企業組織再編に伴う雇用労働問題への対応面では，職場での公正なワークルールの確立がますます重要になっている」（『2003〜2004経済情勢報告』連合総研）。

こうした分析と現状認識を踏まえ，ナショナルセンター，産別，単組の三層構造になっている組合組織の役割分担をより明確にした形で，2004年春闘の方針案がまとめられた点が，大きな特徴だったといえる。

まず，連合は，労働契約や均等待遇に関する「労働法制の改革」と「社会保障改革」に加え，ミニマム運動の推進を取組みの重点に置く。産業別組織は，共闘体制の強化や労働協約の整備・拡充のための基準づくり，さらに使用者側と協議する場の設定などに努める。そして，単組レベルでは団体交渉，労使協議を通じた経営チェックを強める——といった方向性を従来以上に打ち出し，これに沿ってそれぞれが要求案を詰めることなった。

とはいえ，要求の内容やスタンスを前年と大きく変えたわけではない。2003年春闘に続き，連合はナショナルセンターとして闘争環境を整備するための4つの「最重点課題」（①景気，雇用，年金を柱とした政策要求の実現，②賃金カーブの確保と賃金の底上げ，③パート労働者等の処遇改善と均等待遇の推進，④不払い残業の撲滅と総労働時間短縮の推進）と，全単組が要求し，取り組む3つの「ミニマム運動課題」（①賃金カーブ維持分の労使確認と賃金カーブの確保，②全従業員対象の企業内最低賃金の協定化，③労働時間管理の協定化）を設定。新基軸としては，健康で文化的な最低限度の生活をおくれる最低賃金＝生活保障水準（連合リビングウェイジ）を提起した。その到達目標を時間額840円以上とし，全従業員対象とした企業内最低賃金の協定化で裏付けるよう求めた。

金属労協は前年に続き，「賃金構造維持分（定昇）の確保と賃金制度確立」を重視した取組みに力点を置いた。併せて2003年春闘で初めて掲げた

「JCミニマム（35歳で21万円）」を，金属産業の賃金水準の明確な下支えとするため，これ以下の賃金を認めないミニマム運動を強化した。

全労連は2004年春闘の賃上げ交渉に向けた要求統一目標について，①「誰でも1万円以上」の賃上げ，②パートなど時間給労働者は「誰でもどこでも時給1,000円の実現」と「50円以上の引上げ」，③全国一律最低賃金「時給1,000円以上，日額7,00円以上，月額15万円以上」——など，ほぼ前年に準じた方針を固めた。もう1つの柱である最賃運動では，地域最賃だけでなく企業内最賃の引上げもめざすとして，「時給1,000円・日額7,400円・月額15万円以上」を統一要求として掲げた。

■連合，初の中小賃上げ要求指針5,200円を設定

連合の2004春季生活闘争方針では，基本スタンスを「雇用と生活の悪化に歯止めをかけ，働き方の改善と労働条件の底上げをはかる闘い」と位置づけ，とりわけ，『中小・地場組合の共闘強化』に取り組む」と強調した。「連合春闘」ではこの「中小・地場組合の共闘強化」が目玉となった。その要求根拠として，300人未満の登録組合の高卒・技能労働者のモデル賃金をベースに，最新データでみた1歳1年間の平均間差額である5,200円を，初めて中小・地場組合に限定した賃上げ要求指標として設定した。

これと併せて，産別の共闘が実質的にどう進むかが注目された。新たな「中小共闘」の形成に積極的なのがUIゼンセン，全国一般，JAMなど中小を多く抱える産別だった。中小・地場の賃上げ相場を形成するため，金属大手の集中回答日のほぼ1週間後に中小のヤマ場を設定した。本部と地方連合の中小共闘センターに，3月中に回答引き出しの見込みがある従業員300人未満の組合をエントリーさせる。そして，その結果をベースに中小労組の妥結基準や妥結ミニマム基準を決め，中小・地場相場の底上げにつなげる。この中小共闘には10産別程度の参加を見込んでいた。前年のこの時期の実績から類推すると，相場的には4,500円あたりが見込めるとしており，ここ数年，中小

▲金属労協はJCミニマム運動を強化した

共闘センターが4月中旬に示していた中小の妥結ミニマム3,000円を大幅に上回ることになった。

■年功から成果主義賃金へ
——賃金水準調整のためベースダウンも

日本経団連「2004年版経営労働政策委員会報告——高付加価値経営と多様性人材立国への道」（2003年12月16日発表）では，「一律的なベースアップは論外であり，賃金制度の見直しによる属人的賃金項目の排除や定期昇給制度の廃止・縮小」という厳しい交渉姿勢を示しただけでなく，世界トップレベルにある賃金水準の調整が喫緊の課題であることから「ベースダウンも労使の話し合いの対象になりうる」と踏み込んだ。日本経団連の「2003年春季労使交渉に関するトップ・マネジメント調査」によると，今後の賃金決定のあり方については，「定昇＋ベア方式でいくべきである」とする企業は0.6％にとどまる。一方，「定昇を廃止し，成果による賃金決定にすべきだ」とする企業が6割を超えており，2004年春闘でも賃金制度の見直しが，労使交渉の主要議題になることは不可避だった。

事実，電機大手の日立と松下は，2004年4月から自動昇給（定昇）する「基本能力給」や「基礎給」の廃止を労使合意しており，松下では評価次第で賃金が下がることもあり得る制度になる。富士通が先鞭をつけた定昇廃止・成果主義への移行を基軸とする大手電機メーカーの賃金制度の見直しは，これでほぼヤマを超えた格好となった。自動車メーカーも，本田技研，三菱自工などで定昇の廃止（圧縮）が実施済みで，日産労使も合意済み。あとはトヨタの年齢給廃止（技能職）が注目

されるくらいで，大手メーカーの賃金改革は一巡した感がある。

今後は中小やその他の産業での賃金制度見直し議論が活発化することが予想されたため，笹森清連合会長は「すべての労働者が成果主義に移行することはあり得ない。その範囲を労使交渉で決めることになるし，評価のシステムとチェック機能の確立が導入の前提条件になる。年功賃金スライド方式でやっていたときより，企業内の労使交渉がよりシビアになる」として，単組レベルの交渉の重要性を訴えた。

こうした年功賃金から成果主義への傾斜加速を踏まえ，連合は，2004年の闘争方針案と併せて，能力・成果主義賃金の導入にあたっての留意点を整理した「賃金制度の整備・見直しに向けて（参考資料）」を確認した。それによると，能力・成果の重視など能力主義の徹底にあたっては，仕事（職務）の価値や求められる役割，与えられる職責の明確化を前提に，①能力の正しい把握，能力の開発，②能力に応じた仕事への配置，③能力と仕事に応じた処遇と賃金決定——を満足させる基準があって初めて制度が完成する，とクギをさした。

そのうえで単組に対しては，賃金決定基準や評価基準が明確・公正でなく，公開されない場合は，「組合としてこうした制度改定に反対の立場を貫くのは当然のことである」と交渉スタンスを明確にするよう求めた。

■ベア要求は死滅したのか
　　——基幹，電機の要求をめぐる新たな動向

笹森清連合会長は，「景気が回復し，状況が変わればベアは当然，復元する」と強調した。しかし，景気回復の兆しがあるなか，連合会長の思いと産別の賃上げ方針案には，微妙な温度差があった。

鉄鋼，造船重機，非鉄の3つの産別が結集し，2003年9月に旗揚げした基幹労連のうち，鉄鋼部門の要求スタンスが注目されていたが，ベア要求を見送る方針を固めた。同部門は鉄鋼労連の時代から複数年協定を結んでおり，要求見送りによって，5年連続ベアゼロが確定となった。

結果的に，基幹労連全体としてもベア見送りとなったが，要求策定の前段で基幹労連は，3つの柱を確認している。第1が「職場への適切な成果配分」，第2が「格差改善・底支え」，第3が「将来不安の解消」で，基幹労連の試算によると鉄鋼大手の35歳ポイントの月例賃金が賃金センサスの平均を1万円下回る30万円まで落ち込んでいることから，格差改善を主眼に2010年までにこの差を埋める措置をとるよう経営側に迫ることとした。

電機連合は，賃上げを要求するかどうかを判断するための根拠として，①実質賃金の維持・向上，②国民経済の成長性（GDP），③賃金の社会性（産業内外の格差の実態），④産業・企業業績の反映——の4項目を決めていたが，2004年春闘では，この根拠に照らしてベア要求見送りの結論を下した。春闘を総合的労働条件闘争と位置づける電機連合は，2004年は2年ごとの協約改定の年にあたるため，制度要求の拡充を前面に打ち出した。その目玉が，従業員300人以上の企業に，仕事と子育ての両立に向けた「行動計画」策定を義務づける次世代育成支援対策推進法の先取りだった。

2．2004年労使交渉の結果と評価

●労使双方が結果を高く評価

2004年春闘については，労使とも交渉結果を高く評価した。これがこの年の春闘の大きな特徴だろう。

笹森清連合会長は，金属大手の回答を受けた記者会見で「春闘改革への答えが出た。賃金だけでない春闘の役割が浮かび上がった」「経営側の，ベア論外，賃下げ，ベースダウンもといった姿勢を，完全に阻止できた」などと評価。一方，奥田碩日本経団連会長も同日，「これまで以上に個別の状況に見合った賃金決定が行われ，業績が好転した企業は賞与・一時金に反映して従業員に報いるとの流れがより強まっている」「賃上げだけでなく，労働条件全般にかかわる幅広いテーマにつ

いて労使で討議する『春討』の色彩が強まったことは，望ましい」とするコメントを発表した。

組合の雇用優先・賃上げ自制型要求が3年続き，ベアを求めたのは前年同様，主要企業では日産など少数であった。一方，二極化が目立つものの，業績の向上分は一時金の満額・増額回答で応える企業が増加した。一時金ならば経営側は固定費増を回避できる一方，労働側にとっても年収増が見込める。これが労使双方の評価につながったといえよう。さらに評価が重なる部分として，次世代支援，60歳以降の継続雇用といった賃上げ以外の課題を「経営側にぶつけ，結果的に獲得できた」（笹森会長）という認識と，奥田会長の「幅広いテーマを討議」したとする点をあげることができる。

● 賃上げは賃金構造（カーブ）維持が大勢
　── 日産は3年連続ベア1,000円の満額回答

大半の労組がベースアップ要求を見送り，賃金カーブ維持（定昇相当）をめざしたため，2004年春闘では，日産が5年連続で有額ベア回答となるか，2003年9月に統合・発足した基幹労連の鉄鋼部門（旧鉄鋼労連）が，賃金水準回復に向けた姿勢を会社側から引き出せるかどうかが焦点だった。

大手自動車労組では，日産とヤマハ発動機がベア1,000円を要求したほか，自動車総連傘下の約4割にあたる480程度の組合が，格差・賃金カーブ是正を根拠にベア要求した。しかし，最大の関心は日産労使の動向に注がれた。結果的には，7,000円（組合員平均ベア1,000円含む）を要求していた労組に対し，カルロス・ゴーン社長が17日の朝になって，3年連続となる1,000円の満額回答を示した。

しかし，今季はこれまでと様相を異にしていた。ゴーン氏は2002年春闘ではリバイバル・プラン（NRP）による経営再建を1年前倒しで達成したことを受け，「従業員の協力に報いるため」，また2003年春闘では「未来への投資」との位置づけで回答日前にベア満額回答を意思表示した。しかし，2004年は「日本経団連がいうように春闘は終わったのではないか」「日産だけがいつまで（ベアを）続けるのか」と突出感にこだわり，ベア回答に難色を示し続けた。

ベア有額の感触をつかめないまま，労使交渉は2004年3月17日朝までもつれたが，高倉明全日産労組委員長とのトップ交渉の結果，ゴーン社長は，組合員のモチベーションを維持するとの位置づけでベア満額回答の意向を示して決着。3カ年の経営計画「日産180」が2004年度で終了という節目にあたり，さらに，連結営業利益が過去最高を更新することも確実なため，最終的には有額回答に動いた格好となった。

「賃金水準向上分」との位置づけでベア1,000円をめぐる攻防を続けたヤマハ発動機は，結局ベアゼロで収束した。米国・アジア向けのオートバイの輸出も好調なことから，組合側は賃金水準の是正を狙ってベア要求に踏み切ったが，経営側は，賃金水準は「けっして低くない」と主張し，最後まで水準論議がかみ合わなかった。

● 鉄鋼労使の格差論議はスタートラインに

隔年交渉に移行している鉄鋼労使は，大手4社（2003年に旧NKKと旧川崎製鉄が合併しJFEスチールとなり，大手4社体制となる）の組合が2004～05年の2年分のベアを見送る代わりに統一要求していた「中期賃金改善」が，最大の争点となった。組合要求は，旧大手5社の35歳ポイントの月例賃金が製造業平均を1万円下回る30万円まで落ち込んでいる（基幹労連の試算）ことから，2010年までにこの格差改善を求めた。これに対して4社は，「基本賃金を含めた労働条件全般のあり方について労使で議論する場を設ける」などとする回答を示し，決着した。

交渉は，業績や財務面で4社間の格差が拡大しているため，接点を見出しにくい展開となった。組合は「2010年を目途に基本賃金を新たな財源投入で製造業平均まで回復させる道筋を」と要望。しかし，基本賃金上昇による固定費増加が，財務体質改善の重石になるため経営側は「業績・収益の反映は一時金で」との主張を譲らなかった。

この局面を打開するため労組側は，①優位性回

復に向けたメッセージ，②労使協議の場の設置，③基本賃金を含めた労働条件の協議，④基本賃金も含めた新たな財源の投入――を回答引き出しのキーワードとすることを確認。各社の回答におおむねこれらのメッセージが盛り込まれたと判断し，合意に至った。宮園哲郎基幹労連委員長は，「必要があれば基本賃金にも新たな財源を投入するという今回の回答は，世間一般でみられるベア否定論の立場をとらず，国際競争力の強化と労働条件改善を一体のものとする労使が共通のステージに立ったものだ」との評価を下した。

● 「中小共闘」は連合春闘の新基軸たりえたか

「大手は自立，中小はお手々つないで」（笹森清連合会長）という，相場形成役の打順入れ替えをめざして，「連合春闘」の新たな目玉商品として前面に打ち出したのが「中小・地場組合の共闘強化」であった。連合は，この2004年春闘で初めて「5,200円」という中小向けの要求指標を掲げ，300人未満組合員のヤマ場も設定した。しかし，結果としては若干前年実績を上回るものの，これが戦術要因なのか，景気要因なのかは判然としなかった。

当初の予想を超える27産別が参加した「中小共闘」のヤマ場（2004年3月22～24日）後の集計をみると，3月21日以前に回答を引き出した先行組合を含め，24日までに300人未満の497組合（64,841人）が平均額で4,627円，率で1.68％の回答を引き出して解決している。前年を334円，0.09ポイント上回る結果となった。笹森清連合会長は，「回答を引き出した時期，労組の数，内容ともに前進した」「前年を底とする連合の方針に明るい見通しが出てきた」と述べ，「中小共闘」の順調な出だしを高く評価した。

戦術的には，民間最大産別のUIゼンセンが大手・中小とも，3月17日を「横一線対応」の回答指定日とするなど，積極姿勢で臨んだことが功を奏したともいえるが，「要求の相場システムのようなものができた」（落合清四UIゼンセン書記長）と評価する一方，「成功したかどうかわからないが，これがスタート」（小出幸男JAM会長）という見方もあり，労働界内では評価は分かれた。その後の交渉状況も踏まえ，4月中旬に中小向け妥結基準の3,000円を示した。

● 一時金は満額回答・前年比アップ相次ぐ
――自動車メーカー8社が満額

業績好調の自動車，電機，鉄鋼などを中心に，過半の大手企業で一時金が前年実績を上回った。業績向上分を一時金に還元する傾向がさらに強まり，自動車メーカー11社中6社が前年を上回り，3社が前年同水準。下回ったのはトヨタと業績不振の三菱自工の2社だった。

トヨタ労組は一時金の要求根拠を単独営業利益に置き，今期単独では減益見込みのため，要求段階から2万円減額していた。この要求に対して経営側は，5年連続となる満額回答（5.0カ月＋53万円）で応えた。トヨタを含むメーカー11社中8社が要求どおりに解決する「満額回答ラッシュ」となったが，三菱自工といすゞは年間3カ月にとどまるなど，明暗を分けた。

トヨタを凌ぐ6.55カ月の過去最高水準で合意したとはいえ，本田技研労使が導き出した結果は，意味深長だ。同社はこれまで，5.9カ月を一時金の安定的「基準」としてきた。しかし，今回の交渉から業績連動方式に移行するにあたり，この部分に関する労使の溝は埋まらなかった。結果として安定的部分を5.0カ月に引き下げ，「基本部分5.0カ月プラス・マイナス業績連動部分αカ月」の表示にすることで決着した。つまり，2004年度のαはプラス1.55カ月と評価するものの，業績次第で5カ月割れもあり得ることになる。

大手電機メーカー17社のうち10社が「業績連動方式」を採用しているため，日立，三菱，シャープなど残りの7社が労使交渉を行い，6社で前年実績を上回った。液晶テレビが好調なシャープは回答日の夜まで交渉がもつれたものの，業界最高水準の5.17カ月（前年比0.17カ月増）で妥結。日立4.65カ月（同比0.35カ月増），三菱4.45カ月（同4カ月）も業績回復を反映し，前年比増額となる。業績連動組の松下や東芝など8社も，前年を

上回る見通しだ。

新たな産別「基幹労連」の初陣となった2004年の一時金は，鉄鋼大手では住友金属が史上初の満額回答となる年間150万円（前年110万円）を提示。好調な輸出と鋼材価格の改善の追い風を受け，業績連動を採用している新日鉄146万円＋α（同134万円），JFEスチール167万円（同・旧NKK130万円，旧川崎製鉄142万円），神戸製鋼113万円（同85万円）も軒並み大幅増額となった。一方，造船重機は三菱重工，石川島播磨，川崎重工が前年を3〜8万円下回るなど減額回答が相次いだ。大手5社のうち業績好調な住友重機だけは，前年を33万円上回った。

公益産業関係では，電力，NTTの労組がベアを見送ったため5年連続ベアゼロが確定。電力10社の一時金は前年比マイナス9,000円〜16,000円の幅で全社ダウン。NTTグループ各社の年間一時金は，東西地域会社が前年を0.2カ月上回る4.5カ月の満額回答となり，1999年の会社発足以来，初めて前年実績を上回った。関東・関西の大手私鉄各社も組合のベア要求（1,300円）には応えず，基本的にベアゼロで決着。JR各社も3年連続定昇のみで，年間一時金も前年と同水準程度となった。

●次世代支援，60歳以降の就労確保で前進

電機連合は2004年が2年ごとの労働協約改定年にあたるため，協約事項に関する統一要求を前面に掲げた。設定したのは，①次世代育成支援対策推進法が策定を事業主に義務づける「行動計画」について労使協議する場の設置，②配偶者出産時の特別休暇の5日間への延長（男性対象），③組合員のキャリア開発支援について労使協議する場の設置——の3項目である。配偶者休暇は一部で難航したが，大手組合すべてが要求どおり回答を引き出した。

基幹労連は「60歳以降の就労確保」を賃金以外の統一要求項目に位置づけた。制度導入が遅れていた鉄鋼部門とその他の部門では表現に若干差があるものの，とりあえず年金の満額支給引上げと連動した制度をめざすことで労使が一致した。

一方，連合がミニマム運動として加盟組織に呼びかけている「全従業員対象の企業内最低賃金の協定化」「労働時間管理の協定化」については，成果をあげている組織はあるものの，絶対数が少なく運動としての定着・拡大は今一歩だった。

●賃金運動の新たな「身体感覚」を取り戻せるか

2004年春闘の交渉状況をみると，大手企業に限った場合，とりあえず，雇用・賃金の危機は遠のき，落ち着きを取り戻した感があった。

しかしこの間，春闘は大きく変容し，ベアによる全産業一律的な上げ幅春闘は「終焉」した。電機連合が2004年春闘の見解で示したように「成熟経済下における新たな賃金決定システムの検討を急がねばならない」のは間違いない。しかし，自動車総連が翌2005年から踏み切る「個別賃上げ」や電機連合が模索する「職種別賃金」も，理論構築と体制整備までには相当時間がかかりそうだ。景気・雇用面で「失われた10年」を脱却しつつある新局面に対して，労働側は新たな賃金運動を構築する必要に迫られていた。賃金決定システムとしての春闘の役割は，ベア要求というこれまでの「身体感覚」に代わる，新たな「運動感覚」を身に付けなければ，その後退は避けられそうになかった。

グラフにみる雇用・失業，賃金の変化

図1 実質GDPの増加率，為替レート（対米ドル）の推移

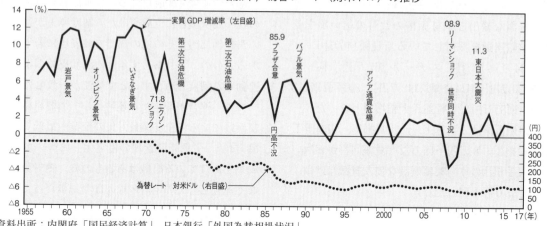

資料出所：内閣府「国民経済計算」，日本銀行「外国為替相場状況」
（注）各年度の為替レートは，各月の「東京市場 ドル・円 スポット 17時時点/月中平均」を年度ごとに単純平均したもの。1971年度は途中（12月）から308円に，1972年度は途中（73年2月）から変動相場制に移行。

図2 完全失業率および有効求人倍率の推移

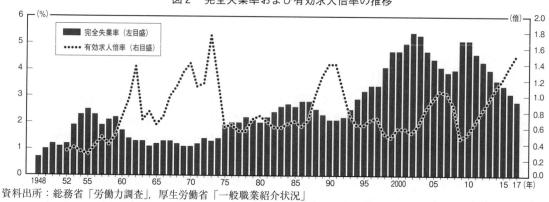

資料出所：総務省「労働力調査」，厚生労働省「一般職業紹介状況」

図3 民間主要企業の賃金引上げの推移と賃金ベースの変化

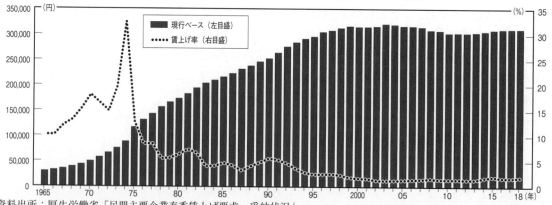

資料出所：厚生労働省「民間主要企業春季賃上げ要求・妥結状況」
（注）2003年までの集計対象は，原則として東証または大証1部上場企業のうち資本金20億円以上かつ従業員1,000人以上の労働組合のある企業（1979年以前は単純平均，1980年以降は加重平均）。2004年以降の集計対象は，原則として，資本金10億円以上かつ従業員1,000人以上の労働組合のある企業（加重平均）。

2005年春闘

積極賃上げで「格差是正」求める労働側

【2005年春闘関係の特徴，主な出来事】

連合，ベアの統一要求を見送る（4年連続）

一時金アップが増加

電機大手で，育児・介護の両立支援について法を上回る内容で合意

連合，47都道府県に中小共闘センター立上げ

【社会・経済の主な出来事】

愛・地球博開催

平成の大合併

新紙幣発行（2004年10月）

【世　相】

想定内，ブログ普及

1．2005年労使交渉の焦点

■大幅に改善した経済環境のなかで，4年連続のベア要求見送り

　2005年春闘をめぐる経済環境は，この3年にわたって連合が統一ベア要求基準の設定を見送った経済情勢に比べれば大幅に好転し，企業も史上空前の利益を見込むところが多かった。にもかかわらず，連合は2005年春闘のベアの統一要求基準を，4年連続で見送った。

　ナショナルセンターが統一要求を設定すべきだとする統一基準必要派と不必要派の議論がかみ合わなかったことも一因だが，そこにはナショナルセンターの機能・役割に関する考え方の相違が大きく横たわっていた。

　かつては，パターンセッターとなっていた大手メーカー各社の賃金交渉が相場を形成し，それが波及という流れを生み，その結果が各年の春闘像を形成していった。それが，マクロ経済にもインパクトを与える結果となった。しかし，2005年春闘の労働側方針は，企業別・産業別のレベルでの経済合理性をもとめる交渉への移行を色濃くしており，そのキーワードは「格差是正」だ。

　一方で，連合の運動はマクロ経済全体に公正さを追求する大きな起爆剤になるのだから，統一要求を掲げるべきだという意見も根強く，これは「社会的分配」の是正という形で，2005年春闘の方針に盛り込まれた。

　2005年連合春闘では，「格差是正」と「社会的配分の是正」の2点が賃上げ要求面での新基軸だが，その実行方法は構成組織がそれぞれが考えるべきこと，という形で投げ出されているとみることもできた。2001年春闘から掲げた連合の「春季生活闘争改革」だが，不況期の緊急避難策としての雇用優先・賃金要求自粛路線から一歩踏み出すための考え方の整理は，まだついていなかった。緊急避難か抜本改革かの本格的な春闘改革論議は，翌2006年春闘に持ち越された格好となった。

■「社会的分配の是正」と「格差是正」への挑戦

　2004年11月の中央委員会で笹森清連合会長は，「統一ベア要求は行わないが，ベアを取りにいけるところは敢然と，積極果敢に取りにいく」「（統一ベア要求を）組織全体で取り組める動きを1年でも早く作りあげたい」と，構成組織にハッパをかけつつ，連合として統一要求できなかったことに理解を求めた。交渉環境は好転しているのだから，前年より積極的な賃金要求をしてほしいとの意向を改めて強調したものだった。

　2005年の連合方針の最大の特徴は，前述したように「社会的分配」と「格差」の是正だった。まず，方針は交渉前の状況を久々に「マクロ経済の回復過程における取組み」と位置づける。しかし，日本経済が危機的状況からここに至る間，労働分配率低下（図1，次頁）に象徴される「労働側へのしわ寄せ」と規模間，産業間，男女間，雇用形態間などでの「所得の二極化」が進行したと分析（図2，次頁）し，そのため，新たに「規模間や男女間等の格差是正，均等待遇の実現に向けた継続的な取組み」を，すべての組合が取り組む課題（ミニマム運動課題）に追加した。

　その結果，2005年春闘のミニマム運動課題は，①「賃金カーブの確保」と賃金カーブ維持分の労使確認（定昇のないところは前年同額の5,200円確保），②規模間や男女間等の格差是正，均等待遇の実現に向けた継続的な取組み，③全従業員対象の企業内最低賃金の協定化，④労働時間管理の協定化——の4本建てとした。

　新方針で盛り込まれた格差是正をどのように展開するかという点については，実際に要求設定や交渉を担う産別・単組に，「自らの賃金実態や賃金カーブを把握し，社会水準や生計費等との比較，時系列での分析を行い，その是正に取り組む」との考え方を示している。そして，格差是正のための水準目標値として，230,000円以上（2003年賃金センサスを使った10～99人規模の高卒・勤続5年程度の所定内水準）を示した。

　とはいえ，格差の客観的な把握から始めるとな

ると，それを交渉テーブルに乗せるまでは，組織内だけでなく経営側の納得感を引き出すことから始めなければならない。こうした取組みを意識的に行ってこなかった産別・単組には相当の準備期間が必要になることは避けられなかった。

■ 中小共闘は格差是正分として500円以上を要求

2004年の連合春闘で最大の目玉となったのは「中小共闘」である。初めて中小・地場組合の要求目安額として「5,200円」を提示し，集中回答ゾーンを設けて，エントリーした組合を中心に交渉を追い込んだ。結果的には30産別がこの共闘に参加し，賃上げ実績は，前年に比べて200～300円の増加となった。

2005年春闘はこの成果を踏まえて，要求面と闘争体制面を強化して臨んだ。要求面では，連合中小共闘センターに参加する構成組織が，中小・地場の格差是正分として500円以上の要求目安を確認。賃金確保相当分を5,200円に設定しているため，これに参加する組合（賃金カーブ算定不能の場合）は，5,700円以上の賃上げ要求を掲げることになった。

また，2004年の共闘は産別ごとの縦割り状態で，産別内部でのデータ集計に終わったところが多かったが，2005年はすべての地方連合会で中小共闘センターの設置を求めた。集計した情報の共有化やマスコミなどへの発信を通じて，交渉結果を中小・未組織・地域社会に向けて，効果的に波及させる仕組みづくりに着手するとした。

■ 「ベア」ではなく「賃金改定」を提案
　　──日本経団連の経労委報告

日本経団連「2005年版経営労働政策委員会報告──労使はいまこそさらなる改革を進めよう」のキーワードは，「攻めのリストラ」「交易立国」「科学技術立国」「人材力」など。「経済が回復基調にあるいまこそ，もてる経営資源を成長が見込まれる有望分野へ積極的に振り向ける『攻めのリストラ』が必要。そのためには，『交易立国』と『科学技術創造立国』の推進，それらの活動を支える『人材力』の強化が必須の条件となる」との

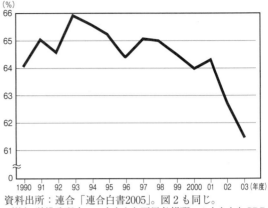

図1　マクロの労働分配率

資料出所：連合「連合白書2005」。図2も同じ。
（注）労働分配率＝1人あたり雇用者報酬÷1人あたりGDP

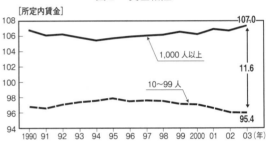

図2　賃金格差

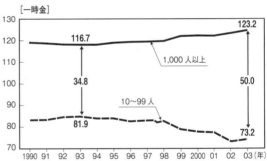

（注）厚生労働省「賃金構造基本統計調査」より，性・学歴・年齢・勤続を第一条件として，各種の規模計を100としたパーシェ式で算出。

考え方を提起した。

春季労使交渉に臨む経営側の基本姿勢について言及する分量はこれまで以上に少なく，「定期昇給制度が，毎年誰もが自動的に昇給する制度として未検討のまま残っているとすれば，廃止を含めて抜本的な改革を急ぐべきである」「国際的にトップレベルにある賃金水準のこれ以上の引上げは困難である。もはや市場横断的な横並びの，いわゆる『ベースアップ（ベア）』要求をめぐる労

使交渉はその役割を終え，個別企業においても，賃金管理の個別化が進むなかでは，一律的底上げという趣旨では，その機能する余地は乏しい」——など，従来からの主張を展開。「ベア」を死語にする意味合いからか，「今後，賃金の引上げ・引下げは『賃金改定』と称すべき」との呼称変更を提案している。

「賃下げも必要」といったここ数年の主張に比べ，若干マイルドになっているとはいえ，一律横並びの賃上げという「春闘」は終焉したと強調。「今後は，春季の労使討議の場として『春討』が継続・発展することに期待したい」と結んだ。

「ベア要求めぐる労使交渉は，役割終える」などとする「経労委」の主張に対して，労働側は一斉に反発。連合は「賃金改定は，生活・経済・経営状況などを踏まえて交渉すべきもので，ベア不要論として一般化させることは無意味である。われわれは，生活の安定的な向上のために，成長成果の配分としてベア要求をするのであり，この姿勢を変えるつもりはない」（事務局長談話）と反論。あまりにもミクロの交渉事項にこだわり，マクロ経済の視点に欠けると批判した。

■金属労協は「大くくりの職種別賃金」
　　——その第一歩をしるす

金属労協（IMF・JC）は，「従来の春闘における，大手労組が相場形成を行い，中小労組に波及させていく賃金決定メカニズムが変化しており，新たな春闘への変革が求められている」（2005年闘争方針）を確認し，賃上げ交渉のリード役・相場形成という従来の共闘軸を大幅に転換した。JC共闘の新たな軸足を「JCミニマム運動」に移すことをさらに鮮明にした。

その柱は，①金属産業全体の賃金水準を下支えする「JCミニマム」の徹底，②企業内最賃協定の締結，③「法定産業別最賃」——の3本。第1の「JCミニマム」の確立は，金属産業で働く勤労者（35歳）の最低到達基準を210,000円とするもの。第2の企業内最低賃金協定締結の強化としては，金属産業の18歳最低賃金を149,500円以上とし，全単組での締結をめざす。財界からの廃止論が強まっている第3の法定産業別最低賃金については，金属産業に働く勤労者全体の賃金水準の底支えとして，法定産別最賃の金額改正，新設に取り組むとした。

2005年闘争方針では，このミニマム再確認に加え，仕事や役割を重視した個別賃金水準の相場形成をめざす「大くくり職種別賃金水準の形成」に向けた第一歩を踏み出すことが，最大の目標となった。ここでのキーワードも格差是正で，「産業間・産業内格差を是正し，金属産業の位置づけにふさわしい賃金水準の実現」をめざすとした。

加盟産別のなかにはすでに，職種別賃金による賃金要求への移行に向けて準備に入っているところも出てきた。電機連合はシステムエンジニア，研究開発といった職種別に賃金ミニマムを設定し，そのうえで各組合が職種ごとに水準引上げを要求する「職種別賃金決定方式」に，早ければ2006年春闘から移行させたい考えだ。自動車総連も平均要求方式から脱却し，来春闘の2006年から「個別賃金要求方式主体に重点を移す方針。メーカー組合を中心に『中堅技能職』という『大くくり職種別賃金』での要求をめざす」（加藤裕治会長）とした。

こうした，産別の意気込みや先行的な取組みが先導役になるとはいえ，職種別労働市場が一部を除いて形成されていない日本的労働市場に，職種別賃金の考え方を定着させるのは容易ではない。

そのため2005年春闘は金属労協全体として，それぞれの産業を代表する「基幹労働者（産業ごとの代表職種における中堅労働者）」の銘柄指標づくりから着手し，以降，毎年の春闘時における具体的な検討，さらに職種ごとの基幹労働者の要求水準の設定を経て，2010年をめどに実現させたいとして，2005年闘争はその第一歩の年となった。

■ベアに積極的な産別もキーワードは「格差是正」

連合内でベア積極派の大手産別のキーワードは，ここでも「格差是正」だ。ただし，連合への期待や求める機能の違いから，運動スタンスに微妙な差が浮かび上がった。

空前の利益をあげているものの，国際競争力強化を至上命題とするトヨタは，労組が前年に続いてベア要求の見送りに傾いた。しかし，トヨタグループの労組を束ねる全トヨタ労連，そして産別組織の自動車総連は，産業内の格差是正を主眼に，積極的にベアに取り組むよう，傘下組織に呼びかけた。

2004年は，同総連全体で480組合がベースアップを要求し，約120組合がベアを獲得した。2005年は，構成組織の3分の2にあたる約700組合が「格差是正」を主眼にベア要求を盛り込むと，本部ではみていた。とはいえ，「連合が統一ベア基準を示すのは主体的に格差是正をすることと矛盾するのではないか」（同総連幹部）との考え方が組織全体のトーンとなっており，産業間格差の是正をリードするのは産別，産業内の格差是正は単組が主体といった色分けで，交渉戦術の図柄を描いた。

2005年春闘で統一ベア要求に踏み出すかという観測もあった中小・地場の金属・機械労組が主体のJAMは，結果的には統一要求を見送った。その理由として，「川上はインフレだが，デフレの解消に至っていない」「繁忙感と業績が乖離し，単年度で利益は上がっても一歩前に進むまでには至っていない」ことなどをあげた。とはいえ，具体的な要求として「賃金維持分確保と是正」を前面に，賃金構造維持分が確認できない場合の要求は，「5,200円＋500円以上（格差是正）」とするよう求めた。

民間最大産別のUIゼンセンも，ベア積極派だった。「要求がなければ解決はない。個々の事情は理解できるが，要求の段階でできないということではいけない」（落合清四UIゼンセン会長代行）と積極的賃上げ要求を構成組織に呼びかけ，本部の考え方として「賃金体系（カーブ）維持プラス賃上げ原資1,000円基準（基本賃金改善を基本とし，賃金体系是正，各種手当等も含む）」を提案した。

その他の大手産別も2004年春闘と同様に「賃金体系（カーブ）の維持」「賃金構造維持分の確保」「定期昇給の確保」といった形での，ベースアップ見送りに動いた。

2．2005年労使交渉の結果と評価

●春闘50年目の節目ながら注目度低く

2005年春闘は，50年目という節目だったが，春闘史上で最も報道されなかった春闘といえるだろう。

春闘が注目を集めるのは，国民的には「スト」があるかどうか，労使関係者的には「ベア」があるかどうかに拠っている。しかし，「スト」はしばらく前にほとんど姿を消した。一方「ベア」は，2005年こそ，との期待が一部で高まったが，大半の労組が要求段階で見送った。統一ベアが組合方針から消えて，すでに4年。労働側が「格差是正」の大義名分を賃上げの前面に打ち出し，経営側も「今後，賃金の引上げ・引下げは『賃金改定』と称すべき」と，「ベア」禁句を交渉指針（経営労働政策委員会）で打ち出したことも，「ベア」の姿をぼやけさせることとなった。

●一時金はアップ，「業績配分は一時金」が主流に

その結果，企業の利益配分に関しては，もっぱら一時金交渉が中心となり，業績好調のトヨタと日産が過去最高額，価格上昇による市況改善で勢いづく鉄鋼メーカーなども，過去最高水準での決着となった。

金属産業を中心とする大手組合の2005年春闘交渉は，賃上げではなく，業績配分をめぐる一時金が焦点になった。トヨタ，日産，本田技研，マツダ，三菱自工の自動車大手メーカーはそろって組合の一時金要求に対して，満額回答で応えた。過去最高益が確実なトヨタ（5.0カ月＋62万円）と日産（6.2カ月）はそろって過去最高水準で妥結。本田技研は水準（6.4カ月）は高いものの，支給月数は前年を下回った。また，交渉のベースとなる単体の経常利益が前年を3割程度下回る見通しのため，支給額も前年を下回る見通しとなった。一方，三菱自工はリコール問題の痛手による業績

低迷を反映し，満額とはいえ3カ月での妥結となり，産業内での業績格差を示す内容となった。

電機連合加盟の17大手組合のうち，10社が業績連動によって一時金が自動的に決まる方式を採用しているため，交渉組の推移に注目が集まった。2004年度の下期は業績が低下したものの，2003年に比べて業績回復が確実な交渉組の電機各社は，5カ月が攻防ラインとなったが，5カ月超で合意したのは液晶で好調なシャープだけだった。

素材インフレが影響した造船重機各社の一時金は伸び悩み，一方，素材産業の代表格である鉄鋼は，高水準で決着。大半が業績連動型に移行したため，鉄鋼大手4社で唯一交渉を行った住友金属は，前年比32万円増の182万円で妥結した。

● 「ベア」要求組への回答は多様な内容

民間最大産別のUIゼンセンは，4年ぶりに統一的なベア要求を掲げた。統一的な要求方針は，「賃金体系（カーブ）維持プラス賃上げ原資1,000円基準（基本賃金改善を基本とし，賃金体系是正，各種手当等も含む）」。1,000円に込めたのは「家計の疲弊や格差拡大を少しでも緩和する」（髙木剛UIゼンセン会長）という思いである。全組織が，いわゆるベア要求だけにこだわらなくてもいいとした点に工夫を凝らした。「ベースアップ実施」にアレルギーを強める経営側への配慮ともいえ，他方で脱年功的な賃金制度へ移行する企業が多いなか，従業員全体の賃金の底上げがしにくくなっている実情も背景にある。

その結果，金額的には1,000円に満たないところが大半だが，賃金体系是正，格差是正，交代手当など諸手当の改定といった形で，定昇相当分（賃金カーブ維持分）以外のプラスアルファの有額回答を引き出した組合が多数出ている。

過去最高益が見込まれるなか，トヨタ労組は前年に続いてベア要求を見送ったが，トヨタグループの労組を束ねる全トヨタ労連，そして産別組織の自動車総連は，産業内の格差是正を主眼に積極的にベアに取り組むよう，要求策定の段階から傘下組織に呼びかけた。一方，日産労組は賃金改定原資プラスアルファとして，ベアに相当する賃上げ（1,000円）を要求したが，2004年に脱年功型の賃金制度に移行したばかりということもあり，「賃金改定原資確保」という形で落着した。ただし，日産グループでつくる日産労連全体でも，「ベア1,000円」を掲げており，「格差是正」をめざして，有額ベアを求める交渉を展開した。

2004年は同総連全体で480組合がベースアップを要求し，約120組合がベアを獲得したが，2005年は総連傘下の3分の2にあたる約700組合が「格差是正」を主眼にベア要求に盛り込んだ。

なお，金属労協全体では850を超える組合が，賃金格差是正や賃金体系是正を求める「いわゆるベア的要求」を掲げたが，その中心部隊は業績好調企業の多い自動車関係だった。

● 春闘の質的変化を映す労使の見解

2005年春闘の集中回答日となった2005年3月16日，労使トップは回答状況について見解を示した。まず，笹森清連合会長は記者会見で，各組合が賃金カーブを確保したうえで，統一ベアという表現ではないものの，上乗せ分についても回答を引き出していることについて，「連合方針に基づき，各構成組織が極めて健闘している。最終的見通しとして，前年を上回る結果につながる答えを引き出せた」と前向きに評価。そのうえで，後続の交渉を控えて，「中小組合が自力で格差是正に取り組む環境が整った」との見通しを語った。

また金属労協加盟の大手組合は，ベア要求見送り組が大勢を占めたものの，850を超える組合が格差改善や賃金体系是正に取り組んだことを踏まえ，「有額回答を獲得あるいは感触を得た組合も出始めている。今後これらの組合をJC共闘全体で支え，要求実現を図っていく」との認識を示した。

一方，奥田碩日本経団連会長は「自社の経営環境や業績，支払い能力などを踏まえて賃金決定を行うとともに，短期的な業績は賞与・一時金に反映して従業員に報いるとの考えが定着したと思う。さらに，賃上げなどの経済的な豊かさだけで

なく，多様な働き方および国や企業の諸制度のあり方など，働く人の『こころの豊かさ』をいかに実現するかを話し合う個別労使が増えていることは，望ましいことだ。今後も，このような交渉を期待したい」とのコメントを発表した。こうした労使の発言のなかに，従来型春闘の終焉を踏まえた，新たな春闘の役割に対する期待感がにじみ出ていた。

● **中小共闘が前年実績を2年連続で上回る**

大手が賃上げ交渉を引っ張る形での春闘パターンが崩壊し，組合は「格差是正」を賃上げ交渉のキーワードに，春闘再構築に踏み出しつつある。その萌芽が2004年春闘からスタートした連合の中小共闘であり，2005年春闘はさらにナショナルセンターが旗ふり役となって，「格差是正」を取組みの中軸とする傾向が強まった。

春闘における連合の力点をより格差是正に移すため，2004年春闘から中小・地場労組のための「中小共闘」を立ち上げ，2004年春闘では初めて中小・地場組合向けの要求目安額として「5,200円」の具体的な数字を提示した。交渉の結果，賃上げ額は前年実績に比べて200～300円アップとなった。

2005年春闘はこの成果を踏まえて，要求面と闘争体制面を強化する。まず，要求面では，連合中小共闘センターに前年と同じ30産別が結集し，中小・地場の格差是正分（実質的なベア要求）として500円以上の要求目安を設定。賃金カーブ確保（定昇）相当分を5,200円に設定しているため，これに参加する組合は，5,700円以上の賃上げ要求を掲げることになった。さらに，2004年の共闘は産別ごとの縦割り状態で，産別内部でのデータ集計に終わったところが多かったのを2005年はこれを改善し，47都道府県すべての地方連合会に中小共闘センターを立ち上げ，情報公開とマスコミ等への働きかけによる相乗効果の発揮を狙った。

その結果，2005年3月28日段階で300人未満の1,021組合が平均賃上げ4,324円，1.68％で解決。同一組合の前年実績と比べると，わずかではあるが344円，0.13ポイントのプラスとなった。こうした集約状況を踏まえて，中小共闘センターは，妥結基準を設定し，これ以降に交渉する中小・地場労組に対して，「前年実績350円以上の上積み，または4,400円以上」とすることを3月30日に確認した。

解決水準が2年連続で前年を上回っていることに加え，共闘への参加組織が前年を大幅に上回る2,000組合超に上っていることもあり，笹森清連合会長は，「春季生活闘争の中心にすえるべきことが間違いなかった」と高い評価を下した。

● **金属労協は「大くくりの職種別賃金に一歩を踏み出した」**

金属労協（IMF・JC）は，JC共闘の新たな軸足を企業内・産業内の最低賃金を重視する「JCミニマム運動」に移すことを確認した。これに加えて，2005年の闘争では，仕事や役割を重視した個別賃金水準の相場形成をめざす「大くくり職種別賃金水準の形成」に向けた第一歩を踏み出すことを最大の課題とした。

新たな取組みの成果が，集中回答日に特定職種に対する個別賃金水準の表示という形で現れたことを踏まえ，金属労協は「職種別賃金水準形成の具体化に向けた取組みの一歩を踏み出すことができた」と総括していた。

しかし，金属労協では「産業ごとの代表職種における中堅労働者（基幹労働者）」をベースにした職種別賃金形成の実現目標を「2010年をめど」としていることもあり，職種別賃金中心の取組みが，JC共闘の求心力をそぐ格好になるのではないかとの懸念もある。そのため，金属労協に加盟する小出幸男JAM会長は，「今後の賃金の目標を格差是正とするならば，JCは金属産業に集う単組のデータを集約し，業種別（電機，自動車，鉄鋼，アルミ，非鉄，軸受など）にその水準を開示することが必要」とし，これによって産業間，単組ごとの格差圧縮を前提とした「共闘体制の構築が可能」との見解を示すなど，JC内での足並みが完全にそろっているわけではなかった。

● 格差是正・均等待遇で地盤沈下は止められるか

　労働組合組織率，組織労働者数は，ともに減少を続けている。2005年春闘では102の連合構成組合がパートに対する賃上げ要求を行い，3月末時点で，平均で時給10.6円アップを獲得した。しかし，年々，パート賃上げに取り組む組合は増加しているが，「均等待遇」は依然，全体の取組みとはなっていない。「ミニマム運動課題」に格上げした「規模間や男女間等の格差是正，均等待遇の実現に向けた継続的な取組み」の具体化が遅れれば遅れるほど，労働組合の地盤沈下が進むことは避けられない。

● 少子高齢化と企業労使の責任

　少子高齢化に向けた企業労使の責任と対応が議論されたことが，2005年春闘を特徴づけるもう1つのポイントといえる。

　日本経団連の経労委報告では，「春季の労使交渉は，さまざまな経営課題を労使で率直に話し合い，対応の方向性を検討し，実行する場」＝「春討」としての機能に期待しているが，その個別的課題として経労委報告で取り上げているのは，高齢者，女性，外国人労働者の活用といった少子高齢化に向けた対応だった。

　労働側でも，少子高齢化への対応を春闘の統一要求に盛り込む産別が出てきた。2004年4月1日から施行された次世代育成支援対策推進法に向けて，大手電機メーカーの労使は，その前年から協議を重ねてきた。同法では301人以上を雇用する事業主に対して，仕事と子育ての両立を図るために必要な雇用環境の整備などに関する一般事業主行動計画の策定を義務づけており，電機連合ではこれを踏まえて，2004年春闘時に計画策定に向けた労使協議機関の設置を要求。その後各企業別に労使協議を行った結果，4月から施行された改正育児介護休業法を超える内容を合意したケースが数多く出てきた。

　改正法では，育児休業期間がこれまでの1歳までから「1歳6カ月まで」と延長されたが，東芝

▲中高年齢者就職面接会～高年齢者の雇用安定が労使にとってウエイトを増してきた

はさらにその期間を公務員並みの「（子が）3歳に達する月の月末」まで延長することで合意。また，1歳6カ月に延長されても，生まれた月によって保育園の入園時期との乖離が生まれるため，この他のメーカー労組は「1歳になってからの3月末まで」も認めるよう求め，育児休業期間について電機連合加盟の大手メーカー17組合すべてが法を上回る内容を引き出し，決着した。また，介護休業関係では，ほとんどの企業で取得可能期間を通算1年に延長することになり，改正法の通算93日を大幅に上回った。

　さらに，2006年4月から施行される改正高年齢者雇用安定法で，定年（65歳未満のものに限る）の定めをしている場合は，①定年の引上げ，②継続雇用制度の導入，③当該定年の廃止——のいずれかが義務づけられることを踏まえ，トヨタ自動車の労使は定年退職者の再雇用制度を2006年度から導入することを目標に，賃金水準や雇用形態などについて協議する専門委員会の設置を確認した。自動車メーカー各社では，対象者が限定される形での再雇用制度はこれまでも存在していたが，改正法の趣旨に沿った制度に改めるため，トヨタは時間をかけて労使の接点を探ることになる。

　2005年春闘は賃金・一時金面で大きなトピックスはなかったものの，労働側は「格差是正」を前面に掲げた取組みを進め，金属関係でも職種別賃金志向といった新たな芽が生まれた。さらに，少子高齢化問題に対する企業労使の役割といった新たな課題が春闘の場で議論されたという点が，特徴だったといえる。

2006年春闘

「ベア」から「賃金改善」へ

【2006年春闘関係の特徴，主な出来事】

連合，「ベア」ではなく「賃金改善」と要求方針設定

「賃金改善」分の回答あり

電機の統一闘争に亀裂

金属労協，「職種別賃金水準の形成」をスタート

連合，「パート共闘会議」を発足

【社会・経済の主な出来事】

トリノオリンピック

ライブドア事件

【世　相】

格差社会，メタボ，イナバウアー，品格

1．2006年労使交渉の焦点

■生活「防衛」から「向上」に転換

　景気が回復基調に乗って5年目となり，2005年に入って，雇用・所得面の改善が統計的にも表れ始めた。有効求人倍率は2005年には0.9倍台まで急回復し，就業者数も2005年春から増加に転じた。また，所定内給与は2005年4月に53カ月ぶりに前年同月を上回った。

　しかし，多くの人はこれらの統計数値と職場での実感のギャップを感じていた。雇用面の回復といっても，求人は非正規雇用が大多数を占め，賃金の回復といっても，これまでの水準低下を取り戻すほどの内実を伴っていなかった。

　労働組合側は，今回の回復は設備や債務の過剰解消という企業部門の改善が先行したものの，家計部門の改善が後回しになっている点を問題視。賃上げによる家計部門の本格的な回復を目標にした。この数年は，賃金カーブ維持や賃金構造維持という定昇相当分の確保を中心とし，「雇用優先」の「生活防衛型」の要求だったが，「生活の向上」に運動基調を転換。可処分所得が，1997年と比較して1割以上低下しており，とくに低所得者ほど落ち込みが深刻なため，連合は格差是正，底上げを闘争の中心にすえた。

　企業部門の業績好転が，輸出という外需頼みだけではなく，企業の設備と個人消費に支えられた好循環に入りつつあるなか，労働組合は残された家計部門の本格的な回復を，2006年の春闘を機に掴み取ろうとしていた。片や経営側も一律的な賃上げ抑制から，企業業績と体力を加味したうえでの賃上げについては，労使自治に委ねる姿勢に変わり始めていた。企業の労使交渉の場面では，企業業績や支払能力だけでなく，①2007年問題（団塊世代の大量退職）を背景にした人手不足感の高まりと人材確保，②現場の繁忙や生産性向上の成果配分——などの側面から，久しぶりに賃上げについて，本格的な論戦が期待された。

　一方，その結果がマクロ経済的には，所得改善から消費拡大へとつながり，デフレ脱却という，日本経済の転機に一石を投じる可能性にも期待が集まった。

■連合は賃上げで1％以上の成果配分を求める

　連合の「06春季生活闘争方針」が前提とする基本的な情勢認識は，企業業績と家計の苦しさは好対照であり，所得面での二極化が鮮明になってきているというものだった。とくに可処分所得の目減りに着目し，「2004年の可処分所得は，1997年と比較して1割以上低下，低所得者層ほど落ち込みが深刻」との現状を踏まえ，①企業部門から家計部門への所得移転，②雇用形態間，企業規模間などの所得格差拡大に対抗する運動の強化——が不可欠であるとした。

　このため，方針では「マクロ的には労働側に1％以上の成果配分がなされるべき」との具体的な考え方を示した。これは過去1年においてGDPベースで生産性が1人あたり1％程度伸びていることを根拠にしている。ここには，前年10月に就任した髙木剛連合会長の考え方が色濃く反映されていた。髙木会長は就任直後，2005年11月1日の討論集会で「真水で1％以上を」という表現を使い，「統一要求」ではないものの，すべての構成組織が経営側から，相当の人件費財源を引き出すように呼びかけた。

　この後，連合内には急速に賃上げ要求ムードが広がり，この基調を反映した，①賃金カーブ維持分（定期昇給相当分）を確保したうえで，積極的な賃金改善に取り組む，②3年目の取組みとなる「中小共闘」のさらなる強化，③初めて「パート共闘」を立ち上げ，均等待遇の実現を求める——を闘争の柱に据えることになる。

　そして，すべての構成組織が何らかの形で要求に取り込むミニマム運動課題として，①「賃金カーブ維持分」を確保したうえで，「賃金改善」に取り組む，②規模間や男女間等の格差是正，均等待遇実現に向け継続的に取り組む，③全従業員対象の企業内最低賃金を協定化する，④労働時間管理の協定化と長時間労働の削減に向けて取り組

む——の4つを確認した。2005年春闘では②の格差是正が追加されたが、2006年の闘争方針で「賃金改善」と「長時間労働の削減」が新たに付け加えられた。とくに賃金要求については、一時金に傾斜せず「月例賃金の改善を最優先に」と強調していた。

■賃上げはベアではなく初登場の「賃金改善」で

06闘争方針において、ベース・アップではなく「賃金改善」とした点に、賃上げ要求・交渉をめぐるこの数年の環境変化を読み取ることができる。一律賃上げの「ベア」に対する経営側のアレルギーに配慮したためだけではなく、21世紀に入ってからの①脱年功の成果・業績型賃金制度への移行、②企業間・産業間格差の拡大、③企業内の配分面でも一律アップの原則が通用しにくくなった——など、産別統一闘争をテコに横並びでベアを求める戦術が行き詰ったことが背景にあった。

それでは、「賃金改善」の具体的な中身はどうなるのか。古賀伸明連合事務局長は「『賃金改善』は、若年者の水準引上げや高齢者の賃金カーブの見直し、初任給、パートの均衡処遇、時間外労働の割増率など幅広いものを内蔵している」と説明した。この説明によれば、要求相当分の人件費関連の原資を経営側から引き出すことができれば、その要求は多様であってもかまわないとの考え方を示したことになる。

では、従来型のベース・アップで要求するケースのほか、どのようなパターンが想定されたのだろうか。想定されたのは、一律アップではなく、格差是正のための配分や、成果主義におけるよりメリハリ感のある評価など、あらかじめ配分の考え方と要求原資を組合が決めて交渉に臨むパターンだった。つまり、①標準労働者のカーブとの乖離是正（年齢・勤続をベースに代表的労働者の賃金水準を交渉し、不合理な格差の是正を進める）、②評価原資での配分、③初任給の伸び悩みにより昇給感の乏しい若年層カーブの立上げ——といったパターンだ。

産別統一要求でも、賃上げ要求の多様さを許容するところが多いため、要求段階で組合が、要求内容の設定と組織内合意について、これまでにない苦労を強いられることも考えられた。一方、多様な要求による労使交渉の展開は、原資確保や確認という形になればなるほど、全般的な結果が見えにくくなるという懸念が強まる。この傾向は年を経るごとに強まり、この後、改めて大きな課題として顕在化することになる。

■経労委は一律抑制から転換——奥田会長最後の報告は「普通の人」に焦点

日本経団連の「経営労働政策委員会報告」は、春闘に対する経営側指針という賃上げガイドラインにとどまらず、会長が直接参加する数少ない委員会だけに、日本経団連のポジションペーパーという性格が強い。その意味で、2005年12月13日に発表した2006年交渉に向けた報告は、御手洗冨士夫キヤノン会長へのバトンタッチが決まっている奥田会長にとって、日本経団連の初代会長としての2期4年をふり返った総括の意味合いが込められていた。

新聞論調では「賃上げ抑制姿勢を転換」との解説もあったが、委員会報告は数度の修正が施されていることもあり、本文からこうした姿勢の転換を読み取ることは難しい。報告では、「経営環境が好転しつつある現在、企業にとっては本格的に『攻めの経営改革』に乗り出す環境が整いつつあり、競争力を高めうる好機にある」との情勢認識を示したうえで、こうした好機を活かすためには「労使の一層の協力が不可欠であり、賃金などの労働条件の改定についても、企業の競争力を損ねることなく働く人の意欲を高める適切な舵取りが望まれる」と主張した。

この年の経労委報告で初めて登場したキーワードに「普通の人」がある。一度しか使われていないので注意しないと読み落としてしまうが、「日本企業では従来から、職場のなかで『普通の人』たちが、この役割をまじめに果たしてきたことが強みとなっていたのであり、今後とも、その大切さが減じることはない」と言及した。

国内景気の牽引役となっている金属労協幹部の情勢認識は、「収益面ではバラツキがあるものの、生産現場では押しなべて繁忙感が強い」というものだった。企業を直接支えている「普通の人」たちが働く職場は、リストラや人員削減の影響で疲弊し、繁忙感が強く、メンタルヘルス面での不安も増幅しつつあった。日本的経営の競争力の源泉である普通の人々の意欲減退こそが、企業の存続・発展にとって最大のリスクという認識が、報告では色濃く表明されていた。

　奥田会長は就任間もない2002年7月に行った講演で、賃金水準について、「バブル期に上がりすぎた分、物価下落に見合う分が調整されていない。直感的に私は、適正レベルを1割以上、上回っているのではないかと思っている」と語っていた。そして、労使関係の課題について、「いかに多様性の活力を活かしていくかが重要な課題だ」との認識を示した。その後、実質の賃金水準は低下し、ほぼ10年前に戻っていた。水準面ではある程度、調整されたとの認識が、この年の委員会報告には流れており、賃金の一律的抑制ではなく、「労働条件改定に適切な舵取り」が不可欠という指摘を盛り込んだとみることができる。

■ワークライフバランスを強調

　報告では、そのうえで、少子高齢化が進むなかの多様性の活用の取組みとして「ワークライフバランス」を強調した。報告は、企業には育児休業後に円滑に職場復帰できるプログラムを、国には保育サービスを質・量両面から拡充するための抜本的な規制改革を求めた。そして、制度やインフラの整備といったハード面だけでなく、「企業風土というソフト面の改革も求められる」としていること、さらに「ワークライフバランス」の考え方を企業戦略の一環として組み入れることが、「競争力の高い企業の基盤をつくることになる」と、踏み込んだ表現を盛り込んだ。

　人口減少社会が現実のものとなるなか、企業にとっても高齢者と女性の活用は不可欠で、労使協力によるテーマとして「ワークライフバランス」を前面に打ち出したと見ることができ、2006年4月から施行される高年齢者雇用安定法への対応と並んで、交渉の重要テーマになることが予想された。両立支援策で産業界の相場づくりをしてきた電機連合が、多目的休暇のなかに「不妊治療」を含める方針を掲げるが、これがその延長線上にあるといえた。

■金属労協が共闘軸を職種別賃金の相場形成に転換

　2005年9月の定期大会で金属労協は、春闘の共闘軸を「賃上げによる相場形成」から「職種別賃金水準の形成」に転換した。仕事・役割重視、絶対水準重視による「大くくり職種別賃金水準の形成」により産業間・産業内格差を是正し、2010年をめどに、金属産業の位置づけにふさわしい賃金水準の実現をめざす。2004年から軸足を移しつつあったとはいえ、2006年闘争がその実質的スタートとなる。2006年はそれぞれの産業を代表する「基幹労働者（産業ごとの代表職種における中堅労働者）」銘柄指標の検討を開始。銘柄の設定とそのデータ収集から着手し、職種別賃金の形成に向けた体制を整える方針を決めた。

　2006年闘争で掲げた基幹労働者（技能職・35歳相当）の目標基準・基本賃金は338,000円以上、同労働者の標準到達基準・基本賃金で310,000円以上。これらの数字は、賃金センサスによる製造業労働者の現行水準から導いた参考値であるため、闘争を通じた自前のデータ収集により、現実に近い水準を設定するとしていた。

　一方、2005年12月の協議委員会で「ベア」から「賃金改善」への表現変更を確認した金属労協は、2006年闘争を具体的な賃金引上げについては「2001年以来5年ぶりの闘争であり、転換の年」（加藤裕治議長）と位置づけた。

　賃上げ関係の取組みについては、「2006年闘争において各産別は産業間・産業内の賃金格差の実態や業績などを踏まえて、具体的な賃金改善要求を行い、賃金水準の向上を図る」ことを確認。2002年春闘で純ベア1,000円基準の統一要求を掲げて以来、統一要求を数値で示しているわけでは

ないものの，目に見える賃上げを獲得するという方向で，各産別の足並みはそろった。

■2001年以降初めて賃上げで足並みそろう

2002年闘争で，電機連合やJAMはベア要求を見送ったため，JC構成産別が一体的に賃金改善（ベア）に取り組むのは，純ベア2,000～3,000円中心を掲げた2001年以来となる。2003年に鉄鋼労連，造船重機労連，非鉄連合が統合し結成された基幹労連は，この年から，2年分の基本賃金を決める隔年交渉に造船・重機，非鉄部門もそろって移行し，2006, 2007年をひとつの単位として3,000円を要求する方針を固めた。ただし，賃金カーブ維持以外の財源の投入を求めるものの，配分のあり方は画一化せず，構成組合にゆだねた。

電機連合は賃金改善分として2,000円要求する方針を固めたが，大手組合で構成する17中闘組合のうち，業績不振企業の組合から複数の脱落が見込まれた。

動向が注目された大手自動車メーカー労組は，業績二極化で，自動車総連全体としての要求基準を数値で示すことは不可能とみられたが，トヨタ，日産，本田技研などは賃金改善要求の方向での議論集約が予想された。「業績が好調なのに要求しないとなると，しない理由を組合員に説明・納得してもらうのが，とくに難しい」（金属労協幹部）という背景もあった。

金属労協でも顕著となった企業業績の一時金への傾斜配分の流れに乗らず，月例賃金の改善重視の姿勢をとっているため，各企業労使の賃金交渉は久しぶりに熱を帯びそうだった。

NTTや電力など公益性の高い企業では，国内競争の激化から賃上げ要求を見送る組合があったものの，そのほかの民間労組は4～5年ぶりで具体的なプラスアルファの要求を掲げた。

■連合は「パート共闘」を立上げ，「底支え」から「底上げ」へ

『2006連合白書』は中心テーマを格差是正に置き，闘争推進の合言葉を「連帯底上げ宣言――みんなのはたらき　みんなに分配　幸せの底上げ

▲中小・パート共闘

を」とし，その推進力として中小・地場共闘を位置づけた。連合は賃上げ交渉における役割を格差是正に移すため，2004年春闘から中小・地場労組のための中小共闘を立ち上げた。大手の交渉に頼らず，中小が主体的に賃上げ交渉を展開する新戦術で，2004年は「5,200円」の要求目安を提示。30産別が参加し，交渉日程などを大手にあわせて大幅に前倒しするなどの戦術をとった結果，参加した組合の賃上げは前年実績に比べて200～300円アップとなった。さらに2005年は，その成果を踏まえて，中小・地場の格差是正分（実質的なベア要求）として500円以上の要求目安を設定し，賃金カーブ確保（定昇）相当分5,200円と併せて，統一的な要求基準として5,700円以上の賃上げを掲げた。

2005年春闘でも結果が前年比増となったことから，「連合春闘の柱になった」と中小共闘を高く評価し，2006年の要求目安として，①賃金カーブの算定が可能な組合＝「賃金カーブの確保」とカーブ維持分の労使確認プラス賃金改善分2,000円以上，②賃金カーブの算定が困難な組合＝賃金カーブの確保相当分4,500円（目安）プラス賃金改善分2,000円以上，③定昇込み6,500円以上――とすることを決めた。

前年に比べて，カーブ確保分が減っているが，これは中小の賃金カーブがここ数年で下がってきた実態を反映したもの。これをベースに規模間格差の是正を推進するために，2,000円以上という大手労組の要求水準以上の金額を設定した。2006

年は，景気回復を中小にも波及させるため，中小でも広がりつつある人手不足感をテコに，大手との格差を少しでも縮めたいと，JAM，UIゼンセンなどの共闘に参加する幹部は意気込んだ。

また，非正規雇用の増大を背景に，2006年春闘から立ち上げられたパートの処遇改善のための「パート共闘」の動向も注目された。①労働条件の明示など差別的取扱いを排除し，均等待遇をめざす，②同一価値労働・同一賃金を基本にフルタイム正社員とパート労働者等との整合性が確保された人事・賃金制度づくりをめざす，③パート等を含む企業内最賃協定の締結と協定額の引上げ，④パート労働者の時間あたり賃金について，一般労働者の時間あたり賃金を考慮し，積極的な改善を行う，⑤対話・交流などを通じた組織化や交渉支援を積極的に行う，⑥その他パート労働者の待遇改善に関与する――の6項目のいずれかについて要求して集約する産別がエントリーし，相互に情報交換や支援活動を行うとした。格差是正に向けた具体的な目安の設定や闘いの進め方は，パート共闘会議で検討する。

いずれにしても，連合春闘のこうした取組みは，これまでの「底支え」から一歩踏み出し，「底上げ」の方向に向きを変えた意味で，「転機」を象徴する示すものといえた。

2．2006年労使交渉の結果と評価

●動揺する産別統一闘争と新たな交渉テーマ

2006年春闘は，地域や産業によってばらつきがあるものの，好調さを取り戻した国内景気とそれを牽引する上場企業の業績が大幅改善するなかで展開した。こうした経済情勢を背景に，景気を引っ張る製造業関係を中心に，労働組合が4～5年ぶりに，定期昇給などの賃金構造維持分以外の要求を復活させ，有額回答を引き出した組合が多かった。

2006年3月15日，金属労協加盟の自動車，電機などの金属4業種の労働組合に対して経営側は一斉に回答を提示し，電機大手などでは定昇相当以外の賃上げが5年ぶりに復活したが，二極化した。また，鉄鋼や造船・重機などでは，実質的な有額回答にあたる賃金改善のための新規財源の投入を労使が確認したが，配分など具体的な内容については継続協議となるなど，回答にばらつきが目立った。一方，年間一時金については，各産業で業績好調を反映して，高水準の回答が相次いだ。

このように，定昇相当分以外のプラスアルファ回答が復活した春闘だったが，経営側の横並び排除の姿勢が最後まで貫かれた結果，春闘方式の基本戦術である「統一闘争」の枠組みが大きく動揺した。久しぶりに復活した「賃上げ春闘」は，その姿を様変わりさせた。

一方，少子高齢化，さらに企業規模間や正社員・非正社員間の格差が労使交渉のテーマに浮上し，具体的な話し合いの萌芽が出てきた点も，2006年春闘を特徴づける動向だった。

●主要産別がベアではなく「賃金改善」で要求

交渉リード役の金属労協傘下の産別ごとの要求をみると，基幹労連では，鉄鋼部門が先行していた隔年交渉に，造船・重機部門，非鉄部門も移行し，2006～2007年の2年をひとつの単位として，3,000円の賃金改善を求めた。電機連合は，「35歳・技能職または30歳・技術職の水準改善額の基準を2,000円とする」という年齢ポイントでの引上げによる賃金改善を要求。自動車総連は，「賃金カーブ維持プラス賃金改善分」と，具体的な数値は示さなかったものの，大半が1,000円の賃上げ要求を設定した。

しかし，従来のベア要求は主流とはならず，各産別の要求でも「賃金改善」という新たな賃上げ要求の表現が登場した。なぜ賃金改善なのか。改めて，その背景を3つに整理してみる。

第1は，経営側が一律引上げのベアという言葉についてアレルギーが強いこと。日本経団連の経営労働政策委員会報告（経労委報告）は，この数年，産業横断的に賃金を底上げするベアの時代ではなくなった＝「春闘の終焉」という主張を繰り返した。

第2は，労働側にとっても産業間や企業間の賃金格差が拡大した結果，統一要求の前提としてベア要求を使いにくくなったこと。たとえば，産業間・企業間に格差があると認識している組合は，横並びで賃上げ要求しても格差は縮小しない。大手との格差が拡大している中小労組では，大手並みのベアを続けていても格差は縮小しない。そのため，ベアに代えて「賃金改善」を前面に押し出す必要性が増したといえる。

第3は，大手企業を中心に脱年功型の成果主義賃金制度に移行するなかで，社員に一律配分するベアが新たな賃金体系のなかでは馴染まなくなってきたこと。これは，個別交渉の結果が企業外からは見えにくくなってくるという課題も内包することになる。財源の投入のあり方をめぐって，交渉継続となった，鉄鋼，造船・重機や富士重工の交渉結果にこの課題が投影された。春闘方式に新たな課題として浮上した。

実質的な交渉の場となる個別企業における労使交渉・協議の場では，4～5年ぶりの本格的な賃上げ交渉ということもあり，最終局面まで労使が譲らない厳しい交渉となった。経営側は企業の業績回復を担った「普通の人」の重要性は認めながらも，賃上げによる，国際競争力の低下の懸念をあげ，業績向上分は一時金で対応すると主張し続け，労使交渉は平行線をたどった。

● 自動車大手は0～1,000円に回答が分散

自動車の大手メーカー労組は，12組合中7組合が賃上げについて有額回答を引き出した。定昇相当分6,900円に賃金制度改善分1,000円を加えて7,900円を要求したトヨタと，賃金制度維持分と改善分を合わせて7,000円を求めた日産がそれぞれ満額回答。スズキ，ダイハツ，ヤマハも賃金改善分1,000円を獲得。本田技研は1,000円の賃上げ要求に対し，600円で収束した。

近く新賃金制度に移行する予定の富士重工は，「制度構築時に賃金改善分の原資を充当する」との表現で合意した。マツダは賃上げ要求にはゼロ回答だったものの，経営側から要求額と同額分の1人平均年間12,000円分のポイントを「カフェテリアプラン」（福利厚生制度）に充当するとの提案があり，組合はこれを受け入れた。

一方，一時金は大手のほとんどで増額・満額が相次いだ。マツダ，日野，いすゞの賃上げゼロ組も，一時金は満額で応えた。

● 統一闘争に亀裂──電機の労使交渉

従来，電機の労使交渉は統一要求・統一回答が前提だった。2006年春闘での電機連合は，統一闘争を離脱した三洋電機を除く16中央闘争組合が，定期昇給分を除く賃金改善分として2,000円の統一要求を4年ぶりに掲げ，交渉打開のため，ストライキの回避基準を1,000円にすることを口頭確認して，大詰めの交渉に臨んだ。

しかし，企業業績が大きくばらつくなかでの統一闘争は，交渉の牽引役だった日立が，業績下方修正のなかでの労使交渉となったこともあり難航。最終局面まで相場形成役なき交渉を余儀なくされた。その結果，集中回答日には富士通と富士通ゼネラルの2社がスト回避基準どおりで決着した以外，他の企業は500円を提示して決着した。統一闘争に亀裂が生まれた。電機連合では回答が歯止め基準に達しない場合，ストを打つことが前提となっている。そのため，中村正武電機連合会長はスト突入も想定したとし，そのうえで，「断腸の思い，苦渋の選択で回答結果を集約せざるを得ないと判断した」と苦しい胸の内を明かした。

● 実質的な有額回答を強調──基幹労連

基幹労連の2006年春闘は，組合側の賃金改善3,000円（2年間）の要求に対し，経営側は具体的な金額の提示を見送り，「今後，新規財源を投入して賃金改善を実施する」ことを確約し，決着した。

賃上げの手法についても，従来のベアだけでなく，賃金カーブの歪みの是正や特定階層に傾斜した水準の引上げ，財源の全額を仕事給に配分することなどにも広げた「賃金改善」という考え方を他産別に先駆けて打ち出し，2006年春闘における

月例給を重視した賃金改善要求の流れをリードした。しかし，交渉に入ると，経営側は「組合員のこれまでの協力・努力には感謝する」としながらも，月例賃金の改善には「固定的・構造的コスト増には慎重にならざるをえない」「横並びの3,000円の底上げは疑問」などの主張を終始繰り返して，労使の議論は最後までかみ合わなかった。しかし，最終的に経営側は，賃金水準や賃金制度・運用などの個別企業の課題に対して新たな財源を投入することには理解を示し，その内容や水準などについては今後，個々の労使間で協議することで，とりあえず今季の交渉を終えた。

交渉がここまで難航した背景には，鉄鋼部門などの一時金が「業績連動方式を取り入れた時には誰も予想しなかったほど高水準になっており，賃金が製造業平均より低いとの主張が『年収ベースでみれば決して低くない』と跳ね返されてしまった」（宮園哲郎基幹労連委員長）ことが大きいとみる。一時金は，史上最高業績を更新する鉄鋼大手が216～256万円に達する見通しだ。宮園委員長は記者会見で，「賃金改善は遅くても来年4月までには各社で実施される。新規財源の投入も確約されている」と説明。個人的見解と前置きしつつも，「賃金改善は，1,000円以上の財源投入になると確信している」と述べ，実質的な有額回答であると強調した。

● 「賃金改善」が提起した新たな課題

これらの交渉を通じて新たな課題として浮上したのが，ベアに代わる賃上げ要求として打ち出された「賃金改善」のあり方だった。もともと「賃金改善」については，古賀伸明連合事務局長が「『賃金改善』は，若年者の水準引上げや，高齢者の賃金カーブの見直し，初任給，パートの均衡処遇，時間外割増し」などを例示していた。月例賃金に絞れば，賃上げ要求方式としては，①従来型のベース・アップ，②標準労働者のカーブとの乖離是正（中だるみ是正），③評価原資での配分，④若年層や高齢層のカーブ是正――などのパターンが想定され，各企業別組合の要求もいくつかのパターンに分かれた。

たとえば富士重工では組合が，係長層への重点配分を求め，鉄鋼メーカー労組でも，仕事給への配分を前提にし，賃金水準の落ち込みが顕著な50代後半への配分を求めるパターンもあったが，いずれも継続協議の扱いとなった。この背景には，やはりこの4～5年で大手を中心に導入が進んだ脱年功型の「成果主義型賃金制度」の影響があったといえる。経営側は産業内の「横並び」の排除だけではなく，企業内でも社員一律的に賃金を底上げする「ベア」からの決別を強く意識して，交渉に臨んだ。配分のあり方については，毎回の交渉ごとに労使のすり合わせが進むことになるが，毎年の改定を必ずしも必要としない「賃金改善」という手法をこれ以降も続けるために，組合は，組合員の納得性を引き出せるような中長期的な賃金政策の策定が必要となってきた。

● 3年目の「中小共闘」

この4～5年，大手組合の多くがベア要求を見送るなか，定昇制度がないなど賃金制度が整備されていない中小企業では，賃金水準が低下傾向にあった。『2006連合白書』の試算によると，90年代以降で賃金の規模間格差がもっとも小さかった1995年時点の大企業105.3対中小企業97.4に比べ，2003年には107対95.4へと格差が拡大している。

こうした状況を打開するため，大手が要求をしなくても，中小主力の産別が結集して，組合員300人未満の労組が独自の要求，独自の日程を設定し，交渉を追い込む新しいパターンの形成をめざしてUIゼンセン，JAM，全国一般などを中心に3年前にスタートしたのが，連合の中小共闘だった。2004年春闘では，5,200円の要求目安を作り30産別が参加。交渉と回答指定日を前倒しした結果，前年に比べて200～300円のアップを獲得した。2005年は要求目安を前年より500円アップの5,700円に設定して，2004年と同様の200～300円程度の増額になった。金額的にはわずかといえるが，前年に比べて少しでも賃金が上がるということは，大手が要求しないなか，格差縮小にも資

表　2004～2006年　中小共闘回答

○2006年（2006年7月4日現在，27組織）

規模	2006年				2005年		対前年差	
	組合数	組合員数（人）	額（円）	率（%）	額（円）	率（%）	額（円）	率（%）
計	3,318	296,289	4,114	1.67	3,840	1.56	+274	+0.11
100～299人	1,179	207,410	4,265	1.71	3,992	1.61	+273	+0.11
99人以下	2,139	88,879	3,762	1.57	3,486	1.46	+276	+0.11

○2005年（2005年7月6日現在，25組織）

規模	2005年				2004年		対前年差	
	組合数	組合員数（人）	額（円）	率（%）	額（円）	率（%）	額（円）	率（%）
計	3,185	290,005	3,826	1.56	3,613	1.47	+213	+0.09
100～299人	1,169	205,620	3,955	1.59	3,756	1.51	+199	+0.08
99人以下	2,016	84,385	3,514	1.46	3,265	1.36	+248	+0.10

○2004年（2004年4月27日現在，25組織）

規模	2004年				2003年		対前年差	
	組合数	組合員数（人）	額（円）	率（%）	額（円）	率（%）	額（円）	率（%）
計	2,390	225,607	3,716	1.50	3,482	1.42	+233	+0.08
100～299人	923	164,901	3,864	1.54	3,652	1.47	+212	+0.07
99人以下	1,467	60,706	3,314	1.38	3,022	1.28	+292	+0.10

資料出所：連合

するということで，格差問題を前面に掲げる「連合春闘の柱」に位置づけられてきた。

2006年春闘は，大手のベア要求復活を踏まえ，要求目安を賃金カーブの確保相当分4,500円プラス賃金改善分2,000円以上の6,500円以上に設定。3月31日現在で集約できた756組合の定昇相当分を含む妥結額は加重平均で4,819円，1.88％で，前年の同一組合と比較すると額で406円，率で0.16ポイントのアップとなった。3月23日現在でまとめた，日本経団連の大手企業の賃上げ集計では55社の平均賃上げが4,832円（1.53％増）で前年実績を175円上回っていることと比べても，中小共闘に参加した組合の健闘が見てとれる。

メーカー労組の回答が分散した自動車総連でも，加盟1,200組合中ベアなどの賃金改善要求を行った991組合のうち2006年3月30日現在で，188組合で改善分を獲得した。うち具体的な結果が明らかな170組合の賃上げ額は平均で794円となり，1,000円以上獲得した組合が63組合にのぼっている。このうち車体・部品関係の結果をみると，大手メーカーを上回る1,000円以上の賃上げを引き出したところが47組合にのぼることから，加藤裕治自動車総連会長は「春の交渉で格差是正を含めて継続して取り組んできた結果が出てきている」と評価した。

バブル崩壊直後の1992年と1993年はまだ人手不足感が強く，中小企業の賃上げ率が，わずかながら大手を上回ったことがあった。労働省の調査では，1992年の大手の賃上げ率4.95％に対し，中小が4.98％，1993年は大手3.89％に対し，中小は3.91％だった。人手不足が中小の賃金交渉に与える影響を無視できないような状況が，すでにこのころ生まれていたとみることができる。

●初のパート共闘では時給12.8円の引上げ

連合のパート共闘会議の発足も2006年春闘のトピックスだった。2004年当時で男性パートの時給は，一般男性社員の5割，女性パートでは45.2％にとどまるなど大きな差があり，雇用形態間の格差の広がりが大きな課題とした浮上していた。そのため，連合では2006年から非正規への取組みを重点課題に位置づけ，その取組みの中心がパート

共闘だった。具体的な取組み目安として,「時間あたり賃金を1％または10円以上引き上げる」ことを処遇改善の柱のひとつに掲げたが,最終的なゴールを「合理的理由のない格差の排除,均等・均衡待遇の実現」に置いているため,一時金・退職金制度の整備,年次有給休暇の付与日数見直し,雇用転換制度の導入,育児・介護短時間勤務制度の導入の整備,60歳以降の雇用制度の導入——といった多様な目安を示した。あわせて,当然ながらパート労働者等の組織化も大きな課題として位置づけた。

時給の改善をみると,2006年3月30日現在で引上げを要求した223組合のうち97組合が妥結し,時給引上げ額の平均は12.8円となった。景気回復から人手不足が各業界に広がるなか,労働市場の需給逼迫が時給引上げを後押しした面もあるが,連合がパート共闘を運動として組織したアナウンス効果も,初年度の結果につながったといえる。初陣だけに,パート共闘会議に参加した15産別のうち,時給改善など具体的な改善要求を交渉したところは限られた。そのため,非正規の処遇改善に取り組む予定の産別も,参加するパート共闘連絡会議での体制整備に向けた通年的な議論が求められた。

中小と同様に人手不足が,処遇の改善を促している面はあるものの,非正規賃金の動向がマクロ経済に与える影響も見逃せないだろう。マクロ経済に及ぼす影響といえば,これまでは春闘における正社員の賃上げに注目が集まっていた。しかし,雇用者の3分の1を占めるに至った非正規雇用の賃金動向も無視できなくなりつつあった。

●**人口減少社会への突入でワークライフバランスも課題に**

2005年12月,厚生労働省は,わが国が人口減少社会に突入したと発表した。統計的に人口減少というう現実を突きつけられるなか,企業活動にとっても制約要因となる可能性の高い少子化に歯止めをかけるための具体的な知恵が求められることになった。そのため,2006年の経労委報告でも,「ワークライフバランス」を強調していた。報告のなかで,企業に対しては,育児休業後に円滑に職場復帰できるプログラム,国には保育サービスを質・量両面から拡充させる抜本的な規制改革を求める一方,制度やインフラの整備といったハード面だけでなく,「企業風土というソフト面の改革も求められる」とした。連合の方針のなかでも仕事と家庭の両立支援という形で,ワークライフバランス的な要求を重視する方向が打ち出され,労使が同じ土俵で議論を深められるテーマになってきた。2006年春闘での具体的成果としては,電機連合が,多目的休暇制度のなかで不妊治療を含める要求を盛り込み,多くの労組で獲得した。

加えて,2006年4月から施行された高年齢者雇用安定法への対応も,交渉・協議のテーマだった。改正高齢法により,各企業は,何らかの形で高年齢者を年金支給開始年齢まで雇用することが義務づけられる。ハローワークが調査した2006年1月1日時点での,従業員数300人以上の企業の改正高齢法への取組み状況によると,97.9％の企業が,改正高齢法に沿った雇用確保措置を導入する見込みと回答していた。しかし,そのうち,すでに導入済みの企業は4分の1にとどまり,中小企業も含めると,まだ多くの企業で実施作業が進行中だった。とはいえ,大手企業では法の趣旨に沿った制度やその基準づくりを春闘で議論したところも多かった。このように,少子高齢化・人口減少社会に労使が具体的にどう取り組むかについての本格的な議論が始まったという意味でも,2006年春闘は「転換点の春闘」だったということができる。

2007年春闘

経営側の先行き懸念を打破できず

【2007年春闘関係の特徴，主な出来事】

連合は「賃金カーブ維持分」と「物価上昇分」を統一要求方針に
前年を上回るベア回答が増加
企業業績向上分は一時金で還元への傾向，さらに強まる
「有志共闘」（内需産業を中心とした6産別）スタート
電機労組，職種別賃金要求方式へ

【社会・経済の主な出来事】

2006年11月，いざなぎ景気超え
食品偽装問題

【世　相】

どげんかせんといかん，○○王子，消えた年金，
ネットカフェ難民

1．2007年労使交渉の焦点

■「ストップ格差社会」をスローガンに

　景気拡大が2006年11月に戦後最長のいざなぎ景気を超えたといっても，勤労者にその実感は薄かった。雇用は統計面でも目に見える改善を示しているものの，賃金関係での好材料が乏しいためだ。2006年を通してみると，所定内給与は減少したが，一時金・賞与のアップで現金給与総額は微増。しかし，物価などの影響で実質賃金は2年連続の減少となった。収入の最も高い層以外での消費性向は低下し，家計消費も2年連続の減少となった。

　一方，企業収益は2007年も堅調が予想され，5年連続の増益が確実視されるなど，好調を持続。企業部門の回復が雇用面の改善につながっているとはいえ，賃金の回復力は弱く，消費の上昇といった形での家計部門への波及には至らなかった。

　こうした動向に加え，2007年春闘を前にして労働側が最も問題視したのが，マクロの労働分配率が低下傾向にあることだった。財務省の法人企業統計調査でバブル崩壊後の企業の人件費負担を労働分配率でみると（製造業），2001年度に77.1％のピークに達して以降，急速に低下し，2006年度には66.8％にまで落ち込んでいた。他方，今回の景気回復期で顕著に上昇しているのが，役員賞与・配当金で，2005年度は2001年度に比べて2.8倍に達していた。高収入層での消費や収入が拡大する一方，低所得層ほど消費性向が低下している格差拡大の第1の要因として，労働側は，パート，派遣・契約社員といった非正規雇用の増加を指摘している。連合総研の2006年4月の「勤労者短観」によると，5年前と比べた収入・資産格差の変化について，63.6％が「個人間の収入の差」を拡大したとみており，その主要因のトップに「パート・派遣労働などの非正規雇用が増えた」（51.1％）があがった。

　このため労働側は，雇用形態間の処遇格差の拡大が進むなか，労働者・家計部門への所得移転を通じた配分構造を変えないと，景気が腰折れする危険性が高いとの懸念を強めた。連合は，07闘争のスローガンに「ストップ　格差社会！　均等待遇・公正配分へ反転させよう」を掲げた。交渉のリード役となる金属労協は07闘争を「人への投資と働き方の見直しによって，ワークライフバランスと産業の発展を実現する」との目標を設定した。この観点から，「賃金改善による金属産業にふさわしい賃金水準の追求」と「労働時間」を取組みの2本柱にすえた。全労連も同様に「格差の是正と貧困の解消」を訴えた。

　このように中央団体や共闘レベルでの春季交渉に向けた方針をみると，賃金要求関係では，「格差是正」をキーワードに，物価上昇分を含めた前年以上の要求設定を求めた点が特徴だった。

■賃上げ抑制姿勢を前年よりも色濃く
　　　　——経営側の反論

　日本経団連は，「2007年版　経営労働政策委員会報告——イノベーションを切り拓く新たな働き方の推進を」で，景気動向について，「今回の景気回復は好調な輸出を契機に，企業部門へ，次いで家計部門に波及しつつある」との基本認識を示したうえで，今後の課題として「地域間・規模間・業種間における景気回復の格差解消や競争力のさらなる強化」などをあげた。労働側が課題として指摘している労働分配率については，「労働分配率の水準は産業，企業ごとに異なるものであり，労働分配率の高低を一律に論じるべきではない」との基本的な考え方とあわせて，「労働分配率は傾向的に景気低迷期には上昇し，回復時には低下する」との見方を示し，「景気の変動に応じて短期的に労働分配率を調整することは，かえって賃金や雇用の安定性を損ね，企業経営に大きな影響を及ぼす」とクギをさした。

　また，春季交渉に向けた基本姿勢として「賃金決定においては，生産性の向上の如何にかかわらず横並びで賃金水準を底上げする市場横断的なベースアップは，もはやありえない」「激化する国際競争のなかでは競争力強化が最重要課題であり，賃金水準を一律に引き上げる余地はない」と

の賃上げ抑制のスタンスを示し，2006年以上の賃上げを求める労働側の姿勢を強く牽制した。

こうした主張に対して連合は，「『景気回復は，企業部門から家計部門に波及しつつある』という現状認識は，わが国社会のどこをみて言っているのか理解できない」（古賀伸明連合事務局長）と批判。記者会見で古賀事務局長は，労働分配率の低下について，「総額人件費を抑制し続ける経営側の姿勢に起因する構造的側面が強く，景気と企業業績の回復に努力してきた労働者への配分は上がってしかるべきだ」と反論。金属労協も談話を発表し，「市場横断的なベースアップはもはやありえない」との主張に対し，「物価が上昇に転じているにもかかわらず，実質賃金を維持する手段である一律的なベアを否定することは，経営者の努力を放棄したものとして到底容認できない」と強い調子で批判した。さらに「従業員一律のベースアップはもはやありえない」とのベア否定論に対しても，「現場を支えるのは，勤労者1人ひとりの力であると同時に，チームワークの力である」としたうえで，賃金改善は個別企業労使が仕事や働き方の実態を踏まえたうえで実施するものであることから，「企業労使の自主的な賃金決定を妨げるべきではない」と非難した。

■賃金要求は物価含め2006年以上を
　——実質1％以上の成果配分で労働分配率改善

このように，交渉前から労使の賃上げをめぐる考え方と基本スタンスには深い溝があった。加藤裕治金属労協議長は2007年の闘争方針を決めた協議委員会で，「経営側は（06春闘での）賃金改善の流れをこのまま定着させてはいけないという気持ちが非常に強い」との見方を示し，2007年春闘では経営側が前年以上に賃上げ要求に反発してくると予想していた。たしかに，経労委報告の主張は前年の賃上げ容認論から一転，労働側の賃金改善を強く牽制する内容になっている。

こうしたなか，連合の07闘争方針では，賃上げ要求の根拠として，「長期的なトレンドでみると1人あたりの実質GDPの伸び（実質生産性）が1％強となっている」ことをあげ，「実質1％以上の成果配分を通じて労働分配率の改善を行う」とした。そのうえで物価上昇分を0.6％とみて，「『賃金カーブ維持分』と『物価上昇分』を確保し，賃金改善に取り組む」ことを，すべての構成組織が要求に盛り込むミニマム要求課題（全4項目）の冒頭においた。「賃金改善」の内容については前年の2006年と同じく，生活向上分としてのベースアップや時間給の引上げのほか，格差是正，賃金カーブの是正，低賃金層の底上げなど経営側から原資を引き出す多様な方策をその方法として例示した。

金属労協も，賃金改善要求の基本的考え方として，「物価上昇を含めた賃金改善の取組みを行う」と明記。加藤議長は2006年よりも「目線を上げた議論を期待している」と要望し，物価上昇分については金属労協も0.6％程度とした。他方，07闘争で金属労協は新たな共闘軸に据える「大くくり職種別賃金水準の形成」に向けて，単組ごとに設定した「技能職中堅労働者」などの職種別賃金について，産業・業種内における相対的な位置づけを判断するための「比較指標」の作成に着手した。同指標は，賃金の実態データに基づき，産業・業種別のほか，規模別に賃金の特性値を示すもので，産別や単組の要求策定の参考資料，および交渉場面での活用を狙った。これまでの上げ幅中心の賃上げから，金属産業にふさわしい「あるべき水準」を重視することに移行することで，産業間・内の格差是正を図るスタンスに切り替えたものだ。

■要求段階で中小先行，7,000円以上の要求目安示す

連合の闘争方針をいち早く取り入れたのが，4年目を迎える連合の「中小共闘」だった。要求目安として，物価上昇分を1,500円（同共闘集計の実態賃金245,000円×0.6％）とし，それに格差改善分（賃金改善）1,000円をプラスした2,500円以上を提起した。同共闘では賃金カーブ維持分を4,500円と推計しており，合計7,000円以上の要求で臨む。これまで中小共闘は，大手産別の要求設定等の動向をみてから要求目安を決めていたが，

中小先行は，07闘争の基調である規模間の「格差是正」を重視する姿勢を示したものだった。

金属労協も，大手と中小の規模間格差の縮小に向けて，2007年3月の集中回答日以降，後続の交渉組を支援するため，初めて同業種・同地方の中堅・中小組合に影響力のある労組を「中堅・中小労組登録組合」に設定し，要求・回答状況を調査・公表することにした。100組合程度の登録を予定し，「3月の月内決着」を前面に打ち出した。

■交渉ヤマ場と重なる「労働法制改革」
　　──時給1,000円，上げ幅で15円程度求める

2007年春闘は，通常国会で審議が予定される労働契約法制定のほか，労働時間法制，パート労働法，最低賃金法の改正といった労働法制改革と交渉が重なることもあり，交渉の展開を読みにくくさせた。たとえばパートタイム労働法の見直しについて，経労委報告では，「パートタイム労働者の処遇のあり方については，法律で一律に規定することは適当でない」とパート指針などの法制化に反対の姿勢を強く打ち出していた。

これに対して労働側は，従来以上にパートがらみの要求を強化した。連合は，「全従業員対象の企業内最低賃金を協定化」を数年前からミニマム要求課題に設定し，パートタイム労働者の労働条件改善の取組みを進めてきたが，07闘争では，「未組織などパートへのアピール効果や社会的インパクトを強める連合のメッセージ」（髙木剛会長）という意味合いも込めて，パート労働者等に対する方針を重点的に強化した。まず，時間給の改善に向けた要求目安として，絶対額を1,000円程度，上げ幅で15円程度とする方針を固めた。前年の要求目安は時給10円以上の引上げだった。

この他，パートタイム労働者の全般的な均等・均衡待遇の実現に向けて，①パートタイム労働固有の制度の整備（正社員転換制度の導入，教育訓練制度の見直し・整備，正社員と一体的な人事処遇制度，就業規則の整備，社会・労働保険加入の点検），②雇用形態などの働き方に関係なく全員に適用される労働条件の整備（慶弔，育児・介護などの休日・休暇制度，60歳以降の雇用制度，福利厚生基準の見直し，通勤手当など），③時間比例を考慮しながら整備（時間あたり基本賃金，職務・生活関連手当関係，一時金，退職金制度）──を例示。パート等の処遇改善を各組合が主体的に進めるよう，構成組織に要請した。

■長時間労働是正に向け時短促進，ワークライフバランスに重点

各組織とも長時間労働是正の観点からワークライフバランスを要求に盛り込む動きが顕著となった。経労委報告でもワークライフバランスの推進を提唱。同報告はワークライフバランスについて，「単なる労働時間の短縮や休暇取得に関することではなく，企業労使の，新たな自律的な働き方への挑戦」「急速に進行しつつある少子化および高齢化に企業が対応するための柱」「短時間勤務，裁量労働，在宅勤務などの労働時間や就労場所について，多様かつ柔軟な働き方を可能とする選択肢を用意すること」といった見解を示した。

ワークライフバランスの重視で労使の足並みがそろっているようにもみえるが，考え方とアプローチには大きな相違があった。金属労協は「個人の自由な時間が確保されてこそワークライフバランスが図られるのであり，長時間労働の是正が必要不可欠である」と異論を唱える。金属労協は「あるべき賃金水準」の追求とあわせて，労働時間短縮など「ワークライフバランス」の実現を07闘争のもう1本の柱に掲げた。とくに金属関係の製造業では，景気の回復とともに所定外労働が増大していた。金属労協の集計によると2004年以降，年間の所定外労働時間が200時間を超え，年間の総実労働時間が2,050時間前後にまで高まっていた。1989〜1993年の時短5カ年計画の最終年に比べて100時間も伸びていた。そのため，バブル崩壊以降停滞していた時短闘争の再構築という意味合いもあった。とはいえ，時短は単年度の交渉で実現しにくい面もあるため，2007年は「スタートの年」と位置づけ，次年度以降の統一闘争の下地作りに力点をおいた。目標である年間総実労働時間1,800時間台の実現をめざし，労働時間の現状と課題を労使で確認し，実態を踏まえた解

決策を見出すことから着手。時間外割増率については，産別が設定するそれぞれの産別基準への到達に全組合が取り組む考えだった。

連合は，労働時間関係のミニマム要求課題の1つとして，「長時間労働の削減に向けて，労働時間管理の協定化」と「三六協定の総点検運動と割増率が法定割増率と同水準の組合はその引上げ」をあげた。現行の中期時短方針では，基本目標を時間外50％，休日100％の実現においているが，07闘争では当面の目標として，「すべての組合が時間外割増率30％，休日割増率40％の達成をめざす」とした。

■金属労協傘下は1,000～2,000円以上の範囲で集約へ

電機連合は，代表的な職種で「月額2,000円以上（定期昇給分を除く）」の賃金改善を求めることなどを柱とする本部方針案を決めた。また，2007年春闘からは，これまでの「30歳・技術職」と「35歳・技能職」の年齢ポイントによる賃金要求方式から，「職種別賃金」へ本格的に移行した。

自動車総連は格差是正の観点から，2006年以上の賃金改善に取り組む考えを示したが，統一的な要求額は示さなかった。2006年は賃金改善分1,000円でトヨタ，日産，本田技研などの大手メーカーが足並みをそろえたものの，2007年は1,000円以上から2,000円の範囲で若干要求がバラけることも予想された。2006年の賃金改善要求では電機連合が2,000円，自動車メーカー労組の大半が1,000円を要求し，多くの組合で有額回答を得たが，各組合とも要求段階で2006年を上回ることになりそうな情勢だった。

一方，基幹労連は，2006年春闘で「2年間で3,000円の月例賃金の改善の実施」を求め，経営側は一定の理解を示したものの，具体的な金額を含む回答は示されず結論が先送りされていた。しかしその後，集約の方向性がほぼ見えてきて，鉄鋼総合部門は，大手3組合（住友金属，新日鉄，JFEスチール）が「役職運用の見直しや仕事給の引上げなどの課題に対応した結果，1人あたり1,000円強の財源投入になった」と試算。実施時期は住友金属を除く2組合が2007年4月1日からとなった。住友重機，三菱重工，川崎重工，石川島播磨など造船重機部門6組合は「基本給への配分，ベテラン層や若年層へ重点配分など1人あたり1,000円程度の財源投入」を，同じく4月1日から実施。非鉄総合部門では1組合（三菱マテリアル）に，若年層重点や生活関連手当で，2006年度と2007年度に分けて，1人あたり1,000円程度の賃金改善を実施，との回答があった。

■新たな結集軸「有志共闘」が始動
　——前年より要求額がアップ

闘い方の再構築も大きな課題となっていた。これまで連合の春季交渉では，要求・妥結は産別自決，連合は連絡・調整という役割分担が確立していた。しかし，金属労協の主力産別である基幹労連が隔年交渉へ移行したことなども影響し，春季交渉のパターンセッターであるJC共闘の求心力低下は避けられない。このため金属労協は，労働条件の課題を議論する場を，連合の金属部門連絡会に移す意向を固めた。連合の「産業部門連絡会」は，1989年の連合結成当初から7つの産業部門ごとに設定され，産別を超えた組織や運動の運営基盤として機能することが期待されてきた。しかし，春季交渉では情報交換の場の域を出ることはなかった。こうした背景もあり，中小やパート共闘以外で，連合が春季闘争全体の求心力となるような共闘体制の再構築を求める声は強かった。

こうしたなか，自動車，電機などの大手メーカーの労使交渉に影響されないように，独自の緩やかな共闘を形成しようとする動きが出ている。その中核となったのが民間最大産別のUIゼンセンと機械・金属関係の労組を主軸とするJAMだった。落合清四UIゼンセン会長は，金属労協や自動車の動向を前提としてきた従来の交渉を断ち切り，「誰のため，何のための要求かを基本に正当性ある要求を策定し，最後まで闘い続ける」（2006年12月の2007年政策フォーラム）と主張。小出幸男JAM会長も，「JC共闘が社会的影響力を失ったとはいえないが，強固な共闘体制を組むことは極めて困難。横並びの春闘は影を潜め，産別

独自の共闘体制が重視される時代を迎えた」と中央討論集会（2006年12月）で発言した。

UIゼンセンは，賃上げ要求の本部案として「賃金体系が確立している組合は1％以上，体系が確立していない組合は7,000円以上」を傘下の組合に示した。JAMは連合の中小共闘の要求目安どおり，賃金構造維持分以外の賃金改善分を2,500円以上，賃金カーブの算定が困難な組合は7,000円以上の要求案を示した。いずれも中小労組を多数抱えているが，3月末決着を強く意識している点で一致。また，新たな緩やか共闘（のちに「有志共闘」と命名）への参加を表明しているフード連合は，平均賃上げ要求として8,500円基準を打ち出し，化学関係のJEC連合も共闘参加の意向だった。

一方，第3次産業関係では私鉄総連は賃金改善分として，2006年春闘を1,500円上回る3,500円プラス1人平均2.0％（定昇相当分）の職場討議案を提起。賃金改善原資については，同総連が独自に行っている物価調査（LPI＝生活物価指数）で，指数が7年ぶりに上昇に転じてプラス1.3となったことから，平均基本給（275,000円）にこれを乗じて3,500円とした。このほか，前年までベア等の賃金改善を見送ってきた電力関係の組合も，物価上昇分を織り込んだ1％程度の賃上げ要求で交渉に臨むなど，前年より一段高い「賃金改善」の要求で足並みがそろった。

2．2007年労使交渉の結果と評価

● 賃上げは前年比微増にとどまる

戦後最長の景気拡大が続行するなかで展開された2007年春闘。安倍首相が2007年初の経済3団体新年パーティーで「景気回復の結果を国民にも感じてもらいたい。景気回復を家計にも広げていくため，経済3団体にはご協力いただきたい」などと述べるなど，2007年春闘には，労働界だけでなく政界からも期待が寄せられた。

景気の回復過程で，企業利益は過去5年で平均15％の伸びを示していた。一方，勤労者の実質賃

▲集中回答日に会見する髙木連合会長

金は物価などの影響で2年連続での減少となっていただけに，「家計部門への波及」を，組合員だけでなく多くの勤労者が期待していた。

為替や原油価格の動向といった不安要素はあるものの，全般に好調な企業業績を背景に，労働側は2006年を上回る要求を設定。そして，それ以上の成果獲得をめざした。しかし経営側は，国際競争力の低下など，先行き懸念を理由に慎重な姿勢を崩さず，賃上げは結果的には前年比微増にとどまった。

交渉リード役となった金属労協が設定した2007年3月14日集中回答日。髙木剛連合会長は，大手企業から示された回答を見て，「国際競争力論にこだわり，経営側が控えめな要求に十分応えなかったのは残念。何年も最高益を更新しながら，賃上げに消極的な態度に終始した企業もあった」などと，経営側の姿勢を批判した。

2007年3月末現在の連合集計によると，平均賃上げ方式で前年と比較可能な1,450組合（117万人）の引上げ額は5,926円，率で1.98％となり，前年比で304円，0.1ポイントの微増となった。一方，一時金をみると年間協定で妥結した898組合の平均は前年を0.07カ月上回り，久々に5カ月台にのせる5.06カ月になるなど，企業業績の向上分は賞与・一時金で還元する傾向がさらに強まったことを印象づけた。

「格差社会の流れを反転させる」という労働側の最大テーマを達成できたかどうかは，大手企業の回答を受けて本格化する中堅・中小，非正規雇用の処遇改善などに委ねられた。賃金は，1997年以降ほぼ一貫して下がり続けており，労働分配率

は，2001年以降下落傾向にある。労働側が目標にした，こうした指標の反転上昇が，見通せない結果となりそうだった。

● 春闘再構築を模索――「有志共闘」「職種別賃金要求」「中堅・中小集計」

賃上げ面では経営側の壁を打破できず，前年比微増に終わったものの，久しぶりに電力やNTTといった公益部門の労組も賃上げ要求を設定。賃上げが復活した2006年春闘を上回る規模で，労働界が足並みをそろえた。

これに対して，日本経団連は2007年交渉に際して，「賃金決定においては，生産性の向上のいかんにかかわらず横並びで賃金水準を底上げする市場横断的なベースアップは，もはやありえない」「激化する国際競争のなかでは競争力強化が最重要課題であり，賃金水準を一律に引き上げる余地はない」などとする賃上げ抑制のスタンスを，「2007年版経営労働政策委員会報告」で確認。前年以上の賃上げを求める労働側の姿勢を強く牽制し，個別企業の交渉でもこの主張が企業横断的な基調となった。

2007年の組合側要求の特徴は，水準的には物価がわずかとはいえ上昇に転じたことを踏まえて，各産別が前年を上回る賃上げ要求を設定したことである。結果的に要求水準は賃金カーブ維持分に加え，物価上昇，ベースアップや体系是正などの分として前年より1,000円程度多い2,000〜3,000円の幅で賃上げ統一要求を設定する産別が多かった。4年目の取組みとなった連合の中小共闘では，300人未満の中小の場合，定昇制度が整備されていないところが多いため，定昇相当4,500円プラス賃金改善分2,500円以上を要求目安に設定した。

他方，闘争体制面でも変化がみられたことも2007年春闘の特徴だろう。国際競争にさらされている金属大手の労使交渉が全体の交渉リード役になりにくくなったため，労働側が，①金属などの輸出依存ではなく内需産業を中軸にした新たな共闘の形成（有志共闘），②産別主導で中堅・中小に相場を波及させるための新たな試み（金属労協の中堅・中小登録組合の設定と情報公開），③パート共闘など非正規雇用の処遇改善の取組み強化，④電機連合での職種別賃金要求への移行――を通じて，「春闘」の「再構築」を模索する動きが始まった。「春闘終焉」を主張する経営側に対する，労働側の回答ともみることができた。

● 労使とも「ワークライフバランス」を重視

賃金面では労使の主張に隔たりが大きく，交渉は難航したものの，今後に取り組むべき課題として労使が共通認識を示したのが，「ワークライフバランス」だった。労働側は「労働時間短縮」を優先させる姿勢を崩さない一方，経営側は「多様で柔軟な働き方の実現」が中心ということで，基本スタンスは異なっていた。しかしながら，民間最大の単組であるNTT労組が2007年の交渉で育児支援で合意したケースや，労働時間短縮などで労使合意に至ったケースも多く，少子高齢化の進展とあいまって，春闘におけるウエイトはより高くなることが予想された。

日本経団連の経労委報告でもワークライフバランスの推進を提唱し，ワークライフバランスについて，「単なる労働時間の短縮や休暇取得に関することではなく，企業労使の，新たな自律的な働き方への挑戦」「急速に進行しつつある少子化および高齢化に企業が対応するための柱」「短時間勤務，裁量労働，在宅勤務などの労働時間や就労場所について，多様かつ柔軟な働き方を可能とする選択肢を用意すること」といった見解を示していた。

2007年春闘で金属労協は，労働時間短縮など「ワークライフバランス」の実現を柱に掲げたが，時短は単年度の交渉では実現しにくい面もあるため，2007年は「スタートの年」と位置づけた。連合も労働時間関係のミニマム要求課題の1つとして，「長時間労働の削減に向けて，労働時間管理の協定化」と「三六協定の総点検運動と割増率が法定割増率と同水準の組合はその引上げ」を盛り込んだものの，本格的な取組みは，2007年度中に改定予定の中期時短方針のなかで，新しい中長期

的目標値や手法を整理したうえで，具体的な要求に落とし込むことにした。

● 電機連合は職種別賃金要求へ転換，回答ばらつくも改善分を回答

電機連合加盟の大手16組合（三洋電機労組は統一闘争から離脱）が2007年3月14日に受けた回答は，松下が「賃金改善体系是正分等1,000円」，シャープが「賃金水準改善額1,000円」，その他，沖電気と明電舎を除く12社が「賃金水準改善額500円」に100～500円の「賃金体系是正分等」をプラスアルファする，ほぼ横並びの内容で決着した。中村正武電機連合委員長は，「大勢が実質的に1,000円の賃金改善を取ることができた」と評価。また初任給・最低賃金でも組合要求どおりの満額回答を得るなど，「賃金の社会性を重視し，前年を上回る」とした同労連の目標を達成できたとみることができた。

先に触れたように電機連合の大手労組は，2007年春闘から職種別賃金要求方式に移行した。開発設計職（30歳）と製品組立職（35歳）から各単組が職種を選択し，その代表ポイントの絶対額の引上げを求めるとともに，統一要求とした1人あたり月額2,000円以上の賃金水準の改善を要求した。しかし，電機産業の業況は業種・業態，企業によって業績のばらつきが大きく，他産業に先駆けていちはやく成果主義賃金を導入したこともあり，経営側は産業横断的なベースアップに加え，企業内の一律ベアに対するアレルギーが強かった。2007年3月10日の産別労使交渉後，松下電器の福島伸一常務は，「現場労使が汗をかいて人事制度改革に取り組んできたなか，全部統一することは間尺に合わない」などと発言。さらに，産業別の統一闘争で月例賃金の引上げにこだわる交渉からの脱却を求めていた。

このため電機連合は，一律的な賃上げ要求だけにこだわると，連合や金属労協の目標である「前年を上回る賃金改善」の実現が困難になると判断。回答日の2日前に，月例賃金についてはスト回避基準となる歯止めを「水準改善500円」に設定する一方，これ以外に賃金制度の補正や特定階層の賃金カーブの是正，各種手当の拡充といった「賃金体系是正分等」の広い意味で人件費の増額となる回答を容認することで，回答上積みを図る戦術を確認した。さらに，職種別賃金要求で，松下など，産別が目標に設定している賃金水準をすでに上回っている3単組に限って，賃上げ回答を全額「賃金体系是正分等」とするケースも認めることにした。闘争戦術についても，歯止めに満たない回答の場合，ストに突入する従来型の戦術を見直し，2007年の統一交渉では，残業と休日出勤の無期限拒否で対応することにした。

その結果，松下は，①初任給の引上げに伴う若年層の賃金体系の補正，②企業内最低賃金引上げに伴う是正，③育児手当の充実──をまとめて「賃金体系是正分等1,000円」となる回答内容で決着。逆にシャープは1,000円全額を基本賃金の水準改善に充てることで決着した。業績好調の三菱など10社は「水準改善額500円」プラス「賃金体系是正分等500円」の賃金改善で合意。業績不振で交渉が難航した日立は，「水準改善500円」プラス「賃金体系是正分300円程度」で収束した。この他，岩通が「水準改善額500円」プラス「賃金体系是正分100円」，沖電気工業と明電舎は「水準改善額500円」だけにとどまるなど，企業業績の相違が回答に反映される格好となった。

また，統一要求していた初任給と最低賃金については，電機連合の要求基準を上回っている一部の労組を除き，高卒初任給・産業別最低賃金を1,000円引き上げる満額回答（18歳見合いで151,000円）で，横並び決着となった。

● 自動車大手の回答はゼロから1,000円まで分散，業績向上分は一時金で

自動車メーカー11社の労使交渉も，3月14日に経営側から一斉に回答が示された。賃金改善分として1,000円を回答したトヨタやダイハツから，富士重工や日野自工のゼロ回答まで，100円単位で回答がばらついた。一方，一時金については海外販売で業績好調な企業を中心に，軒並み前年を上回る水準で妥結した。自動車労使の賃金交渉は，職場のモチベーション向上などの面から賃上

げを求める労働側に対して，賃上げによるコスト増は国際競争力の低下につながるなどとする経営側が真っ向から対立したまま，回答日直前までもつれた。

交渉リード役となったトヨタの労使協議でも，経営側は，組合の前年比500円増額の1,500円（賃金制度維持分込みで8,400円）とした賃上げ要求に対して，「きわめて困難」との姿勢を崩さなかった。しかし，2007年3月8日の3回目の協議のなかで，経営側から「そのまま応えることは困難」との発言があり，組合側はゼロ回答から脱したと判断。前年妥結額の1,000円からの上積みを図ったが，最終的には同額で決着した。一方，一時金は組合要求どおりの5.0カ月プラス79万円（258万円）の過去最高水準となる満額回答でまとまった。

本田技研の賃上げも前年比300円増の900円で妥結したものの，カルロス・ゴーン社長の下で初めて営業減益となる日産は，前年マイナス300円の700円（平均賃金改定額6,700円）での合意となった。メーカー11社の回答を分類すると，前年と同額がトヨタ，ダイハツなど3社，同比減額が日産，富士重工など4社，同比増額が本田技研，マツダなど4社となっている。回答の内容もゼロ回答のほか有額回答の場合も500円から1,000円まで百円単位で異なるなど，ばらつきが目立つ回答となった。

固定費となる月例賃金の改定に最後まで難色を示した経営側だが，企業業績の反映については，一時金で還元する傾向がさらに強まった。2006年の自動車産業の動向をみると国内市場は需要回復の基調には至らないものの，主力の北米をはじめとする完成車の輸出は好調で，各社とも高水準の生産が続いていた。こうした動向を反映し，一時金については，メーカー組合11組合中6組合で，要求どおりの満額回答を得た。水準もトヨタ，日産，本田技研で6カ月を超えたほか，三菱自工，日野自工を除いて，すべて5カ月以上の高水準で妥結した。

●公益系は7年ぶりに足並みそろう
――NTT，電力は500円，私鉄はベアゼロ

交渉リード役の大手金属メーカーだけでなく，2007年春闘では，NTTで7年ぶり，電力で8年ぶりなど，公益関係労組が久しぶりに賃上げ要求を掲げた。電力，NTT，私鉄といった公益関係の産別が賃上げ要求で足並みがそろったのは7年ぶりになる。

その結果，NTTグループの交渉は，組合の月例給2,000円以上の改善要求に対して，成果手当や扶養手当を対象に8年ぶりの賃金改善を行うことで妥結した。原資配分のあり方については，各労使で詰めるが，2人以上の子どもをもつ組合員の扶養手当を1,000円引き上げるなど育児支援に手厚く配分（1人平均では500円程度となる）。一時金はNTT東日本，西日本など固定通信系6社とNTTドコモが前年実績を下回る年間132.2万円（40歳モデル，4.4カ月＝前年実績は4.5カ月）で決着。ドコモグループは188.2万円に各社の業績反映分を加算し，業績好調なNTTデータは，前年より増え185万円となった。賃上げ面でも，子育て支援に重点配分したが，労働協約改定関係でも，子育て中の社員が取得できる短時間勤務制度について，子の対象年齢の上限を小学1年から3年に引き上げることや，育児で退職した社員の復帰制度を導入することでも合意した。

一方，東京電力など電力会社9社でも平均500円の賃上げで妥結した。北陸電力は原発事故隠しの影響を考慮し，賃上げを見送った。各電力の組合が加盟する電力総連は，2007年春闘で2,000円の統一ベア要求を設定していたが，経営側は一律の賃上げ回答は見送ったものの，若年層（東京，九州）や中堅層（東北，中国），子育て支援（関西）といった形で，各社の実情に照らし，見直しや改善が必要な階層に手厚く配分する賃金改善で応えた。年間一時金については，中部が前年実績を4万円下回る175.2万円で決着。北陸は前年と同額，8電力は前年実績に比べ1,000～18,000円上回っている。

NTTと電力の労働組合は，久しぶりの賃上げ

交渉に備え，従来以上に連携関係を強化した。賃上げ水準的には電機大手の動向を注視しつつ，ほぼ同水準の賃上げを獲得。両組合とも，今回の交渉で発揮した相乗効果を評価している。

私鉄総連は，賃金改善分として，2006年春闘を1,500円上回る3,500円プラス1人平均2.0％（定昇相当分）で臨んだが，ベアゼロで収束。反対に，年収増につながる年間臨給（一時金）のプラスアルファを獲得した組合が目立った。JR関係では，業績好調なJR東日本でベア900円相当（組合要求3,000円），JR東海でベア600円を回答し，妥結。両社とも夏季手当（一時金）を，前年より増額回答した（各2.95カ月）。

● 初陣の「有志共闘」は1,000円程度を確保
──中堅・中小への波及を狙う

2007年春闘で新たな共闘組織として旗揚げした連合傘下6産別による「有志共闘」（代表・渡邊和夫フード連合会長）。同共闘は内需産業を中心とする産別で構成され，産別間で連携をとりながら交渉の相乗効果を高め，後続の中小組合の交渉指標となるような回答引出しを狙った。共闘に参加したのは，UIゼンセン，JAM，サービス・流通連合，JEC連合，フード連合，紙パ連合。自動車や電機など，春闘相場の牽引役となる金属大手の動向を「受動的に眺めているのではなく，それぞれの産別が各業界の業績に応じて交渉するのが最大のポイント」（小出幸男JAM会長）とした。他の交渉動向に影響されず，自主交渉・解決できる単組をこれらの産別が登録。連合の第1のヤマ場のなかで決着を図り，回答を集約して公表することをめざした。

その結果，金属労協の大手組合が引き出した500～1,000円の相場を，その多くの組合が上回った。2007年3月16日に発表した同共闘に登録している54組合の賃上げ回答は，加重平均で1,233円（単純平均で1,040円）。単組別の回答をみるとUIゼンセン傘下のイオンで2,470円，イトーヨーカドーで1,750円など，1,000円を大きく超える水準を引き出した組合もあった。

記者会見で，渡邊代表は「広く賃金改善が波及することを（共闘立上げの）狙いにしており，一定の役割を果たすことができたのではないか」との評価を下した。初年度の取組みということもあり，今後の展開は未知数といえたが，金属大手労使に事実上リードされてきた春季交渉のあり方を主体的に変革する取組みとして，その後の展開が注目された。

● 中小共闘は4,500円を6割がクリア，金属労協は中堅企業の情報を初めて公開

大手と中小の規模間格差の是正を推進するために設置され4年目を迎えた連合の「中小共闘」（30産別参加）。2007年春闘では大手産別の統一要求設定に先じて，300人未満の取組みの目安として，物価上昇分を1,500円（同共闘集計の実態賃金245,000円の約0.6％）とみなし，格差改善分（賃金改善）の1,000円を加えた2,500円以上の賃上げ要求案を提起。同共闘では賃金カーブ維持分を4,500円と推計しているため，合計7,000円以上の要求目安を年内に打ち出し，闘争体制の準備を大幅に前倒しした。

2007年3月末現在の交渉結果（単純平均）をみると，製造業（489組合）で5,110円（前年比310円増），商業・流通（54組合）で5,360円（同679円増），情報・電力・サービスなどを含むその他（53組合）では5,449円（同813円増）で，この時点では大手並み，ないし大手以上の賃金増額を確保した組合が目立った。時間の経過とともに妥結水準は下落傾向となるものの，この時点で，妥結組合の61.6％が格差是正の土台部分となる賃金カーブ確保相当分の4,500円以上を獲得した。4,500円以上確保した組合の割合は，前年同時期の実績を5.7ポイント上回った。

こうした成果を踏まえて同共闘では，2007年3月末に，前年実績に500円程度上積みした賃金改善の獲得を妥結基準（5,300円以上）に設定。さらに4月上旬にはこれ以下の妥結は認めない水準と位置づける中小共闘の妥結ミニマムを発表した。

また，金属労協でも大手と中小の規模間格差の縮小に向けて，2007年3月14日の集中回答日以降，後続の交渉組を支援するため，初めて同業

種・同地方の中堅・中小組合に影響力のある136労組を「中堅・中小登録組合」に設定した。2007年3月23日に発表した解決状況によると、定昇込み平均賃上げと判断できる72組合の回答は5,783円となっている。これらの登録組合には、自動車や電機、鉄鋼、造船など大手金属メーカーの関係グループ・系列企業が数多く含まれている。こうした中堅企業の賃上げ結果が公表されることで、グループ内への影響だけでなく、後続の中小の賃上げ交渉の参考にしてもらう狙いがあった。

たとえば自動車総連全体では、メーカー11組合を含め全体で905組合が賃金改善の要求を行っており、その要求水準も前年に比べて1.5%、140円程度上昇した。メーカー11組合との格差是正を重視する同総連としては、後続の中堅・中小の交渉に期待を寄せており、こうした情報は、格差是正を推進させるための有力な指標になる。同総連によると、このほか部品、販売など数多くの組合がトヨタ労組（1,500円）を上回る要求を提出していた。

●パートの処遇改善も中心課題に
　　——時給15.4円アップ

2007年春闘で労働側は、従来以上にパートがらみの要求を強化した。2006年に15産別が参加してスタートした連合パート共闘は2年目を迎え、パート労働者等に対する方針を重点化。対象者を「直雇用の短時間・短日労働者、および有期雇用労働者を対象とする」、活動範囲を「労使関係における労働諸条件、諸制度、処遇改善および、そのために必要な組織化を目的とする」と規定した。そのうえで、新たに時間給の改善に向けた要求目安として、絶対額を1,000円程度、上げ幅で15円程度（前年は時給10円以上の引上げ）とし、あわせてミニマム要求課題として「全従業員対象の企業内最低賃金を協定化」に取り組むことを確認した。

その結果、2006年3月末現在で参加する15産別全体で、パート等の非正規雇用の処遇改善に取り組む組合は、前年を約300上回る1,112組合に増加。時給の引上げについては回答のあった109組合の平均で15.4円となり、前年同期を2.6円上回っている。通年の取組みとして力を入れている組織拡大については、2006年7月以降、104組合でパート組合員89,175人の新規加入が確認した。

また、直接に交渉で取り上げられなかったものの、トヨタグループの組合で作る全トヨタ労連は、非正規雇用（期間工など）の正社員登用を経営側に積極的に働きかけており、NTTグループの企業でも、正社員登用制度の整備について話し合いに入った。2008年度からの改正パート労働法の施行が視野に入るなか、2007年春闘以降、春闘の機会以外でも非正規雇用に関する処遇改善の取組みが加速することも予想される。

パート共闘2年目の成果について髙木剛連合会長は「時給には地場性があるので1～2カ所で上がれば（近隣の）10カ所程度には波及する」とみており、パート賃上げの地場相場への波及に期待を寄せていた。

このように2007年春闘は、交渉リード役である大手金属の労使交渉は、国際競争力が足かせとなって賃上げ交渉が難航した。しかし、労働側の新しい共闘の模索、規模間・雇用形態間の格差是正の取組みの強化もあり、春闘再構築の方向性がおぼろげながら見えつつあった。

グラフにみる賃金，労働時間等の変化

図1　主要企業の夏季・年末賞与・一時金（前年比）の推移

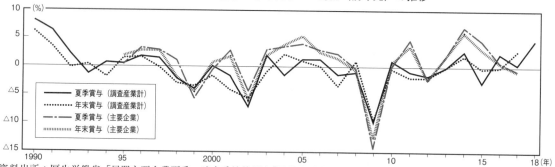

資料出所：厚生労働省「民間主要企業夏季一時金妥結状況」「民間主要企業年末一時金妥結状況」「毎月勤労統計調査」

図2　常用労働者1人平均月間現金給与額の推移

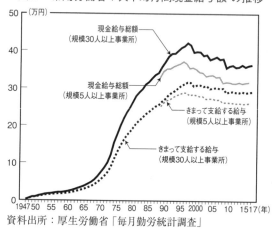

資料出所：厚生労働省「毎月勤労統計調査」

図3　雇用形態別にみた雇用者数の推移

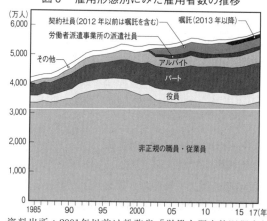

資料出所：2001年以前は総務省「労働力調査特別調査」（2月），2002～2012年は総務省「労働力調査」（詳細集計，年平均），2013年以降は総務省「労働力調査」（基本集計，年平均）

図4　年間総労働時間の推移

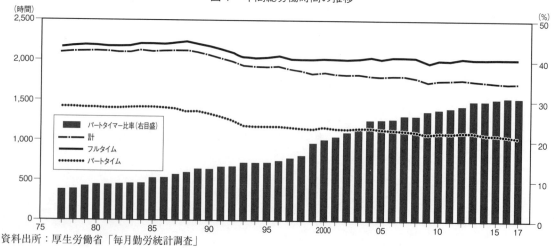

資料出所：厚生労働省「毎月勤労統計調査」

2008年春闘

賃上げムードも終盤の逆風で冷え込む

【2008年春闘関係の特徴，主な出来事】

福田康夫首相の賃上げ要請発言

御手洗冨士夫日本経団連会長，「賃上げに内需拡大に寄与を」要請

労働側は，賃上げ（具体的な数値要求増える）と時短を要求

回答前の円高の影響か水準は前年並み

時間外割増率の引上げは，多くが継続協議

【社会・経済の主な出来事】

若年雇用問題（フリーター・ニート）

郵政民営化（2007年10月）

名ばかり管理職問題

【世　相】

居酒屋タクシー，ゲリラ豪雨，iPhone

1．2008年労使交渉の焦点

■労使とも「非正規雇用」と「格差」に焦点あてる

2008年春闘に先立つ2007年夏に策定された連合の新運動方針では，今後2年間の3つの運動の力点の冒頭に，「非正規労働者や中小零細企業で働く労働者への支援・連携の強化」を置いた。2006年の「パート共闘」の立上げなど，「この間，連合は非正規雇用問題を重視してきた」としつつも，「その取組みが労働組合全体のものとはなっていない」のが実情だったからだ。さらに，「一部には『大企業正社員と公務員中心の連合はもはや労働者を代表する組織ではない』といった主張が見られる」などと指摘。「労働組合を最も必要とする労働者に労働組合が頼りになる存在になっているかが問われている」とし，「中小・非正規労働者とも連帯する運動の再構築が急務だ」と訴えた。

その具体策として，非正規労働者や中小労働者を支援する専門の部署となる「非正規労働センター」を創設することが決まった。情報提供や社会的キャンペーン，労働相談などの総合的な支援や組織化に取り組む考えだ。とくに春季生活闘争にあたっては，パート共闘の事務局となり，「時給1,000円キャンペーン」などを展開。また，中小労働者支援の中心部隊となる「中小共闘」の取組みもさらにテコ入れし，ポイント水準の目安を設定することで，格差是正に向けた運動を強化するとした。

すでに労働側は，これよりも前から未組織の非正規労働者も視野に入れた「格差是正」を春闘のスローガンに盛り込んできた。一方，経営側も「非正規雇用」と「格差」という問題について，「2008年版経営労働政策研究委員会報告――日本型雇用システムの新展開と課題」では，経営側の基本認識とスタンスを明確にした。そして，労働側がもう1つ是正を求める，労働分配率の問題についても，答えを示した。

前者について経労委報告は，「「同一価値労働・

▲新運動方針を決めた連合の第10回定期大会で来賓挨拶する福田康夫首相

同一賃金の考え方に異を唱える立場でない」とする一方，「同一価値労働とは，将来にわたる期待の要素も考慮して，企業に同一の付加価値をもたらす労働である」との考え方を提示した。そのうえで，勤続年数ではなく，「仕事・役割・貢献」を基軸とした賃金・評価制度の導入と運用が必要だとした。

また，「株主重視」により従業員への配分が軽視された結果，労働分配率が低下しているという主張に対しては，「歴史的にみても，国際的にみても高い水準」「労働分配率が景気拡大局面で低下するのは当然である」などと労働側の主張を一蹴。「労使にとっての共通の課題は個々の企業の生産性の向上である」と強調した。

■家計部門の改善では一致

これをみると，経営側も企業内のミクロの「分配」のあり方をめぐっては，再整理を余儀なくされていることを認めている。さらに注目すべきは，マクロの分配のあり方に関する問題意識では，労使の基本認識に大きなずれはないことである。御手洗冨士夫日本経団連会長による経労委報告の序文いわく，「格差や貧困」といった，「『影』の部分に光をあてる制度・施策が不可欠である」。「影」の部分の代表として，報告はフリーター・ニート問題に代表される若年雇用問題への対策に比較的大きなスペースを割いた。そして，現在の経済環境については，「手取り収入が伸び悩み，雇用情勢の改善にもかかわらず，個人消費の増勢

鈍化が懸念されている」と分析。「企業と家計を両輪とした経済構造を実現していく必要がある」との見解を示した。

一方，連合は08闘争の役割を，「社会的な分配のあり方に労働組合として積極的に関与し，内需拡大などマクロ経済への影響力を発揮すること」とし，金属労協の08闘争方針の冒頭でも，「日本経済の成長の成果を所得の向上に結びつけ，個人消費主導の経済成長が求められる」としており，成長のエンジンとして家計・内需・個人消費の拡大が必要であるとの認識について，労使は一致していた。

■賃上げ容認か？
　——労働側内部からは要求自制的の声も

経労委報告発表後の新聞各紙は，「日本経団連が『賃上げ容認』」と見出しを打った。記者会見で経営労働政策委員長の草刈隆郎日本郵船会長が「賃金水準が一定に達していない企業で，生産性が良くなればベースアップするのもよい」などと発言したことが，1つの根拠になった。しかし，日本経団連の賃金決定に関する基本スタンスは，これまでと大きく変わっているわけではなかった。報告は，2007年春闘と同等ないしそれ以上のベースアップや賃金改善を求める構えの労働側を牽制し，「個別企業の支払能力を無視して横並びで賃金を引き上げていく市場横断的なベースアップは，すでに過去のものとなっており，もはやあり得ないことはいうまでもない」とクギを刺す。一方で，「恒常的な生産性の向上に裏付けられた付加価値増加額の一部は，人材確保なども含め総額人件費改定の原資とする」と表現するなど，生産性の動向を判断材料にする賃金改定には一定の理解を示した。この表現が「賃上げ容認」につながったのだろう。しかし，「需給の短期的な変動などによる一時的な業績改善は賞与・一時金に反映されることが基本である」とし，短期的な業績向上分はボーナスに反映させるとの主張は従来どおりだった。

生産性に見合った賃金決定は各社が判断し実施すればいいという基本的考え方を打ち出しているものの，個別の交渉に落とし込まれたときに，2007年より明るい展望が開かれていると感じている労働組合関係者は皆無といってもよく，2007年春闘と同様に，2008年春闘での厳しい交渉展開を予想する幹部が圧倒的に多かった。その結果，出揃った産別の賃上げ要求基準をみると，2007年春闘を上回る設定をしている産別はほとんど見当たらず，定昇（相当分）・賃金構造維持分・賃金カーブ維持分を除く「賃金改善分」としては，2007年春闘並みの1,000～3,500円の幅に収まった。「家計への配分」，企業業績の「人への投資」といった意味では，過小または自制的すぎるとの声が組合内から出たほどだ。

■久しぶりに復活した春闘の2大要求
　——「賃上げ」と「時短」

非正規雇用が進展した影響は，賃金面の格差だけではなく，労働時間の二極化ももたらした。正社員の長時間労働（週60時間以上）と非正規に多い短時間勤務者（週35時間未満）がそれぞれ増えていた。その一方，週35時間以上60時間未満という，一般的な労働時間に収まる中間的な働き方をしている人の割合が低下していた。

このため，労働側は「ワークライフバランス」の第一歩として，長時間労働是正を求めた。

連合は2007年6月に「年間総実労働時間1,800時間の実現に向けた時短方針」（新中期時短方針）を確認している。過剰な仕事量や恒常的な長時間労働が「多くの組合員が精神的ストレスを増大させ，メンタルヘルス面の不調を抱える労働者の増加や過労死・過労自殺，重大事故等も社会問題化している」などと指摘。こうした事態に組合の対策が不十分だったと反省したうえで，「労働時間の改善は喫緊の課題」と位置づけた。

労働時間短縮については，連合が1991年の春闘を「時短元年春闘」と位置づけ，「賃金と同等の力で取り組む」とのスローガンを掲げた。当時の年間総実労働時間はドイツより500時間も長い2,080時間にのぼっており，日本の長労働時間は欧米からアンフェアな競争条件といわれていた。このため，労働界は休日の増加や残業削減などに

よる時短目標を1993年に1,800時間台の達成に置いた。

この頃は，海外からの長時間労働批判という外圧，労基法改正（週40時間制），内需主導への転換をめざす政府の経済計画による後押しなどフォローの風が労働側に吹き，労働時間短縮は一定の伸展があった。

しかし，今回の取組みはこうした環境条件がそろっていない。さらに非正規雇用の拡大による労働時間の二極化という当時からすると想定外の要因も加わっている。「ワークライフバランス」については，「働き方の改革」と位置づける点で，労使は認識を一致させている。しかし，ワークライフバランスを「柔軟な働き方の推進」とする経営側との溝は決して浅くなかった。

迎え撃つ経営側も，2008年春季交渉・協議の課題は，「生産性に見合った人件費決定と，ワークライフバランスの実現が課題になろう」とし，「賃上げ」と「時短」が柱になるとみて，久しぶりに春闘の二大要求が復活する形となった。労働側にとって久方振りの「賃上げも時短も」の要求を掲げての取組みとなるだけに，交渉のハードルは前年よりも高くなったとみる幹部も多かった。

■「連合」実質1％以上の配分実現
　　――初めて企業内最賃協定締結を盛り込む

連合の08闘争方針では，賃上げ要求について「賃金カーブ維持分を確保したうえで賃金改善に取り組む」ことを前提に，マクロ的には労働側に「実質1％以上の配分の実現」を求めるとした。その賃上げの枠組みについては，月例賃金の改善を最優先に，中小企業の格差是正やパート等の非正規社員の処遇改善も重視し，「全体的な底上げを図る」との意気込みを示す。非正規の取組みとして，初めて，基本スタンスのなかで企業内最低賃金協定の締結を盛り込むなど，従来以上に，中小共闘やパート共闘などを強化し，相乗効果による底上げを重視した点が特徴だ。すべての組合が取り組むべき課題（ミニマム運動課題）として，①賃金カーブを維持したうえでの賃金改善，②パート労働者等も対象に含めた処遇改善，③企業内最低賃金協定の締結，④長時間労働是正のための総実労働時間の短縮，⑤時間外・休日労働の割増率の引上げ――の5点を掲げた。髙木剛連合会長は，「労働運動の社会的責任という観点を大切に，賃金等の相場形成，波及を高めるために共闘体制の強化を図り，構成組織と地方連合会のタテ・ヨコの連携を深めて闘い抜きたい」と述べるなど，労働運動の社会性を意識してほしいと訴え，格差是正・底上げ・時短とも社会的にインパクトのある取組みにしていきたいと意欲をみせた。

■金属労協全体で「賃金改善」を，格差是正で取引関係も問題提起

金属労協（IMF・JC）の08闘争方針では，JC共闘全体で「賃金改善」に取り組むことを確認した。方針には統一的な賃上げ要求の水準は明記していないが，「金属労協全体として『賃金改善』に取り組む。グループ・関連企業，取引先も含めた金属産業全体の労働条件の魅力を求める観点から，中堅・中小労組の格差改善を図るため，賃金改善に積極的に取り組む」などとし，こちらも規模間格差の是正に力点を置いた。

方針を決めた協議委員会のあいさつで加藤裕治議長は，賃上げ要求のポイントとして，①前年から復活した賃金改善の流れをさらに加速していく，②「大くくり職種別賃金」の形成を意識し絶対水準を重視，③前年水準もしくはそれを上回ることを念頭にJC共闘を強く意識した要求設定――の3点を強調した。金属産業にふさわしい賃金水準をめざす「大くくり職種別賃金」の取組みでは，基幹労働者（技能職・35歳相当）のあるべき絶対水準として，①目標基準（めざすべき到達水準）基本賃金で338,000円以上，②標準到達基準（標準的な労働者が到達をめざす水準）同310,000円，③最低到達基準（全単組が到達をめざす水準）標準到達基準の8割程度――の3つのポイントを設定した。

方針では，初めて「賃金改善の波及効果を高めるため，グループ・関連企業等を含めた賃金改善に関する諸課題について労使協議会を行う」との方針を盛り込んだ点が注目された。中小の賃金が

伸び悩み，規模間格差が拡大する背景に取引関係の問題が潜んでいる。その課題を的確にとらえ，対応していかないと，規模間格差是正の取組みは実質的に進まない。金属労協の方針はその端緒を開く取組みともいえた。ただし，親企業と下請けの取引関係のあり方について2008年春闘のなかだけで議論が進展することは難しいことから，経営課題を議論する労使協議会などの場で通年的に扱うことも想定していた。

民間給与実態統計調査（国税庁）によれば，民間の賃金は９年連続で低下し続けていた。その背景を探れば，①非正社員の増大傾向が続いていること（平均賃金を押し下げる），②2004年以降，小事業所（５〜29人）の一般労働者の所定内給与の下落が続いていること（規模間の格差が開いている），③グローバル経済化を背景に経営者の賃金抑制策が続いていること（労働分配率の低下の一方，配当・役員報酬は伸びる）——の３点を指摘することができる。

賃金の低下を招いた背景を踏まえて，労働側は「格差是正」「公正分配」の視点から要求を組み立てたことが，2008年春闘の特徴点でもあった。

■共闘組織に新たに「割増率共闘」が加わる

「春闘相場」の功罪はさまざまに論じられてきたが，JC共闘が実質的なパターンセッターとなってきた。ところがこれらの産業は，2008年春闘時の景気回復の牽引車となった一方，グローバル経済競争の最前線に立たされているが故に，経営側のコスト増に対する懸念が強く，賃上げ交渉は毎年難航を極め，相場形成・波及のパワーをダウンせざるを得なくなっていた。とはいえ，定昇など毎年制度的に昇給が確保できる企業の労使交渉を眺めて，そのマイナスアルファで決着を続けていては，賃金制度が整備されていない中小・零細企業との賃金格差は拡大する一方となる。そこで，格差是正の歯止めと，大手の交渉に影響されない中小独自の相場形成・波及をめざして５年前に発足したのが中小共闘だった。その後，パート共闘，有志共闘など，新たな共闘組織が生まれ，2008年には長時間労働削減に向け時間外割増率を要求する産別による「割増率共闘」が旗揚げした。春闘＝JC共闘の構図から，それぞれのテーマで独自の相場を形成し，相乗効果により新たな波及メカニズムを模索する動きといえた。

連合が2007年６月に策定した「中期時短方針」に盛り込まれた時間外労働割増率の引上げ目標である時間外50％，休日100％の実現に向けた第一歩として，連合の08闘争方針には，「各産別の参加によって共闘組織を立ち上げ，全体の合意によって運動を具体化し強力に取組みを推進する」と明記した。その後，時間外割増率アップを要求項目に盛り込む予定の産別が2007年11月に集まり，基本的な取組み内容として，中期方針にある50％，100％は目標として堅持したうえで，2008年交渉では，①月45時間以下の時間外の場合30％，②月45時間超の場合50％，③休日労働50％——を取組みの中心に据えることを確認した。

「割増率共闘」に参加したのは，UIゼンセン，電機連合，JAM，基幹労連，JP労組，情報労連，電力総連，サービス連合，JEC連合，運輸労連，フード連合，全電線，セラミックス連合，印刷労連，労済労連の15産別。2008年交渉の結果を踏まえて，単年度の時限共闘ではなく継続的な展開をみせる可能性もあった。

■「中小共闘」は改善分2,500円以上，「パート共闘」は時給1,000円または25円増で

連合の中小共闘は結成から５年目を迎え，「賃金改善」については，賃上げ要求目安を，「賃金カーブの算定が可能な組合は2,500円以上（賃金改善分）」と「カーブ算定が困難な組合は賃金カーブ確保相当分4,500円（目安）プラス2,500円以上（賃金改善分）」に設定した。要求目安は前年と同じだが，規模間格差是正の視点から，到達すべき絶対水準にこだわる交渉を強めるため，初めて年齢別の参考値として，25歳185,000円，30歳210,000円，35歳240,000円，40歳265,000円を示した。

各産別によるタテの共闘だけでなく，地方連合会ごとのヨコの情報交換を広げ，地域の相場形

▲連合はパート労働者の集会を開き、均等・均衡待遇の重要性を訴えた

成・波及力により力点を置いた取組みを進めることとした。

3年目を迎えた「パート共闘会議」(代表・桜田高明サービス・流通連合会長)の2008年春闘の賃上げ要求は、時給を1,000円程度とするか、現在の時給からの上げ幅を25円程度とするかのいずれかを目安とした。25円の根拠は、2007年要求の15円に2007年の最低賃金の上昇額(Bランクの約9円)を上積みしたもの。その他、正社員との均等・均衡待遇の実現をめざして、通勤手当の支給や慶弔休暇の付与を正社員と同基準にすることや、正社員への転換制度を導入することにも力点を、など、2008年4月に改正パートタイム労働法が施行されることを視野に、同法を上回る要求を組み立てた。

■2年目の「有志共闘」は内需産業の相場形成・波及を志向

前年2007年春闘からスタートしたUIゼンセン、JAM、サービス・流通連合、JEC連合、フード連合、紙パ連合の内需型産業の6産別で作る「有志共闘」の2007年の賃上げ回答状況(54単組)は、賃金改善分(定昇除く)が、単純平均で1,040円、加重平均で1,233円だった。金属労協の大手組合が1,000円程度の賃金改善で収束するなか、わずかとはいえ、同等ないしそれを若干上回る水準を引き出したことで、初陣を飾った。2度目となる2008年は、この共闘がどこまで拡大し、賃上げ結果を公表する組合をどこまで増やすことができるかが評価のカギとなった。

■金属労協は中堅・中小登録組合のデータ公開(2回目)

共闘組織とはいえないが、金属労協では規模間格差是正に向けた新たな取組みとして、大手関係のグループ・系列企業などのなかから、中堅・中小の組合を登録し、企業名とともに要求と回答・妥結内容を公表する取組みを前年の2007年から始めた。2007年は、集約した135組合中104組合(77.6%)が賃金改善を獲得。定昇込みの引上げ額は、5,747円(74組合)。賃金改善分は、882円(45組合)となった。これも、大手が決まればその水準からの引き算で決着していた従来の波及の流れを断ち切り、主に中堅企業を意識した独自の相場形成を企図した取組みの一環といえる。中堅企業の賃上げ結果が公表されることで、グループ内への影響だけでなく、後続の中小の賃上げ交渉の参考にしてもらう狙いがある。2008年春闘では、前年実績を上回る150～160組合の結果公表をめざした。

■産別の要求はほぼ前年並み、強まる改善目標を明記する傾向

2008年交渉に向けて産別が策定する統一要求などの動向をみると、賃上げについては2007年と同水準に設定するところが目立った。要求水準は同等ながら、賃金カーブを維持したうえで賃金改善を実施するといった意味不明な要求が姿を消し、具体的数値目標を掲げる傾向が強まった。また、産別全体で「賃金改善」に取り組むとの決意を前面に打ち出す産別が増えるなど、2007年よりは、より目に見え、耳に聞こえる要求設定となっているのが変化だといえる。

こうした変化が最も鮮明になったのが自動車総連だった。賃上げ要求基準として、「格差・体系是正に向け、1,000円以上の賃金改善分を設定することを基準とする」との執行部案を提案した。2007年春闘の「賃金改善分を設定する」というあいまいな表現ではなく、要求基準に数値を盛り込むのは、2002年に「ベア分は1,000円を基準」として以来6年ぶりとなる。1,000円以上という数値を案出した背景について、加藤裕治自動車総連

会長は「要求の最低水準を示したもの。最低でも1,000円要求してほしいという底支えの意味だ」と説明した。2007年春闘では，自動車総連に加盟する約1,200組合のうち，906組合が賃金カーブ維持を前提に「賃金改善分の設定」を求め，429組合が回答を引き出した。2008年春闘に向けては，「1,200組合の大半が1,000円以上の要求を出してくれると思う」（加藤会長）とみており，とくにトヨタなどのメーカー労組に対しては，それ以上を期待していた。

基幹労連は，向こう2年間の賃金改善要求として，1人あたり月額3,000円を基準とする統一要求案を打ち出した。基幹労連が2年サイクルの統一要求を掲げるのは2006年春闘に続いて2回目。2006年春闘では，従来型のベースアップ要求ではなく，向こう2年間で3,000円の「月例賃金の改善」を求めた結果，大手労組の多くが翌2007年4月から1,000円強もしくは1,000円程度の新規財源を投入し，賃金改善を図ることで決着した。

電機連合は，2007年春闘から職種別賃金要求方式に移行し，開発設計職（30歳）と製品組立職（35歳）から各単組が職種を選択し，その代表ポイントの絶対額の引上げを求めるとともに，統一要求である1人あたり月額2,000円以上の賃金水準の改善を要求した。2008年も，要求内容は据え置きつつ，2年目の取組みに臨む。電機連合の場合，時間外割増共闘の中軸組合だけに，時短交渉に注目が集まった。

■「有志共闘」の参加産別も前年並み
　──JSDは通年春闘路線を転換

2007年春闘で新たな共闘組織として旗揚げした連合傘下6産別による「有志共闘」（代表・渡邊和夫フード連合会長）だが，フード連合の賃上げ要求基準は，「1％以上を目安，8,500円を基準」で前年同水準，共闘主軸のUIゼンセンも前年並みの「1％または月額2,500円基準，定昇ない場合は7,000円以上」を掲げて交渉に入った。一方，同共闘のうち，これまで明確にしてこなかった要求基準を新たに設定したのが，サービス・流通連合（JSD）とJEC連合だった。サービス・流通連合は2003年から移行した通年春闘路線を転換し，30歳の標準基準249,200円の賃金改善を要求に設定した。背景には，統一要求を見送ってきた間，他産業に比べて賃金水準が低下してきたことがある。新化学，石油労連，全国セメント，化学リーグ21が統合し2002年に結成したJEC連合は，業種ごとの部会別活動を主体としていたため，統一的な要求を示してこなかったが，2008年春闘から産別として具体的な方針を提起した。

電力総連（高卒・30歳2,000円以上を基本）や私鉄総連（定昇相当分2.0％プラス3,500円）といった公共・公益分野の産別も，前年と同じ賃上げ要求の水準を決めた。

■新たな労使コミュニケーションの構築が課題に

このように2008年春闘は，賃上げ要求の水準については，前年と大きな差はみられないものの，経労委報告で経営側が示したように，経済成長の「影」の部分ともいえる「格差」をどう是正していくのか，そして，分配の公正をどう従業員に納得させるかが，労使共通の課題認識に浮上した点で，新たな春闘のパラダイムが示されたとみることもできる。それに，労働側が要求する「時短」を軸にした「ワークライフバランス」の推進が加わってきた。

経労委報告では，就業形態の多様化など労働面の変化も著しいことから，日本型経営も「守るべきものは堅持し，改めるべきものは変革していく」ことが求められると提言し，その基盤となるものが「労使の健全なコミュニケーション」であると強調した。2006年に発表した日本経団連の提言にも「労使コミュニケーションは競争力の源泉」とあり，この考え方に対しては労働側も異論はないだろう。

しかし，与件としてすでに非正規雇用抜きに職場が回らなくなっているのが現実だった。正規・非正規に限らず，職場内コミュニケーションの目詰まりは，個別労働紛争や内部告発の増加，技能伝承の滞りなどを引き起こし，企業の存亡につながりかねない。春闘が重要な労使コミュニケー

ションチャンネルであるならば，その役割は，メンバーのためだけの交渉に止まることができなくなっていることを職場の現実が物語っていた。

2．2008年労使交渉の結果と評価

●「企業と家計部門の両輪で内需拡大」では一致

　企業部門と家計部門の両輪で内需主導の経済成長につなげる――2008年春闘に向けたマクロの課題については，労使だけでなく政府も見解を一致させていた。そして，労組が要求策定の議論をしていた2007年秋段階では，原材料や原油の高騰といった先行き懸念材料はあるものの，企業の5年連続増益が確実な一方，賃金は9年連続で低下していた。そのため，2006年から復活した賃上げ要求は当然として，どれだけ要求するかが焦点だった。それを後押しするかのように，日本経団連の「2008年版経労委報告」では，出せる企業は出そうという「賃上げ容認」のスタンスを示した。そして，マクロ経済の認識として同報告は，「企業と家計を両輪とした経済構造を実現していく必要がある」とし，その後発表された2008年版『連合白書』も，「置き去りにされている労働者家計を改善し内需拡大に結びつける」（髙木剛連合会長）と述べるなど，2008年交渉の役割について労使の認識は一致していた。また，ワークライフバランス推進の意味から「働き方の改革」を進めなければならないとの課題認識も共有していた。

　政府も春闘への期待感を表明する。福田康夫首相が2008年の年明けに，「労働分配率（上昇）や待遇改善は家計にとっても，景気に対してもプラス要因だ。経営者の方々もがんばってほしい」などと発言。賃上げムードはいつになく高まっていった。

　その後も交渉が佳境にさしかかった2008年3月6日付の首相メールマガジンで，経営者に「賃上げ」を要請。さらに同日，御手洗冨士夫日本経団連会長を首相官邸に呼び，「景気浮揚のためにも春闘に期待する」と述べるなど，経営者に異例ともいえる賃上げ要請を展開した。このように賃上げムードは高まっていたが，業績好調ながらトヨタ労組が要求を据え置くなど，結果的に組合側が自制的な要求姿勢から踏み出せなかったこともあり，連合が2008年2月末にまとめた賃上げ要求の平均額は7,040円（2.39％）となり，前年同期（7,086円）を若干下回った。そのため組合は「満額勝ち取るしかない」（髙木剛連合会長）との姿勢で交渉に入った。

　しかし2008年3月12日，自動車，電機，鉄鋼，造船など大手組合に示された回答は，賃金改善分で1,000円程度が多く，前年並みか微増にとどまった。何が起こったのか。突然の逆風となったのが，交渉最終盤で一気に進んだ円高だった。トヨタ労組関係者は「猛烈な逆風」と表現。髙木剛連合会長も「株安や円高が交渉を詰める時期に急激に進み，経営側の対応がここ10日から1週間で急激に厳しくなった」と指摘した。一方，御手洗冨士夫日本経団連会長は結果を受けた会見で，「収益環境は，原燃料価格の高騰，円高，米国経済の不振など，極めて厳しさを増している。そうしたなか，リード役となる自動車，電機において，3年連続の賃上げとなったことを評価したい。経団連は，『支払い余力がある企業は従業員に手厚く報いる』ことを提唱してきた。これに応えるように，各社はベースアップ，賞与，手当などの形で，できるかぎり賃金改善に努めていただいたと考える」と発言した。

●賃上げ水準は前年並みの2％程度へ
　――中小やパートでは格差是正が進展

　連合は交渉の最終局面で「前年を上回る賃金改善」との目標を確認。2008年3月28日時点の連合集計によると，平均賃上げ方式による賃金改定額は加重平均5,942円，1.97％となり（約1,600組合，177万人），前年（5,789円，1.94％）をかろうじて上回り，何とか目標はクリアした。一方，「中小共闘センター」が同日まとめた交渉結果によると，妥結した653組合の賃上げ額（単純平均）は定昇分込み5,135円となり，前年同時期を236円上回っている。さらに2008年で注目すべきは，99人以下の妥結額が100～299人を上回って推移したこ

とだ。中小の取組みとしては，金属労協が中堅・中小組合を登録し，結果を公開する取組みを2007年からスタートさせ，大手から中堅，そして中小への流れと相乗効果を意識した新たな体制づくりも進んできた。

また，連合の「パート共闘会議」によると同日時点で，79組合が時間給引上げ回答を引き出し，1組合あたり17.94円（単純平均）で，前年同期の15.4円を2.5円あまり上回った。5年前に発足した「中小共闘」，そして3年目の取組みとなる「パート共闘」など，連合はこの数年，規模間格差や雇用形態間の格差をいかに是正するかに力を入れてきた。2008年春闘に至ってようやく，この取組みの成果がより目に見える形で表れてきたといえる。

連合の2008年春闘の要求をみると，すべての組合が取り組むべき課題（ミニマム運動課題）として，①賃金カーブを維持したうえでの賃金改善，②パート労働者なども含めた全従業員を対象に賃金をはじめとする処遇改善，③連合リビングウェイジ（誰にでも最低限の生活を保障できる賃金としての「生活保障水準」。到達目標は時間額850円，月額148,000円）の水準を踏まえた企業内最低賃金協定の締結，④長すぎる労働時間を是正するため総実労働時間の短縮，⑤時間外・休日労働の割増率の引上げ――の5本を掲げた。このうち，②と③は非正規雇用を対象にした要求で，同じ職場に働く非正規社員を含め「全従業員」の処遇改善に取り組むことをミニマム課題に位置づけたのは初めてのことだった。格差是正に関して春闘がその機能の一端を担う構図が裾野を広げて展開していくことが期待された。

金属大手の回答を見つつ，福田首相はさらなるエールを「春闘」に送る。2018年3月13日のメールマガジンで，再び春闘を取り上げ，中小企業やパートなど非正規雇用への配慮を要請した。

●**自動車，電機，鉄鋼，造船・重機は前回並みで決着――業績還元は一時金で**

福田康夫首相の賃上げ要請発言や「できる企業は賃上げで内需拡大に寄与してほしい」という御手洗冨士夫日本経団連会長に対する要請は，交渉リード役のトヨタには微妙な影響を及ぼしたようだ。回答後，記者会見した小沢哲トヨタ専務は，「渡辺捷昭社長も重く受けとめていた。どう回答に織り込んでいくか，難しかった」と語っている。

交渉リード役となってきた金属労協の主要組合に，2008年3月12日，一斉に回答が示されたが，前述のように，賃上げに関しては前年とほぼ同水準の内容だった。自動車ではトヨタが前年同額の賃金改善1,000円（賃金制度維持分含め7,900円）を回答したほか，日産が前年を300円上回る賃金改定原資7,000円の満額回答。マツダ，いすゞ，日野自工，ヤマハ発動機が前年実績を上回る回答を示すなど，メーカー11社中5社が前年実績を上回ったが，本田技研は前年を100円下回る800円で収束するなど，回答がばらついた。一方で一時金は，業界全体としての好業績ぶりを反映してメーカー11社のうち，いすゞとヤマハを除いて9社が労組の要求どおり満額回答で決着。短期業績は一時金で還元する傾向が一段と鮮明になった。トヨタは5カ月プラス75万円（253万円）の要求どおりで決着，9年連続の満額回答となった。このほか，日産が前年を0.1カ月上回る6.1カ月，本田技研も要求どおり6.6カ月で妥結するなど，全体的に高水準での決着となった。

電機連合は，2007年春闘から「職種別賃金要求方式」に移行し，2008年は統一要求基準を30歳相当の「開発・設計職」に絞って，前年同額の2,000円以上の賃金水準の改善を要求した。その結果，大手メーカーの15組合が受けた回答は，大半が前年並みの1,000円に集中。松下や東芝など12組合が1,000円，2007年春闘で1,000円を確保できなかった日立も前年比200円増の1,000円で決着した。業績が低迷していた三洋は7年ぶりの賃上げ回答となる800円で労使合意した。また前年に引き続き産別統一要求した初任給（高卒1,500円，大卒2,000円）の引上げは，全社で満額決着した。年間一時金については，三菱（5.83カ月）や日立（4.91カ月）などで前年を上回る一方，シャープ（5.26カ月）が前年比0.04カ月減で決着するなど，業績を

反映した結果となった。

基幹労連傘下の大手組合は，2008年は，2008，2009年の2年間で3,000円基準の賃金改善を要求した結果，1,500～2,000円程度の賃金改善で妥結した。基幹労連の集約によると，鉄鋼部門では，新日鉄，JFEスチール，住友金属，神戸製鋼，日新製鋼の総合大手5社は，交代勤務にかかわる深夜手当の割増率を，現行から3％引き上げるとともに，日曜・祝日勤務手当（サンデープレミアム）の150円増額などを回答。基幹労連の試算ではこれらを合算すると2年間で1人あたり1,500円程度の賃金改善になるという。一方，造船重機の総合6社は，2年間で1人あたり2,000円の賃金改善で決着した。

● 「有志共闘」は賃金改善1,182円，JP初春闘でベア600円

UIゼンセンやJAMなど連合加盟の8産別で構成する「有志共闘」が2008年3月14日に公表した交渉状況によると，平均賃上げ方式で妥結した44単組の賃金改善分（定期昇給相当分を除く）は，単純平均で1,182円（加重平均で1,060円）となり，前年実績（32単組で1,040円）を142円上回った。定昇も含めた賃金改善は76単組の単純平均で，6,563円（加重平均で6,758円）となった。有志共闘は，自動車，電機といった外需のウエイトが高い輸出主導型産業の交渉に依存せず，国内需要に依存する企業労使の交渉を通じた独自の相場形成をめざして2007年春闘時に発足。2008年春闘では84単組（前年は54単組）がエントリーした。

公益部門では，交渉リード役のNTT労組や東京電力労組が，賃金改善要求を見送ったことも影響し，回答のばらつきが目立った。電力総連加盟の電力大手の組合は，要求を見送った東電以外，前年と同じ平均2,000円以上（30歳ポイント）の統一要求を掲げた。その結果，関西電力など7社は前年同額の平均500円の賃金改定で妥結したものの，中部電力，北陸電力はゼロ回答で収束した。

私鉄総連に加盟する関東・関西の私鉄大手の賃上げ交渉は13日に決着。大手私鉄のストは回避された。経営側の多くが「ベアゼロ」を回答したものの，初任給の引上げや賃金カーブの是正原資の確保，非正規労働者の時給増額などの賃金改善の実施を確認したことから解決に至った。JR東日本とJR東海は，前年比300円増のベア900円で妥結した。

一方，2007年10月の民営化後初の春闘となる日本郵政グループは，前身の郵政事業庁・公社を通じて7年ぶりとなるベア600円で妥結した。

● ワークライフバランス
——時間外割増率は大半が継続協議へ

2008年の交渉で労働側は，賃上げと並んで，ワークライフバランスの前提となる長時間労働是正の要求として「時間外割増率」の引上げを掲げた。連合は16産別で「割増率共闘」（座長・中村正武電機連合委員長）を結成。連合目標の平日50％，休日100％を念頭に，産別ごとに要求を設定した。座長組合の電機連合は15年ぶりに時間外割増率の引上げを要求し，①1カ月40時間まで30％以上，40時間超50％以上，②休日50％以上，の目標基準で交渉に臨んだ。要求提出後，コスト増を嫌う経営側の反発は強く，大半を割増率の交渉に割く厳しい展開となった。共闘として最終局面で①割増率が法定基準にある組合は法定を上回る，②法定より高い水準となっている場合は何らかの前進を図る，③回答が得られない場合も継続協議など交渉の糸を切らない——の申し合わせを確認。電機連合も最後まで回答引出しにこだわったものの，「継続協議」での決着となった。

結果的に，2008年3月末で何らかの前進回答を得た組合は87。鉄鋼大手5社で休日割増率を5％引き上げ40％に改定したほか，JAM加盟の35組合で，ある一定の超過時間から割増率を引き上げる逓増方式による制度改定を獲得した。それ以外は，割増率のあり方を含め，長時間労働是正と働き方の改革に向けた協議を継続する形で収束した。

● 格差是正と春闘の機能
——99人以下大きな伸び，パート時給も2.5円増

春闘といえば，大手企業の賃上げが，中小，公的部門に波及するシステムが機能していることを前提にしていたが，2002年春闘でのトヨタショッ

ク（過去最高益でもベアゼロ回答）に代表される大手企業でのベア回答見送りや賃下げと，2005年春闘まで続く労働側の賃上げ要求見送りでこのシステムは瓦解する。こうしたなか，中小企業の賃金低下に歯止めをかけるため2004年に「中小共闘」が発足した。5年目となる2008年は，賃金カーブ維持分を確保したうえで賃金の底上げをめざした。その結果，3月末時点で共闘としての賃金カーブ維持（定昇相当分）の目安としている4,500円を上回った組合は妥結組合の64.5％を占め，前年同期より2.9ポイント高い。2008年春闘での大きな特徴は，99人以下の妥結額が100～299人を上回る状況で推移していることだろう。100～299人の5,191円より99人以下が5,345円と150円ほど高い。この結果について同共闘代表の河野和治JAM会長は「100人未満のがんばりが目立ち，前年より底上げの効果が出ている」と評価した。

一方，3年目を迎えた「パート共闘」には14の産別が参加し，要求として時間給は「引上げ幅で25円程度」「絶対額で1,000円程度」の改善目安を提示。また4月施行の改正パート労働法を上回る内容として正社員と同基準での「通勤手当の支給」や「慶弔休暇の付与」のほか，「正社員への転換制度の導入」の3項目を掲げた。その結果，3月末時点で，時間給を明示して引上げを求めた193組合のうち106組合が回答を得て，単純平均の妥結額は17.94円で，前年同期（110組合）を2.54円上回った。

また，通勤手当で97組合，慶弔休暇も74組合で前進回答を得た。さらに企業内最賃協定の締結・内容改善などさまざまな形でパートの処遇改善に取り組む組合が前年から100以上増え，1,000組合を超えたことも，春闘の質的変化を象徴した。

こうした傾向を踏まえると，企業には正社員と非正社員を公正に処遇する体系づくりが必要になる一方，組合にとっても最重要課題である組織率向上の面からもパートの組織化と処遇改善は不可欠な取組みになってきた。

2009年春闘

交渉揺さぶる金融危機

【2009年春闘関係の特徴，主な出来事】

麻生太郎首相，経済界に賃上げと雇用安定化を要請（2008年12月）

連合，消費者物価上昇分に見合うベアを統一要求（8年ぶりのベア要求）

回答は定昇維持程度

一時金は大幅ダウン（業績悪化の反映）

雇用安定，政労使合意

【社会・経済の主な出来事】

物価上昇（2008年夏）

リーマンショック（2008年9月）

派遣社員，契約社員の雇い止め増加

内定取消し

【世　相】

グ～！　アラフォー

1．2009年労使交渉の焦点

■「物価高騰」からリーマンショックへ

　金融危機に端を発した急速な景気悪化が，交渉前の2009年春闘を大きく動揺させた。2008年は，夏にかけて原油・原材料や食料品などの高騰による消費者物価の上昇が，日本経済の先行きを不透明にさせた。そのため，2009年春闘要求案の論議を本格化させた労働組合は，久々の物価上昇の扱いに頭を悩ませた。このまま一本調子で上昇した場合，3％程度の上昇率は避けられないと考えていたからだ。実質賃金確保という組合としての大原則を要求に反映させると，たとえば月例賃金の平均が30万円として定昇を5,000円程度とした場合，それに5,000～6,000円プラスするとほぼ1万円超の賃上げ要求になる。実質賃金確保の部分はいわゆるベースアップに相当するもので，労働界全体が要求することになると8年ぶりのベア要求復活ということになる。

　1万円台という数字の重みと久々の統一ベア要求ということで，産業・企業業績がまだら模様のなか，理屈はわかっても，労働組合のベクトル合わせは容易ではなかった。そんな思案をしている矢先，2008年9月にリーマンショックが引き金になった世界金融危機が勃発し，わが国の実体経済を蚕食し始めた。

■相次ぐ派遣・契約社員の雇い止め，内定取消し

　実体経済への深刻な影響としてまず浮かび上がったのが，派遣社員や期間従業員の契約打切りや，大卒就職内定者の取消しだった。2008年11月28日発表の厚労省調査によると，採用内定を取り消された2009年3月大卒新卒予定者が300人を超え，2008年10月から2009年3月までの半年間で契約満了時に契約更改をしない等によって，離職を余儀なくされる派遣社員や期間工といった非正規労働者数も3万人を超えることが明らかになった。このため，雇用調整の矢面に非正規雇用が立たされることになった。

▲リーマン・ブラザース社前

　これが，不況の深刻化とともに正規雇用までどのような形で及んでくるかは，2009年以降の動向をみなければならなかった。労働政策研究・研修機構のビジネス・レーバー・モニター調査によると，「希望退職・早期退職」といったドラスチックな形で，正規雇用の調整を考えている企業は，わずかだった。しかし，2008年12月下旬に，トヨタが当期の営業利益が赤字となる見通し（連結）を発表してからは，2009年度以降についての楽観的なシナリオは消えてしまった。

■労働側はパラダイムシフトを主張

　「最大の景気対策は賃上げ」と，高木剛連合会長が主張し出したのは，リーマンショックの直後だった。外需主導の景気回復が2008年後半から腰折れし，民間主導の自立的な回復をめざすとき，内需主導経済に転換させる手立てとして，消費喚起につながる賃上げは欠かせない。これについては政府も同じスタンスだった。麻生太郎首相は2008年12月1日に御手洗冨士夫日本経団連会長と岡村正日本商工会議所会頭ら財界首脳を官邸に呼び，「雇用の安定と賃上げに努力してほしい」と述べ，賃上げと雇用安定化を要請した。前年も春闘集中回答日直前に，当時の福田首相が同様の要請をしたが，労組の方針が決定する前に，政府が経済界に賃上げ要請するのは異例だった。これに対して，御手洗会長は「雇用の安定には努力する」としたが，賃上げは「議論を深めたい」と述べるにとどまった。

　政府も内需主導による経済回復が欠かせないとの点で，労働側と見解を一致させているが，労使

がこの金融危機をどう捉え，どう対応しようとしているかは，2009年春闘に対するスタンスに現れた。

連合は，09闘争の方針策定前の2008年11月23日の中央執行委員会で，「歴史の転換点にあたって──希望の国日本へ舵を切れ」と題するメッセージを確認した。このなかでは「現在危機的な状況となっている経済・社会が，これまでグローバル・スタンダートと言われてきた『市場原理主義的な価値観』によってもたらされたものであると認識し，この歴史的な転換点において，希望の国日本を実現するため，いまこそ『公正や連帯を重んじる価値観』へ転換すべきと考える」と主張した。メッセージ発表直後の同月30日に開いた09春季生活闘争中央討論集会で，古賀伸明連合事務局長は，「国民生活の不安を払しょくし，社会を安定化させるためには内需が重要。ミクロからマクロに視点を変化させ，個別労使には課題があってもこれを乗り越える運動をしないと（株主，配当重視の）分配論を乗り越えられない」と総括答弁した。個別企業だけの視点ではなく，外需依存から内需拡大へのパラダイムシフトのためにも，マクロの視点が重要だとの主張だった。金融危機という難局を逆にパラダイムシフトの好機ととらえ，過去の延長線上ではなく，2009年春闘はマクロを重視した交渉にしなければならないと傘下組織を鼓舞した。

■**日本経団連は労使の協力で危機打開を訴える**
　　──雇用の安定に努力

一方，日本経団連が2008年12月16日に発表した「2009年経営労働政策委員会報告」では，経済の現状をオイルショックとバブル崩壊後の長期不況に続く第3の危機的な状況としたうえで，「労使一丸で難局を乗り越え，さらなる飛躍に挑戦を」（副題）と呼び掛けた。過去2回の危機を乗り越えられたのは，「わが国の労使関係が経済状況や企業実態を重視する成熟したものへと進化したため」だと分析した。厳しい経営環境は逆に他社が追随できない競争力を築くチャンスともなることから，「労使が自社の経営課題を共有し，絶えざる挑戦を続けていくことが求められる」と訴えた。

過去2回の危機を克服できたのは，企業別労使関係という日本的なシステムの強みがあったからで，それを今回の金融危機にあっても再認識し，労使協力してこの難局を乗り切っていこうというスタンスだ。政府に対しては，序文で御手洗会長が，「官民が協力しながら雇用問題に果敢に取り組む必要性が高まっており，雇用のセーフティーネットの拡充など，政府が積極的な役割を発揮していくことが期待される」と要請するなど，政府の関与を求めているものの，企業別労使のなかでの解決を優先させる姿勢を打ち出した。

また，8年ぶりに統一的なベースアップを求める労働側をけん制し，「市場横断的ベースアップ，個別企業における一律ベースアップとも考えにくい」と反論。「今次労使交渉・協議は雇用の安定に努力することが求められる」と強調した。

こうした姿勢を連合は，「『賃上げにも雇用安定にも応えようとしない』会社中心のミクロの論理に拘泥する経営姿勢がみてとれる」と反発。市場原理主義を脱却し，外需依存から内需拡大へというマクロのパラダイムシフトで金融危機を乗り切るべきだとする労働側とは，主張が合わなかった。

また，労働側がもう1つの要求根拠としている労働分配率の低下による分配の歪みについても，「労働分配率はマクロでは景気と逆相関関係にあり，産業構造，就業者数，年齢構成などで変動し，ミクロでも事業の特殊性や，従業員構成などで大きく変化するため，賃金決定の基準とはならない」と反論。さらに，消費者物価の上昇を根拠とする労働側の賃上げ要求については「賃金決定は自社の支払い能力に即して行われることが大原則であり，外生的な要因による物価変動が賃金決定の要素となることはない」と反駁した。そのうえで，2009年の交渉・協議に向けた経営側の基本姿勢として，賃金をはじめ労働条件の決定にあたっては，①国際競争力の維持・強化，②付加価値増大のための環境整備，③総額人件費管理の徹底──の3つの視点をあげた。この視点を前提にすれば，「市場横断的ベースアップ，個別企業にお

▲2009年春闘 連合の中央総決起集会（2009年3月7日）

ける一律的ベースアップとも考えにくい」という帰結になる。

■マスコミ論調は「賃金も雇用も」は無理，雇用優先で

　こうした入口での労使の決定的な意見の相違に加え，年内に顕在化してきた非正規雇用の急速な悪化に対するマスメディアの主張が割って入ることで，2009年春闘の先行きは，ますます視界不良となってきた。2008年12月18日付朝日新聞の社説は「2009年春闘――雇用最優先に仕切り直せ」との表題を掲げた。社説のなかで「連合は『8年ぶりのベースアップ要求』を目玉にした。だがいまは，雇用を守ることが緊急で最大の課題ではないか」「労使の主張がかみ合わないまま，雇用への取組みが二の次になるのではないか，と心配になる。連合はこの際，非正規を含む雇用全体の安定に焦点を絞り直すべきだ。仮に方針どおり正社員のベアが実現しても，一方で非正規を中心に雇用がどんどん削られては，内需の下支えにはならない。全体の雇用を守ることで内需の崩壊をどう防ぐかが問われている。経営側を『雇用最優先』の土俵へ引きずり込むことが大事なのだ」との主張を展開した。

　その他のマスコミ論調をみても，雇用が優先のはずで，正社員の賃上げどころではないだろうとの論調が支配的になった。「賃上げも雇用も」をめざす労働側の主張は，厳しい局面を迎えた。

■8年ぶりにベア要求を掲げる
　——物価上昇分を1％半ばと想定

　刻一刻と経済・雇用情勢が悪化するなか，連合は2008年12月2日に中央委員会を開き，「2009年春季生活闘争方針」を決めた。2008年度の消費者物価の見通しを1％台半ばと想定。「賃金カーブ分を維持したうえで，物価上昇に見合うベアによって，勤労者の実質生活を維持・確保することを基本とし，マクロ経済の回復と内需拡大につながる労働側への成果配分の実現をめざす」ことを賃上げ要求の基本スタンスにした。結果，連合がベア要求を掲げるのは8年ぶりとなった。

　また，すべての組合が取り組むべき交渉項目と位置づけている「ミニマム要求課題」としては，①賃金カーブ維持分を確保したうえで，消費者物価上昇に見合うベアに取り組む，②パート労働者なども含めた全従業員を対象に，賃金をはじめとする待遇改善に取り組む，③賃金の底上げを図るため企業内最賃協定の締結とその水準を引き上げる，④長すぎる労働時間を是正するため総実労働時間の短縮を図る，⑤時間外・休日労働の割増率の引上げに取り組む——の5本を設定した。このなかでは，2008年からミニマム課題とした非正規労働者を含むすべての労働者の処遇改善に向けた取組みをさらに強化。連合内で約3割にとどまっている「法定最低賃金につながる企業内最低賃金の協定促進と水準の引上げ」を重視した。

■新基軸は賃金の絶対水準を比較する「指標」と産別共闘連絡会の設置

　新基軸としては，賃金の絶対水準を比較する「指標」の策定と，産別共闘連絡会の設置がある。「指標」は，賃上げといっても格差是正に向けては，引上げ額ではなく賃金の絶対水準が重要になることから，各組合が賃金の水準，実態について「賃金指標（高卒35歳標準労働者）」のポイントで，産業・企業間で相互比較できるような「指標」をベンチマークとして策定する。当面は，厚生労働省の賃金構造基本統計調査を用い，日本産業標準分類の中分類を軸に，諸手当などを除いた月例の基本賃金を抽出。産業別の賃金水準の絶対

値を第1四分位,中位,第3四分位ごとに集計し,公表する。

一方,「産別共闘連絡会」は闘争体制の再構築となる。パート労働者など非正規労働者の待遇改善をめざす「パート共闘会議」や中小・零細企業で働く労働者の賃金改善を求める「中小共闘」などの共闘組織の取組み強化を図るほか,「金属＝自動車総連,電機連合,JAM,基幹労連等」「化学・製造＝UIゼンセン,フード連合等」「流通・サービス＝UIゼンセン,サービス流通連合等」「インフラ・公益＝電力総連,情報労連,JP労組,NHK労連等」「交通・運輸＝運輸労連等」の業種区分で産別が集まり「共闘連絡会議(仮称)」を設置。当面は,前述の「指標」を踏まえた情報交換などを行う。将来的には金属労協加盟の産別がリードしてきた交渉スタイルから脱却し,産業ごとに自主的な交渉力を高め,交渉の相乗効果につなげたいとした。

こうした業種別共闘とは別に,規模間と雇用形態間の格差是正のために設置されている,6年目の「中小共闘」と4年目の「パート共闘」の強化も図る。

中小・地場組合の賃金改善については,賃金カーブの算定が困難な組合の賃上げ要求目安を「9,000円以上（賃金カーブ維持分4,500円を含む）」に設定。また,パートタイム労働者等の待遇改善に関しては,地域最低賃金の引上げや物価上昇,正社員との格差是正などを勘案して,①絶対額1,000円程度,②（埼玉県で時間給920円などとしている）連合リビングウェイジの水準を上回る,③時間額30円程度の引上げ（定期昇給込み）——のいずれかに取り組むことを提示した。さらに,2009年春闘からは「昇給ルールの明確化」や「一時金の支給」も求めた。

■金属労協やその他の産別も物価上昇分を盛り込む

金属労協の09闘争方針は賃上げ要求について,「実質生活の維持を図るため,物価の上昇に見合う要求を行う」ことを確認した。具体的な数値は示していないものの,連合の物価反映という考え方を踏まえたものだ。西原浩一郎金属労協議長は,賃金改善の取組みポイントとして,①2007年の全産業平均を100とした金属産業の賃金は97.2で,改善すべき水準格差が存在しており,引き続き追求する,②実質生活の維持を図るため,物価の上昇に見合う要求を行う,③大手企業の業績悪化が顕在化するなか,中小企業との取引関係においてCSR・公正取引に逸脱する事例が発生しないよう,チェック・監視体制を強化する——の3点を指摘。「各産別の要求設定において,物価の影響を重視すべきだ。今日,求められるのは労働組合の社会的責任を踏まえたマクロの視点を重視した取組みだ」と訴えた。

また,ここ数年追求している金属産業にふさわしい賃金水準の実現をめざした,「大くくり職種別賃金」の取組みでは,基幹労働者（技能職・35歳相当）の「あるべき水準」として,2008年闘争と同様に,①目標基準（めざすべき到達水準）は基本賃金で338,000円以上,②標準到達基準（標準的な労働者が到達をめざす水準）は同310,000円以上,③最低到達基準（全単組が到達をめざす水準）は標準到達基準の80％程度（248,000円程度）——の3つのポイントを提示した。このほか,時間外割増率の引上げや,企業内最低賃金協定の締結拡大,非正規労働者の労働条件改善などにも取り組むとした。

この闘争方針を受けた各産別の賃上げ要求案は,賃金カーブ維持（定昇）を前提に,電機連合が4,500円以上（開発・設計職基幹労働者,30歳相当の基本賃金）,自動車総連が4,000円以上の賃金改善分を設定することを基本,JAMは中小共闘に準じ9,000円以上（賃金カーブ維持分4,500円を含む）という内容となった。

その他の動向としては,UIゼンセンがベア2％または5,000円基準,フード連合は,定昇が確立している場合は定昇込み10,000円基準またはベア5,000円基準,JEC連合が,物価分として4,500円,私鉄総連が定昇相当分2.0％（5,500円）に加え物価上昇分と生活維持分をトータルでベア7,000円に設定するなど,各産別がそれぞれの要求方式の

なかで，連合が主張する物価上昇分を反映した。

■マクロとミクロの主張は交わるのか
　　——求められる政労使の役割

連合の中央委員会では，「消費者物価指数は，生活必需品に関係する基礎的支出項目が2008年10月時点で2.9％の上昇となっており，実質生活に与える影響は極めて深刻。賃金改善の必要性は論を待たない。連合方針に沿う要求を策定し，産別としての役割を果たしていく」（電機連合）という，連合方針に積極対応していくとの意向表明が多くの産別から出された。

その一方，「2009年春闘は，連合や産別の構えが単組交渉への支えにならねばならない」との要望もあった（JAM）。これまでの春闘に比べ，産別・ナショナルセンターへの期待感が高まった。日々悪化する経済情勢を踏まえると，企業別交渉で内需主導経済への転換といった議論を展開することの困難さを裏づける発言でもある。さらに非正規雇用を中心とする雇用止め，解雇の嵐が吹き荒れ，経営環境も急速に悪化しているため，現場からは，「賃上げ要求できる状況にない」との声も日増しに強まった。

連合などが主張するマクロ経済上の主張と，個別の企業で展開される労使のミクロの議論は交わるのか。交わらずに時間だけが過ぎ，何の成果もなく，交渉が収束する懸念もあった。経営側が主張する過去2回の危機（オイルショック，平成不況）を振り返ると，その折々，公式・非公式に政労使間ですり合わせが行われていた。政労使と学識者で経済運営のあり方を議論する場として1970年に設けられた，労働大臣の私的懇談会である産業労働懇話会（産労懇）では，労使の対話が深まっていった。そのため，1973年の第1次オイルショックへの対応として，労働組合は戦後初めて前年マイナスアルファの自制的な要求を設定し，インフレが鎮静化された。

また，正社員の希望退職・早期退職の嵐が吹き荒れ，戦後最悪の失業率を記録した2002年の春闘で，組合はベア要求を見送り「雇用春闘」に絞り込む一方，政労使のワークシェアリング合意がな

された。百年に一度，しかも世界同時不況という未体験ゾーンに入りつつあるなかで，過去のこうした経験が通用するかどうかは不確実な部分も大きい。しかし，こうした労使間の大枠合意なきままに，個別交渉に移行すると，単なる消耗戦の様相を呈することも予想された。企業レベルにとどまらず，今後の少子高齢化のスピードを考えれば，ワーク（仕事）とウエッジ（賃金）のシェアリング論議は避けて通れない情勢だった。さらに，経営側が提案するように，年功から仕事・役割・貢献度を重視した賃金制度への移行にあたっては，同一価値労働同一賃金をベースにした制度への脱皮も求められつつあった。その際，正規・非正規の垣根の問題も議論の俎上にのぼらざるを得ない。

各国の景気・雇用対策をみると政策総動員という状況になってきた。こうしたなか，雇用の維持・創出に向け，政労使合意の必要性も高まっていた。

2．2009年労使交渉の結果と評価

●労働側「残念」，経営側「従業員に最大限配慮」

2009年春闘は，「百年に一度」といわれる未曾有の経済危機のもと展開した。2008年9月の米国発のリーマンショックの後，金融危機の影響が，各国に伝播。世界同時不況の様相を呈するなか，わが国への影響は軽微との見方もあったが，10月以降，実体経済を蚕食。とくに，輸出依存度の高い自動車，電機関係の産業は日を追って業況が悪化の一途をたどった。悪化する経済情勢のもと，2009年春闘の労使交渉は展開した。

非正規雇用を中心とする雇止めの嵐が吹き荒れるなか，現場からは，「賃上げ要求できる状況にない」との声も強まっていった。実体経済への深刻な影響として，労働者を直撃したのが，派遣社員や期間従業員の契約打切りだった。2008年10月から2009年3月までの半年間で，離職を余儀なくされる非正規労働者数が3万人を超えることが明らかになり，この数も毎月の発表ごとに増大。

2009年6月末には19万人超に増加していった。

一方，製造現場では，正社員も需要減に伴う減産に対応するため，残業削減，配置転換，休日振替，シフトの減少，一時帰休といった雇用調整が進められ，副業を認める企業も出てきた。こうした状況下でも，労働側は「賃上げこそ最大の景気対策」（髙木剛連合会長）とし，外需依存から内需主導による自立的景気回復をめざすべきだとの主張を展開。2009年春闘は，「賃上げも，雇用も」のスタンスを維持し，組合は2008年2月上旬からベアを含む要求の提出を開始した。

しかし，トヨタの業績見通しが毎月下方修正され，交渉開始直前には，2009年3月期末の連結営業赤字が4,000億円に拡大するとの報道がなされ，「トヨタショック」が駆け巡った。また，電機連合の15中闘組合の営業赤字が1,500億円と予想されるなど，輸出型産業を中心に業況悪化が深刻の度を増していった。そのため，経営側は先行きがまったく見通せない現状から，賃金カーブ維持や一時金の年間一括回答すら難しいとの反論を展開。電機メーカーや百貨店などの一部経営側からは「定昇凍結」といった逆提案もあり，労使の主張が入口からまったく噛み合わず，交わることがないまま，最大のヤマ場である2009年3月18日を迎えた。

交渉リード役の電機，自動車，機械・金属関係の労組に対する賃上げ回答は，「定昇分」「賃金制度維持」の文字が並んだ。8年ぶりに労組がまとまって要求したベースアップは獲得できないばかりか，一部の経営側からの「定昇凍結」といった逆提案を受けて，金属関係では賃上げ・一時金とも前年に比べ大幅ダウンを余儀なくされた。ただし，流通や公益関係（郵政，電力，私鉄，NTT等）の内需型産業では，賃上げ・一時金とも前年並みないし微減で収束した。全体的な賃上げは定昇相当を維持しつつも，一時金については業績悪化がダイレクトに反映された形となった。

集中回答日の結果を受け，連合，日本経団連，金属労協のトップが記者会見した。大多数がベアゼロで収束したため，労組幹部は「極めて残念なものといわざるを得ない」（西原浩一郎金属労協議長），「内需を中心にした回復に役立てようと交渉したが，申し訳ないと率直に認めざるを得ない」（髙木剛連合会長）と発言する一方，御手洗冨士夫日本経団連会長は「経営側が定期昇給を維持したことは，従業員に最大限配慮した結果であると思う」との見解を示した。

● 賃上げは定昇維持の1.7％程度，年間一時金は大きく落ち込む（3月末時点）

2009年3月末段階で，日本経団連がまとめた大手企業の賃上げ集計によると，調査対象の大手企業253社中，すでに妥結・了承している51社の加重平均で，5,815円，1.77％（定期昇給・賃金体系維持分等を含む）。前年同時期に比べて額で507円，率で0.14ポイント下回った。一方，連合集計でも，同28日現在で回答を得ている1,033組合の組合員1人あたりの平均賃上げ額（定昇込み，加重平均）は5,363円（1.79％）で，こちらも前年を579円下回った。

2008年春闘は，「賃金改善分」として1,000円程度の回答が多かったので，この分がカットされた格好だが，年間一時金の落込みのほうが顕著だった。連合の年間一時金（夏冬型）の回答集計（同28日時点）によると，681組合に示された回答は前年実績の5.37カ月から，4.45カ月まで下落。業種別では製造業での落ち込みが目立ち，回答を得ている537組合の年間月数は前年実績の5.58カ月から1カ月以上落ち込んで4.47カ月まで低下した。月例賃金だけでなく，一時金の大きな落ち込みは年収減につながり，人事院勧告への波及，内需への影響は計り知れなかった。

一方で，2009年3月下旬に政労使による雇用安定・創出に向けた合意が交わされたことは，「賃上げか，雇用か」をめぐって繰り広げられた今季交渉のひとつの成果といえる。

● 隔たりが大きかった労使の主張

2009年交渉で，労働側は，マクロ経済へのインパクトを重視した。リーマンショック直後，連合は「最大の景気対策は賃上げ」との主張を展開。

外需から内需主導へ日本の経済構造を転換させるためには，賃上げが欠かせないと主張し続けた。さらに，2008年前半まで上昇が続いた消費者物価上昇による賃金の目減り分を補てんするために，ベア要求を掲げた。実質賃金を確保するのは労働運動の「大義」でもあるからだった。

こうしたマクロ重視の姿勢は，単組とナショナルセンター・産別の間に温度差を生む。企業別交渉の場で内需主導への転換といったマクロの議論をすることの難しさだけでなく，非正規雇用を中心に雇い止めの嵐が吹き荒れていた。しかし，最終的には個別企業の経営状況にかかわらず，内需主導への転換と実質賃金確保という「要求の正当性」を主張するスタンスで臨むことになり，全体として8年ぶりのベア要求で足並みをそろえた。

これに対して経営側は，労働側のベア要求をけん制。「2009年経営労働政策委員会報告」では，「賃金決定は自社の支払い能力に即して行われることが大原則で，外生的な要因による物価変動が賃金決定の要素とならない」ため，「市場横断的ベア，個別企業における一律ベアとも考えにくい」と反論し，中心テーマは「雇用の安定に努力すること」との立場を打ち出した。

●自動車各社，賃金体系は維持，一時金は大幅ダウン

自動車総連は，物価上昇相当分などを踏まえた賃上げ要求として，前年の「1,000円以上」を大きく上回る「4,000円以上の賃金改善分」を基本とする方針を決定。三菱自工以外の各メーカー組合は4,000円のベア要求で足並みをそろえ，2009年2月18日に一斉に要求提出した。しかし，世界的な需要急落が自動車メーカーを直撃。トヨタだけでなく，2009年3月期の連結決算で，日産，マツダ，富士重工，日野自工が営業赤字を計上する見通しとなるなかでの厳しい交渉となった。経営側は，先行きがまったく見通せないため，賃金カーブ維持や一時金の年間一括回答すら難しいと主張。「労使の隔たりはかつて経験したことのないほど大きかった」（西原会長）。自動車総連はこの膠着状態を打開するため，「賃金カーブ維持分については，すべての組合で維持分原資を100％確保する」，また年間一時金についても「賃上げと同時決着，年間協定堅持」を確認して，最終盤の交渉に臨んだ。

2009年3月18日の回答指定日ギリギリまで交渉はもつれ，回答が遅れるケースが出たが，結果的にはすべてのメーカーでベア・賃金改善は見送られ，定期昇給または賃金体系維持の文字が並んだ。一方，年間一時金の協定破棄はなかったものの，支給水準は各社の業績急落を受け，軒並み大幅ダウンとなった。2008年は年間5～6カ月超が多かったが，月数表示では，富士重工の前年比0.8カ月減（4.2カ月）から，日産の同1.9カ月減（4.2カ月），額表示では，トヨタが前年比76万円減（186万円），日野自工が約45万円減（約93.4万円）など，各社とも前年実績を大幅に下回り，マツダと三菱自工は過去最低だった。動向が注目されたトヨタ労組は，一時金要求を大幅に引き下げ，5カ月プラス20万円としたが，回答はそれを10万円下回った。会社が満額回答を見送ったのは10年ぶりで，冬季分は再協議との条件が付されていた。

この結果について，西原会長はベアゼロで収束したものの，物価上昇に見合う賃金の目減り分を補てんする「要求の正当性」について，「その確信は変わりなく，物価上昇が賃金決定の大きな要素であることを労使で大枠確認できたのは大きなこと」と評価。また，一時金も経営側が過去最低水準への引下げや年間協定の締結が難しいと主張してきたものの，「年間協定を堅持したことは各組合が努力した成果」と述べた。

●電機の交渉では定昇凍結の逆提案も

電機メーカーの交渉ももつれた。経営側は賃金体系維持の是非も含めて論議が必要とする強硬な姿勢を示し，交渉のなかでは，定昇凍結を逆提案する企業も数社あった。そのため，電機連合はスト回避基準として，①月例賃金は最低でも賃金体系の維持を図る，②一時金は産別ミニマム基準の年間4.0カ月を確保する——方針を確認。その結果，2009年3月18日に大手13組合は「賃金体系の

維持」の回答を受け，決着した。

業績の悪化を受けて一時金は，交渉組で4.0～5.06カ月まで下落。支給水準は前年実績比0.8～1カ月超の幅でダウンした。産別ミニマムの「年間4.0カ月」を下回る恐れのあった業績連動方式の組合も，交渉の末，ギリギリ確保できる見通しがついた。また，スト回避基準には含めなかったものの，最後まで組合がこだわった18歳相当の産業別最低賃金を500円引き上げて152,000円にする回答が示された。なお，数社から示された定昇凍結などの逆提案については，回答後，別途協議の扱いになった。

●電力，私鉄，NTTなど公益系の一時金は横ばい・微減

電力，私鉄，NTTといった公益系産業の交渉も軒並みベアゼロで収束した。一時金の動向が注目されたが，こちらはほぼ前年並みか微減の水準で決着した。

電力総連傘下の電力会社の労働組合は，連合方針を踏まえ，高卒30歳・勤続12年の個別ポイントで4,000円のベア要求を設定した。しかし各企業とも，経営環境の悪化を理由に20日までにゼロ回答を提示。一時金については，東京電力が前年同額の161万円で決着したほか，関西が前年比2,000円減の171.8万円，中部が7,000円減の173.8万円，九州が7,000円減の171.6万円など微減にとどまった。

私鉄総連は定昇2％相当（5,500円）以外に，物価上昇と生活維持分を併せてベア7,000円要求で交渉に臨んだ。回答指定日をこれまでより早めるなど，積極的な交渉を展開したものの，結果はベアゼロとなった。私鉄総連は，賃上げ・年間臨時給（一時金）とも，「前年実績を確保し，上積みを実現した組合もあった」と評価した。

NTTグループの労働組合でつくるNTT労組は初めて8つのグループ企業の統一要求を見送り，業績堅調なドコモ，データ，コミュニケーションズの3社に限って，3,000円の賃金改善を求めたが，結果はゼロ回答に終わった。一時金は，NTT東と西で132.2万円相当（40歳・一般資格1級モデル），ドコモ185.5万円相当（同）など，前年実績と同じ水準で妥結した。

●集中回答日前に連合系で26組合が回答引出し

2009年3月18日の集中回答日前に決着した組合もあった。連合は3月16日，今季交渉で初めて設定した約360の中核組合のうち，同日までに26組合が定昇相当以上の賃上げを確保し，化学や食品，流通などの内需型産業を中心に9組合でベアを獲得したと発表した。このうち髙島屋は，組合の定昇分にベア（423円）を加えた8,658円の要求に対して，経営側は満額を回答している。パターンセッター役の金属労使より一歩前に決着し，ベア相当額も引き出したことは，翌年につながるものと連合は評価した。

●中小企業で1.6％程度，パート時給は約16円引上げ（3月末時点）

連合の中小共闘とパート共闘が3月末で集計した中小企業とパートタイム労働者の賃上げ動向をみると，従業員300人未満の中小労組364組合の単純平均（定昇含む）は4,155円（1.6％）で，2008年の同一組合との比較では，額で261円，率で0.09ポイントそれぞれ低下した。厳しい交渉を映し出しているのが決着時期の遅れで，3月末段階で連合全体でも全体の3割弱しか解決していない。中小企業では，4月以降に交渉が本格化し，前年実績からの大幅ダウンは避けられそうにないため，連合の中小共闘は3月末に，「定昇以上」，ないし，制度のないところは「4,500円」という妥結ミニマム基準を打ち出した。大手の大多数が定昇や賃金制度維持分を確保しているため，この水準は確保するようにとの趣旨だ。

パート賃上げでは妥結した組合のうち時間給換算が可能な95組合の妥結額平均（単純）は16.81円となり，前年同時期の79組合の引上げ額17.94円に比べ，約1円下回った。

●雇用維持・雇用創出では政労使合意

経営側は2009年交渉に雇用重視で臨んだが，この面では労使合意が進み，2009年3月末の政労使

による雇用安定・創出宣言に結実した。

　その先鞭となったのが，連合と日本経団連の共同宣言である。両組織のトップは2009年1月15日に開いた懇談会の場で，深刻さを増す経済・雇用情勢を踏まえ，労使が協力して雇用の安定・創出に取り組む一方，政府に早急な雇用対策の実施を求める共同宣言を確認した。宣言では，雇用不安や雇用情勢の深刻化などの問題に「いまこそ労使が真摯に向き合い，雇用の安定と新たな雇用創出に向けた政策を展開すべきだ」との共通認識を表明。そのうえで，雇用に関わる諸課題については，「必要に応じて協議や研究等を行う」とした。一方，政府に対しては，雇用セーフティネットの拡充や新たな雇用創出，そのための職業訓練などの対策の早急な実施を要請した。

　この宣言を基にさらに両者間で議論を深めた後，連合と日本経団連は2009年3月3日，政府に対して雇用対策の取組み強化を求める「雇用安定・創出に向けた共同提言」をとりまとめ，麻生太郎首相をはじめ関係先に共同で申し入れた。提言は雇用調整助成金の拡充・強化など，雇用セーフティネットの強化に向け，政労使での合意形成を要望している。これに対して舛添要一厚労相は，2009年3月中に何らかの政労使合意を得るべく協議したいと応じた。

　この他，電機連合と大手電機メーカー6社の経営側で構成する「電機産業労使会議」も，2009年3月14日に産別労使交渉を行い，「雇用の安定と創出に向けた電機産業労使共同宣言」を締結。労使が協力し，雇用の安定と創出に向けて最大限の努力を行うことを確認した。電機労使が，産業レベルで雇用に関する共同宣言を締結するのは初めてのことだった。同18日の回答指定日には，この共同宣言に沿ってメーカー13社の労使が「雇用不安払拭のためのメッセージ」を，①回答書前文または但書き，②議事録確認および覚書き——の形で確認している。

　こうした動向と，労使からの申入れを踏まえて2009年3月23日，麻生太郎首相と日本経団連をは

▲政労使は雇用安定・創出の新たな取組みで合意
（2009年3月23日，官邸HPより）

じめとする経営団体，さらに連合のトップが一堂に会して，首相官邸で会合を開き，雇用の安定・創出に向けた新たな取組みについて合意した。合意には雇用調整助成金の拡充や職業訓練期間中の生活支援，失業給付を受けられない人への支援強化などが盛り込まれた。

　賃金交渉では隔たりの大きかった労使だが，雇用維持と雇用創出については，政労使が協力し，取組みを強化することを確認したことも，2009年春闘の成果と位置づけられる。

●2009年春闘が投げかけた課題

　「雇用か賃金か」で労使の攻防が展開された2009年春闘だが，労使はこの1年をいかに耐え忍ぶかについて，賃金・雇用両面で折合いをつけた結果だとみることができる。

　職場に目を転じれば，減産に対応するため，残業削減，配置転換，休日振替，一時帰休といった雇用調整が進められ，副業を認める企業も出てきた。政労使合意では，残業規制も含め従来から実施してきた雇用調整策全般を「日本型ワークシェアリング」と位置づけた。そして，残業削減雇用維持奨励金といった日本型ワークシェア促進のためのスキームも設けられた。こうした対策を総動員して，需要が回復するまで，いかに雇用維持に努めることができるのかが，その後の最大の課題となった。労使と政府が果たすべき役割の大きさが鮮明になった春闘ともいえた。

2010年春闘

政治・経済とも大きく様変わり

【2010年春闘関係の特徴，主な出来事】

連合，初めて，すべての労働者を対象とする取組方針を作成（社会的労働運動へ）
回答は，賃金カーブ・賃金体系の維持（ベアゼロ）
一時金は，業績回復の差によりばらつき。全体としては増加傾向
「政府・連合トップ会談」（2009年12月）

【社会・経済の主な出来事】

政府のデフレ宣言（2009年11月）
民主党政権（2009年7月〜）

【世　相】

政権交代，事業仕分け，ファストファッション，
新型インフルエンザ

1．2010年労使交渉の焦点

■インフレからデフレへ，進む雇用・賃金の調整

2009年春闘の交渉時に比べ，2010年の春闘情勢は，政治・経済とも大きく様変わりした。

2009年春闘は，労働組合が要求策定作業に入る2008年の夏頃までは消費者物価の上昇をどう要求に盛り込むかが焦点だった。結果，労働側は8年ぶりとなるベースアップ要求をほぼ横一線で盛り込んだ。つまり，2009年春闘の争点はインフレだった。

しかし，春闘前に直面したのは，政府が11月に正式に宣言したデフレだった。

さらに，雇用・失業情勢も大きく変化した。2008年秋以降の金融・経済危機が実体経済へ波及し，雇用情勢は急速に悪化した。完全失業率（季節調整値）は，2008年10～12月期には4.0％だったが，2009年に入ると悪化の速度が速まり，月次では7月に5.7％と過去最悪の水準となった。これをピークに低下傾向に入ったものの，有効求人倍率はすでに2006年秋から一貫して低下を続け，2009年7～9月期に0.42倍と過去最低水準まで落ち込む。加えて，高卒・大卒の新卒就職内定率も就職氷河期並みに低下するなど，厳しい雇用・失業情勢が続いていた。

リーマン・ショックに端を発したこの時期の景気後退の特徴としては，2008年末に展開された「年越し派遣村」に象徴されるように，まず，派遣労働者の削減が実施され，次に臨時・季節，パートタイムの再契約停止・解雇に及んだ。雇用削減が非正規労働者に集中的に行われ，その後は正社員の希望退職にシフトしつつあった。ITバブル崩壊による前回2000～2002年の景気後退期の雇用調整と真逆のプロセスをたどった。

さらに，賃金調整も進んだ。前回の不況時は成果主義の浸透という制度改革の形で進んだ賃金調整だったが，この時期の不況では，直接的な賃金削減が進んだ。厚生労働省「毎月勤労統計調査によると，調査産業計，事業所規模5人以上の所定

▲年越し派遣村（2008年年末）

内給与は，2008年4～6月期から減少が続き，2009年4～6月期では前年同期比1.3％減となった。さらに，特別給与は2008年7～9月期から減少が続き，2009年1～3月期では前年同期比21.5％の大幅なダウンを記録。特別給与の大部分の賞与のうち，2009年の夏季賞与（6～8月に支給）は363,104円で，前年比9.7％の大幅減となった。

こうした雇用・賃金面での大きな調整が進行しているなかで，2010年春闘が展開された。

■連合は民主党への政権交代を踏まえ，政策制度要求を重視

2009年は民主党主体による政権交代という政治面の変化も加わった。総選挙の結果について，民主党最大の支持組織である連合は，「永年の悲願であった政権交代が実現した。連合結成以来20年，諸先輩の連合結成時の政権交代可能な政治体制の構築という強い願いが，ここに実現した」との談話を発表した。

2009年は，連合結成を軸にした労働界再編からちょうど20年の節目の年だった。1989年11月21日の結成大会で確認した綱領的文書「連合の進路」には，「政権を担いうる新しい政治勢力の形成に協力し，政権交代を可能にする健全な議会制民主主義を実現する」との目標が盛り込まれていた。労働戦線の統一を先行させることで，連合が政界再編の触媒役となり，「政権交代」を実現させることが連合結成の大きな目標に据えられていた。

こうした連合の政権交代への取組みを，当時の

政権は大きく評価した。それは2009年9月17日，鳩山政権が官邸で最初に設定した公式会合が，連合との「政労会見」だったことに表れている。当時の髙木剛連合会長は，雇用調整助成金の制度拡充など，当面の雇用対策の強化に向けた要請書を鳩山首相に手渡した。連合は，春季生活闘争での賃上げ・時短などの経済的要求と併せて，制度政策要求の実現を求める運動スタイルをとってきた。政権交代により，労働側は政策実現に向けた最強の後ろ盾を得ただけに，要求実現への期待感は大きく膨らんだ。

こうした政治情勢の様変わりを踏まえて，連合は2010春季生活闘争方針で，賃上げ・一時金など労働条件改善の取組みと政策制度要求実現を「車の両輪」として取り組むとの姿勢を打ち出した。

■「賃金水準の維持」を前提に「政策実現」を重視
　　──連合・金属労協

金属労協（IMF・JC）は12月1日の協議委員会で，定昇確保が前提になる「賃金構造維持の完全実施」を軸とした闘争方針を確認。連合も同3日に中央委員会を開き，すべての組合が定期昇給に相当する「賃金カーブ維持分」の確保に取り組むことなどを盛り込んだ「2010春季生活闘争方針」を決めた。

一部の産業に改善の動きはみられるものの，金融危機以前の水準への回復にはほど遠く，景気の二番底も懸念されることから，賃金関係については，両組織とも「賃金水準の低下を食い止め，維持・改善する」とのスタンスになった。

■すべての労働者の処遇の維持・改善を
　　──5,000円の要求目安を初提示

連合は，2010闘争の取組みの軸として，①全労働者を対象とした春季生活闘争の推進，②賃金水準維持の取組みの徹底，③雇用の安定・創出に向けた取組みの強化，④共闘連絡会議の体制強化，⑤政策・制度との連携強化──の5つの柱を立てた。そのうえで，①については「すべての労働者を対象に処遇の維持・改善に取り組む」ことを明記。連合が非正規雇用労働者を含む，組合員以外の労働者を対象に，取組みの柱として闘争方針を作成したのは初めてだった。さらに古賀伸明連合会長は中央委員会で，「どんな職場においても，正規・非正規を問わず，賃金水準の低下を食い止め維持・改善する取組みを推進したい」と発言。すべての労働者を対象に，ナショナルセンターとして，「社会的労働運動」に踏み出し，連合の存在感を強める運動の開始宣言ともとれる方針となった。具体的な賃金水準維持の取組みでは，「賃金制度がある職場は『カーブ維持』，賃金制度がない職場では『5,000円』，パート等労働者は『時給30円引上げ』を求めることで，全体として『賃金水準維持・改善』を図る」とした。

連合の闘争方針では，「賃金は10年前の水準から7.6％も低下している」と指摘。そのため，現下の景気低迷に加え，今期も企業業績の大きな回復は望めず，デフレ，円高，株安が加わる三重苦を踏まえ，方針は，「賃金水準の低下を阻止するため，賃金カーブ維持分の確保を図る」ことを基調にした。

その一方，5,000円という賃金構造維持分の基本目標を初めて示した。これについて連合事務局は「定昇制度があり，賃金カーブ維持分を労使確認できるところはその財源を取りに行くが，賃金制度が未整備でカーブ維持分がわからない組合は5,000円を目標に取り組む」と説明。さらに，「大手組合は制度上のカーブ維持の財源の開示をして欲しい」と傘下の組織に要請した。2010年3月上旬までに報告を求め，それを把握・整理したうえで，中小に開示。産別指導下で全体が賃金カーブ維持分を取りに行き，全体として賃金水準を維持させるとの戦略図を描いた。

■共闘連絡会議，中小・パートなどの各共闘の取組み

その後ろ盾となる闘争体制については，2009年春闘で設置した「共闘連絡会議」（業種が近い産別ごとに情報交換などを行う5つの共闘組織）を機能強化。共闘会議ごとに，各産業の代表銘柄（職種，年齢，勤続）の賃金水準の設定を検討することで，格差是正や賃金体系整備を推進することとした。併せて，共闘会議に参加する産別は，

先行組合の役割を担う中核組合を登録。2009年春闘で380だった登録数を増やすよう、各産別に要請した。

連合は、回答引出しゾーンとして金属労協の集中回答日の2010年3月17日を中心にヤマ場を設定したが、先行回答を引き出せる組合は、前年同様、金属労協集中回答の前に結果を公表したいとした。このように、共闘連絡会議では、情報公開をベースにした相場形成と波及を狙いとした。

中小企業労組の多い産別で構成する中小共闘の方針は、賃金カーブの算定が困難な組合の賃上げ要求目安を「5,000円以上（賃金カーブ確保相当分目安4,500円＋賃金改善分500円以上）」に設定。また、パートタイム労働者等の待遇改善に関してパート共闘では、地域別最低賃金の引上げや成果配分、正社員との格差是正などを勘案して、①絶対額（時給）1,000円程度、②（埼玉県で時間給920円などとしている）連合の県別リビングウェイジを上回る水準、③時間額30円程度の引上げ（定昇込み）——との方針を決めた。2009年春闘に引き続き、「昇給ルールの明確化」や「一時金の支給」「正社員への転換ルールの明確化・導入」なども求める。

■金属労協は「賃金構造維持の完全実施」
　——雇用確保・創出を最重視

金属労協の闘争方針は、賃上げ要求では、賃金水準の低下に歯止めをかけるため、賃金制度に基づく定期昇給（賃金構造維持分）の完全実施を求めた。西原浩一郎金属労協議長は2010年闘争について「雇用の安定・確保と雇用創出を最重視する」ことと、「賃金水準・家計収入の落ち込みに歯止めをかけ、内需の底支えを図る」と強調。賃金関係の取組みとしては、「環境の厳しさを踏まえ、JC全体で賃金改善に取り組むことは困難と判断した」ことから、賃金水準の維持・確保に全力を傾注。賃金制度が確立されているところは、制度の完全実施による制度運営と賃金水準の維持・確保に取り組み、賃金制度が未整備のところでは、賃金実態を把握して賃金構造維持水準の確保を図る。そのうえで、条件の整う組合は金属労協がめざす「あるべき水準」を踏まえ、格差是正などの課題解決に向けた賃金改善を要求する、と述べた。

その金属産業にふさわしい賃金水準の実現をめざした、「大くくり職種別賃金」の取組みでは、基幹労働者（技能職・35歳相当）の「あるべき水準」として、2009年春闘と同様、①目標基準（めざすべき到達水準）基本賃金で338,000円以上、②標準到達基準（標準的な労働者が到達をめざす水準）同310,000円以上、③最低到達基準（全単組が到達をめざす水準）標準到達基準の80％程度（248,000円程度）——の3つのポイントを示した。

一方、2010年闘争では、企業内最低賃金協定の締結促進と水準の引上げを従来以上に重視。現行の締結率は金属労協内で43％、協定締結組合の平均水準も月額152,918円にとどまっているため、方針では「月額154,000円以上の締結をめざす」とした。なお、一時金要求は年間5カ月を基本に、最低でも4カ月確保にこだわる。このほか、改正労働基準法に対応した時間外割増率の引上げや、非正規労働者の労働条件改善と組織化などにも取り組む、とした。

■34年ぶりに組合組織率が上昇——集団的労使関係の再構築に踏み出す

2009年に労働組合の組織率が34年ぶりに前年を上回り、長きにわたる低落傾向に歯止めがかかったことも、労働運動の活性化には大きな弾みとなった。厚生労働省「2009年労働組合基礎調査結果」によると、2009年6月末時点での推定組織率（雇用者数に占める組合員の割合）は前年から0.4ポイント上昇し、18.5％となった。労働組合の組織率は1975年（34.4％）をピークに減り続け、2003年には20％台を割り込んだ。その後も低下傾向が続いていたが、2009年に34年ぶりの組織率回復となった要因は、経済・金融危機による雇用労働者数（分母）の減少が大きく働いている。しかし、パートタイム労働者の組織化による実人員の増加も、大きな要因でもある。組織率反転上昇の背景には、パートなどの非正規労働者の組織化がある。非正規雇用労働者を組織化し、集団的労使

関係のなかに取り込んでいく道筋を経たうえでの労使関係の再構築を，労働側は企図していた。

■政策・制度実現を「車の両輪」で
——年数回の政労トップ会談を確認

労働条件の改善については，個別企業での労使交渉が主要舞台になるものの，雇用の維持・創出といった政策課題は連合を中心に，政策制度要求を取りまとめて，政府に要請することになる。政権交代により，連合が求めてきた「雇用と生活のセーフティネットの拡充」や「生活者重視の予算配分」が実現する可能性も大きくなっているだけに，春闘期における政策制度要求の取組みを一段と強化する姿勢を強めた。

古賀伸明連合会長は中央委員会のあいさつで，「ナショナルセンターとして，社会的キャンペーンの展開をはじめ，経営者団体などとの意見交換，政府との政策協議，2010年度予算での生活関連法案に関わる民主党などとの連携を図る」との意向を繰り返し示していた。

その政策協議のなかで，最も位置づけの高い「政府・連合トップ会談」が，鳩山首相と古賀会長ら双方首脳が参加して2009年12月2日，首相官邸で開かれた。景気・雇用対策など当面の政策課題を中心に意見交換し，予算をはじめとする重要政策について協議する場として，年3～4回開催することも確認した。

冒頭，鳩山首相が「連合とは首脳同士で率直な意見交換をできる機会を持ちたい。今後は雇用や生活の安心を確保できるよう努力したい」などとあいさつ。これを受け，古賀会長は「このトップ会談は，これまで行ってきた要請型の『政労会見』とは異なる。節目，節目にお互いの方向性を確認しつつ，課題の解決に向けて話し合い，政府は円滑な政権運営に資するよう，連合は労働を中心とした福祉型社会の実現へ向けて前進していくため，重要な協議の場として期待している」との意向を表明した。

そのうえで，「政権運営の基軸をより具体的に発信していく必要があるのではないか。国民の生活や雇用を大事にすることを最優先に，補正予算，来年度予算の編成作業を行うとともに，新しい日本社会を構築するグランドデザインを発信することをお願いしたい」と注文をつける一方，「政権が円滑に，そして長期にわたり継続していけるよう，連合としても最大限，サポーターとして努力することを表明する」とのエールも送った。

会談で連合側は，今後さらなるデフレや雇用情勢の深刻化が予想されることから，2009年度第2次補正予算と2010年度予算では大胆な経済対策を実施するよう要請。雇用対策関係では，「雇用保険の国庫負担率4分の1への復帰」「緊急雇用創出基金の積み増し」「雇用調整助成金の支給条件緩和」などを求めた。これを受け，政府側からは，「雇用調整助成金の要件緩和については，財政負担の試算を見ながら判断したい。雇用保険の国庫負担金については，財政的な検証も含めて前向きに検討する」などの発言があった。

労働条件の改善については個別の交渉が主要舞台になるが，雇用の維持・創出といった取組みは，やはり連合を中心とした政策制度要求をどのように実現させていくかに注目が集まる。こうした意味で，2010年春闘は，政権与党に対して連合がいかにアプローチして要求を実現させていくかの試金石になった。

2．2010年労使交渉の結果と評価

●非正規の処遇改善，銘柄別賃金の開示，政策要求で新たな動き

2010年春闘は，2010年3月17日に自動車，電機，鉄鋼など金属大手の集中回答日を迎えた。リーマン・ショック以降続いた業績低迷を抜け出しつつあるなか，連合や金属労協は統一的なベアや賃金改善要求は設定せず，賃上げは定昇，賃金カーブ維持の確保，前年大幅にも落ち込んだ一時金については，前年獲得実績以上の方針で臨んだが，回答は，組合要求どおりの定期昇給・賃金（体系）カーブを維持し，一時金も前年実績を上回るものが目立った。

また連合は，組合員だけでなく，職場に働く非正規労働者を含む「すべての労働者の処遇改善」

を初めて前面に打ち出し，さらに2010年に初めて，職種別代表銘柄の賃金データを公表し，同一職種銘柄での賃金の平準化や正規と非正規の均等・均衡処遇の指標として活用するとした。

そして，民主党の最大支持団体でもある連合は，2009年夏の政権交代を追い風に，政策・制度要求の実現に生かす取組みを重視。「労働条件改善」と「制度政策要求実現」を，車の両輪として取り組み，改正雇用保険法の成立や労働者派遣法の改正案提出という成果を引き出した。

●金属関係は中堅・中小含め定昇・カーブ維持

交渉リード役であるトヨタ，日産，本田技研など自動車総連傘下のメーカー組合の多くは，5年ぶりにベアなどの賃金改善要求を見送った。しかし，交渉に入ると一部の経営側から定昇分も実施できないとの発言が出るなど，交渉は難航した。最終盤で組合は「賃金カーブ維持分の原資100％確保」と腹固めした結果，2010年3月17日の回答指定日には「賃金カーブ維持」の回答が示され，決着した。プラスアルファの要求を盛り込んだダイハツ（1,500円）や富士重工（1,000円）も「ゼロ回答」で収束した。年間一時金については労組が，「水準回復」「満額獲得」を主張したものの，業績回復の差を反映して，ばらつきが目立った。本田技研が組合要求どおりの満額回答となる前年比0.7カ月増の5.7カ月を引き出し，メーカー中トップとなった。大規模なリコール問題が発生したトヨタは，前年実績を4万円下回ったが5.0カ月プラス6万円で合意し，日産は0.8カ月増の5.0カ月となり年間5カ月分を確保した。一方，ダイハツは前年実績マイナス0.2カ月の4.8カ月，また，ヤマハ発動機は前年の4.8カ月から3.7カ月プラス4万円と大幅に下げ，4カ月台を割り込んだ。

電機連合は「現行の賃金水準の維持・確保を至上命題とする」（中村正武委員長）ことを統一要求に設定。2009年春闘では電機大手の一部などで定期昇給の凍結・先送りが実施されたこともあり，経営側を牽制する意味もあった。しかし，経営側は，賃金抑制の姿勢を回答日直前まで崩さず，産別労使交渉の場でも「定期昇給のあるべき姿については，冷静に検討していく必要がある」などと，定昇制度の見直しにも言及した。沖電気では経営側が定昇凍結を提案するなど，完全実施できるか否かが焦点となった。

このため，電機連合は「賃金体系の維持（現行個別賃金水準の確保）」と「制度運営の完全実施」をスト回避基準に設定し，交渉を追い込んだ結果，回答指定日には，大手13組合すべてが「賃金体系の維持」の回答を受けて決着した。一時金は業績の回復を反映し，交渉組合が産別ミニマム基準の年間4カ月に相応する水準をクリアし，業績連動算定方式を採用する組合でも，ミニマム基準をクリアすることを確認して決着した。

鉄鋼や造船重機，非鉄金属の組合で構成する基幹労連も，賃金については定期昇給の実施を求めることとし，①年間一時金の「4カ月分程度」の確保，②60歳以降の雇用確保のための協議の場の設置——などを柱に要求を組み立てた。その結果，鉄鋼総合大手の年間一時金は前年実績を下回ったが，「60歳以降の雇用確保」については，すべての鉄鋼大手で「2013年度以降の年金支給開始年齢にリンクした安定雇用の必要性を認識し，その実現に向けた制度の労使検討の場を設置する」ことで決着した。

こうした結果を受け，西原浩一郎金属労協議長（自動車総連会長）は，集中回答日の会見で，大手労組が要求どおり定昇カーブ維持分を確保したことを踏まえ，「働く者の生活とモチベーションを維持しうる回答を引き出せた」との見解を示した。また，御手洗冨士夫日本経団連会長も同日，「賃金に関しては，定期昇給の実施や，賃金体系維持となっている。これは，経営側として，厳しい経済環境が続くなか，雇用維持を最優先としながら，従業員の頑張りに応えるべく，配慮した結果である」となどとするコメントを発表した。

●内需型産業もベアはゼロ回答，一時金は増額

一方，内需中心の産業別組合では，賃金改善やベア要求を盛り込む組織もあった。私鉄総連は

「賃上げ1人平均2％プラス2,500円（ベア）」を統一要求したが，大手組合への回答は定昇維持だけで，ベア分は軒並みゼロ回答。紙パ連合も「賃金カーブ維持分プラス生活改善分1,000円以上」を掲げ，一部で改善分を獲得したものの，多くはカーブ維持分で収束した。なお，JR連合やJR総連のJRグループを組織する産別もベア要求を盛り込んだが，ゼロ回答に終わった。

電力大手の賃上げ交渉は，組合がベア要求を見送ったため一時金が焦点となり，東電では前年実績を7万円上回る年間168万円で決着。関西電力（7,000円増），中部電力（12,000円増）も業績回復を受け，前年実績を上回った。NTTグループは，NTTドコモが192.4万円，持ち株会社やNTT東西をはじめ5社が132.2万円など7社が前年の妥結実績と同水準を確保したが，業績が悪化したNTTデータは，前年実績を89,000円下回る174.5万円で妥結した。

●定昇込み賃上げ5,186円（連合集計）
――時金は増額の傾向に

連合の集計によると2010年3月30日現在，回答を引き出したのは1,427組合で，うち平均賃金方式で交渉した1,196組合（組合員数129万人）の定昇を含む賃上げ額は5,186円（組合員の加重平均），率で1.76％となった。これを前年と比較できる同一組合（940組合）でみると，引上げ額は5,248円（1.78％）で，前年実績（5,293円，1.79％）をわずかに下回った。

年間一時金の回答は，押し並べて前年を上回った。連合集計では同時点で，年間一時金の回答を受けた661組合の平均月数は4.54カ月で，前年実績と比較できる同一組合との比較では，0.17カ月上回った。また，額回答を受けた312組合の加重平均は1,403,458円で，前年比34,405円の増額となった。

この結果について，この時期まで回答を受けた組合のほとんどが賃金カーブを維持し，さらに今季初めて掲げた賃金カーブ維持分の要求目安である1歳1年間差の5,000円を超えているため，「おおむね賃金カーブを確保して賃金水準を維持できた。十分とは言えないが，賃金デフレの流れを一定程度，押し戻す効果があった」としつつも，「春季生活闘争はこれからが始まりで，今後本格化する中小労組の交渉に活かしていくことが必要」と，交渉の強化を呼び掛けた。

●300人未満の平均賃上げは4,060円
――中小共闘は4,500円を妥結基準

連合が2010年3月30日現在でまとめた従業員300人未満の中小労組441組合の単純平均（定昇含む）は妥結額で4,060円（1.57％）となり，前年の同一組合との比較は，額で90円，率で0.05ポイント上昇した。前年比プラスとなったものの，同共闘が「賃金カーブ確保相当分」に設定する4,500円以上を確保したのは，36.7％にとどまった。前年の同時期に4,500円確保組合が45.8％だったのと比べると，この割合は大きく低下した。この結果を受けて中小共闘は同31日に，これから交渉を追い込む組合向けに，賃金カーブの算定が可能な組合は定期昇給分，算定が困難な組合は4,500円以上を確保したうえで，賃金改善分の獲得をめざす「妥結ミニマム基準」を設定した。

一方，金属労協は2007年春闘から，加盟する中堅・中小組合を事前に登録させ，回答結果を企業名と併せて開示しているが，2010年春闘では，155組合がエントリーし，46組合が定昇相当分以外の賃金改善を要求した。その結果，同25日までに回答を得た111組合すべてで定昇などの賃金構造維持分を確保。うち，賃金改善を獲得した組合が8組合あった。定期昇給と賃金改善を合わせた回答額は，実額が把握できる52組合の平均で5,226円。前年実績との比較が可能な38組合では，前年を162円上回った。

金属労協も，年間一時金が増額基調となった。業績連動方式を採用する企業を除く86社の組合が回答を受け，57組合で前年の水準を上回り，単純平均で4.25カ月。これを前年と比較できる同一組合でみると平均4.24カ月となり，前年実績を0.24カ月上回った。

●パート労働者の賃上げは約11円
──連合・パート共闘会議

　5年目の取組みとなるパート共闘会議は，2010年春闘で何らかの形でパート労働者等の待遇改善に取り組んだ組合は，3月29日時点で2,420組合にのぼり，前年同期より318組合増加した。このうち時間給引上げを要求した136組合の平均賃上げ額は10.95円となり，前年同期より5.86円ダウンした。

　また，2010年春闘の重点取組みについては，「正社員への転換ルールの明確化・導入」が25組合で前進回答を得た。「昇給ルールの明確化・導入」は38組合，「一時金の支給」55組合，「時間外割増率（正社員と同様の割増率）」16組合，「通勤手当・駐車料金（正社員と同等）」29組合，「慶弔休暇（正社員と同様）」50組合で，それぞれ改善回答を得た。

　民営化後，日本最大の単組となった日本郵政（JP）労組は，正社員の賃金改善を見送る一方，ほぼ半数を占めるに至った非正規雇用の処遇改善に力点を置き，①月給制契約社員の基本月額1万円増，②時給制契約社員の時給単価30円増，③正社員比率の引上げ──などを求めた。その結果，月給制契約社員の基本月額2,000円の引上げを獲得。一方，時給制契約社員の時給については継続交渉扱いとなったものの，郵便事業会社では，月給制契約社員から2,000人の正社員登用の回答を受け妥結した。こうした正社員登用の動向は各方面に影響を及ぼすことが予想された。

●政策制度要求の成果は，雇用保険法と労働者派遣法の改正

　2009年夏の政権交代を踏まえて，連合は春闘期に政策制度要求の実現をより重視する方針を打ち出した。労働条件改善と制度・政策要求の実現を，「車の両輪」で取り込むと位置づけた。具体的な要求項目の柱としては，景気・消費回復に資する総合経済対策，雇用安定関係，雇用保険法や労働者派遣法の改正，最低賃金引上げ等に設定。さらに，2010年1月の中央執行委員会では春闘期により重点を置く項目として，「労働者保護の視点での労働者派遣法の改正」「雇用保険制度の非正規労働者への適用拡大」「第2のセーフティネット・就労と生活支援給付制度の恒久化」に絞り込むことを確認した。

　このうち，改正雇用保険法は2010年3月31日の参議院本会議で可決，成立した。労働者派遣法の改正案についても，厚生労働省案に盛り込まれた事前面接等の項目は削除されたものの，2010年3月19日に閣議決定され，①登録型派遣は専門26業務などを除き原則禁止，②製造業務派遣は常用型に限って認める，③2カ月以内の期間を定める日雇い派遣の原則禁止──などが，法案に盛り込まれた。また，新たな雇用のセーフティネットとして，雇用保険を受給できない人を対象に，職業訓練と「訓練・生活支援給付」を行う『求職者支援制度』の創設に向けた議論は，すでに労働政策審議会で始まり，2011年度の制度化に向けた動きがスタートした。

●共闘連絡会議が62銘柄を公表──格差是正に活用

　連合が，2009年春闘から産業部門ごとに設定した5つの共闘連絡会議では，集中回答日に先立ち，2010年3月上旬，産別が報告した職種別代表銘柄の賃金データと，登録している中核組合におけるカーブ維持原資・水準を公表した。大手に続いてヤマ場を迎える中堅・中小労組や非正規労働者の賃金改善などの交渉の際に活用し，中小労働者，未組織労働者への相場の波及につなげることを狙いとした。金属共闘連絡会議は，「自動車製造組立・高卒35歳」（10社の平均で310,700円）や，「電機メーカー開発・設計職基幹労働者・30歳相当」（中闘14組合の平均で312,400円）など14銘柄のデータを公開。JEC連合やフード連合などで構成する化学・食品・製造等共闘連絡会議は，「石油・30歳・技術職」（7社の平均で285,300円），「化学・30歳・技術職」（33社の平均で273,000円）など16銘柄の産別データをオープンにした。

　しかし，銘柄の公表の仕方に関しては，産別によって違いが鮮明になった。たとえば，賃金水準

は年齢ポイントでの絶対水準以外に，平均賃金の水準で示した銘柄も少なくなく，単純比較が難しいデータも多く含まれていた。データの開示について，團野久茂連合副事務局長は，「（代表銘柄は）ゆくゆくは産別ではなく，産業ごとに賃率形成をしていきたい。併せて，所定労働時間の把握も行い，それを割り戻して時間給を提示することで非正規労働者との格差是正に向けたベンチマークとしていきたい」との抱負を語り，こうした指標をさらに拡大し，内容の精度を高めることで，産業ごとに，絶対額による賃金決定への道筋をつけることをめざす，と述べた。データの開示は中小と大手の規模間格差，さらに正規・非正規間の均等・均衡処遇をめぐる比較指標としても活用することとされ，連合内での情報開示が進み，指標の精度が高まれば，春闘自体の意義を大きく変えることにつながる可能性を秘めていた。

2011年春闘

東日本大震災で集中回答日が消滅

【2011年春闘関係の特徴，主な出来事】

連合，賃上げによるデフレ脱却を強く主張。すべての労働者の
ために1％を目安に配分を求める

集中回答日5日前に，東日本大震災発生

交渉は産別に判断を委ね，交渉後は労使で支援・復興活動

定昇・賃金構造維持，一時金は増額傾向で回答・妥結

【社会・経済の主な出来事】

東日本大震災（2011年3月）

【世　相】

AKB48，女子会，イクメン，〜なう（ツイッター）

1．2011年労使交渉の焦点

■賃金低下に歯止めをかけ，復元によりデフレ脱却をめざす

　2008年秋のリーマンショックに端を発した世界的な経済危機により，わが国経済は大きなダメージを受けた。この影響を長くひきずるなか，2011年春の労使交渉はスタートする。2011年春闘は，労働側が，賃金水準の回復によるデフレからの脱却を強く主張した点が，大きな特徴となった。2010年11月の初めに開かれた連合の2011春季生活闘争討論集会で，古賀伸明連合会長はデフレの原因を，「政府は財政支出抑制・超低金利政策を実施し，企業は人件費の削減・抑制，労組も雇用確保を最重点に取り組んだ。政労使それぞれは，その時期の対応としては決して間違ってはいなかったが，あまりにも長い時間，同じやり方を続けてしまった。この間に企業と家計のバランスが崩れ，内需を低迷させ，デフレや空洞化を招いた」と指摘。こうした「合成の誤謬」を続ければ，「さらなる低成長とデフレが併存する悪循環に一層，陥ってしまう」との危機感を表明したうえで，「もう一度，春闘の社会的意義を明確にし，すべての働く者の労働条件引上げのために適正な配分を追求する闘いを進めるべきだ」と訴えた。

■2009年の民間事業所の平均給与は406万円で過去最大の下落率に

　国税庁が2010年9月に発表した2009年の民間給与実態統計調査の結果によると，民間事業所に勤務する人が同年に受け取った平均給与（年収）は406万円で，前年に比べて率で5.6％，額で237,000円と大きくダウンした。減少幅は前年の1.7％減からさらに拡大し，過去最悪の下落水準となった。

　リーマンショックの影響で賃金はさらなる下落を余儀なくされた。同調査によると，平均給与は1997年の467万円をピークに2007年を除いて毎年下がり続け，この間の減少額は61万円に達し，減少率は13.1％に達している。

　1997年から2011年に至るまで，なぜ，賃金は下落したのか。その要因として第1に指摘できるのは，グローバル化の進展で，企業にいっそうのコスト削減が求められたことだろう。また，国内的にはデフレ基調から脱却できず，趨勢として需要不足による景気低迷が続いたことがある。さらに，2000年のITバブル崩壊で失業率は初めて5％台に乗り，雇用を優先するため，賃金カット・凍結が相次いだ。その後，戦後最長といわれた景気回復期でも企業はコスト削減の手を緩めず，賃金は停滞。そして2008年のリーマンショックに端を発した経済危機で，一時金・賃金のカット幅は過去最大となった。

　この間の動向を企業レベルでみると，総額人件費抑制のための非正規雇用が増大したこと，コーポレートガバナンスの変化を反映した株主重視経営が浸透したこと，「2007年問題」といわれた団塊の世代の大量退職によって相対的に賃金総額が下落したこと，さらには，成果主義賃金の導入で賃金が全体的に伸び悩んだことなどの要因が複合的に重なり，賃金低下に結びついたといえる。

■ピークから5.1％下がった賃金の復元
　——連合の闘争方針

　連合は，こうした現状を踏まえ，落ち込んだ賃金水準の復元と回復，さらに格差是正に向けて非正規雇用は時給ベースで正社員以上の賃上げ獲得をめざすことなどを柱とする2011春季生活闘争方針を決定した。

　厚生労働省「毎月勤労統計」の現金給与総額（5人以上）を用いた連合の試算によると，勤労者の賃金は1997年のピーク時に比べ，非正規を含む「就業形態計」で12.3％，正社員などの「一般労働者」で5.1％下落している。このため，賃上げの取組みでは，賃金水準をできるだけ早くピーク時に戻すことを重視。5年程度の期間を想定して，賃金水準をピーク時に戻すことを目標にした。

　また，2011年春闘を「すべての労働者の処遇改善」をめざす2年目の闘いと位置づけていることに加え，2010年に続いて重視する政策・制度実現を「車の両輪」として取り組むことを闘争の軸に据えた。

■1％を目安に配分求める
——賃金カーブ維持分は5,000円

連合の闘争方針は先述のように，2011年春闘を「すべての労働者の処遇改善」に向けた2年目の闘いと位置づけ，マクロ的な観点から「すべての労働者のために1％を目安に配分を求め，労働条件の復元・格差是正に向けた取組みが必要」との考え方を打ち出した。

そのため，定期昇給制度がある組合は賃金カーブの維持を前提とする一方，賃金制度が未整備でカーブ維持分がわからない組合は，2010年と同額の5,000円を目安に賃金カーブを維持する（時間給では30円：月所定労働時間165時間で計算）。そのうえで，賃金の復元に向けては，連合として統一的なベースアップ要求は打ち出していないものの，ベア，賃金改善による賃上げのほか，生活・職務関連手当，企業内最低賃金，18歳高卒初任給，一時金などによって，1％を目安に配分を求めるとした。

■新たに「非正規共闘」設置，時給で正規上回る賃上げを

非正規労働者の労働条件改善の取組みでは，パート共闘を発展的に解消し，新たに「非正規共闘」を設置した。非正規労働者の正規化の促進を図るため，正社員登用制度の創設を図る一方，パート労働者だけでなく，派遣労働者などの間接労働者を含めて，非正規労働者全体の労働条件改善に取り組むことを明確にした。

さらに，格差是正の観点から非正規労働者の労働条件を正規労働者に近づけるため，時間給ベースで正規労働者を上回る賃金の引上げなどを求めた。具体的には，均等・均衡待遇実現のために，2011年の重点項目として，①昇給ルールの明確化，②一時金の支給，③正社員への転換ルールの明確化・導入，④通勤費・駐車料金，⑤慶弔休暇，⑥正社員と同様の時間外割増率適用——を設定。時間給の引上げについては，従来から掲げている絶対額1,000円程度を中期的にめざすほか，2011年の引上げ目安として，正社員と変わらない働き方をしている非正規労働者は，時給40円（定昇込み），それ以外でも20円の引上げ要求を設定した。

また，高卒初任給水準を前提とした，企業内最低賃金の取組みもさらに強化。企業内に働く非正規を含むすべての労働者の処遇改善のために，企業内最賃協定の締結拡大と水準の引き上げにより，特定（産業別）最低賃金の水準引上げに結びつける。具体的な18歳・高卒初任給の参考目標値として，163,000円を掲げ，同時に介護やサービス産業など第3次産業分野の新設を打ち出した。

■ワークライフバランスと労働時間短縮

ワークライフバランスと労働時間の関係では，総実労働時間の短縮と割増率の引上げ，子育て支援策などについての取組みを強化。総実労働時間の短縮では，リーマンショックで減少した所定外労働時間がショック前の水準にも戻りつつあるため，労働時間の上限規制（特別条項付き三六協定）を徹底させるほか，インターバル規制を設け，終業と始業の間の生活時間を確保するとした。

具体的な目標として，連合の中期時短方針（最低到達目標）を踏まえ，①年間所定労働時間2,000時間を上回る組合は，2,000時間以下とする，②年次有給休暇の初年度付与日数を15日以上とし，有給休暇の取得日数の低い組合員の取得促進を図る，③時間外労働等の割増率が法定割増率と同水準にとどまっている組合は，上積みを図る——ことを目標においた。

時間外割増率については，代替休暇制度については導入しないことを基本に，①時間外労働が月45時間以下，30％以上，②時間外労働が月45時間超，50％以上（対象期間が3カ月を超える1年単位の変形労働時間制は，月42時間超を50％以上），③休日50％以上——とした。

両立支援の促進では，改正育児・介護休業法を踏まえ，2012年6月末までに，3歳までの子を養育する労働者に対する短時間勤務制度と所定外労働の免除制度，介護休暇制度の導入が猶予される100人以下の企業について，制度導入に積極的に取り組む。また，改正育児・介護休業法の定着に向け，契約期間が1年以上の有期契約労働者への

適用を促進するとした。さらに，改正次世代育成支援対策推進法の2011年4月施行（101人以上300人以下の企業の行動計画策定が義務化）を踏まえ，企業等の行動計画策定に積極的に対応するとの方針を盛り込んだ。

■政策・制度実現を「車の両輪」
——雇用創出や改正労働者派遣法の早期成立を

闘争方針では，賃金水準の復元の追求と併せて，政策・制度実現の取組みを2011年春闘の「車の両輪」と位置づけた。春季交渉と連動させる政策項目として，①新成長戦略の推進による新たな雇用創出，②労働者派遣法改正案の早期成立，③中期的視点に立った最低賃金引上げの実現，④求職者支援制度の確立，⑤有期労働者の労働者保護ルールについての法整備，⑥公契約基本法と公契約条例の制定——などをあげ，政府や民主党との政策協議などを通じて，その実現をめざした。

■集中回答日に向けた闘争体制面での新たな動き

労働条件の復元に向けた闘争体制としては，2009年春闘から設置した類似の産別で構成する5つの「共闘連絡会議」を軸に，賃金カーブの維持や水準引上げ，生活・職務関連手当，時間外割増率の引上げ，企業内最低賃金協定の締結拡大と水準の引上げなどを集計対象とする。2011年春闘の集中回答日は2011年3月16日に設定され，その日に回答を引き出す「第1先行組合」とは別に，翌週の決着をめざす「第2先行組合」を新設した。この先行組合の要求・回答を集計して，中小組合へ波及させることを狙った。

また，2010年春闘で，格差是正や賃金体系整備の取組みを推進する目的で共闘会議ごとに設定した各産業の代表銘柄（労働者の職種，年齢，勤続の賃金水準）を整備するとともに，新たに「中堅代表銘柄」（仮称）を設け，加えて，時給と月給をつなぐための指標としての時間あたり賃金も示す方針も示した。

■経団連「水準の復元ありきは適切ではない」「賃金より雇用」

こうした方針に対して日本経団連は，2011春季交渉での経営側のガイドラインとなる『経営労働政策委員会報告』を発表した。副題は「労使一体となってグローバル競争に打ち勝つ」。交渉・協議に向けた基本姿勢として，労働側が求める1997年の賃金水準に復元させるための「1％を目安とした処遇改善」については，名目の報酬総額が減少したのは，「付加価値の減少」などが理由として「水準の復元ありきの主張は適切とはいえない」と反論。また競争激化のなか，国内の事業立地を守るためには，「賃金より雇用を重視して考える必要がある」と強調した。

また，今次交渉・協議の課題としては，「企業の存続・発展のための競争力強化に他ならない」とし，「労使が一体となって国際競争に打ち勝つための課題解決型労使交渉・協議（春の労使パートナーシップ対話）として，建設的な議論の場とする」ことが期待される，とした。

■金属労協は構造維持の確保，中小の賃金改善を

春闘の交渉リード役である金属労協（IMF・JC）の闘争方針だが，賃上げの要求項目として「賃金水準の維持」と「賃金改善」を設定。賃金水準の維持に向けて，すべての組合で賃金構造維持分を確保する，とした。また，「賃金改善」については，中堅・中小企業を含め基幹産業にふさわしい賃金水準に向けた適正な成果配分や産業間・産業内の賃金格差の解消をめざす組合は，賃金改善に取り組む，とした。

一時金については，業績が全体的に回復していることを踏まえ，年間5カ月分以上の要求を基本とする一方，家計の安定に向けて最低獲得水準として年間4カ月以上の確保を掲げた。連合の闘争方針では，賃金の復元に向けて，「マクロ的観点から，すべての労働組合が1％を目安に賃金を含め適正な配分を求める」との方針を決めているが，金属大手組合の多くは，一時金の増額による復元をめざすものとみられていた。

この他の要求事項としては，非正規労働者の賃金底上げのため，企業内最低賃金協定の締結拡大（現状は締結数1,465組合，全体の44％）と水準の

引上げ（154,000円以上もしくは月額1,000円以上の引上げ），また，非正規労働者の採用・受け入れにあたって，仕事内容，期間，人員，社会保障への加入を労使間で確認・協議するなど，法令遵守の徹底を呼びかけた。

金属労協の加盟産別である電機連合や自動車総連は，同方針などを踏まえて，統一ベア要求を産別方針には盛り込まないことになった。ただし，両産別とも，産業内や規模間の格差是正に向けた「賃金改善」には積極的に取り組むよう，構成組織への働きかけを強め，業種ごとや中小労組などでは，最終的に「賃金改善」を盛り込む労組が多数出てくることを見込んでいた。一方，大手組合については，エコカー減税やエコポイントの打ち切りで年後半は売り上げが落ち込んだものの，通年では前年より押し並べて業績が上向いていることから，「賃金復元」については一時金が争点になった。

■「中小共闘」はカーブ維持4,500円と改善分1％目安

規模間格差の是正に向けた連合の取組みとしては，「中小共闘」の強化を図ると同時に，政策課題として，公契約基本法・公契約条例の制定もめざした。

具体的な中小・地場の取組みとして，賃金水準改善のための到達すべき参考値を25歳190,000円，30歳215,000円，35歳240,000円，40歳265,000円に設定。賃上げ要求目安を，①賃金カーブ維持分を算定可能な組合は，その維持原資を労使で確認，②算定困難な組合は，賃金カーブの維持相当分として4,500円を要求，③賃金水準の低下や格差などの状況に応じて，賃金改善分として1％を目安に要求――を設定した。

同共闘の中核組織である機械金属関係のJAM（39万人）では，独自調査の結果，2000年から2010年にかけて約7,500円ダウンしているとして，「賃金復元のスタートの年として，中期的視点で回復を図る」との方針を掲げ，5年以内を目安に毎年1,500円以上の水準回復に取り組むことにした。

これ以外の主要産別では，統一的なベアや賃金改善を盛り込む方針を打ち出す組織もあった。私鉄総連の統一要求では，各組合員の現行基本給を1人平均で2.0％（定昇相当分）プラス2,500円（ベア分）引き上げることを決めた。加盟162組合の平均基本給255,000円（平均年齢42歳，平均勤続年数16.4年）をもとに算出すると，定昇相当分は5,100円となる。2,500円のベア要求は賃金の維持・復元を図るため，年収ベースで1％程度の配分を求めるとする連合の方針を踏まえたものだった。JR関係労組，食品関係のフード連合もベア・改善原資を含む賃金の引上げを求める方針を固めた。民間最大組織のUIゼンセンは，前年から「水準重視の取組み」に舵を切っており，2011年も加盟組織の賃金水準が世間水準の97.3％にとどまっていることから，すべての組合が設定している到達すべき水準をめざして，各組合は賃金改善を盛り込む要求を策定した。

2．2011年労使交渉の結果と評価

●交渉最終局面で発生した「東日本大震災」と労使の対応

2011年3月11日，労使はまさに2011年春闘交渉の大詰めを迎えていた。電機，自動車といった交渉リード役の産別は，翌週の16日に迫った集中回答日に向けた最終的な腹固めや調整を翌土曜の12日に行い，週明け以降は，最終交渉の追い上げに入るところだった。その最中，あの大震災が発生した。

その後のことに触れる前に，2011年春闘のテーマを思い返すと，労使共通の課題は，同床異夢の感があるとはいえ，「グローバル競争に今後いかに勝ち抜くか」と，「デフレ経済からの脱却」だった。たとえば交渉現場では，こうした労使のやり取りが展開されていた。

電機連合と業種別団体との産別労使会議では，共通のテーマとして「デフレ循環からの脱却」を図るために，「労使一体となった人への投資」を通し，「グローバル競争に勝つ仕組みづくり」の構築に向け，さまざまな意見交換を重ねていた。

▲東日本大震災（宮城県女川町）

また，自動車総連傘下の労使交渉では，組合が「これ以上のデフレ進行を食い止めるためにも，賃金カーブ維持分の確保は，一歩も譲れない最低限の要求」とし，さらに業績回復を踏まえて，「一時金については，生活給の観点に加え，組合員のこれまでの努力に報い，更なる意欲・活力につなげるためにも，水準の回復が極めて重要である」と主張した。これに対して経営側は，業績回復における組合員の協力を評価し，組合が主張する国内事業基盤の維持・強化に向けた人材力強化にも理解を示す一方，「固定費の増加につながる賃金改善には到底応えられない」「賃金カーブ維持にも慎重な判断が必要」「企業実態とかけ離れた一時金要求である」など，厳しい姿勢を崩していなかった。

振り返ると，交渉をめぐる環境は，リーマンショックによる経済危機，さらに，2010年6月からの急激な円高局面にもかかわらず，企業は素早く利益の出る体質に転換し，2010年の業績は押し並べて予想を上方修正するものだった。生産・販売水準は，政府の自動車販売額エコカー補助金や家電エコポイント制度での一定の底上げ効果もあり，危機前の8割程度まで回復していた。そこで労組側は，2011年闘争でここ10年以上にわたって縮減を続けた賃金水準の復元を掲げ，さらにこの間拡大した正規と非正規の格差是正に向け，時間換算で正社員を上回る処遇改善の要求を前面に打ち出したわけだった。

しかし，そこに襲いかかった「3.11東日本大震災」は，わが国の経済活動を緊急停止させるほどのインパクトだった。百年に一度の経済危機を克服する一歩手前で，千年に一度といわれる「天災」が襲いかかった。それだけでなく，そこに人類にとっても未知の領域である福島第一原子力発電所の事故という「人災」が加わった。

● 回答指定日，自動車は自主判断，電機は交渉続行

マグニチュード9の巨大地震がもたらした被害は甚大だった。地震直後，大津波が太平洋沿岸を襲い，夥しい数の人命を奪った。行方不明者が1万数千人を超えていた。その津波は福島第一原発をも直撃。被災地に追打ちをかけ，被災地域にある自治体全体の避難に及んだ。さらに首都圏では交通網の寸断と計画停電により，経済活動は停滞を余儀なくされ，自粛ムードが蔓延した。

震災発生直後は，社員・組合員やその家族の安否が定かでないことに加え，職場の被害状況も判然としなかった。未曾有の大震災・津波という災害下で，目前に迫った集中回答日の扱いについて，統一闘争の取りまとめ役である産別組織は，交渉続行か，延期か，凍結かの決断を迫られた。

金属労協は3月14日朝，戦術委員会を開き，各産別の当面の対応として，「組合員・ご家族の安否確認と救援体制の確立を最優先とする」ことを申し合わせた。そのうえで，「各産別は当初設定した集中回答日である3月16日以降，回答引出しを行う」との既定路線を確認しつつも，震災の影響などによって同日の回答引出しが困難な場合は，「各産別の判断に委ねる」ことを決めた。

これを受けて自動車総連は，同日の闘争委員会で，「今回の震災の影響などにより，当初の回答指定日での回答引出しが困難な場合には，最大限の早期解決を図ることを前提に，日程の再配置を行うことも可とする」として，16日の回答日にこだわらない判断を示した。

他方，電機連合は同日の中央闘争委員会で有野正治委員長が，「現在までの交渉状況を踏まえ，延期や中断により組織的な混乱を招くよりも，交渉を継続する」と述べ，3月16日の集中回答を再

確認。ストライキ回避基準として,「賃金体系維持」と年間一時金「産別ミニマム基準4カ月」の確保で腹固めし,単組は最終盤の交渉に向かった。

●交渉延期や凍結が相次ぐインフラ・ライフライン関連

他方,インフラやライフラインを担う産業では,災害復旧を最優先するため,交渉の凍結・延期を決断する産別が相次いだ。NTT労組など情報通信関連の組合で構成する情報労連は,震災の翌日,被害の甚大性と復旧作業の緊急性を踏まえ,「被災した加盟組合およびインフラ・ライフラインにかかわる業務を担う加盟組合の交渉を一旦凍結して,災害復旧を優先する」ことを決定。また,電力総連傘下の組合員も,すぐさま原子力発電所の安全確保やライフラインの復旧に向け現地に向かった。

私鉄総連は3月15日,震災の救済・支援と復興に全力をあげるため,3月17日の大手組合と3月22日の中小・ハイタク専業組合の回答指定日,さらに3月26日に設定していた未解決組合の統一ストライキといった戦術配置を闘争方針から除外。回答は4月末目途としつつも,すでに交渉が進捗している場合には,交渉続行を確認した。日本通運やヤマト運輸などを組織する運輸労連も,3月14日に「交渉は各組合の実情に応じて進め,日程については一任する」ことを決定した。

この他,JR東日本やJP(日本郵政)は,被災地に多数の職場が点在しているため,仕事中に命を落とし,行方不明となった組合員も多く,交渉をストップせざるを得なくなった。陸海空の交通関係産別でつくる交運労協によると,2011年3月28日現在,組合員の死亡17人,安否不明116人が報告された。

東京経営者協会は,大震災が会員企業の人事・労務にどのような影響を及ぼしたかを緊急調査した。その結果,今春季労使交渉の状況については,回答110社中,交渉・回答を延期した企業は18社(17.3%)と少なくなかった。

●金属大手は3月24日までに大半が決着
――カーブ維持,一時金は増額

こうした産別の判断もあり,2011年春闘から「集中回答」の文字は消えた。とはいえ,金属労協登録組合の大半は,3月25日までに回答を引き出している。回答指定日を1週間延ばした全電線傘下の組合も,3月24日までに回答を受け,「JC春闘」の大手交渉を締めくくった。

その回答内容をみると,基本賃上げについては,大多数が組合要求どおり定昇・賃金構造維持分を確保し,今期の業績回復を背景に一時金の増額回答が目立つ結果となった。

まず,自動車総連傘下の大手メーカー労組は回答日にばらつきはあったものの,3月25日までに交渉を追い込み,組合要求どおり,賃金体系維持を確保。賃金改善分を含め要求した日産労組(平均賃金改定原資7,000円)は,6,500円との回答を受け,前年比で原資が300円増加した。年間一時金は各社の業績回復を反映し,トヨタ(5.0カ月プラス7万円),本田技研(5.9カ月),日産(5.5月),富士重工(5.0カ月),いすゞ(5.0カ月)の5社は,要求満額の回答を得たほか,結果的にそれ以外の組合も前年実績を上回った〔スズキ5.0カ月,ダイハツ4.8カ月プラスα(組合算出で0.2カ月),日野4.7カ月+5万円,ヤマハ4.5カ月,マツダ4.5カ月,三菱自工3.6カ月プラスα(業績に応じて加算)〕。

また,電機連合加盟の大手メーカー13中闘組合には,組合要求どおり,開発・設計職・30歳相当の賃金体系維持を回答。一時金では業績連動ではなく交渉方式をとる日立が組合要求を0.2カ月下回る5.3カ月,三菱が要求を0.03カ月下回る5.74カ月など,月数・金額とも前年実績を上回る回答が提示された。また,シャープ(4カ月プラス業績連動),富士電機(4.42カ月),明電舎(4カ月)とも,電機連合がスト回避基準とした年間4カ月をクリアした。さらに,産別統一要求としていた18歳見合いの産別最低賃金の引上げについても,中闘組合に対して要求どおり1,000円増の154,000円を満額回答した。

基本賃金については複数年の協定を結んでいるため、2011年は年間一時金中心の交渉となった鉄鋼・造船関係では、神戸製鋼が前年を30万円以上上回る135万円、三菱重工（44万円プラス4カ月）、IHI（27万円プラス4カ月プラス業績回復協力金5.5万円）、住友重工（4.9カ月）など、前年実績を上回る回答を示した。

　この結果、2011年4月7日現在の金属労協の集約によると、要求を提出した大手の集計登録53組合のうち、すべての組合が決着。賃金は、要求し回答を得た52組合すべてで賃金構造維持分を確保。年間一時金も、妥結した36組合のうち28組合で前年実績より上積みが図られたほか、30組合で金属労協が今季方針に盛り込んだ最低獲得水準「4カ月」を上回った。金属労協全体では、3,334組合のうち2,438組合が要求を提出し、1,024組合が回答を引き出した。賃金構造維持分・賃金改善分が明確に区分できる760組合のうち、726組合が賃金構造維持分を確保し、132組合が賃金改善を獲得。一時金は、平均獲得月数が4.32カ月で、前年同期を0.23カ月上回った。

●私鉄などの一時金は前年並みに

　交通・運輸関係は震災復旧に向けた要となる産業だけに、関係労使の賃金交渉は、ヤマ場を先送りした。私鉄総連では関東の加盟組合を中心に、現場の被災調査と復旧・支援活動に専心するため、賃上げ交渉を延期してきたが、名古屋以西の大手私鉄を皮切りに2011年3月末までに回答・妥結となった。私鉄総連では統一ベア要求（2,500円）を掲げたが、各社ともベアはゼロ回答・定昇実施で落着。交渉は一時金（年間臨給）が焦点となったが名鉄が4.0カ月、近鉄2.0カ月・冬期別途協議、阪急基本給4.42カ月、阪神4.0カ月プラスα（業績反映分）、東京地下鉄4.0カ月プラスα、京急5.0カ月プラスαなど前年並み、京王は4.53カ月で前年を0.03カ月上回ったが、各社とも4～5カ月程度で、ほぼ前年並みの妥結水準を確保した。

　また、関東以西で比較的震災の影響が少なかったJRグループ各社でも、組合のベア要求には応えなかったものの、JR西日本で年間一時金5.22カ月（前年比0.22カ月増）、JR東海で夏季手当2.9カ月（前年比0.1カ月増）、JR九州夏季手当2.44カ月などの結果となり、月内に妥結している。ただし3月末時点では、電力関係やNTT東・西での労使交渉は、凍結状態が続いた。

●連合集計は5,305円で、前年実績上回る

　連合集計による2011年4月1日現在での回答・妥結集計結果によると、1,137組合（1,007,750人）を集計した平均賃金方式（加重平均）での引上げ額は5,305円で、率では1.79％となった。前年同期に比べ、額で119円、率で0.03ポイント上回った。また、同日までに回答を引き出した組合は1,466組合で、集計組合員数は1,202,816人。前年同期比で、回答引出し数は39組合多いものの、組合員数は30万人以上減少した。

　平均賃金方式での回答について、前年と比較できる同一組合（757組合、805,344人）に限っての集計は、引上げ額が5,304円、率で1.79％となり、前年比で13円の微増（1.79％は同率）。中小の状況について、平均賃金方式の300人未満の集計結果をみると、636組合（75,460人）の引上げ額（加重平均）が4,457円、率で1.73％となり、前年比で99円増（0.01ポイント増）となった。

　一時金の回答状況（加重平均）は、年間4.85カ月で前年を0.28カ月上回っている。非正規関係の処遇改善に取り組んだのは2,433組合で、2011年春闘ではパートなどの直接雇用だけではなく、派遣労働者（間接雇用）の処遇改善に取り組む組合の増加が目立った。震災の影響でパート等の賃上げ実績は前年に比べて少ないが、2011年4月1日現在、257組合が要求し、76組合に平均11.84円（時間給）の回答が示された。こうした結果について古賀伸明連合会長は、東日本大震災の影響を考えると、「きわめて健闘した結果である」と語った。

●今春闘を「健闘」と評価、今後は格差是正をさらに重視へ

　2011年春闘で連合は、賃金カーブ維持を前提に賃金水準のピークである1997年当時への復元に向

け「1％を目安に配分を求める」との方針を掲げた。集中回答日直前の2011年3月11日に発生した東日本大震災の影響で交渉を凍結・延期・中断した労使が多かったものの、連合集計（6月20現在）によると平均賃上げは4,322円（単純平均）で、2010年をわずかながらも上回った。一時金も、前年獲得実績を上回る労組が多かった。機械・金属関係の中小企業労組を中心とするJAMは今春交渉について、「過去の景気回復に近い賃上げ回答を引き出し、とくに300人未満の健闘が目立つ。一時金も含めた賃金改善が進み、1％を目安とした配分の是正は達成された」と評価した。

大黒作治全労連議長も「大震災で交渉の中断を余儀なくされたものの、なんとしても賃上げをという執念を持った意気込みが伝わる春闘となり、前年より若干上積みしたところも多く見られた」と述べた。

2012年春闘に向けては、大幅な円高や震災復興の停滞、電力需給の不透明な見通しなどから、厳しい展開を余儀なくされると見る労組が多いが、基幹労連の大会では賃上げなどの基本的労働条件は2年サイクルで交渉していることもあり、「賃金改善は難しいが、前向きな判断をお願いしたい」との要望が複数の単組から出された。

電機連合の大会では、これまで以上に絶対額を重視する第6次賃金政策の具体化を確認した。賃上げ要求ポイントに設定される「基幹労働者賃金」などの個別賃金水準について、統一要求基準や統一目標基準を設定し、その水準改善と産業内横断化をめざす。連合の向こう2年間の運動方針では労働条件の底上げを基本に、格差是正と二極化の阻止をめざす取組みの推進を強調した。産別・ナショナルセンターとも、格差是正に向けて個別ポイントの絶対額を重視した要求設定によりシフトするものとみられた。

●交渉後は労使とも復興支援に注力

2011春闘における労使交渉の経過をみると、交渉をいたずらに引き延ばすことなく、一定の区切りをつけ、労使とも、被災地の救援・復旧と復興

▲2011中央メーデーでの救援カンパ活動

協力に専心する姿勢に切り替えた。2011年4月以降、労使団体は被災地域に対する支援・復旧活動を本格化させた。

連合は、「連合・災害救援対策本部」を設置。構成組織や地方連合会と連携して、全組織をあげて被災者支援と復興に傾注することを決めた。その後、構成組織・地方連合会からのボランティア派遣や、被災地への救援物資の提供・搬送などに傾注した。

日本経団連も電気使用の抑制・計画停電に協力しつつ、被災地支援と災害対応・復旧対策に全力で取り組む一方、被災した県から要請のあった救援物資を送る「救援物資ホットライン便」を立ち上げた。

さらに、労使は以降に予想される厳しい局面に対応するため、政府への要請を展開する。

連合は、経済情勢の悪化とともに、被災地だけでなく関連する産業・地域でも雇用問題の深刻化が当然予想されるだけに、2011年3月25日に厚生労働省に細川律夫厚労相を訪ね、①避難所において求職支援、雇用保険・労災保険の手続き相談、労働相談（賃金・解雇）、メンタルヘルス相談等をワンストップで実施するための体制強化、②雇用保険の失業給付特例措置の周知徹底と必要な見直しの検討、③雇用調整助成金の特例措置の周知徹底と更なる要件緩和・水準引上げ——などの緊急対策を要請した。また、同年4月6日には古賀伸明連合会長が菅直人首相とトップ会談を持ち、被災者の生活支援体制の整備、福島原発事故への

対応，復旧・復興に向けた体制整備，補正予算の早期編成などを求めた。

日本経団連も同年3月31日，震災復興に向けた緊急提言を発表した。被災地を中心とする「復興」への取組みが重要としたうえで，「政府においては，強力な指揮命令権を持つ司令塔を確立し，被災地の人々の声を十分に反映した形での，早期復興と新しい日本の創造に向けた『基本法』ならびに『基本計画』の策定等を急ぐべきである」と要望した。

●雇用の維持などで労使は正念場に

さらに連合は，2011年4月5日の日本経団連を皮切りに，経済同友会，全国中小企業団体中央会，日本商工会議所などの経済団体に対して，「東日本大震災に関する雇用・労働問題等についての要請」を展開した。要請書では，「雇用の維持・安定は，社会の安定の基盤であり，被災地を含めたわが国の復興に際しても必要不可欠」としたうえで，復興・再生に向けて，労使ともに全力で取り組むよう求めた。

要請の際の意見交換の場では，連合から，「一緒にできることはやっていきたい。今後さまざまな対応や相談をさせていただきたい」と求めたのに対し，経済団体からは，「夏場に向けた節電対応について，組合に協力してもらわなければならない」「働き方をフレキシブルにするなど対応を相談することになると思う」との発言があった。

経済・雇用情勢は，まったく予断を許さない領域に立ち入りつつあった。一時的な資金援助や助成金の活用によって業界・企業が直面する危機の回避はできたかもしれないが，その後は，経営計画や組織・要員の見直しに直面する企業も相次いだ。

それに先立ち，夏場の電力需給とのからみで，サマータイム，始業時間の繰り下げ，在宅勤務の導入・拡大，年休取得による連休拡大，残業ゼロ・縮減といった手法による働き方の抜本的な見直しは避けられない情勢ともなっていた。

また，雇用の維持・創出に向けて，賃金と労働時間あり方をめぐる労使による社会的合意形成といったプロセスも予想され，労使双方の痛みの分かち合いで，「3.11東日本大震災」後の復興にいかにつなげていくかが，個別労使にとって最大の課題になった。

2012年春闘

震災の影響で五里霧中の展開

【2012年春闘関係の特徴，主な出来事】

連合，復興・再生と賃金水準低下の歯止め・底上げをめざし，
1％を目安に賃上げ要求
回答は，定昇・賃金カーブ維持が大半，電機大手の一部は
賃金カット・定昇一時凍結

【社会・経済の主な出来事】

東日本大震災の復興
電力需給問題
タイ洪水（グローバル・サプライチェーンの寸断）
欧州債務危機

【世　相】

なでしこジャパン，スマホ，絆
東京スカイツリー

1. 2012年労使交渉の焦点

■視界不良のなか始まる2012年春闘

　前年の2011年は，忘れようにも忘れられない年となった。何といっても3月11日の「東日本大震災」。リーマンショック前の水準回復に今一歩のところで，日本の経済・社会は，再び深淵に転げ落ちる。

　自由貿易化，円高，高税率の法人税，想定外の原発事故に端を発する電力需給問題，タイの洪水によるグローバル・サプライチェーンの再度の寸断，欧州債務危機などが次々とのしかかり，日本の経済・社会は五里霧中の状態でもあった。

　人知の及ばない激甚災害と激変するグローバル経済に抗う術もなく，2012年春闘を目の前に労使は，立ちすくんでいるといっても過言でなかった。交渉前からここまで視界不良の春闘はなかっただろう。

■労使団体が救援・復旧活動を支える大きな力に

　2011年春闘のヤマ場直前で発生した未曾有の大震災によって，賃金交渉の中断・凍結・延期を余儀なくされた労使が多かったが，大手企業では2011年3月末までに大方の交渉が収束し，その後，労使は被災した社員・家族への救援，職場・住宅などの復旧支援などに力を注いだ。連合や日本経団連はその組織力を活かして，物資・義捐金を通じた被災地支援やボランティア派遣を続けた。連合のボランティア派遣は延べ人数で約35,000人にのぼり（2011年9月末時点），また経団連の支援アンケートによると企業・団体による支援額は約986億円（同）に達した。

　ボランティアをはじめとする震災後のさまざまな対応のなかで，労使が縁の下の力持ちとして果たした役割は極めて大きかった。危機に及んで発揮する日本の労使の底力を示したといっても過言ではないだろう。こうした危機に際しての現場力は，労使の強固なパートナーシップがベースにあって初めて可能となる。

■震災がもたらした「働き方の見直し」という副産物

　大震災によって対応が迫られた2011年夏の節電対策については，それぞれの産業事情を踏まえて，現場の労使が知恵をしぼった。自動車総連と使用者団体の自工会の労使団体は，7〜9月の間，工場の休日を「土，日曜日」から「木，金曜日」に変更することで合意し，実施した。また，各企業でも夏の節電策に対応するため，就業日の変更（輪番休業等），夏期休暇の拡大，サマータイム等を実施した。

　育児・介護といった家族的責任のある従業員にとっては，生活に大きな影響を及ぼす施策も含まれていた。これらの施策も従業員の理解や納得なしには実施できないが，この節電策が働き方・仕事の進め方の見直しといったワークライフバランスの改善につながる可能性も秘めていた。もしそうならば，震災とその影響への対応がもたらした光明とみることもできた。

　労働政策研究・研修機構の「ビジネス・レーバー・モニター調査・特別調査」によると，「節電が及ぼした影響と課題」では，回答した53社のうち節電対策としての労働条件変更が今後の働き方の見直しにつながるかについて，「実際つながってきている」（18.6％）と「今後つながってくると思う」（30.2％）を併せると，約半数にのぼった。また，男性社員のワークライフバランスの充実につながるかについては，「実際つながってきている」（4.7％）と「今後，つながってくると思う」（30.2％）を合わせて3分の1を超えた。節電策がこうした副産物を生んだことに注目する必要があるだろう。

■野田新政権への期待と政策・制度要求の強化

　2012年春闘を前にして，労組と民主党政権との関係について触れておくことも重要だろう。

　民主党最大の支持団体である連合にとって，2年前の政権交代は積年の悲願達成だったが，その後の政権運営の迷走などにより，構成組織内には，不満が蓄積していた。電機連合などからは，

与党・民主党に対する注文が相次いだ。

しかし，2011年8月末に野田新政権が発足したことを受け，労組の発言も民主党に対する不満・注文から期待感の表明へと変化した。南雲弘行連合事務局長は「野田首相は，挙党一致と与野党協調で政治を前進させる決意を明らかにしている。連合はこれを歓迎し，野田政権が挙党態勢のもと，原点に立ち返って民主党の理念を実現し，野党も責任ある姿勢で力を合わせ，与野党が一丸となってこの国難を乗り越え，日本再生への歩みを進めることを期待する」との談話を発表した。

金属労協は，野田政権の発足を踏まえての政策実現の取組みのなかで，円高の是正や早急なTPP（環太平洋戦略的経済連携協定）参加などに向けた取組みを一層強化することを確認した。

税と社会保障の一体改革関係では，神津里季生基幹労連委員長が，財政破たんのリスクを回避し，つけを若い世代に回さないためにも，明確な処方箋が必要とし，「耳障りのよい増税反対だけを叫ぶ政治家を信用することはできない」と述べ，野田内閣の政権運営を支持する姿勢を示した。

また，連合は2012年に向けた新運動方針で「政労使の社会的対話を積極的に推進する」ことを前面に掲げている。野田新内閣は経済財政運営の目玉として首相直轄の「国家戦略会議（仮称）」を新設する方針を示した。野田首相を議長に，関係閣僚，日銀，経済界，労働界などの首脳らがそろって参加することになっていた。連合は，小泉政権時代の経済財政諮問会議のメンバーから外され，連合抜きの重要政策決定に不満を募らせていただけに，同会議に期待するところは大きかった。

■底上げ・底支えによる格差是正を重視
　　——水準復元のため1％目安に

連合の2012年闘争方針を決めた2011年12月の中央委員会で，古賀伸明連合会長は2012春季生活闘争について，「『すべての働く者の処遇改善』を掲げて3年目となる。働く現場のすみずみに波及する成果を獲得して労働運動の社会的役割の発揮を」と呼びかけた。

この数年間の春闘方針の最大の力点は，労働条件の底上げ・格差是正に移っていた。連合の2012年闘争における非正規労働者の具体的な対応方針では，2011年に新設した「非正規共闘」を強化し，パートだけでなく，派遣など間接労働者も含む総合的な労働条件の改善をめざすとした。

▲節電対策と関連して環境省は2011年からクールビズの普及にテコ入れする

具体的な取組みとして，非正規労働者の正規化の促進を始め，昇給ルールの明文化や一時金の支給，福利厚生全般などを含めた正社員との格差是正を求めた。時間給の引上げについては，中期的目標である「誰もが時給1,000円」をめざすか，「職務や人材活用の仕組みが正社員と同じ働き方」の非正規は時給30円プラス格差改善分の1％を，「職務や人材活用の仕組みが正社員と異なる働き方」の非正規については，時給20円プラス1％を要求目安に設定した。

連合の2012年春季生活闘争では，「東日本大震災によって被災した地域の復興・再生を成し遂げると同時に，震災前からの課題であった構造的問題をも解消し，日本経済全体を早期に持続的・安定的成長に回帰させる」ことを目標に置いた。さらに「2012春季生活闘争」と「2012政策・制度実現の取組み」を運動の両輪とすることも，前面に打ち出した。マクロ的にはデフレからの脱却のために，労働側にとっては，低下する賃金水準への歯止めと底支え，そして，中小・非正規に向けては底上げによる格差是正が課題となる。

これを踏まえた闘争方針では，構成組織すべてが，一時金，手当などを含めて賃金の1％を目安

にした引上げを要求することにした。具体的な賃上げの取組みでは、賃金水準の「中期的な復元・格差是正」を図る観点から、すべての労働者の労働条件を点検し、賃金制度が未整備な組合は、制度確立・整備に向けた取組みを強化するか、あるいは連合が示す1歳・1年間差の社会的水準である5,000円を目安に賃金水準の維持を図るとした。この運動課題は基本的には2011年と変わらないものの、「賃金カーブ維持分の確保」のほかに、「賃金制度の確立・整備」やカーブ維持分の「明示」を加え、交渉を通じた制度の確立・整備を追加した。

産別の要求案の動向をみても、ほぼ前年の要求水準を踏襲しており、ベア2,500円を統一要求する私鉄総連や基幹労連・総合重工組合が2年単位で3,000円の賃金改善を盛り込むなどの動きはあるが、大手組合の大半は「賃金カーブ維持分の確保」をめざした。とはいえ、中堅・中小の格差是正に向けた取組みは強化されているので、ここでの賃金改善要求の動向が注目されることになった。

■労使が果たすべき役割は何か
　——対話と社会的合意をベースとした政策決定へ

この時期、長期化する高水準の円高や国内外の情勢を総合判断すると、労使ともしばらくは我慢の局面が続くものとみられ、交渉では雇用の維持・確保に高いウエイトが置かれる見通しとなった。

こうしたなか、春闘の前哨戦ともいえる連合・経団連のトップ会談が2011年12月18日に開催された。連合は、「震災からの復興・再生の重要性」「若年者雇用に対する課題」「男女平等参画に向けた女性の社会参画」などを中心に問題提起。これを受け米倉弘昌経団連会長は、「本来のパートナーとして話ができた。厳しい状況であるがゆえに、各企業の労使関係が重要であり、パートナーシップを発揮し、経営を健全化し、競争力強化を図っていきたい。双方がいろいろな面で協議を深めることが必要である」と締めくくった。

2011年10月に設置された政府の「国家戦略会議」に古賀伸明連合会長が5人の民間議員の1人として参加することになった。同会議は、税財政や経済運営の基本方針といった国家の重要政策を統括する司令塔で、総理の下、産官学のトップがメンバーとなった。古賀会長は「すべての働く仲間を代表して、とくに社会を形づくる基盤である"人"に視点をあて、その可能性を拓き、育てていくという雇用・労働政策を日本再生の中心に据えることを、強く訴えていきたい」との抱負を、同年10月の中央委員会で語った。そのうえで、「格差を拡大・固定化させず、安定した生活を享受できる社会を取り戻すための社会的な合意形成と政策展開が必要だ」と強調した。

政権与党最大の支持団体となった連合の闘争方針には、「経団連や経済同友会とのトップ懇談会のほか、日本商工会議所、中小企業団体中央会などとの協議を進め、労働側の主張を明確にしていく。産業政策課題について議論するための社会的合意形成に向けた取組みを追求していく。また、産業レベルの労使協議、対話についても積極的に進めていく」とある。こうした動きからも、雇用の維持、格差是正といった懸案課題について、労使関係がともに痛みを分かち合う社会的合意を形成したうえで、どのような形で国の政策決定に影響を与えるかがより模索されていくこととなった。

2．2012年労使交渉の結果と評価

●定昇確保で決着，内需系は賃金改善の動きも

2012年春闘には、かつてないほど国内外のさまざまな要因が労使交渉に重くのしかかった。交渉では、賃金カーブ維持分（定期昇給相当分）をめぐる労使の攻防、賃金改善による格差是正の取組み、非正規労働者の労働条件底上げ、60歳以降の雇用など労働協約に関する協議——などが争点となった。

組合側の賃上げ要求は、連合の金属産業労組をはじめ、賃金カーブ維持分（定昇相当分）が大半となった。統一してのベア・賃金改善要求を掲げた産別や産別部門は、私鉄総連（ベア分2,500円）、JR連合（同1,000円）、JR総連（同2,000円）と基

幹労連の造船重機部門（2年を1つの単位として3,000円）などにとどまった。

ただ，全体的には，賃金改善の取組みは広がりをみせた。連合は2012年にも，低下している賃金水準を復元するとして，賃金カーブ維持分を確保したうえで，賃金も含めた多様な取組みで，1％を目安に適正な配分を求めた。これを受けた各産別も，産業・企業規模間格差，産業内格差の是正や，賃金体系の歪みを是正する必要のある組織で積極的に改善を要求し，産別本部や大手単組がそれを支援するという取組みを展開した。

回答内容は，震災によるサプライチェーンの問題やタイの洪水被害，超円高などが打撃となった大手自動車メーカーでは，トヨタをはじめとして一様に賃金カーブ維持分を確保。大手電機メーカーは業績が明暗を分けたが，とりあえずすべての組合が賃金体系の維持を確保した。

新日鐵など大手鉄鋼メーカーは，賃金については定昇実施のみとなったが，両立支援関連の原資投入では筋道をつけた。2年を1つの単位とした3,000円の賃金改善原資を要求した三菱重工など造船重機の大手では，改善部分はゼロ回答に終わった。統一ベア要求を掲げた私鉄総連の大手，JR連合，JR総連もベアは獲得できず，ゼロ回答・定昇実施で決着。NTT，電力，JPといった鉄道以外の公益産業は，賃金カーブ維持分確保となった。

一方，流通・サービスなど内需型産業や，金属産業でも賃金格差・是正に取り組んだ組合では，何らかの賃金改善を獲得したところが少なくなかった。

連合が2012年3月30日時点で集計した結果によると，集計組合数1,314組合（対象組合員数1,268,998人）の平均賃上げ額は，平均方式（加重平均）で5,353円，引上げ率は1.82％だった。引上げ額は前年比プラス48円（0.03ポイント増）。前々年比でも，プラス167円（0.06ポイント増）となった。2012年3月30日までに妥結した組合（2,197組合）のなかで，賃金改善分を獲得した組合数は288組合（13.1％）にとどまった。一方，一時金は年間での回答平均（1,056組合，対象組合員数136万人）が4.43カ月で，前年と比べ0.42カ月分ダウンとなった。

この時点までの大手企業の一時金回答を概括すると，各社の業績状況から，要求水準自体が前年を下回り，回答の水準もその分下がった形となった。ただ，震災からの復旧に対する組合員の貢献なども強く求めたトヨタや本田技研は，満額回答を獲得している。

●定昇をめぐる攻防はあったか

経営側が定昇に切り込んでくるのではないか――労使交渉が本格化する前哨戦の段階では，組合側に警戒感が高まった。その理由は，経団連の「2012年版経営労働政策委員会報告」（経労委報告）で，定期昇給について「安定的な運用が望まれるものの，制度の持続可能性について労使で絶えず確認する必要があり，定期昇給の実施を当然視できなくなっている」「東日本大震災で被災し，甚大な影響を受けた企業や，円高の影響などによって付加価値の下落が著しく定期昇給の負担がとりわけ重い企業では，定期昇給の延期・凍結も含め，厳しい交渉を行わざるを得ない可能性も出てこよう」との見解を示し，自動的な定昇への疑義を表すとともに，延期・凍結の可能性を示唆したからだ。

これを受けて連合は，即座に見解を発表。経団連が定昇に踏み込んだ主張をしたことに対し，「これは，労働条件の不安定化をもたらし，労使の信頼関係をも揺るがすものであり，断じて認められない」と強く批判した。金属労協の議長でもある西原浩一郎自動車総連会長は電機連合中央委員会でのあいさつのなかで，「（定昇制度とは）人材育成を図るための仕組みであり，根っこからの生産性向上と企業の事業基盤を支える人事制度の根幹をなすものであり，これに踏み込むことは断じて容認できない」と述べ，経営側の動きを強くけん制した。しかし，実際に交渉が始まって以降，経営側が定昇に切り込む場面はほとんどなかった。

2012年3月14日，金属労協の集中回答日の記者

会見で西原議長は，金属大手組合での交渉における定昇をめぐるやりとりを報告。「定昇の攻防をめぐる議論は，われわれの労使交渉では焦点とならなかった」と振り返ったうえで，「むしろ今春闘では従来以上に震災からの復旧を中心とする組合員の献身的な協力・努力に対する感謝の言葉が多く聞かれた。定昇制度を土台として築き上げられた働くものの底力を，経営側が認めた証左だ」と強調した。

すべての組合が賃金体系を維持した大手電機メーカーだったが，2012年3月下旬になって，NECでは集中回答日翌日の3月15日，労使が新たな費用削減のための施策を含む協議を開始していたことがわかった。同社の組合は3月26日に臨時の中央委員会を開催し，経営側からの提案の受け入れを正式に決めたという。同社では賃金について，昇給を実施したうえで4月～12月まで賃金を4％カットする。また，2012年3月期に過去最大の2,900億円の最終赤字に転落する見込みのシャープは，定期昇給の一時凍結を労使で協議することになった。

とはいえ，連合の2012年3月30日時点での集計では，妥結済みの2,197組合のうち，「定昇相当分確保未達成」は37組合で，割合は全体の1.7％とわずかであり（全体には状況不明の組合365組織を含む），2011年同時期が2.0％，2010年同時期が2.7％であることから，割合でみれば定昇未確保組合がとくに多いとはいえない。

● 「賃金改善」の状況

1997年以降低下している賃金水準を復元するため，連合は2011年春闘から，中期的な賃金水準の復元，格差是正を掲げた。2012年の連合方針では，厚生労働省の毎月勤労統計調査における1997年と2010年の賃金水準を比較して，「一般労働者で4％減となっている」と指摘（2011闘争方針では5.1％の賃金差が生じていると指摘）。そのために，賃金カーブ維持分を確保したうえで，賃金や企業内最低賃金，一時金など多様な取組みで，2011年春闘に引き続き，1％を目安に適正な配分を求めた。

経団連は，これに対して真っ向から反論。連合が指標とする現金給与総額は，「経済全体の動向や企業業績による変動が大きい」（経労委報告）とし，賞与・一時金を除く給与では1997年と比べると上昇しており「労働側による『1％を目安とする賃金改善』の要求根拠は薄弱」だと一蹴した。

労働側が求める「適正な配分」のうち，賃金改善に関係する交渉の結果，2012年3月30日までに妥結した連合傘下の組合（2,197組合）のなかで，賃金改善分を獲得した組合数は288組合。その割合は13.1％で，2011年4月1日時点（11.1％），2010年3月30日時点（5.7％）を上回り，その割合は拡大傾向にある。連合全体として賃金改善の取組みが浸透してきたことをうかがわせた。

金属労協傘下では，2011年春闘では999組合と1,000近い単組が何らかの賃金改善を要求した。2012年春闘では，構成産別の要求方針は賃金カーブ維持分の確保が中心となったが，大手でも賃金改善分を獲得する組合がみられた。たとえば，基幹労連・非鉄部門の三菱マテリアル労組は，交替手当の改善を求め，増額を獲得。同部門のJX日鉱日石金属労組も，直長手当の見直しを要求し，同手当を新設するとの回答を引き出した。

同じ基幹労連の大手鉄鋼メーカー組合は，基本賃金での改善要求は見送ったものの，2012年春闘では子育て責任のある組合員に配慮した要求を行った。新日鐵，JFEスチール，住友金属，神戸製鋼所，日新製鋼の5組合は，子育て世代の支援策を要求し，①必要な施策を見い出すことを目的に「労使話合いの場」を設置する，②合意施策から順次実行する，③必要な財源を投入する——ことを経営側に確約させた。

JAM傘下のコマツユニオンは，年齢別最賃引上げに伴う諸課題への対応分（スキルの高い中途採用者の処遇改善など）として600円の改善分を獲得。中堅・中小登録組合では，同じくJAMの大阪機工が600円のベアを獲得した。両労組は，ともに大手先行組合の回答が示される集中回答日の前日を回答日としていた。両労組のように主体

的な交渉を展開できているところでは，中堅・中小などでも，他組合の回答に左右されずに結果を引き出す取組みができていることが回答集計からみてとれる。

ただ，金属労協の中堅・中小組合の2012年3月27日時点の集計によると，回答を得た132組合のうち，賃金改善を獲得したのは12組合で，2011年同時期より8組合少ない。金属労協全体でみると，2012年春闘で賃金改善分を要求した組合数は924組合と前年（999組合）を下回る。そのため，金属労協全体での賃金改善の取組みの総括としては，「現状は前年よりも厳しい」（若松英幸事務局長）となった。

金属以外の産業でも，UIゼンセン紡績関連では，東洋紡績やカネボウなどで120円のベアを獲得。全東レは海外勤務給与の改定，旭化成は海外旅費規程の改定などを引き出した。流通・サービス業界でも，UIゼンセン傘下のマルエツ労組（ベア410円），ニトリ（同1,063円）など，サービス・流通連合傘下では西友労組（同97円），ライフ労組（同1,806円）などで賃金改善分を獲得している。

古賀伸明連合会長は，2012年3月末までの賃金に関する交渉結果について，「多くの組合が賃金カーブ維持分を確保し，加えて，賃金改善分を獲得した組合もあった。当初の目的からすればけっして十分とはいえないが，賃金の底上げ，底支えといった観点では，一定の役割と責任を果たせたのではないか」と総括した（2012年4月3日：連合2012春季生活闘争共闘推進集会）。

● 内需型と輸出型で明暗分かれる

2012年春闘では，業績の下方修正が相次いだ金属関連の製造業など，輸出型産業の企業では当初から難しい労使交渉になることが予想された。そこで，労働側で相場の牽引役となることが期待されたのが，内需型の産業や復興需要で業績を伸ばした業種だった。

5部門で設定されている連合の「共闘連絡会議」別の回答結果を2012年3月30日までの回答集

▲2012年春闘　回答ボード

計でみると，自動車総連や電機連合などが所属する「金属」が平均賃上げ額5,622円で，前年比92円減，UIゼンセンの繊維・化学やフード連合などが所属する「化学・食品・製造等」が5,420円で同99円増，UIゼンセンの流通やサービス・流通連合などが所属する「流通・サービス・金融」が5,381円で同72円増，情報労連や電力総連などが所属する「インフラ・公益」が4,476円で同459円減，運輸労連や交通労連などが所属する「交通・運輸」が4,424円で同1,163円増——となっている。「金属」と「インフラ・公益」が前年比ダウンとなるなか，「化学・食品・製造等」「流通・サービス・金融」「交通・運輸」は前年比アップと，明暗が分かれた。

この結果について，須田孝連合総合労働局長は「内需型産業の組合が，そこそこがんばったといえるのではないか」とコメントした。交通では，2011年は震災の影響で要求すらできなかった組合も多かったが，2012年はバス業界などが復興特需の恩恵を受けたという。

一方，新たな共闘の枠組みとして，交渉を有利に展開する組合の回答引出しを先行させ，その情報を産別・単組間で共有して，相場形成にプラスの影響を与えていこうとするのが，内需産業を中心とする産別による「有志共闘」の取組みだ。

同共闘には，フード連合，UIゼンセン，自治労全国一般，JAM，サービス・流通連合，JEC連合，紙パ連合，セラミックス連合の8産別が有志

で参加した。連合の最大のヤマ場（2012年3月14日，15日）より前に賃金回答を引き出すことができた組合の回答額などを共闘内で開示・共有して，相場への波及効果を狙った。

2012年春闘では，8産別に所属する組合のうち64組合の情報が共有され，ヤマ場前の2012年3月13日の夕方に，回答を引き出した組合名と引出し額を発表した。あわせて連合は，それらが書き出されたボードを前に記者会見を行った。連合本部として，ヤマ場前に有志共闘の回答引出しに関する会見を行ったのは，これが初めてだった。

ただ，ボードに掲載された組合数は，産別や多くの単組の了解を得られなかったことなどを理由にして，10組合にとどまった。しかも，賃金改善を獲得した組合は4つしか含まれていなかった。会見に同席した，有志共闘の座長を務める江森孝至フード連合会長によると，妥結前に組合名と回答引出し結果を公表することは，各個別労使の長年の信頼関係などによって難しい面もあった。

会見時点での有志共闘に参加した64組合の平均の定昇込み賃上げ額は5,109円で，ベアを獲得した組合の平均純ベア額は629円だった。

古賀伸明連合会長は会見で，「ここ数年は，1つの産業が相場を引っ張っていく時代ではない。今年の場合は，この傾向がより顕著になるなかで，有志共闘が少しでも前に回答を引き出し，その実績を社会に開示していくことは，これ以降，後に続く組合の交渉に大きな意味をもつ」と前向きに評価した。

従来のように金属労協が春闘をリードする闘争パターンが見込めないなかで，相場づくりに向けた新たな取組みに期待する向きも多かった。

●格差是正の取組みは進んだか

2012年春闘で連合は，大手労組の多くが賃金カーブ維持分確保の要求にとどまるなか，格差改善などの必要のある中小を中心とする産別に対し，積極的に賃金改善分を要求するよう促してきた。そして，大手労組には中小労組の後方支援を求めた。

こうした考え方は，連合方針にも反映されていた。すべての組合が共闘して取り組むべき課題（ミニマム運動課題）として，「賃金制度の確立・整備と賃金カーブ維持分の明示・確保」を明記。2011年春闘の「賃金カーブ維持分の確保」から，賃金制度にまで踏み込むとともに，賃金カーブも単に確保するだけでなく，明示を求めた。ミニマム課題に厚みをもたせた狙いについて，須田孝連合総合局長は，「仮に賃金制度のないところで制度を整えようとなれば，他の人事諸制度も含め，いろいろ整理していかねばならず，春闘で求めて数カ月でやれといっても無理な話。今春闘でまず，会社に賃金制度や賃金カーブが今どうなっていて，今後どうしていくかを要求してもらい，そういったことの必要性に気づいてもらう」と話した。

「中小共闘」も，この方針に呼応し，定昇制度のない組合にその確立を呼びかけるとともに，①賃金カーブ維持分を算定可能な組合は，その維持原資を労使で確認する，②算定困難な組合は，賃金カーブ維持相当分として4,500円を要求する，③賃金水準の低下や賃金格差，賃金の歪みなどの状況に応じ，賃金改善分として1％を目安に要求する——ことを掲げた。

そのうえで，連合方針は中小労組の取組みを後方支援する方策も示した。具体的には，情報開示の推進だ。類似の産別で構成する5つの共闘連絡会議が相場波及に向けて，中核組合の賃金水準と賃金カーブ相当分を明示するとともに，格差是正や賃金体系整備の取組みを推進する目的で共闘会議ごとに設定した各産業の代表・中堅銘柄（労働者の職種，年齢，勤続別の賃金水準）の整備・拡大を図り，データの精度を高めていく。賃金カーブ維持分の確保が大手労組の要求として定着するなか，大手の定期昇給相当分の具体額を明らかにして，それを目標にすることは，中小労組の交渉に大きな意味をもつと考えたものだ。

集中回答日を目前に控えた，2012年3月9日の共闘連絡会議全体集会では，各共闘会議を代表する中核組合（385組合）のカーブ維持分や賃金水

準を公表。代表銘柄も79銘柄に増やして発表した。

中小共闘の妥結状況によると，2012年3月30日時点で524組合が決着し，妥結した組合の加重平均は，額で4,576円，率では1.78％だった。賃金カーブ維持分と位置づけた4,500円をクリアしているのは，うち45.9％となった。中小労組にとって，開示された情報を背景に，どこまで目減りを抑えられるかがポイントになるなか，中小共闘センターは4月3日，賃金カーブ維持相当分もしくは4,500円以上を妥結ミニマム基準に設定。その後，4月10日公表の集計では，882組合が妥結し，加重平均で4,271円，1.68％（単純平均は4,192円，1.67％）の水準となった。

●非正規労働者の処遇改善は進んだか

連合方針では，非正規労働者を含むすべての労働者を対象とした処遇改善を，すべての組合が取り組む「ミニマム運動課題」の1つに位置づけた。

パート共闘スタートから7年目を迎え（途中，名称を「パート・有期契約共闘」に変更），23産別（オブザーバー加盟4組織含む）が参画するなか，原則としてすべての産別が参加する「非正規共闘」を強化するとして，①正社員転換ルールの明確化・導入，②昇給ルールの明確化，③一時金の支給，④通勤費・駐車料金，慶弔休暇に加え福利厚生全般，⑤正社員と同様の時間外割増率適用——といった重点項目を基本に据えた。また，正社員登用制度の創設や均等・均衡待遇に向けた時間給の引上げなど総合的な労働条件向上に取り組むほか，コンプライアンスの徹底や間接労働者も含む労働条件向上に取り組むとした。

パート・有期契約共闘は，時給の引上げでは，①「誰もが時給1,000円」をめざす，②単組が取り組む地域ごとの水準について「県別リビングウェイジ」を上回るよう指導する，③職務や人材活用の仕組みが正社員と同じ働き方の場合（A・Bタイプ）は，時給30円増プラス格差改善分1％，職務や人材活用の仕組みが正社員と異なる働き方（C・Dタイプ）は時給20円増プラス格差改善分1％——のいずれかに取り組む方針とした。Aは正社員と同視すべきパートであり，Bは職務と人材活用の仕組みまでが同じパートという違いであり，Cは正社員と職務が同じであるが，Dは正社員と職務も異なるパートをさす。

連合が2012年4月3日までに集約したパート等の時給引上げの状況をみると（時給換算可能組合のみ），時給引上げを要求した組合は277組合で，要求額の平均は26.17円だったが，妥結した組合は115組合で，平均の引上げ額は15.84円となった。引上げ額を前年同時期の実績（2011年4月4日公表値）と比べると，4.00円上回る結果となった。正社員の仕事内容や働き方と比較したタイプ別にみると，A・Bタイプは妥結した28組合の平均で17.83円，C・Dタイプは60組合の平均で15.44円となった。

一方，非正規共闘とパート・有期契約共闘の処遇改善に関する回答集計（2012年4月3日現在）によれば，同共闘が今季の重点項目に設定した処遇改善の取組み状況をみると，「正社員転換ルールの明確化・導入」では144組合が要求し，49組合が回答を引き出している。「昇給ルールの明確化」では，74組合が要求し20組合が回答を引き出した。

また，「一時金の支給」では「制度導入」を88組合，「支給」を176組合が要求し，それぞれ39組合，86組合で回答があった。正社員の支給基準と同等の「通勤費・駐車料金」については，39組合が要求し3組合で回答。正社員の基準と同等の「慶弔休暇」では60組合が要求し32組合が回答を引き出している。「正社員と同様の時間外割増率」に関しては，59組合が要求し31組合が回答を受けた。

「企業内最賃の協定化」をめぐっては，682組合が要求を行い，374組合で回答を引き出した。パート・有期契約共闘では「未組織非正規への波及を含めた取組みが進んでいる」（斗内利夫共闘副座長／UIゼンセン労働条件局長）としている。これらの処遇改善項目について，2012年4月3日時点で回答を引き出している組合数は延べで704組合となる。これを前年同時期（376組合）と比べ

ると2倍弱にあたることから，須田孝連合総合局長は「交渉成果の拡大がみてとれる」とした。

●60歳以降雇用の法改正に先行する流れが作れたか

労働協約関連の協議事項で，最大のトピックは，60歳以降の雇用だった。2013年4月から報酬比例部分の厚生年金の支給開始年齢が引き上げられることを受け，厚生労働省では希望者全員を65歳まで雇用するよう義務づける高年齢者雇用安定法（高齢法）の改正案を2012年3月9日に国会に提出した。これを受け，連合は春闘方針に，希望者全員を対象とした65歳までの継続雇用とする労働協約の締結を図ることを盛り込み，電機連合，JAMなどの産別では，賃金交渉に並行して希望者全員の継続雇用を求めて協議した。だが，改正法案が審議中だったこともあり，大勢は，交渉期間中は結論が出せず，春闘後も継続して協議する結果となった。

電機連合の大手メーカーでは，組合側の要求趣旨や法改正の動向を踏まえて，労使協議を継続することで合意。JAMも，春闘交渉では，制度を議論する場を作ることをミニマム基準にした。ある組合幹部は，「（法改正を間近に控えていることもあり）今回は経営側の姿勢は相当かたくなだった」と振り返った。

基幹労連も協議はこれから本格化させる方針だが，造船重機メーカーのうち，IHIは選択定年制の導入を妥結。三菱重工は65歳までの選択制定年延長問題で高齢者のあり方について改めて協議すること，日立造船は再雇用制度の導入についての継続協議で決着した。

連合の集計によると，2012年3月30日現在で「希望者全員の65歳までの雇用確保措置」を要求したのは1,187件で，回答・妥結にまで至ったのは322件となっている。連合では「（制度に関する）一定の枠組みが示されたのはごく少数。法案提出の報道が流れてから，交渉が止まった」（須田総合局長）としている。

2013年春闘

アベノミクスが始動

【2013年春闘関係の特徴，主な出来事】

安倍首相が経済団体トップに報酬引上げ要請（2013年2月）
連合，賃上げ・労働条件の改善のために，1％目安に取り組む
回答は，賃金構造分確保，一時金ばらつきあり
企業内最低賃金引上げ進む
UAゼンセン結成（2012年11月）

【社会・経済の主な出来事】

・自公政権へ（2012年12月）

【世　相】

iPS細胞，維新

1. 2013年労使交渉の焦点

■政労使共通の目標である「デフレからの脱却」

失われた10年が20年の長きにわたり、この間、デフレの継続も15年余に及んだ。2012年春闘後の12月、民主党政権から自公連立への政権交代があり、第2次安倍新政権が誕生した。新政権は、その経済政策の最大目標を、金融緩和と公共投資によるデフレ脱却に置いた。デフレからの脱却は、政府のみならず、これから交渉に向かう労使ともが掲げるマクロ政策上の切実な課題でもある。また、新政権がインフレターゲットを2％に置いたことで、従来以上にデフレ脱却への期待感は高まった。しかし、労使に目を転じると、デフレ脱却という目標は同じでも、その解決に向けた方法論は、真っ向から対立したままで、2013年春闘もその延長線上でスタートすることになる。

労働側はデフレの原因を、「賃金デフレが最大の要因だと考えている」と主張した。これは、古賀伸明連合会長が2013春季生活闘争の方針を決めた2013年12月20日の中央委員会でのあいさつの一節だ。

古賀会長はデフレの原因として「1997年をピークに低下し続けている賃金、また90年代半ばから急増した非正規労働者が、家計所得にダメージを与え、消費者の低価格志向を助長し、物価下落、内需低迷の悪循環につながっている」とした。

経営側がデフレの脱却について、「経済成長がすべてを解決する」「成長がなければ分配はできない」と主張していることに対しても、「成長と分配は決して関連しておらず、経営側は景気後退期には賃金調整と雇用調整を行い、回復局面では非正規労働者への置き換えと定昇中心の賃金決定で労働側への配分を抑制するという企業行動を繰り返してきた」と非難した。そのうえで、人件費削減で利益をあげ、現場の努力で生産性があがっても総額人件費は増やさない配分の歪みこそが、日本社会全体の成長の足を引っ張っていると述べた。

■「金融」と「実体経済（賃金）」のどちらを優先させるのか？

日本と同様に低金利政策の舵を切ったアメリカでも、同様の議論が起こっていた。クリントン政権で労働長官を務めたロバート・ライシュ氏は政府が金融自由化を進めた結果、「産業界の僕にすぎなかった金融部門を産業界の支配者に変えた」と苦言を呈し、金融中心の経済運営を批判。金融という「架空の取引」ではなく、まっとうな取引の前提である「実体経済」、とくに「賃金」が重要であると主張した。

民主党・野田政権時代のスローガンをサブタイトルとした厚生労働省の2012年版『労働経済白書——分厚い中間層の復活に向けた課題』にも、古賀氏と同じような主張が展開されている。「人件費をコストのみならず、人材への投資および内需としての消費の源泉ととらえ、分配の度合いを増やしていくことも、国内経済の活性化のために重要な課題である」「人件費の削減が所得の減少を通じた消費の伸び悩みにつながっており、コストを削減したらモノが売れなくなったという、いわば『合成の誤謬』が発生している」「消費については、やはり最も大きな要因は所得の増加である」。

白書が指摘するように、企業の売上高や付加価値を増加させるために必要な所得の増加について、安倍新政権下でも、金融政策だけでなく、実体経済をいかに底堅いものとするかについての本格的な議論が期待された。人々が安心して消費にお金を回せ、企業も積極的に設備投資などができる環境を作ることが、デフレからの脱却というマクロ的な課題の解決策として、最も重要になることは明らかだった。

■労働側の要求基調はほぼ前年を踏襲

こうしたなか、連合は、2013春季生活闘争のメインスローガンとして、「傷んだ雇用と労働条件の復元」を掲げた。非正規の増加による雇用の不安定化また1997年以降続く賃金の低下という「痛んだ雇用と労働条件」に歯止めをかけ、復元する

ことによって「デフレスパイラルの危機を回避すること」が2013春季生活闘争の最大のテーマである、と訴えた。具体的な要求内容としては、賃金カーブ維持分（定昇相当分）の確保を前提に、「すべての労働組合は賃上げ・労働条件の改善のために1％を目安に取組みを進める」とした。

2012年の「すべての労働者のために1％を目安に配分を求め、労働条件の復元・格差是正に向けた取組みが必要」といった表現に比べると、1％の数値はかわらないものの、手当、一時金、カーブ是正など原資を引き出す「賃金改善要求」の言葉は後退し、より直接的な「賃上げ要求」といった表現を前面に打ち出しているのが特徴といえる。デフレ脱却には「賃上げ」が必要不可欠との主張をより前面に打ち出したものだ。

とはいえ、交渉環境的には大手がリードする状況にないこと、また大手の賃上げ相場が中小に波及するパターンはすでに破たんしていることから、年齢を加味した個別銘柄ポイント賃金の重要性を従来以上に意識し、個別賃金にこだわった交渉を展開する、とした。「すべての組合で賃金構造維持分を確保」するとともに、産業実態にふさわしい成果配分を求める組合や産業間・内の賃金格差の解消をめざす組合は「積極的に賃金改善に取り組む」構えを示した。

金属労協も、連合の方針を踏まえて、賃金では、「すべての組合で賃金構造維持分を確保し、賃金水準を維持する」とした。また、賃金改善については、金属労協も個別銘柄を重視しており、「技能職35歳相当」という大くくりの職種別賃金銘柄での「あるべき水準」として、①各産業をリードする企業の組合がめざすべき水準である「目標基準」（338,000円以上）、②全組合が到達すべき水準である「到達水準」（31万円以上）、③全組合が最低確保すべき水準である「最低基準」（248,000円程度）——の3段階を設定した。一時金の要求は、2012年と同じく「年間5カ月以上を基本」とし、企業業績にかかわらず最低獲得水準を4カ月とした。

また、この数年の統一要求項目となっている企業内最低賃金は、すべての企業連・単組が協定締結をめざす。その水準は、「高卒初任給に準拠する水準に着実に引き上げていく」とし、154,000円以上もしくは、月額1,000円以上の引上げに取り組む。

労働側の要求は、経済環境を踏まえてほぼ前年並みとなったが、賃上げによってデフレ脱却につなげるという本気度が試されることになった。

■連合の闘争方針は「生産性三原則」を強調

2012年の労働経済白書では「近年においては労働生産性と実質賃金の伸びに乖離がみられる。産業別にみると、とくに製造業では労働生産性の伸びが実質賃金に反映されていない」と指摘。こうした動向を捉えて、連合の闘争方針では、「総額人件費の抑制による国際競争力強化という経営から脱却し、アジアを中心とする新興国の経済発展の取り込みに加え、日本の持つ強みを再認識した経営をめざすことなどの観点から、『生産性三原則』に則った企業経営、組織運営の必要性について改めて主張する」とした。

安定した雇用と労使関係を前提に、従業員が能力開発の機会をえつつ、改善提案やアイデアを出し、企業の付加価値と生産性を高める企業組織を作るためには、労使関係における生産性三原則の徹底というベースが不可欠となる。にもかかわらず、経団連の経営労働政策研究委員会報告にもここ数年、賃上げは生産性向上の範囲内とする生産性基準原理の表現が姿を消していることもあり、改めてその重要性を強調したものだった。

■相次ぐ労働関係法の改正
——求められる新たな雇用ポートフォリオ

2012年の通常国会では、リーマンショック以降懸案となっていた改正労働者派遣法に加え、有期労働契約に関わる改正労働契約法や改正高年齢者雇用安定法という3つの重要な労働関係法の改正法案が成立した。

また、一定層のパート労働者への社会保険の適用拡大も税と社会保障の一体改革関連法案として成立した。さらに、パート労働法についても労働

契約法の改正を踏まえた見直しが行われる予定となっていることに加え，2013年4月からは，障害者雇用促進法に定める法定雇用率が1.8％から2.0％に引き上げられた。

こうした労働関係の改正法は，連合が最大の支持団体ということもあり，民主党政権下で進められた政策のうち，労働側としては高く評価するものの1つとなっている。一方，経営側にとっては，労働規制の強化ということで，審議会段階から反発が大きかった分野でもある。

とはいえ，すでに改正労働者派遣法は2012年10月から施行され，年金の空白期間が生じることもあり，改正高齢法も2013年4月から施行された。労働契約法の新たな規定である5年後の無期契約への転換等への対応については，若干時間的な余裕があるようにもみえるし，パートへの社会保険の適用拡大は2016年10月から実施ということで，先の話のようにも思えた。しかし，企業の対応を聞くと，こうした改正法の案件が一気に押し寄せてきたため，非正規雇用をめぐる雇用管理のあり方の一大転換を迫られる情勢にあった。限られた人件費コストの再配分も必要となり，従来の正社員処遇の見直しが避けられないケースも出てくる可能性が高く，労使にとって差し迫った大きな課題として浮上してきた。

連合も2013闘争方針のなかで，こうした一連の動きについて，「非正規労働者の雇用の安定や処遇の改善と希望者全員について65歳までの雇用確保措置を義務づけるなど重要な内容が盛り込まれており，この改正法成立の成果を着実に職場に活かすことが必要」とした。そのうえで，春季生活闘争前段の取組みも必要なことから，当然ながら労働関係法令遵守の徹底を前提に，法令を上回る内容の協約締結ないし，法に先駆けた対応などを構成組合に求めた。

これらの法令改正・制度見直しは相互の関連性が高く，どのような影響がどのような形で及ぶかは企業ごとに異なる。それだけに，1995年に旧日経連が提起した雇用ポートフォリオと相似するわけではないものの，各社が多様な雇用形態の人材について，コスト面だけでなくどのように適材適所で人材配置するかという，新たなポートフォリオを描く必要に迫られてきた。

■改正高齢法，労働契約法，社会保険の適用拡大をめぐる労使の課題

連合では，継続雇用制度を導入し，その対象者の基準を労使協定で設定している場合は，改正高年齢者雇用安定法の施行に向けて，希望者全員を対象とした65歳までの継続雇用とする労働協約の締結に向けて取り組むとした。

希望者全員の継続雇用が盛り込まれたことで，対象外の規定を削除することが法律では規定されているが，その労働条件については水準を問わないことになっているため，労使交渉ではそこが焦点となる。

大手の労使では2012年春闘からの継続協議になっているところが大半だった。労働側は春闘のヤマ場まえに決着し，賃金交渉に影響を及ぼさないという戦略図を描いていた。こうしたなか，NTTグループの労使は，「新たな60歳超の継続雇用スキーム」として，現行の50歳と60歳で選択する退職・再雇用制度を廃止。40〜50歳代を中心に平均賃金カーブの上昇を抑え，60歳代で210万〜240万円だった年収を300万円程度（標準），400万円程度（熟練技能者）にそれぞれ引き上げることで2012年12月上旬に実質合意した。NTTグループという企業の社会的な影響を考えると，これ以降の労使交渉にもたらすインパクトは小さくない。さらに，中高年からの賃金カーブ見直しは，賃金制度見直しに向けた大きな争点となることが予想された。

一方，他の雇用への影響も懸念された。60歳以降になると嘱託・非常勤といった非正規雇用化するところが大半であることから，パートや契約社員，派遣社員といった他の非正規雇用との調整も必要になる。人件費コストと人員配置をどのように再構成していくかが，新たな課題となった。

改正労働契約法に関する取組みについて連合は，無期転換促進の取組み，無期転換後の労働条件の対応，クーリング期間の悪用防止，労働条件

の是正に向けた取組みを進める，とした。とくに，無期転換では5年の経過を待たず，すでに契約を反復更新していれば，法の趣旨に沿って無期転換できる非正規労働者向けに前倒しで，労使協定を整備するよう呼びかけた。

実務上は，現在勤務している非正規労働者が5年経過したときにどのように対応するかが大きな焦点となるが，課題は，この時点以降に採用する非正規雇用の契約期間を短期化する動きだった。

さらに適用は3年以上先とはいえ，①週あたり所定労働が20時間以上，②月額賃金が88,000円以上，③勤務期間が1年以上のパートについては，厚生年金・健康保険が適用拡大されることになった。この適用拡大がパートの働き方に及ぼす影響も織り込んでいかなければならなくなった。適用拡大によって10億円を超すコスト増となると試算する企業もあるなか，パートが基幹化し，職場に欠かせない人材となっている事実を踏まえると，コスト面だけでなく，働く側の意欲をそがないためにも，なるべく早い段階から，パート労働者の意向を踏まえて，労使で対応策を検討する必要が出てきた。

こうした法律対応への動向をみても，もはや労働組合は正社員の利害を代表するだけでは存立できないところまできていることは明白だった。

■成長の力をどこに求めていくか
——グローバル化への対応と労使関係

少子高齢化，非正規の増大に伴う雇用不安定層の増大といった現実が進行するなか，経営側が主張する「経済成長によるデフレからの脱却」を実現するために最も現実的なシナリオはどこにあるのか。成長の力をどこに求めるのかが，労使にとっても大きな課題となった。

経営側は，重い税制，円高などの六重苦といわれるさまざまな経済的な制約を政策転換や規制緩和などを通じて取り払ってほしいと要望。六重苦のうち，労働側は労働規制の強化については，成長を制約する要因ではないとして，くみしない。しかし，それ以外のTPP参加などでは金属労協系を中心に理解を示す組合もある。

日本のこれからの成長を牽引するものとして労使が共通認識を示しているのが，グローバル化への対応だろう。企業が生み出した付加価値を国内で有効活用して，企業の成長につなげ，新たな好循環に結び付けていくためには，海外での旺盛な需要を取り込んでいくしかない。これは労使とも見解が一致するところだろう。

では，海外で得た利益をどのように還元すべきなのだろうか。これこそ，グローバル化が進展する企業における大きな労使交渉のテーマになる。製造業では国内のマザー工場の支援なくして，海外現地法人を立ち上げることはできない。製造拠点を確立した後も，日本からの技術支援などは欠かせない。それを担うのは現場に精通した従業員である。これまでは，決算にしても単体をベースにした労使交渉が中心だったが，発想転換が必要になってきた。海外で得た利益を，設計・開発や新規技術に係る人的投資や設備投資に回し，新たな技術や製品が生み出され，雇用や労働条件の改善につなげるという新たな循環をどう生み出すのか。グローバル化対応に関する労使協議のなかから，所得分配のあり方を議論し，新たな経済的な好循環を見出すことこそ，労使が自ら作り上げることのできる成長戦略ともいえる。

2．2013労使交渉の結果と評価

●金属大手労組は4年連続でベア見送り，経営側は雇用安定を最優先

連合は，2013年春季生活闘争で，「傷んだ雇用・労働条件の復元」をスローガンに掲げた。連合は2012年から，より賃上げを重視し，賃金カーブ維持に加え1％の賃金引上げ方針を打ち出した。しかし，非正規労働者の増加による雇用の不安定化，また1997年以降続く賃金の低下に歯止めを掛け，復元することによって，「デフレスパイラルの危機を回避すること」が最大のテーマだった。一方，交渉リード役の金属労協は，「すべての組合で賃金構造維持分を確保し，賃金水準を維持する」ことに落ち着いた。

こうした上部団体の方針を受け，産別要求はば

らついた。しかし，足もとの経済情勢と各企業の業績を踏まえ，自動車や電機などの大手メーカー労組は4年連続でベア要求の見送りを決めた。その一方，これまで以上に重点課題としたのが，賃金の底上げによる中小・大手企業間の格差是正だった。中小企業が多い産別で構成する連合の中小共闘では，新機軸として賃金下支えのために，初めて30歳190,000円，35歳210,000円という「最低到達水準値」を設けた。

また，2012年11月に，UIゼンセンとサービス・流通連合（JSD）が統合して発足した日本最大の産別「UAゼンセン」（141万人）は，構成組織の4分の3を占める中小組合の水準底上げを図るため，「ミニマム水準」（基本賃金）を設定。高校卒35歳（勤続17年）・大学卒30歳（勤続8年）24万円の数値を打ち出し，この水準を下回る組合は，賃金体系維持分を含め，賃上げ原資として1人平均7,000円を要求することとした。

労働側のこうした要求を受け，経団連は「2013年版経営労働政策委員会報告――活力ある未来に向けて労使一体となって危機に立ち向かう」で，「今季交渉・協議では，企業の存続と従業員の雇用の維持・安定が最優先の課題」と強調。そのうえで，労働側の主張する定昇相当分の確保については，「制度自体の在り方の議論も必要」として，労働側を強く牽制した。

●労使とも課題は「デフレからの脱却」

マクロ的には，労使とも課題は「デフレからの脱却」という共通認識があった。「デフレからの脱却」という目標は一緒にもかかわらず，その原因については，労使の認識が大きく異なっていた。労働側は，ここ15年間にわたって賃金が低下しているのは，経営側が賃金の抑制傾向を強めてきたためで，その間，非正規雇用が増え，全体的に賃金水準が低下したため，デフレ傾向が続いていると主張する。

これに対して経営側は，一般的に需給ギャップ，金融政策，円高，少子高齢化といった構造的な要因がからみあってデフレが続いていると主張し，自公政権に交代したこともあって，政策転換によるデフレ脱却を要請する。

春闘の前哨戦となる，連合と経団連のトップ懇談が2013年1月29日に開かれた。米倉弘昌経団連会長は，「今春季労使交渉においては，自社の存続と発展，雇用の維持・安定を確実なものとするために，これまでにも増して，労使が危機感をしっかりと正しく共有し，課題解決に向けた建設的な議論を尽くしていくことが求められる」と経労委報告の主張点を強調。一方，古賀伸明連合会長は，「デフレ経済から脱出できるか否かは，政府の適切な経済財政運営に加え，今年の春季労使交渉の結果も大きなカギを握っている。経団連と連合は，マクロな視点に立ち，社会的責任を自覚したメッセージを発信していかなければならない」と述べ，共通の課題である「デフレからの脱却」のために，労使が社会的役割を果たさなければならないと訴えた。

意見交換では，連合が闘争方針に沿って「デフレの最大の原因は賃金デフレであり，『傷んだ雇用と労働条件』の復元が不可欠」と主張したのに対し，経団連は「先行き見通しは立っておらず，企業の存続と雇用の維持・安定を最優先すべき」と，賃上げに慎重な姿勢を崩さなかった。

●安倍首相が報酬引上げを財界に要請

連合は，春闘の要求立案とオルグに集中しなければならない2012年12月に天下分け目の総選挙が設定されたため，エネルギーの大半を選挙支援に割かざるを得なかった。結果は，民主党の大敗，下野だった。そして，自公政権が復活。安倍政権が誕生し，アベノミクスが始動した。

こうした労使の主張がかみ合わないなか，安倍首相が動き出す。安倍首相は2013年2月12日，経団連をはじめ，日本商工会議所，経済同友会の経済団体トップと会談し，「業績が改善している企業においては，報酬の引上げを行うなどの取組みをご検討いただきたい」と要請した。

この会談は「デフレ脱却に向けた経済界との意見交換会」という名目で開かれた。この要請に，

いち早く応じたのがローソンだ。産業競争力会議の民間議員でもある新浪剛史社長（経済同友会副代表幹事）は，2013年度からグループの20代後半〜40代の正社員約3,300人のほぼ全員を対象に，年収を平均3％引き上げる考えを示した。さらに，セブン＆アイ・ホールディングスは2013年3月4日，そごう・西武ほかグループ主要54社（組合員など53,500人）を対象とする賃上げを発表。傘下のイトーヨーカ堂の場合，4年ぶりのベア実施を含め組合員平均（41歳）の給与は，前年に比べ5,229円のアップ（率で1.5％増）となった。

労働側にとっては予期せぬ援軍ともいえるが，こうした政府の動向に対して，古賀伸明連合会長は「政権への親和性が強い企業の動きだ」と冷ややかだった。しかし，政権による賃上げ要請だけでなく，交渉の展開とともに円高水準の是正や株価の上昇という，賃上げ交渉にフォローとなる風が吹き出していた。デフレからの脱却という労働側のマクロの目標に焦点をあてれば，「交渉で使えるものは，何でも使うべきではないか」との正論も成り立つ。しかし，労働界は最後まで「賃金は労使自治できめるもの」と，アベノミクスと労使交渉は別ものとの公式見解を繰り返した。

● 個別交渉では労組の協力に謝意を示しつつ，一時金増額には強い抵抗感

2013年2月上旬から組合が要求提出を開始し，2013年春闘は本格化した。金属労協傘下のほとんどの大手組合は賃金構造維持分の確保と2012年実績を上回る一時金要求で臨んだ。また，金属労協全体でもまだ半数にとどまる企業内最低賃金協定の締結ならびに水準向上を盛り込んだ。交渉で組合側は，経労委報告でも強調する「危機」を乗り越える原動力は「人」であり「人への投資」が不可欠であることを主張。これに対して，経営側は，震災対応や合理化対策など経営施策に対する組合員の協力・努力に感謝の意を示しながらも，金属産業をとりまく環境の厳しさを強調し，①総額人件費管理の観点から賃金については慎重に判断せざるを得ない，②一時金は企業をとりまく環境の厳しさからすると大変重い要求である，③企業内

▲安倍首相は経済団体トップに直接，報酬引上げを要請（2013年2月12日・首相官邸ホームページから）

最低賃金は厳しい経営状況を踏まえると慎重に判断する必要がある――などと慎重な姿勢を最後まで崩さなかった。

● 65歳までの継続雇用確立の対応は千差万別

賃金交渉に先行して，2013年2月ころまでに大勢が固まったのが，65歳までの希望者全員に対する継続雇用の制度確立だった。ダイワハウスやサントリーでの65歳定年の導入が発表される一方，2012年末，現役世代の原資を60歳超継続雇用に回すNTTグループの新たな処遇体系がマスコミで大きく取り上げられた。経団連の経労委報告で，中高年から賃金カーブを寝かす制度改定が必要と問題提起したこともあり，NTTの制度は耳目を集めた。

労働組合側の動向を振り返ると，業種・業態の違いだけでなく，各社の労務構成の違いや業況・業績見通しの良し悪しによって，対応方針が大きく異なることから，統一的な取組みとはならなかった。改正高齢者雇用安定法の法令順守のチェックと組合員化が中心で，交渉現場では基本的に労使間に対立はなく，無年金状態を回避させるため，就労先をいかに確保・開拓するかに労使は苦心した。組合の理想としては65歳までの継続雇用確保を図りたいところだったが，改正法の経過措置（当面，希望者全員の継続雇用については61歳までを確保する）を活用して決着するケースも多かった。そのため，各社で労使確認した60歳

以降の就労パターン，報酬体系は千差万別といってもいいくらい多様な内容となった。

ただし，この過程で明確になってきたことがある。在職老齢年金，高年齢者雇用継続給付金と賃金との合わせ技によって仕事を確保してきたこれまでの福祉的就労が終わりを告げたことである。NTTグループの例にみられるように，60歳以降もこれまでの経験や知識を十分生かしてもらうために，役割を明確化し，評価制度を導入し，職場における戦力として活躍してもらう方向性が明らかになった。

実際，今回の継続雇用の妥結にあたって，中期的課題として賃金・処遇体系の見直しを確認した労使が多くなることが予想された。電機連合と使用者団体の電経連も，エイジレス社会に向けた賃金・処遇体系のあり方を含む課題の検討に入ることを確認した。

● 金属大手は一時金が二極化，UAゼンセンがムードメイク

2013年3月13日の金属集中回答日，報告のあったすべての組合で賃金構造維持分を確保し，JAM傘下の1組合が賃金改善を獲得した。これを踏まえ会見した西原浩一郎金属労協議長は「今後回答を引き出す中堅・小労組の交渉下支えになるものであり，デフレ進行に歯止めをかける観点から，金属労協として一定の社会的な責任を果たすことができた」と述べた。ばらつきが目立った一時金については，「組合が協力・努力を訴えた粘り強い交渉から生まれた結果」，また電機連合傘下の12組合で，企業内最低賃金の引上げ回答が得られたことについては，「未組織の底上げに寄与する」と評価した。

11の大手自動車メーカー組合への回答は，業績回復などの追い風もあり，一時金では，11メーカー組合のうち，マツダとヤマハ発動機を除く9組合で，満額の回答を受けた。トヨタは「5.0カ月プラス30万円」（年間）の要求に対し，会社側は「200万円プラス5万円」の表示で満額回答。日産も2012年実績を0.2カ月上回る組合要求の年間5.5カ月（204.1万円）どおり満額を示した。メーカー組合側で最も多い月数を要求した本田技研も5.9カ月（217.1万円）の満額回答となり，前年実績に0.9カ月上積みした。2012年に3.3カ月と4カ月を大きく割り込んだマツダは，組合の5.0カ月の要求に対し，会社側は4.3カ月を回答。三菱自工は前年実績に0.2カ月上乗せする4.3カ月を満額回答した。

電機連合の統一闘争は，シャープ労組とパイオニア労組が離脱し，10組合での取組みとなったが，中闘10組合はすべてが賃金体系維持分を確保し，一時金もすべての組合が産別ミニマム基準である年間4カ月を維持した。現行水準の154,500円から1,000円の引上げを要求していた企業内最低賃金（18歳見合い）は，500円の引上げで労使が折り合った。しかし，この回答以降，シャープでは組合員一律2％の賃下げ提案が示されたほか，パナソニックでも一時金の20％カット，所定内労働時間の延長による残業手当の縮減などが会社側から逆提案された。NECも組合員の賃金を4月から9カ月間一律4％減額することで労使合意した。事業構造の転換が求められる業績不振のメーカーは組合にさらなる経費削減の協力を求めざるを得ない厳しい状況が続く。企業内最低賃金については，ストライキ実施の対象項目から除外することを決めたものの，最終的には500円の引上げを獲得した。非正規の処遇改善にも結びつく企業別最低賃金の引上げは3年連続で，3年間で2,000円引き上げられた。

一方，2013年春闘は，UIゼンセンとサービス流通連合（JSD）が統合し，2012年11月に発足した民間最大産別のUAゼンセン（141万人）の初陣となった。統一闘争の体制は一本化されていないものの，2013年労働条件闘争は，2013年3月14日10時時点で122組合が妥結と好スタートを切った。定昇込みの賃上げ額は平均5,788円（2.01％）となり，うちベア・改善分などの引上げ（ベア・改善分）は497円（0.18％）を獲得している。内需系産別で構成する連合の有志共闘が今季は構築されないなか，傘下のセブン＆アイHDの先行回答でムードメイクするなど，労働側にとっては今

後に期待を持たせる結果となった。

● **政府の役割は格差是正，労働規制の緩和にクギを刺す**

2013年3月13日の金属集中回答日には，当然ながら記者からはアベノミクスに関する質問が浴びせられたが，公式見解は同じだった。西原浩一郎金属労協議長は，政府が経済団体に報酬引上げを要請したことについて，「デフレからの脱却に向けた所得環境を改善させるためのメッセージとしては理解できる」としつつも，「賃金をはじめ労働条件は経済，物価，生産性，産業実態などを踏まえ，労使自治のもとで決定することが基本。職場からの議論を積み上げ，ミクロ・マクロの諸条件を踏まえて要求を策定し，回答を引き出したもの」との基本認識を示した。

そのうえで，政府の役割に関しては，「雇用が不安定で，所得水準が低い非正規労働者の増加を食い止め，均等・均衡待遇による環境改善を政府の立場からも進め，最低賃金の引上げによって日本全体の賃金水準の底上げを行うことである」と主張。また，産業競争力会議等で検討される解雇規制の緩和等の動向に対して，「格差の拡大を繰り返さないよう，労働分野の社会的規制の緩和については，慎重の上にも慎重を期すべきだと考える。安易な規制緩和には断固反対である」とクギを刺した。

ただし，アベノミクスが及ぼした交渉への影響について答えた有野正治電機連合委員長からは，「デフレからの脱却については，今春闘で労使とも掲げたテーマであり，とくに企業内最低賃金の引上げについては，労使が社会的責任を果たす意味で，交渉材料としては使った」と交渉の内幕を垣間見せた。

古賀伸明連合会長は2013年3月13日，金属や小売大手などの回答引出しを受けて開いた記者会見で，「賃金の底上げ，底支えを図るとともに，『賃上げでデフレからの脱却を』と訴えてきた成果が窺える内容だ」とする見解を示した。

一方，米倉弘昌経団連会長は同月13日，金属関係の回答を踏まえ，「業績の改善した企業が前年の実績を上回る賞与・一時金を提示するなど，本日示された回答は，景気に明るさが見え始めてきた中，個別企業労使が真摯に話し合いを行い，労働組合の意見にも極力配慮した結果であると思う」とのコメントを発表した。

● **アベノミクス効果の喧伝もあり，労組の存在感が希薄に**

2013年春闘では，アベノミクスが個別交渉に直接，影響を及ぼしたとは考えにくい。ただし，トヨタの宮崎直樹常務役員は3月13日の記者会見で，安倍首相による賃上げ要請を「重要な判断要素の1つだった」と述べた。また，電機連合の中闘組合に示された企業内最低賃金の引上げ回答も，経営側が社会的要請に応えた1つの形ともいえる。

自動車などで一時金の満額回答が相次いだことから，これをアベノミクス効果とする報道も目立った。しかし，これは過大評価といえよう。企業業績の動向をみると，震災やタイの洪水の影響が1年遅れで反映された2012年の一時金の大幅な落込みが，今季交渉で修正されることは織込み済みといえた。

その一方で，労組側はこうしたアベノミクスの効果について，これを利用するのではなく，労使自治のなかで決するものという労使関係の原則論を主張し続けた。デフレ脱却のためには賃上げが必要とする旗を掲げた2013年春闘で，追い風ともなったアベノミクスについて，労組はこれを利用しなかった。これは，民主党大敗を受けた直後の春闘だったことが影響しているとみることもできよう。

しかし，定昇相当程度の要求を掲げた過去5年を振り返ると，わが国の社会・経済は金融危機，超円高，東日本大震災・タイの洪水とさまざまな予想外の困難に見舞われた。それに，2009年夏の民主党政権の誕生と2012年末の自公政権の復帰という政治の激動も重なった。

労組はこのいずれの時期も，雇用安定・維持に向けた政策対応に重点を置かざるを得ず，加えて，震災後の半年は被災地支援，2012年末は民主

党政権死守の政治活動に注力せざるを得なかった。実は、震災前の2011年春闘のテーマも「デフレからの脱却」で、1997年から低下し続けた賃金の復元をめざす取組みは、すでにこの２年前からスタートしていた。しかし労働組合にとっては、賃金闘争にじっくり取り組む余裕を奪われていたというのが、この間の実情ではないだろうか。

● デフレ脱却のカギは格差是正に

一時金主体とはいえ、大手企業の年収は大きな景気変動がないかぎり回復基調に転じる見通しだった。一方、デフレを報酬面で克服するというのであれば、中小企業における賃金水準の回復と非正規雇用の雇用安定および処遇改善が残された大きな課題となる。

こうしたなか、金属労協は2013年交渉で882組合が格差是正・底上げの観点から賃金改善要求を行った。また、自動車総連では部品・車体、販売（ディーラー）を中心に、加盟組合の半数を超える約500組合が、具体的な水準を示した賃金改善を求めた。

中小企業では月例賃金の低下もあるが、それ以上にこの間、一時金を支給しない・できない企業の増加が、賃金デフレの隠れた一因となっていることも見逃せない。景気回復の果実が大手だけでなく、中小に行き渡らなければ、デフレ脱却は果たせないだろう。

金属関係以外では、結論を導いた労使は少ないものの、パート社員、契約社員など、有期雇用労働者が多い職場では、改正労働契約法を踏まえ、有期契約労働者の待遇改善が議論されたところもあった。たとえば、UAゼンセン傘下のダスキン労組は、「同一の有期雇用契約が３年を超える場合は、契約更新の際、本人からの申込みいかんにかかわらず、無期契約に転換するものとする」との会社回答を引き出した。また、日本郵政の労使交渉では、通算５年を超える有期雇用契約労働者の無期転換を労働協約することについて、継続協議することを確認した。

非正規雇用の処遇改善については、民主党政権下で続いた地域別最低賃金の引上げがペースダウンすることも予想されたことから、職場における取組みの重要性がより高まった。また、改正労働契約法を活用した、有期契約労働者の無期化・正社員化や不合理な差別の禁止も職場段階から積み上げていくことが必要となってきた。

さらに2014年４月には消費税増税がスタートすることから、2014年春闘が、消費税増税、物価の動向を含め、労働側がベースアップを盛り込んだ本格的な賃金闘争をどう再構築するか、政労使にとっての正念場となる。

2014年春闘
政労使合意を踏まえた展開に

【2014年春闘関係の特徴，主な出来事】

「経済の好循環実現に向けた政労使会議」開催（2013年9～12月）

経営側，報酬引上げに前向き発言

連合，「定昇相当分（約2％）」を確保した上で「1％」の
賃上げ，格差・配分是正は「1％目安」を要求

賃金改善あり，有額回答あり

公益・インフラ系も6～7年ぶりにベア回答あり

【社会・経済の主な出来事】

消費税引上げ（2014年4月）

【世　相】

今でしょ！　お・も・て・な・し，倍返し，
じぇじぇじぇ，くまもん，PM2.5，ブラック企業

1．2014年労使交渉の焦点

2014年春闘がスタートする2013年冬は，安倍第2次内閣の発足から1年，「成長戦略」の矢が放たれてから半年が経過していた。第1の矢（大胆な金融政策），第2の矢（機動的な財政政策）などの効果により景気は回復傾向にあった。2013年12月の月例経済報告の基調判断では，4年ぶりに「デフレ状況ではなくなった」との表記となり，大手企業の中間決算は，円安・株高基調もあり，営業利益はリーマンショック以降，最高の水準になっていた。

一方，物価が上昇傾向にあるなか，安倍首相は2014年4月から消費税率を8％に引き上げることを決断した。増税前の駆け込み需要の反動減を回避するため，政府は設備投資や賃上げを促す企業向け減税などを含む5兆円規模の経済対策も閣議決定した。こうした動向を受け，政権の最大課題であるデフレ脱却のカギを握る賃金の引上げに大きな関心が集まった。

2013年の春闘から政府は，デフレからの脱却には「賃上げが不可欠」として，経済界に賃上げを要請し続けてきた。その後，政府は労働側を巻き込んだ形で環境づくりを図るため，2013年9月20日に「経済の好循環実現に向けた政労使会議」をスタートさせた。

■「経済の好循環」に向け政労使会議が合意
　──「賃金上昇」の課題を確認

政府が，企業に対する税制面の優遇策などの賃上げインセンティブの準備を進めつつ設置した「経済の好循環実現に向けた政労使会議」は，設置の目的として，「景気回復の動きをデフレ脱却と経済再生につないでいくには，企業の収益拡大が速やかに賃金上昇や雇用拡大につながり，消費の拡大や投資の増加を通じて，さらなる企業収益の拡大に結びつく『経済の好循環』を実現することが必要」との認識を示している。そのうえで，経済界，労働界，政府が取り組むべき課題についての共通認識を醸成することをめざした。

政労使会議は5回の会合を重ね2013年12月20

▲「経済の好循環実現に向けた政労使会議」の初会合（2013年9月20日，首相官邸，官邸HPより）

日，賃金引上げに向けて政労使がそれぞれの立場で取り組むことを合意する「経済の好循環実現に向けた政労使の取組みについて」と題する文書を確認した。

文書は，①賃金上昇に向けた取組み，②中小企業・小規模事業者に関する取組み，③非正規雇用労働者のキャリアアップ・処遇改善に向けた取組み，④生産性向上と人材の育成に向けた取組み──の4本柱で構成。デフレ脱却に向けた経済の好循環を起動させるために，「経済の好転を企業収益の拡大につなげ，それを賃金上昇につなげていくことが必要である」と強調し，こうした好循環を全体に波及させるとともに，持続的なものとしなければならないとした。

そのうえで，政府の役割として，所得拡大促進税制を拡充や，復興特別法人税を1年前倒しで廃止することを盛り込んだ。労使に対しては，こうした政府による環境整備を踏まえて，「各企業の経営状況に即し，経済情勢や企業収益，物価動向も勘案しながら十分議論を行い，企業収益拡大を賃金上昇につなげていく」ことを確認した。

中小企業に対する取組みでも，労使は，「各企業の経営状況や今後の経済状況等に応じつつ，日本経済の好転によってもたらされた企業収益の拡大を賃金上昇につなげていく」ことで合意。一方，政府も「事業革新や新陳代謝に必要な設備投資支援にあたり，賃上げを実施する事業を優先採択する」など，賃金上昇を促す施策を実施する，とした。また，中小企業投資促進税制の拡充に加

え，消費税増税分の円滑・適正な転嫁が阻害されないよう，是正措置等を着実に実施することもうたった。

非正規雇用労働者の処遇改善では，正規・非正規の二元的な働き方を固定化させないため，労使は「ステップアップのための多様な形態の正規雇用労働者の実現・普及や人事処遇制度の普及・活用に向けた取組みを進めることにより，非正規雇用労働者がその意欲と能力に応じて正規雇用労働者に転換する道筋を積極的に広げる」ことができるような対応を進めることで一致。政府は，キャリアアップ助成金拡充を通じて支援することとした。

生産性向上については，好循環を持続的な経済成長につなげるために必要だとし，その新たな価値を創造する源泉となるのが人材育成だとした。このため，企業は積極的に設備投資や研究開発を行うとともに，「従業員の雇用形態に応じ，専門性や知識の蓄積に向けて必要な教育訓練を推進」「女性の活躍の促進や多様な人材の活用を図るとともに，各個人の希望と企業経営上のニーズに応じた柔軟な働き方の実現に向け労使で積極的に話し合い，ワークライフバランスの更なる推進」を図るとした。

■**報酬引上げについて経営側から前向きな発言も**

政労使会議の初回会議では各界から現状認識と併せて課題の提起があり，経済界から「業績が本格的に改善した企業から順次，従業員への報酬を改善していくと考える」（米倉弘昌経団連会長），「賃金上昇と雇用の拡大には，成長戦略の早期具体化が不可欠。攻めの中小企業政策が必要であり，賃上げのために，付加価値の高い製品開発，中小中堅企業の設備投資を喚起する税制措置等によって生産性を高めることが必要」（岡村正日本商工会議所会頭），「大手企業からの買い叩き，優越的地位の濫用，不当廉売など，不公平な取引方法に対する規制の強化を図る必要がある」（鶴田欣也全国中小企業団体中央会会長）などの意見が出された。

一方，労働界は，「今後の政策運営の考え方として，トリクルダウン型ではなく，ボトムアップ型の発想を取り入れるべき」（古賀伸明連合会長），「成長戦略と相まって，富の公正な配分，格差是正，良質な雇用機会の創出，雇用の安定施策，ワークルールの整備，それを遵守させる体制が必要」（逢見直人UAゼンセン会長）――などと発言した。

第2回目の会議では，製造業を取り巻く現状と課題について，トヨタと日立の2社が報告した。豊田章男トヨタ自動車社長は「足元の景気が改善していくなかで，自動車メーカーとして，個人消費を活性化し，日本経済の成長を確かなものにしていきたいという強い思いがある。日本経済と企業の持続的な成長に向けては，従業員の将来への安心感を確保することが何よりも大切。そのためにも，雇用の安定のうえに賃金を含めた処遇全体の維持・向上が必要であると考えており，業績の改善を報酬に還元していくことを検討していく」との意向を表明。川村隆日立製作所会長も「来年度は，消費税の引上げがあることも考慮し，まず今年度に計画どおりの事業成長を実現し，そのうえで従業員に対しては賃金の対応を含めて総報酬について従来の対応を見直すことも考えたい」などと，報酬の引上げに前向きな発言が出された。

さらに，第4回会議では，経団連から提出された資料のなかで，「アベノミクスによってもたらされた企業収益の改善を，更なる成長への投資に振り向け，設備投資や雇用の拡大，賃金の引上げなどにつなげていくことが重要である。加えて，復興特別法人税の前倒し廃止が実現した場合，足下の企業収益が従業員に適切に配分されていくことが必要である。経団連は，賃金の引上げを通じて一刻も早い経済の好循環が実現するよう貢献していく」との文言が盛り込まれた。これを踏まえて，会員企業や団体に対して賃金の引上げに向けた対応を要請するとの表明もあった。

■**政府は法人税減税などで賃上げに向けた環境整備**

この会議と並行して政府は，2013年12月，設備投資や賃上げを促す企業向け減税などを含む5兆

円規模の補正予算案を閣議決定した。また，企業に対する減税を賃上げの呼び水とするため，復興特別法人税の1年前倒しの廃止も決めた。2013年10月の衆議院本会議で安倍首相は，「復興特別法人税廃止の趣旨を経済界に説明し，賃金引上げに積極的に取り組むよう要請する」と述べて，減税分の賃金への還元を求めた。

さらに，2013年度の税制改正で3年間の期限付きで導入された「所得拡大促進税制」における適用対象のハードルも下げた。2012年度と比較して5％以上給与等の支給額を増加させた場合，給与総額の増加分の10％を税額控除できる仕組みの実施期間を2年間延ばしたうえで，2012年度に対する給与総額の増加額を，2013～14年度は「2％以上」に緩和した。

また，中小企業対策として，賃金の引上げや雇用拡大に取り組んだ中小企業が，通常より低い金利で資金を調達できる制度を設けた。日本政策金融公庫が低利で資金を貸し出すもので，従業員数を増やし，1人あたりの給与支払総額を増やした中小企業が対象となった。

非正規雇用対策との関連では，事業場内の最も低い時間給を計画的に800円以上に引き上げる中小企業に対して，業務改善経費として年間最大100万円（3年間で最大300万円）が支給される「中小企業最低賃金引上げ支援対策補助金（業務改善助成金）事業」の拡充も，2014年度予算に盛り込まれ，デフレからの脱却と経済の好循環形成に向けた関連施策が進められた。

■ **連合はベア相当1％以上，定昇込みで3～4％以上——大半が5年ぶりにベア要求**

政労使会議で，企業トップから賃上げに対する前向きな発言が出たため，マスコミでは「賃上げムードが広がっている」との論調がみられた。しかし労働側からは，楽観的な見通しはまったくなかった。労働側が，ベアや賃金改善などを全体として取り組むのが2009年の春闘以来となるからだった。2009年当時は，要求立案時にリーマンショックが重なり，年越し派遣村に象徴されるように，賃上げよりも雇用が優先であり，年明け以降の賃上げ交渉自体成り立たなかった。さらに，労働界全体としてベアを獲得できたのは1999年の春闘が最後だった。要求の組み立て，情報収集，労使のせめぎあいなど，ベアをめぐるギリギリの交渉を経験していない組合も多く，実際の交渉場面では，厳しいやり取りが予想されたからだ。

賃上げは労使自治の原則で決定するものと当初から主張していた連合は，政労使会議が続くなか，2013年12月の中央委員会で，2014春季生活闘争方針を決めた。すべての組合が月例賃金にこだわり，約2％の定期昇給相当分を確保したうえで，「1％以上」の賃上げを求める。また，格差・配分の是正を必要とする組合は，「1％を目安」とする要求を掲げた。これを足し上げると，政労使会議で神津里季生事務局長が発言した「定昇込みで3～4％以上」の要求目安を示したことになる。

この内容を要求項目ごとにみると，まず賃金カーブ維持分（約2％）を確保して「所得と生活水準の低下に歯止めをかける」。加えて，「1％以上」の賃上げを求めることで「景気回復と物価上昇局面にあることを踏まえて，経済成長と所得向上を同時に推し進め，デフレからの早期脱却をめざす」とともに，1％を目安に「低下した賃金水準の中期的な復元・格差是正，体系のゆがみ等の是正に向けた取組みを推進する」という組立てになる。賃金制度が未整備の組合は，連合が1年・1歳間差の社会的水準として示す5,000円を目安に，賃金水準の維持を図ることになった。

一方，すべての労働者の処遇改善のために，「企業内最低賃金の協定締結の拡大，水準引上げ，適用労働者の拡大を図る」とし，初任給に関しても社会水準を確保する観点から，18歳高卒初任給の参考目標値として165,400円を示した。

非正規労働者と中小労働者の労働条件改善は，2014闘争の大きな柱となる。非正規雇用労働者に関しては，物価上昇・景気回復の局面であることや，「底上げ・底支え・格差是正」を進めていくことが必要であることから，時給改善分として30円を目安に時給の引上げを求めることになった。

中小・地場の取組みでは，中小共闘が「賃金水準の低下や賃金格差，賃金のひずみの是正を図ることをめざし，5,000円の賃金引上げを目安とする」方針を掲げた。中小共闘で，賃金制度が未確立だったり賃金カーブ維持分が算定困難な組合は，賃金カーブ維持相当分を4,500円としていることから，賃金カーブ維持相当分4,500円プラス賃上げ5,000円の9,500円を要求目安とした。

■**金属労協は1％以上の賃上げ，自動車総連はベア・改善分の数値を明記せず**

春闘のリード役となる金属労協（西原浩一郎議長）は，2013年12月の協議委員会で2014年春季労使交渉に向けた闘争方針を決めた。賃上げ方針は，連合の方針に準じて「5産別が強固なスクラムを組み，JC共闘全体で『人への投資』として1％以上の賃上げに取り組む」とした。金属労協も，定昇相当以外の賃上げ要求を掲げたのは2009年春闘以来となる。

西原議長は要求の根拠として，2013年度の生鮮食品を除く消費者物価上昇率が日本銀行の予測で0.7％となるなど，物価上昇局面に入っていることをあげ，「実質生活水準を維持するためには物価上昇分を確実に補うことが重要」とした。さらに，「税・社会保険料負担の増も含めた実質可処分所得への影響にも留意しつつ，生産性にふさわしい生活向上分への反映等を総合的に考慮すべき」との考え方を示した。そのうえで，4月の消費税率の引上げによって「2014年度の物価上昇率は相当大幅な上昇が想定される」として，「実質生活水準確保の考え方，物価の取扱いも含めた要求根拠について，労組の主張を経営側に認識してもらわなければならない」と訴えた。

非正規労働者や規模間格差の是正に向けては，従来どおり，①企業内最低賃金協定の締結拡大と水準引上げ，②特定（産業別）最低賃金の機能強化，③JCミニマム（35歳）の確立──を掲げた。「JCミニマム運動」の推進では，企業内最賃について，すべての組合での協定化を目標に，2012年より2,000円引き上げた156,000円以上を設定した。

これを受け，傘下の産別の賃上げ要求方針も1％以上の水準でほぼそろったが，自動車総連は，加盟組合すべてがベアを含め賃金改善分を要求するとしているものの，産別として要求する金額や率は示さず，具体的な要求額は各企業労連で決めることとした。

基幹労連はこれまでと同様に2年を1つの単位として取り組むとし，定昇相当分を確保したうえで，2014，2015年度それぞれの定期昇給および相当分の確保を前提に，3,500円の賃上げを基準とすると提起した。要求案の考え方としては，過年度物価上昇率が2013年度0.7％，2014年度3.3％と変化する状況を踏まえ，「デフレ脱却と経済成長を同時に進めるためには，財源を継続的に投入することが必要と判断した」と説明。3,500円の根拠については，「連合・金属労協の要求基準である1％以上の賃金改善となる水準」として設定した。

機械金属関係の中小組合を中心に組織するJAMは，過年度物価上昇分と生活改善分を勘案して，定期昇給相当を除いて4,500円の賃金水準の引上げ（ベースアップ）を求めることを柱とした。定昇がないなど，賃金制度が未整備の組合の場合，賃金構造維持分を4,500円としていることから，9,000円の要求となる。また，組合の実態調査で2000年と比べて平均で7,500円賃金水準が下がっているため，2014年が5年かけて1,500円ずつ回復させる取組みの4年目にあたることから，回復・是正が必要な組合はこの要求も継続するとした。是正が必要な組合の場合の要求基準は，10,500円以上となる。

電機連合も賃上げ1％以上の方針に準じ，開発・設計職基幹労働者の基本賃金で月額4,000円以上の引上げを求めた。非正規労働者の待遇改善については，産業別の最低賃金水準を月額3,000円引上げ，155,000円から158,000円へのアップをめざした。

■**民間最大のUAゼンセンはベア1％，2,500円以上**

流通や外食，繊維などの幅広い産業の労働組合で構成するUAゼンセンは，定期昇給に加えベア

1％または2,500円以上引き上げる要求を決めた。また，高卒35歳・勤続17年で24万円に設定しているミニマム水準に到達していない組合は，賃金体系維持分を含め1人平均9,500円を要求。パートタイムなど，非正規雇用の労働者が組合員の半数を占めることから，短時間組合員の要求も重視しており，ベア1％の趣旨を踏まえ，正社員と職務・人材活用が同様なパートで，到達水準以上のケースは時給40円，ミニマム水準未満のケースは時給45円，さらに職務が異なるパートは時給30円アップといった要求を掲げた。

このほか，私鉄総連が定昇相当分2.0％に加え，物価の上昇や生活向上分などを含めたベースアップ分として3,700円を産別統一要求とした。3,700円の考え方は，「生活維持分」として4～9月の物価上昇分を0.3％相当とし，そのうえで「生活回復・向上分」として，「生活水準全体の引上げや，組合員が安定運行，サービス向上に向け努力している証など」を盛り込んでおり，その積み上げで1％相当のベアとなる。

■賃上げ要求が復活した労使交渉はどう展開したか

バブル崩壊以降，経営側は「春闘の終焉」を主唱してきた。その背景には，賃金は自社の支払い能力の範囲内で決定すべきであり，春闘の機能である相場波及（横並び）は排除されなければならないという強い意思があった。たしかに，1980年代後半から1990年初頭までは，各企業の経営状態だけでなく，世間相場をもとに賃金を決定していた企業が5割を超えていた。企業もまだ，横並び意識が強かった時代だ。しかし，これ以降，世間相場を重視する企業は減少の一途をたどる。その理由として，①国際競争の激化による人件費縮減圧力が増したこと，②コーポレートガバナンスのあり方の変化により，短期利益・株主配当がより重視されるようになったこと，さらに③成果主義の浸透により賃金の個別管理化が進んだこと——などを指摘することができる。企業が名目賃金を上昇させる（ベースアップを行う）のは，企業収益に対する労働生産性の貢献度合いと物価上昇の調整が主な理由となる。加えて，労働力需給が逼迫した場合に（初任給などが）引き上げられることもある。2014年度の賃上げにあたって考慮されるべき要素としては，物価・生産性の動向が焦点となる。

物価と生産性の関係については，政労使会議のなかで内閣府が報告したとおり，「欧米では名目賃金の上昇率が物価水準より上回っているが，わが国だけは，名目賃金の下落率のほうが物価の下落率よりも大きい。また，わが国だけは欧米に比べ，生産性の伸びよりも雇用者報酬の伸びのほうが低い」との特徴がある。こうしたデフレの罠から抜け出すためにも，労使協議・交渉が重要な役割をになうことになった。

では，企業のマインドはどうだったのか。労働政策研究・研修機構の「構造変化のなかでの企業経営と人材のあり方に関する調査（2013年2月）」によると，従業員の持てる能力を最大限発揮させるため重要と考える雇用管理事項（複数回答）は，「能力・成果等の評価に見合った昇格・昇進や賃金アップ」が60.2％で最も多かった。リストラ策から新たな成長分野への人的資源の投入に方向を切り替えるには，賃金関連のインセンティブが必要との認識に変わりつつあるとみることもできる。

一方，大手である程度の賃上げが行われたとしても，中小企業などに波及していくには，大手と中小の公正な取引関係の確立が欠かせないだろう。この点，連合は適正な価格決定を認め合う社会の実現を求める方針を盛り込み，政労使会議のなかでもその趣旨が盛り込まれた。連合が主張するように，大手の業績向上が中小に波及するのを待つ「トリクルダウン型」ではなく，「ボトムアップ型」の春闘となるかどうかも焦点となった。

こうした流れが形成されると，かつての"世間相場を意識した賃金決定"の機運が醸成されてくる気配はあった。とはいえ，従来型の春闘に回帰することはないだろうとみられた。賃金の個別化が進展しているなか，仮にベアが実施されても，全員一律のアップとなる構造は想定しにくい。さ

らに，賃金制度を職務給化したり，年俸制としている企業では，ベアの扱いは極めて難しい。労働側は月例給への反映を従来以上に要求したが，賃金の個別化と変動費化が各企業で定着している現状を踏まえると，最終局面では月例の賃上げと一時金水準とのバランスが大きな争点になった。

2．2014年労使交渉の結果と評価

●注目を集める回答日

2014年春闘は前年9月からの政労使会議の経過もあり，国民，メディアの注目度も集中回答日に向け，大きな高まりをみせた。回答速報を集約する金属労協本部には例年の1.5倍の報道陣が押し寄せ，今春闘に対するメディアの関心の高さを表した。2014年3月末までの労使交渉の結果を概観すると，輸出産業を中心にした円安による企業業績回復や年末の政労使会議における賃上げに向けた確認などを背景に，久しぶりに定期昇給以外のベースアップおよび賃金改善の賃上げ回答が示された。

この回答を受け報道各社は，賃上げについては「相次ぐベア回答」「高水準の回答」などの見出しを打った。また一部では今春闘を「官製春闘」とネーミングした。今後の課題としては，中小企業や非正規雇用への波及を指摘するメディアが目立った。

こうした大手の回答を踏まえて，金属労協は，「2008年以来6年ぶりに，金属労協全体で月例賃金の引上げを獲得する道筋をつけることができた」などと評価する見解を発表した。労使の中央団体も「月例賃金の引上げにこだわり，粘り強い交渉を繰り広げた結果，先行する組合で月例賃金引上げの回答が示された。今次闘争は2015年以降の闘争につながる重要な転換点であり，すべての働く者の賃金の引上げをめざすうえで，順調なスタートを切ることができた」（神津里季生連合事務局長），「多くの企業が賃金改善要求にさまざまな形で応えるなど，企業収益の改善を多様な内容で従業員に還元している。デフレからの脱却と持

▲回答集計ボードを撮影するメディアで混雑する金属労協本部（3月12日）

続的な経済成長の実現というマクロ的な認識を共有しながら，自社の実情に適うよう企業労使で懸命に知恵を出し合った成果といえる」（米倉弘昌経団連会長）などと評価した。

中小や地方への波及について，「この結果が地方や中小企業の賃金などにも波及し，日本経済の底上げにつながるものと期待している」（長谷川閑史経済同友会代表幹事），「日商が実施した調査では，中小企業においても約4割が賃金を引き上げる予定としており，全体として賃上げのムードは高まっているように思う。賃上げを行う中小企業が多く出ることを期待するが，一方で，地域，業種，規模によっては，依然として景気回復が実感できないとする意見も根強い」（三村明夫日本商工会議所会頭）といった，期待と懸念を表明するコメントも発表された。

●大手企業の賃上げは13年ぶりに2％台に回復へ，遜色ない中小回答

2014年3月末時点における連合の回答集計結果をみると，平均賃金方式での賃上げ額（加重平均）は6,495円，率は2.20％となり，前年同期と比べると，額で1,211円増，率で0.40ポイントそれぞれ上回った。この数字は，3月31日までに要求を提出した6,377組合のうち，妥結した1,902組合と，定昇相当分が協約などで確定しており要求する必要のなかった46組合の1,948組合を集計したもの。民間主要企業の賃上げ率は厚生労働省調査では

2001年の2.01％以降１％台に低迷していたが、３月末までの大手の労使交渉結果から、13年ぶりに２％台に乗ることが確実となった。

しかし、メディアも指摘するように、この賃上げが中小・地場、非正規雇用に波及・浸透しないかぎり、政府がめざす「デフレ脱却」にはつながらない。

参考データとして、先の連合調査で３月末における「300人未満」組合の回答状況をみると、賃上げ額は4,810円、率は1.97％。このうち、同一組合による前年実績との比較（1,754組合）では、引上げ額は6,572円、率は2.25％で、前年の同時期に比べ額で1,324円増、率で0.44ポイント増となり、大手を上回る結果となった。

組合のある企業でいえば、組合が賃上げ要求をしないで回答が出ることはないはずなので、要求状況が１つの参考になる。連合が2014年３月６日に発表した要求集計を規模別にみると、組合員数300人以上の908組合（1,740,245人）が要求を提出しており、要求額は8,598円（3.04％）だったが、300人未満の2,077組合（210,652人）の要求額もほぼ同額の8,505円（3.33％）となっている。要求段階で規模間の差は大きくない。中小企業の組合も積極的な要求を組み立てていたことになる。

一方、パートやアルバイトといった非正規労働者の時給については129労組が回答を得ており、時給の単純平均で引上げ幅が14.08円（平均時給は934.91円）、加重平均で引上げ幅が12.29円（同900.97円）となった。古賀伸明連合会長は、2014年４月１日の会見で「中小企業が例年になく健闘しているのは事実」と評価した。

● **トヨタは改善分2,700円、日産は平均賃金改定原資3,500円の満額回答**

交渉リード役として注目された自動車大手メーカー労使は、過去最高益が見込まれるトヨタは組合が11,300円（賃金制度維持分7,300円、賃金改善分4,000円）を要求していたが、賃金改善分2,700円を含む10,000円の賃上げで決着。トヨタで改善分の回答があったのは2008年の1,000円以来６年ぶりとなる。期間従業員の日給200円増要求に対しても満額回答した点も注目された。トヨタ以外の組合は3,500円の要求だったが、日産は前週に経営側が示した平均賃金改定原資3,500円相当の満額回答を正式に伝えた。また、本田技研が2,200円、マツダが賃金引上げ1,000円、14年ぶりのベア要求となった三菱自工が2,000円、富士重工が賃金改善分2,000円相当、いすゞが2,500円、日野自工が賃金表改定分2,100円、ヤマハ発動機が2,000円をそれぞれ回答した。軽自動車税の増税問題もからみ、スズキとダイハツの賃上げ交渉はもつれた。回答日直前に、スズキとダイハツがベアゼロ回答との報道が流れ、12日夕方まで交渉はずれ込んだが、賃金改善分800円で収束した。

一方、年間一時金は、大手メーカーの11労組すべてが要求どおりの満額回答を得た。トヨタ年間6.8カ月、日産5.6カ月、本田技研5.0カ月＋0.9カ月、三菱自工5.0カ月などとなり、すべての組合が年間５カ月以上で妥結。本田技研は前年と同月数だったが、それ以外の組合は前年実績を上回った。この回答を受け、自動車総連は「回答を引き出したすべての組合で2002年以降、過去最高水準となる賃金改善分を獲得した。（一時金は）３組合が過去最高の獲得月数となった」などとする談話を発表した。

● **電機メーカーは開発・設計職で2,000円の水準改善**

電機連合が決めた賃上げの統一要求基準額は、「開発・設計職基幹労働者賃金」（30歳）ポイントで4,000円以上の水準引上げ。要求水準は、「まったく相場感がない」（有野正治委員長）なか、他産別の動向に左右されることなく設定したという。ただし、前年に引き続き、シャープ労組とパイオニア労組は、企業が再建途上であるため、統一闘争を離脱。11メーカー組合による統一闘争を展開した。

業績にばらつきがあり、交渉は難航した。しかし、交渉終盤の2014年３月９日の産別労使交渉後、電経連の大隈信幸理事長（三菱電機常務執行役）が「日本全体の経済の好循環に対して、電機産業としても貢献するという認識は必要。賃金水

準の改善，いわゆるベアも選択肢のひとつという考え方で検討したい」と述べるなど，前向きな発言が示された。

これを受け電機連合は，3月10日の中闘委員会で，争議行為の回避基準となる歯止めについて，「2,000円の水準改善を図る」ことを正式に決定。基準を下回った場合の争議行為として，3月13日の終業時から解決時点まで無期限の時間外・休日出勤拒否決行を確認。その結果，3月12日の集中回答日に，10のメーカー組合が2,000円の水準改善の回答を得た。組合が賃金水準の改善を獲得したのは，2008年の1,000円以来となる。

一時金は，パナソニックや東芝などの業績連動方式をとらない5社が交渉を行い，日立が年間5.62カ月，170万612円（前年実績5.35カ月，160万3,930円），三菱が5.74カ月，159.5万円（同5.22カ月，145.2万円）などとなった。また，統一要求基準である産業内最低賃金（18歳見合）の3,000円の引上げに対しても経営側は，現行水準を1,500円引き上げる156,500円を示し，4年連続での水準改善となった。

●鉄鋼，造船重機の大手は2014，2015年の2年で2,000円の賃金改善

基幹労連は，2006年から2年分の賃上げを要求し交渉する「隔年春闘」に全部門が移行した。今回の交渉では，「デフレからの脱却と経済成長を同時に進めなければならないという条件に加え，今年4月から消費税が増税されるなかでの賃金改善となる」ため，「財源を継続的に投入することが必要」との判断から，2014，2015年度とも，賃金改善の実施を求める方針を決めた。要求基準は，2014年度，2015年度それぞれ3,500円の賃金改善を統一要求としたが，3月12日に各社の経営側は，「2014年度1,000円，2015年度1,000円を基本に2年で2,000円」とする回答を示した。単年度でみた賃金改善額が1,000円中心となった結果について，基幹労連の本部は「それだけ厳しい業界だということ」としつつ，「何とか横一線で対応したかったという面はある」と述べた。

一時金は，鉄鋼大手では神戸製鋼だけが交渉方式を採っており，組合要求の年間150万円に対して，経営側は135万円を回答した（前年実績89万円）。また，造船重機大手では，三菱重工は年間55万円＋4カ月の組合要求に対し，53万円＋4カ月を回答（同49万円＋4カ月）。IHIは5.4カ月の要求に対し，5.11カ月（同25万円＋4カ月＋成長協力金4万円），住友重機は5.2カ月の組合要求に対し，前年実績と同月数の4.95カ月をそれぞれ回答した。

●機械金属関係の賃上げは1,000〜3,000円台
　　──コマツは3,600円

機械金属関連の産別JAMに加盟する，島津，アズビル，シチズン，ジーエス・ユアサ，日本精工，クボタ労連，コマツユニオン，井関農機などの大手組合のほとんどが，ベアを獲得した。コマツユニオンが，平均でベア改善3,600円（要求：ベア4,000円）の回答を受けたほか，大手組合の賃上げは1,000円から3,000円台の幅での回答となった。

主な回答をみると，島津が30歳銘柄でベア2,000円（要求：ベア4,819円），アズビルが平均でベア1,650円の満額回答，ジーエス・ユアサが平均でベア1,000円（同：ベア4,500円），日本精工が35歳17年標準労働者でベア2,600円（同：ベア4,400円），クボタ労連が平均で賃金改善3,000円（同：賃金改善4,500円），井関農機が30歳銘柄でベア1,200円（同：ベア12,600円）となっている。シチズンは組合側が30歳銘柄でベア4,567円を要求したが，ベア獲得はならず，1人年間24,000円の特別支給を受けることで折り合った。

一時金では，ジーエス・ユアサが組合側の年間5.3カ月の要求に対し，経営側は5.12カ月を回答。クボタ労連は組合側が好調な業績を背景に年間220万円を要求し，「210万円＋2万円」で決着した。井関農機は組合側が年間4.5カ月を要求し，年間3.94カ月で決着した。

●流通・小売は2,000円相場
　　──正社員の引上げ率超のパート賃上げも

最大産別のUAゼンセンの傘下の組合に対しても，ベア回答が相次いで示された。ローソンユニ

オンが集中回答日に先立ち，3月10日にベア相当額3,000円（1％），ケーズホールディングスユニオンが11日に2,575円（1.04％）のベアを獲得。3月13日中にイオンリテールワーカーズユニオンに賃上げ分（ベアを含む）2,200円，イトーヨーカドー労組に2,031円などの賃上げ回答が示された。さらにレストランチェーンの王将フードサービスは，「餃子の王将ユニオン」に対して，賃上げ分10,000円（4.92％）を含む，1人平均賃上げ17,008円（8.37％）の大幅アップで妥結した。

パートなどの短時間組合員に対する賃上げ回答も各社で同時に示されて，正社員の賃上げ率を上回る回答も出された。たとえば，イオングループのショッピングセンターの開発などを担うイオンタウンの組合に対しては，正社員組合員の1人平均賃上げは3.99％だが，契約社員（月給）については6.34％，パートについても3.53％の引上げで妥結している。

● NTT，JP，JRなど公益系産業も久々の賃上げ

NTTグループの労働組合で構成するNTT労働組合は，3月12日，月例賃金を1人平均で1,600円引き上げることなどで合意した。引上げは7年ぶり。一時金にあたる特別手当についても，NTT東日本が134.5万円，西日本が133.7万円，データが158.9万円，ドコモが180.7万円などで妥結した。

NTT労組は，グループ主要8社の現行水準の基準内賃金を3,000円（平均）改善することを要求に据え，ストライキ権を確立して交渉に臨んだ。その結果，月例賃金については，基準内賃金の引上げ見合い700円と，扶養手当（基準外手当）の引上げ分900円を合わせた，1人平均1,600円の引上げで妥結。特別手当（一時金）は，NTT東日本，持株会社，NTTコムウェア，NTTファシリティーズが134.5万円を要求し，すべて満額回答で決着。その一方，NTT西日本は，134.5万円を要求したが，前年同水準の133.7万円，NTTデータは前年と同じ水準（173万円）を要求し158.9万円（公表ベース），NTTドコモは前年支払水準（183.9万円）の要求に対し，180.7万円でそれぞれ妥結した。

日本郵政グループもJP労組の基準内賃金の1％にあたる平均3,000円の要求に対して，月例賃金1,000円の引上げを回答し，決着。年間一時金は，前年比0.2カ月増の3.5カ月で折り合った。

JR関係では，JR東日本が6年ぶりのベアとなる平均1,635円，JR東海はベア1,500円，JR西日本はベア500円で妥結した。他方，JR北海道とJR貨物はベアゼロでの妥結を余儀なくされた。私鉄大手でも，東急が月給を平均で2,000円改善，阪急ではベアの回答を見送ったものの，若年社員に対して賃金を一律2,000円引き上げる回答を示した。

電力各社の組合は賃上げ要求を見送っているので，そろい踏みとはならないが，公益・インフラ系組合の要求に対して，経営側が有額回答で応えたのは1999年以来となる。

● 「賃上げ春闘」が復活
　　——しかし内容は成果主義の浸透を反映

この時点での賃上げ回答の動向を踏まえれば，組合の要求に対して何らかの有額回答を示した企業がほとんどだった。「賃上げ」（ベア・賃金改善）が実施される春闘が復活した，といっても間違いではない。こうした労組の大多数がベアなどの賃上げを要求し，これに各企業が有額で応えた春闘は，先に触れたように，1999年まで遡らなければならない。この間，2006～2008年に賃金改善という賃上げは一部で実施されたものの，ベアではなく，全体に賃上げが波及したわけでもなかった。

では，2014年の賃上げが従来型の「ベア」だったのかという疑問が浮上する。金属労協や連合の集計をみると，「ベア」という回答表記もみられるが，「賃金改善」「賃金是正」の表記も相当数含まれる。

こうした表現が盛り込まれた背景の1つに，15年に及ぶデフレ下で浸透した成果主義型の賃金制度がある。賃金カーブ全体を底上げする「ベア」ではなく，特定層や高評価者への配分を選択した企業労使が増えたということだろう。思い返せば，2014年版の経団連の「経営労働政策委員会報

告」が特定層への配分を主張していた。各企業の状況をみても，「若年層配分」といった賃上げ原資を一部に重点配分する回答もみられた。

また，集中回答日を伝える新聞の見出しには「高水準の回答」を使うケースがみられた。これに関してはこの間，平均から個別へという組合の要求方式の転換が影響している。全体を引き上げる平均方式から個別ポイントの要求に重点を移した産別は，統一要求を率による引上げから絶対額重視にシフトした。いち早く職種別賃金要求に移行した電機連合が代表例だ。デフレ下の賃上げをみると，ゼロないし低水準の回答が続いた。このため，過去十数年の実績値と比べれば，2014年春闘の回答は「高水準」になったといえる。

●一時金増額で「景気腰折れ回避」となるか

2014年春闘はデフレ脱却だけでなく，1997年以来の消費税増税の影響による景気の腰折れを賃上げで回避したいとの政策サイドの思いが，「賃上げ要請」の背景にある。消費税の8％への引上げ前の駆け込み需要などによる反動減は当然予想された。とくに，4～6月に景気が腰折れするとの意見も強かった。アジア経済危機や国内の金融不安が広がった1997年当時との経済環境の違いなどもあり，専門家の意見も分かれている。

こうしたなか，一時金の動向に注目する必要がある。春闘時に年間の一時金を決定する労使が多く，また，業績連動型の一時金決定方式を採用するケースも増えている。

2014年3月末の連合集計のデータをみると，一時金で妥結した年間月数は（集計組合数1,109組合）5.19カ月で，前年同時期を0.57カ月上回っている。金額要求の組合の集計では（同539組合），1,636,441円と昨年同時期を109,278円上回っている。金属労協が2014年3月27日現在でまとめた52組合の一時金回答をみると，「要求・回答方式」が34組合，業績連動方式が16組合で，「要求・回答方式」である34組合すべてが回答を引き出している。前年比での内訳をみると，前年水準を上回る組合が29組合，同水準が2組合，下回る組合が2組合と，ほとんどの組合が前年を上回るか同水準となっている。回答の平均月数は5.11カ月と5カ月台に乗り，前年に比べ0.39カ月（8.3％）増となった。

これらの数字をみるかぎり，一時金の前年比の増額幅はかつてないほど大きい。

業績連動方式の企業も，今季決算の動向から2013年の実績を上回る企業が多数派となることが予想された。こうしたことから，夏のボーナスが景気の腰折れに一定程度の歯止めをかける可能性もあった。しかし，消費税の8％への引上げ前の駆け込み需要などによる反動減は当然予想され，とくに4～6月に景気の腰折れを懸念する意見も強かった。アジア経済危機や国内の金融不安が広がった1997年当時との経済環境の違いなどもあり，専門家の意見も分かれていた。

●今季は「社会性」を重視した賃金決定に
――波及メカニズムのパラダイム転換

2014年春闘については，「官製春闘」という論調も目についた。この表現の背景には，2013年末までの政労使会議や，年明け以降の経産省幹部らによる各企業への賃上げ要請がある。こうした動向が労使自治を前提とした企業別交渉に影響を与えたのだろうか。産別幹部からは影響を認める発言もあったし，軽自動車メーカーの労使交渉と結果にはその影がまとわりつく。

しかし今回の交渉は，政労使共通の政策ターゲットが「デフレ脱却」にあったことを抜きには語ることができない。企業別交渉に移行する前に，このターゲットに向け政労使が社会的責任を果たすという方向性の一致をみたことが，事実上の交渉フレームになったのではないか。経済指標や企業業績という経済性ではなく，社会性が前面に出た「春闘」という評価の方が妥当な気がする。いずれにしても，15年に及ぶデフレからの脱却に向けて，春闘が担う役割は極めて重いことが，改めて明白になった。

その一方で，労働側が求める「ボトムアップ型」の春闘へ転換するためには，賃上げ波及メカニズムのパラダイム転換が求められることになる。

●平均賃上げ率が13年ぶりに２％を超える

　厚生労働省が７月29日に発表した「2014年民間主要企業の春季賃上げ要求・妥結状況」によると，民間主要企業314社における賃上げの平均妥結額は6,711円で，前年（5,478円）に比べて1,233円の増加，交渉前の平均賃金のベースに対する賃上げ率は前年比0.39ポイント増の2.19％となった。賃上げ率が２％台に乗るのは2001年以来，13年ぶりとなる。

　また，連合が７月１日時点でまとめた最終集計によると，集計対象8,789組合で賃上げを求めた7,174労組のうち妥結した約８割についてみると，平均賃金方式で要求・交渉した組合の妥結結果は，組合員の加重平均で5,928円（2.07％）で，前年同時期と比べると1,062円（0.36ポイント）増となった。中小企業も多く含まれる連合の集計が２％台を超えるのは，1999年以来である。

2015年春闘

2000年以降で最も高い賃上げに

【2015年春闘関係の特徴，主な出来事】

「経済の好循環実現に向けた政労使会議」開催（2014年9～12月）
連合，「定昇相当分を除いて2％以上」を要求，物価上昇の考え方分かれる
連合，初めて，最低到達水準を設定
前年を上回る賃上げ回答，一時金も前年より増加傾向
人事院勧告，月例給，ボーナスともに引上げ勧告（7年ぶり）

【社会・経済の主な出来事】

GDPマイナスの拡大
衆院解散（2014年11月）

【世 相】

ダメよ～ダメダメ，マタハラ，
ありのままで（アナと雪の女王），カープ女子

1. 2015年労使交渉の焦点

■アベノミクスに大きく左右された2014年

2014年は，日本経済だけでなく労使関係者も，いわゆるアベノミクスによる政策動向に大きく影響された1年だった。まず，「経済の好循環実現に向けた政労使会議」による確認を受けて展開した賃金交渉に大きな注目が集まるなか，2014年春闘がスタートした。連合集計では平均賃上げが15年ぶりに2％台を超え，連合も「デフレからの脱却に向けた一歩」との評価を下した。

2014年4月の消費税率引上げの影響は，久しぶりの賃上げや夏季一時金の増額などにより，軽微にとどまるとみられたが，4月以降，実質経済成長率（GDP）は2四半期連続のマイナスとなっただけではなく，7～9月のマイナス幅は前期より大きく拡大。消費増税後の消費者マインドの低下や個人消費の回復が小幅にとどまったことが大きく影響した。これが大きな引き金となり，アベノミクスの是非と消費税10％増税の延期を問うため，安倍首相は2014年11月に衆院解散を決めた。

大企業を中心とした好業績を背景とする賞与の増加により，名目賃金は緩やかに増加した。ただし，2013年7～9月以降，物価の上昇が名目賃金の上昇を上回っていることから，実質賃金の減少傾向が続いている。この点が，2015年春闘での労使交渉・協議における大きな論点となった。

一方で雇用情勢は，完全失業率は2014年5月には3.5％まで改善し，有効求人倍率も6月には22年ぶりの高い水準である1.10倍まで上昇した後も緩やかな回復基調が続いた。さらに，サービスや建設など非製造業の生産活動が好調に推移するなかで，こうした内需系産業での不足感が高まった。

さらに労働関係で注目されたのが，岩盤規制の打破をスローガンとする安倍政権発足以降の労働・雇用に関する規制改革である。とくに産業競争力会議が，労働時間ではなく成果で評価される「新たな労働時間制度」の創設を提起し，2014年6月に改定された「世界でトップレベルの雇用環境」の実現をめざす「日本再興戦略」（成長戦略）にこの新制度創設が打ち出された。さらに，「2020年に指導的地位に占める女性の割合30％」の実現に向けた新法の制定，外国人技能実習制度の拡充，金銭救済ができる雇用システムに関する国内外の関係制度・運用に関する調査研究等が盛り込まれた。

しかし，安倍政権が重要法案と位置づけた労働者派遣法の改正案は，通常国会，臨時国会のいずれにおいても審議未了・廃案となり，臨時国会における最重要法案の1つだった女性活躍推進法案も衆議院解散のため廃案となるなど，2014年は年初から年末まで，アベノミクスに大きく左右された。

■2回目の政労使会議とその文書が提起した新たな課題

安倍首相は，2014年11月18日の衆議院解散の際，以下のように述べた。「3本の矢の経済政策は確実に成果を上げつつある。政権発足以来，雇用は100万人以上増えた。有効求人倍率は22年ぶりの高水準である。この春，平均2％以上給料がアップした。過去15年間で最高である。企業の収益が増え，雇用が拡大し，賃金が上昇し，そして消費が拡大していく，そして景気が回復していくという経済の好循環がまさに生まれようとしている」。デフレ脱却を経済政策の最大課題とする安倍政権が，賃金・雇用の帰趨に最大の関心を払っていることがわかる。

2013年に続いて2014年9月から再開された「経済の好循環実現に向けた政労使会議」が2014年12月16日に共通認識をとりまとめた会議の冒頭，安倍首相は，「経済界の皆さんに，来年春の賃上げについて，最大限の努力を図っていただけるよう，要請したい。賃上げの流れを来年，再来年と続けていき，全国津々浦々にアベノミクスの効果を浸透させていきたい。そのためにも，とくに円安のメリットを受けている高収益の企業については，賃上げ・設備投資に加え，下請企業に支払う価格についても配慮を求めたい」と要望した。そして，政労使会議が確認した文書には，2013年に

引き続き賃金上昇に向けた取組みを継続実施するほか、「サービス業等の生産性向上」「休み方・働き方改革」「プロフェッショナルの人材還流円滑化」「女性が働きやすい制度等への見直し」などを新たに盛り込み、これまでの合意内容のフォローアップも行うことになった。

2014年の会議で話題となったのは、第1回会議で安倍首相が「子育て世代の処遇を改善するためにも、年功序列の賃金体系を見直して、労働生産性に見合った賃金体系に移行することが大切である」と発言したことだろう。これに対して、労働側の相原康伸自動車総連会長が「賃金構造、賃金カーブは労使で作りこんできたもの。付加価値生産性の視点だけでいいのか」と疑義を呈した。賃上げという単年度の対応にとどまらない、賃金制度のあり方について踏み込んでくる安倍首相に対して、労働側は「賃金は労使自治で決めるもの」との原則から、同会議での議論に対する強い違和感を抱いた。

とはいえ、合意文書には賃金体系のあり方として、「個々の会社の労使が十分な話し合いのもとでその会社に合った見直しに取り組んでいく。その際、政府は子育て支援を通じて少子化対策に努める一方、労使は仕事・役割、貢献度を重視した賃金体系とすることや子育て世代への配分を高める方向へ賃金体系を見直すことが一案である。若年層については、習熟期間であることを踏まえて安定的な昇給とする一方、蓄積した能力を発揮し付加価値の創出が期待される層では、個々人の仕事・役割、貢献度を重視した昇給とすることが考えられる」との内容が盛り込まれた。

連合のとりまとめにあたっての事務局長談話も「ワークライフバランス社会の実現に向けて、長時間労働を是正する意識改革を進めていくことや、非正規雇用労働者について意欲と能力に応じた処遇改善や正規化を図るべき時を迎えているとの認識が深まったことは評価できる」とする一方、「生計費カーブの前提となっている子育てや教育費等のあり方や、めざすべき社会像とそのための政策体系などについては、限られた時間のな

▲前年に引き続き9月29日に再開された政労使会議（首相官邸ホームページから）

かで十分な議論ができたとは言い難い」として、政労使会議での議論の生煮えを指摘した。

■交渉に臨む労働側の動向

こうした経済情勢や政府における動向を踏まえて、ナショナルセンターの連合および賃金交渉のリード役である金属労協は、いずれも2014年12月上旬に2015年春闘に向けた闘争方針を決定した。両組織とも、前年に引き続き「デフレからの脱却」と「経済の好循環実現」に向けて、2年連続で定期昇給相当分以外のベア・賃金改善の要求を打ち出した点が特徴となった。賃上げによる消費喚起、それによる経済の好循環実現という流れを想定している点は、政府が描くシナリオと大きな差異はない。

では、どのような要求水準を設定するかがポイントとなった。2013年より消費者物価が上昇していることを踏まえ、連合は前年より要求を1ポイント引き上げ「定昇相当分を除いて2％以上」に、金属労協は共闘全体の底上げを重視する観点から前年の率要求から、「6,000円以上」という額による要求基準に変更した。

前年の2014年春闘は「1％以上」の賃上げでほぼ足並みを揃えた連合系だが、2015年春闘に向けて議論された賃上げ要求案をみると、過年度物価上昇分の確保をめざす実質賃金重視派と格差是正重視派に色分けされた。さらに、物価上昇分に消費税の影響を含むか含まないかについても、論がわかれた。こうした考え方の差が、産別・単組の

2015年

要求に反映されることになった。

■連合が初めて「最低到達水準」を設定
　――「底上げ」「底支え」をより重視

　まず，連合の要求基準については，インフレ下での定番だった物価上昇の後追い型ではなく，「賃上げによる経済成長」という前向きなとらえ方をするよう構成組織に要請した。そのうえで，2％以上の意味合いとして，実質賃金維持，格差是正などを取り込むかどうかの判断は産別にゆだねたいとのスタンスを示した。また，消費税の影響による物価上昇分の扱いについては，古賀伸明会長が「消費税をどうみるかということになれば，社会保障を維持していくなかで，国民全体でわかち合う面もある。物価上昇だからと，すべてを企業に求めていくものでもない。そういう意味で総合的に判断した数字（2％）だ」と説明した。

　その一方，連合が闘争方針で初めて打ち出したのが，中小・地場の労組が賃金の底上げ・底支えの具体的な目標となる「最低到達水準」である。この水準は，労働者が最低限の生活を営むのに必要な賃金水準を連合が独自に算出している「連合リビングウェイジ（必要生計費）」に基づき，埼玉県を例に，単身世帯・自動車保有なしの月額で1人世帯153,000円，2人（父子）世帯・自動車保有なしの月額で209,000円となっている。連合はこの数字を最低賃金審議会の場でも活用したいとしており，連合の闘争スローガンにある「底上げ」「底支え」にその役割をさらにシフトしたとみることもできる。

　さらに，正規・非正規間の格差是正に向け，重点要求項目を設けた。時給の引上げでは，地域特性や職種を考慮しながら正社員との均等処遇の実現と社会的な波及を強めるため，連合が掲げる「誰もが時給1,000円」をはじめ，①中期的に「都道府県別の連合リビングウェイジ」を上回る水準になるよう指導を強化，②昇給ルールの導入・明確化の取組みを強化，③時給の引上げについて，37円を目安に求める――のいずれかの取組みを展開するとした。37円は，連合中小共闘の賃金引上げ目安（6,000円）を時給換算した額で，前年の厚労省「賃金構造基本統計調査」（全国）の所定内実労働時間の平均（163時間）から割り出した。

■金属労協は13年ぶりに「額」での賃上げ要求
　――「格差改善」を重視

　春闘の相場形成に大きな影響力をもつ金属労協は，前年に引き続き，傘下の組合全体が賃金引上げに取り組む。具体的な要求基準は，「賃金制度に基づき賃金構造維持分を確保したうえで，6,000円以上の賃上げに取り組む」とした。組織全体での賃上げを提起するのは2年連続。2014年の方針では，基本的な考え方として，「1％以上の賃上げに取り組む」とし，要求の上げ幅は表示しなかった。金属労協が額で賃上げ要求基準を明記したのは，2002年の「ベア1,000円」以来13年ぶりとなる。要求基準を「額」表示したことについて，「率で書くと，賃金水準の高い組織は（引上げ要求額も）高くなる一方，低い組織は低くなってしまい，賃金が低い組織が格差改善できず逆に格差が広がってしまう」（相原康伸金属労協議長）とし，産業間・内の格差是正に狙いがあることを強調した。

　来季の要求基準の策定にあたっては，「『デフレ脱却と経済の好循環を実現し，勤労者の生活を守るための賃上げ』との基本的な考え方に立ち，第1に経済の好循環を実現するための継続的賃上げ，第2に実質生活を守るための賃上げ，第3に人への投資による企業の持続的な発展を図るための賃上げ――の面から，賃上げの必要性とその正当性を整理した」としている。とくに，前年の春闘で，デフレ脱却の一歩を記した「起点」を継続的な「線」につなげるためにも，向こう2～3年にわたっての継続的な賃上げが必要だとの考えを強調した。

■消費者物価上昇率のとらえ方で要求基準案に相違も

　こうしたナショナルセンターやJC共闘における動向を踏まえ，産別で議論された賃上げ要求案をみると，消費税増税分の影響による物価上昇率のとらえ方の相違が要求基準案の設定に反映されていた。

先にみたように，連合の要求水準2％以上は，消費税増税による物価への影響を数値化し，積み上げ方式で設定したものではなかった。日銀が試算している消費税増税による物価への影響分である2％を含めて，2014年4月以降3％程度で推移している消費者物価上昇率を要求にどう織り込むかについて，産別の考え方は異なっていた。連合内でも，消費税増税分を含めた物価上昇分をすべて企業に求めるのか，あるいは家計もわかち合うべきなのかについての議論はあったものの，最終的にその判断は産別にゆだねた格好となった。

　こうしたなかで産別の動向をみると，「実質賃金の維持・回復」と「格差是正」のいずれに重点をおくか（両方追求のパターンも），これに加え産業・企業の実情なども含めて「総合勘案」するのか，さらに，「消費税増税分を織り込むか・織り込まないか」によって，要求の考え方や基準の設定に違いが生まれた。

　最大産別のUAゼンセンの要求基準（素案）は「賃金体系（カーブ）に加え，3％を基準に少なくとも2％以上の賃金引上げを要求する」とし，産別が設定しているミニマム水準に達していない組合は「賃金体系維持分を含め，12,000円基準の賃金引上げを要求する」とした。UAゼンセンは，明らかに落ち込んだ実質賃金の回復を要求策定の根拠におきつつ，賃金水準の低い組合にも配慮し，格差是正も重視した方向性がみえる。

　連合「中小共闘」の中核産別であるJAMは，大手と中小の規模間格差の縮小を賃金闘争の最重点課題としているだけに，格差是正を闘争の前面に打ち出してきたが，2015年春闘では，実質賃金維持を前面に掲げた。春闘闘争方針大綱で，「消費者物価の上昇局面であることから，実質生活の維持とあるべき賃金水準を踏まえながら，ベア要求に取り組む」と明記。賃金構造維持分に加える賃金水準の引上げ額を「過年度物価上昇分と生活改善分を勘案して9,000円」とし，賃金水準の低下が確認され是正が必要な単組はさらに1,500円以上を加えて要求するとした。9,000円は傘下の平均所定内給与が約30万円なので，3％を物価上昇分として算出したものだ。

　製造業のなかでも賃金水準が低位にある食品業界の産別であるフード連合の闘争方針でも，「実質賃金の確保や格差是正，これまでの賃金の復元等を総合勘案し，2％（6,000円以上）」を要求基準として提案した。

　一方，消費税の影響を要求に盛り込まないことを明確にしている産別もあった。私鉄総連は，月額基本給を1人平均2.0％（定期昇給相当分）とし，ベア分として5,500円の引上げを統一要求とした。ただし，消費者物価指数は2014年4～9月分平均の2.9％を参考としつつも，消費税増税の影響分として推計した2.0％を除く0.9％に「生活回復・向上分」として1.1％相当をプラスして，ベア要求を5,500円とした。また，紙パ連合は，連合方針に準じて2％以上の賃上げ要求を掲げたが，消費増税分の影響については，「社会保障制度の財源確立の趣旨を勘案し，要求には組み込まない」とした。

　物価などのその他の諸要因も総合勘案して，要求策定する代表格が自動車総連だった。デフレ脱却というめざすべき経済の実現に加え，すべての組合が「物価動向，生産性向上分とその成果の配分，産業実態，賃金実態を踏まえ，また，格差是正，体系の是正などさまざまな観点を総合的に勘案し，6,000円以上の賃金改善を設定する」との要求を固めた。さらに，大手と中小，またメーカーと部品・ディラー間などの格差是正を明らかにする「額要求」を，もう1つの眼目とした。

■久しぶりに「時短」も闘争方針の柱に
　　――待ったなしの長時間労働是正

　連合の闘争方針をみると，「賃上げ」「時短」「政策・制度実現」を3本柱とし，「すべての組合が重点的に取り組む課題」と位置づけた。とくに時短については，傘下の主要組合の年間総実労働時間が約10年にわたって2,000時間台に高止まりしているため，連合発足時からの目標である「総実労働時間1,800時間への取組みを加速する」。具体的な取組みとしては，三六協定特別条項の上限規制設定に関する協議を推進するなどとした。

▲21世紀に入って最も高い賃上げ回答がボードに書き込まれた（2015年3月　金属労協本部）

連合発足から四半世紀となるなか、1980年代後半から1990年前半にかけて、労働界全体として賃金・時短・政策制度を三位一体で取り組む運動路線を敷いた。とくに自動車、鉄鋼などの組合は「賃金と時短に同等に取り組む」とし、所定内労働時間の短縮のために休日増加を勝ち取っていった。しかし、バブル崩壊後、時短は春季交渉の主役の座から降りることになる。

連合が、こうした時短重視の方針を掲げた背景には、政労使会議の合意文書にも含まれた「休み方・働き方改革」にあるように、政府で進む労働時間がらみの新たな政策に対して、労組自らが時短運動に改めてテコ入れする狙いもある。

政府にとっても労働時間対策は大きなテーマとなっていた。2014年6月の改訂・成長戦略には、「働き過ぎ防止のための取組み強化」が盛り込まれ、同月に「過労死等防止対策推進法」が成立するなど、長時間労働対策の強化が喫緊の政策課題として浮上していた。さらに、厚労省の労働政策審議会で検討が進められた、成果で評価される「新たな労働時間制度」の創設、裁量労働制の新たな枠組みなどを議論する前に、長時間労働対策が必要だと労働側は主張していた。

厚生労働省では、2015年9月末に塩崎恭久厚生労働大臣を本部長に「長時間労働削減推進本部」を設置し、全国一斉の無料電話相談を含む「過重労働解消キャンペーン」を展開した。さらに、2016年1月からは都道府県労働局に「働き方改革推進本部」を設置し、地域全体で働き方の見直しに向けた気運醸成を図りつつ、時間外労働が月100時間を超える事業場等への監督指導を徹底するなど、長時間労働対策をさらにテコ入れした。

政労使会議の文書でも、「政労使一体となって、長時間労働を是正する意識改革を進め、休み方改革を推進していく」としており、労働時間問題が、労使にとっても大きなテーマとして一気に浮上してきた。また、連合の闘争方針の3本柱の1つである「政策制度実現」では、「新たな労働時間制度」の創設に反対する立場を貫いているだけに労政審の場、また、改正労働者派遣法の三度目の国会上程が予想されるだけに、国会の場でも、その取組みが大きなヤマ場を迎えることになった。

■政労使の対応が経済の帰趨に大きく影響

円安・原油安などの追い風により、2015年3月期の経常利益は過去最高をうかがう展開となっていた。しかし、足元のマイナス成長にも明らかなように、輸出中心の大手製造業と国内需要に拠らざるを得ない中小企業との二極化も進んでいた。こうしたなか、強い企業を支える関連企業や非製造業、とくにサービス業の生産性・収益力の向上・拡大によって、設備投資、雇用・賃金の改善を図り、好循環につなぐことができるかどうかが大きなポイントとなった。

2015年春闘における労使および政府の対応は、賃金交渉の動向だけではなく、制度・政策面でも、日本経済の帰趨に大きな影響を及ぼす節目となった。

2．2015年労使交渉の結果と評価

●経済の好循環継続への共通認識と業績改善が後押し

2015年春闘は、3月18日に金属労協加盟の主要労組に経営側が一斉に回答を示し、ヤマ場を迎えた。2015年交渉では、連合がすべての構成組織が2％以上（定昇相当を加えると4％以上）の要求を設定、相場形成役の金属労協の方針を踏まえ、

自動車総連や電機連合は賃金改善分として，6,000円の金額要求で臨んだ。2014年末の第2回経済の好循環実現に向けた政労使会議の合意もあり，経済界が政府から前年以上の賃上げ要請を受けるなか，交渉が展開した結果，円高・原油安などを背景とした業績向上や「経済の好循環継続」および「デフレからの脱却」という政労使の共通認識とベクトルが結びつく格好で，2014年を上回る回答が相次いだ。業績好調の自動車関係では，各社とも定期昇給相当分を除いてベースアップ・水準改善などの形で，日産の5,000円を筆頭に，トヨタが4,000円，本田技研は3,400円の引上げでそれぞれ決着した。統一回答の行方が注目された電機労使は，日立やパナソニックなど大手がそろって前年を1,000円上回る3,000円で折り合った。

各社とも，21世紀に入ってから最も高い水準での決着となった。2年連続で同レベルの賃上げが実施されるのは実に四半世紀ぶりだった。年間一時金・賞与の水準も，要求満額を含め，前年を上回る回答が大半を占めた。一部先行した流通・小売，外食でも，定昇込みで10,000円を超える回答が示されるなど，2014年よりも一段踏み込んだ高水準の回答が目立った。

この結果を受け，労使は「歩幅を大きく踏み出せた」（相原康伸金属労協議長），「賃上げ拡大の道筋がついた」（古賀伸明連合会長），好循環の2巡目を力強く回す原動力となる」（榊原定征経団連会長）などとの見解を示した。政労使会議で賃上げを促した安倍首相も，同日の参院予算委員会で「過去15年で最高だった前年の水準をさらに上回る勢いだ。こうした流れがしっかりと広がっていくことを期待したい」と述べた。

● 先行組合の平均賃上げ7,497円（2.43％）／連合の第1回集計

連合が2015年3月20日現在でまとめた第1回回答集計によると，先行した798組合の平均賃上げ額（定昇相当分含む）は7,497円，率で2.43％となった。前年同時期（3月14日）と比べ，額で1,006円，率で0.28ポイント上回った。集計組合数は2014年より307組合多く，交渉の進展が早いのが特徴。また，平均賃金方式のうち，定昇相当を除くベア・賃金改善などの賃上げ分が明確な509組合を集計した平均の引上げ率・額をみると，額では2,466円，率では0.80％となった。

金属労協が2015年3月25日現在でまとめた回答状況によると，大手登録53組合のベア・賃金改善分の獲得額は2,801円で，前年を約1,100円上回った。年間一時金は5.26カ月で，前年を0.1カ月上回った。中堅・中小組合の登録169組合の獲得額は2,105円（前年比837円増），年間一時金は4.89カ月（同0.14カ月増）となった。

こうした回答状況を踏まえて古賀伸明連合会長は，「中小の格差改善や非正規労働者の底上げに向けて全力をあげることが重要だ」と強調した。

● 「平成の経済整合性闘争」（金属労協），「2巡目を回す原動力に」（経団連）

労使の評価をみると，2015年の交渉がデフレマインドを大きく転換させる契機となったことがうかがえる。相原康伸金属労協議長は，2015年3月18日の集中回答日の会見で，1975年の闘争で金属労協が主導し，狂乱インフレを鎮静化させるために打ち出した「大幅賃上げ自制」のいわゆる「経済整合性論」になぞらえて，闘争の位置づけを語った。2014年闘争から「マインドシフトを図り，賃上げを基点とする好循環サイクル」を起動させる「平成の経済整合性闘争」を展開してきたとの認識を示したうえで，「2015年は，継続した賃上げが求められるなかで，前年より歩幅を大きく踏み出すことができた。金属労協にとって，職場の組合員はもとより，世のなかの目線を持ち上げていける期待感を発信することができた」などと回答内容を評価した。

また連合は，3月18日に回答を引き出した金属以外の小売，交通などの状況も踏まえて，「長年にわたり一定水準に貼り付いてきた賃金の引上げを加速・拡大することを求めてきた。その道筋がついた」などと強調した。

一方，経団連は同日，主要企業の春闘一斉回答を受けて，「労働組合からの2年連続かつ高水準の賃金引上げ要求に対して，本日，多くの企業で，

月例賃金について過去最高額となるベースアップが相次ぐなど前年実績を大きく上回る回答となったこと，さらには，賞与・一時金についても前年以上や要求どおりの満額回答となったことを歓迎したい。収益の拡大を従業員へ適切に還元してわが国経済に貢献するとの企業の姿勢を明確に表した本日の回答結果は，好循環の２巡目を力強く回す原動力となると確信する。これから回答を提示される企業においても，労使で真摯な話し合いを重ね，自社の成長と経済の好循環への寄与につながるような前向きな対応を期待する」とする榊原定征会長のコメントを発表した。

企業も従来の個別企業における支払い能力を前提とした交渉スタンスだけではなく，デフレ脱却というマクロ経済への貢献・寄与という面を2014年以上に明確にした姿勢が，増額回答を促したといえる。

● 前年より700〜1,500円上積み，2002年以降で過去最高水準——自動車の労使交渉

大手自動車メーカーの労使交渉は，各組合が前年実績を大きく上回る回答で決着した。すべての組合で，2002年以降過去最高水準のベースアップ相当を含む賃金改善分の獲得となった。トヨタは前年実績より1,300円増の平均4,000円の引上げを回答，定昇相当を含めて11,300円。日産はトヨタを上回る5,000円引上げ（前年比1,500円増）を含めた平均賃金改定原資11,000円の回答，本田技研は前年より1,200円増のベア3,400円で決着した。

自動車総連は，すべての組合が6,000円以上の賃金改善を要求し，前年実績以上の回答引き出しと関連企業や下請け関連との格差是正もめざした。最終局面まで，経営側は賃上げによるグローバル競争力低下への懸念，不透明な業績見通しを理由に，厳しい姿勢を崩さなかった。これを受け，自動車総連は14日の中央闘争委員会で，「賃金改善分については，前年の価値ある成果を乗り越えるとともに，掲げた要求に沿った回答にこだわり，最大限押し込む」「一時金については，要求水準への組合員の強い思いを踏まえ，『満額獲得』に向け最後まで押し込む」，ことを確認。最終盤の交渉・協議に臨んだ。

その結果，前年実績（800〜3,250円）に700〜1,500円上積みする回答が示されたほか，賞与・一時金については，トヨタ6.8カ月，日産5.7カ月，本田技研5.9カ月，マツダ5.5カ月など，スズキを除いた大手各社で組合要求どおりの満額回答となった。

また，具体的な内容は各社で異なるものの，初めてメーカー労組がそろって要求した，契約社員や期間工など非正規労働者に対する処遇改善でも，時給の改定や正社員登用の促進などで要求どおりまたは進展ありの回答が示された。

これを受け，自動車総連は同日，「デフレ脱却と経済好循環に向けた確固たる１歩目を踏み出したと同時に，職場や自動車産業労使に対する社会の強い期待などを背景に，労働組合としての役割を果たし得たものと受け止める。」などとする，相原康伸会長の談話を発表。さらに相原会長は記者会見で「賃上げは労務コストの面はあるが，人への投資が企業の競争力や需要を生む。企業だけでなく経済に対してもプラスになることを発信できているのではないか」と語り，交渉を通じて日本経済の今後に対して，自動車労使の社会的役割に関する共通認識が醸成されたことを評価した。

● 電機労使は「実質生活の維持」「社会的責任」で認識共有——水準改善3,000円の回答

電機連合は，パナソニックグループや日立，東芝などが中闘組合を形成し，業績低迷のシャープは離脱したものの，従来どおり闘争体制を背景に12組合が統一交渉を展開した。賃金水準の改善では，組合側は12組織そろって，開発・設計職基幹労働者（30歳相当）の個別ポイントの賃金水準で6,000円の引上げを要求。交渉の最終盤に向け，３月16日に開催した中央闘争委員会で，企業の業績・体力に大きな差があり，対応についてもばらつきが懸念されたものの，3,000円以上の引上げを闘争行動の回避基準（いわゆる歯止め基準）に設定し，交渉を追い込んだ。

最終的に，回答指定日の３月18日には3,000円引上げの回答が一斉に示され，決着した。前年は，

同ポイントで4,000円の引上げの要求に対して2,000円を獲得しており、2年連続での賃上げとなった。

また、もう1つの統一闘争事項である産業別最低賃金（18歳見合い）は、現行協定額（156,500円）を4,000円引き上げて160,500円とするよう要求していたが、最終的には2,000円引き上げて158,500円とすることで折り合った。これを時給に換算すると、今回のアップにより1,000円台に乗った。

一時金は12中闘組合のうち、日立、三菱、富士電機、沖電気、パイオニア、明電舎の6組合が交渉して回答を求める方式で、それ以外の組合は業績連動算定方式を採用している。交渉組合の回答結果をみると、日立5.72カ月（要求5.9カ月）、三菱6.03カ月（同6.14カ月）、富士電機5.25カ月（同5.4カ月）、沖電気5.1カ月（同5.2カ月）、パイオニア4.0カ月（同4.0カ月）、明電舎5.0カ月（同5.5カ月）となっている。2014年は統一闘争を離脱したため比較できないパイオニアを除いて、すべての交渉組合が前年実績よりもアップした。

各企業別の交渉と並行して行われる4度の産別労使交渉を通じて、電機連合は「物価上昇局面における実質生活の維持、デフレ脱却と経済の好循環の実現という労使に課せられた社会的責任を果たす必要性の認識は共有できた」とした。

●サービス産業でも1万円超の高い回答

小売、外食などでパートなど非正規雇用を含む人手不足が深刻化するなか、集中回答日を前に、賃上げの動きが拡がった。ニトリホールディングスは3月16日、総合職社員の賃金改善5,222円（1.6％）を含む1人平均10,185円（3.16％）、パート・アルバイト社員の時給は、率で正社員を上回る1人平均30.5円（3.35％）引き上げることで組合と妥結した。4月2日の政労使会議に出席した似鳥昭雄ニトリホールディングス社長は、従業員のこうした処遇改善について「2015年春闘におけるポイント＝どこよりも早く、過去最高の賃金改善を＝逆境を乗り切るための"先行投資"」と報告した。

ニトリ労組が加盟するUAゼンセンの2015年賃金闘争の妥結第1号はファミリーレストラン最大手のすかいらーくで、妥結額は1人平均10,500円（3.52％）。その後も、外食では「リンガーハット」が1人平均賃上げ10,026円（3.33％）、「餃子の王将」（18日）が同10,500円（4.92％）、「元気寿司」（同日）が同10,436円（4.16％）など、1万円超の回答を受けた。

金属集中回答の3月18日前に妥結したところでも1万円超えが目立つ。アシックスは1人平均賃上げ11,903円（3.22％）、カルビーも賃上げ分（ベア）6,000円（2.08％）プラス賃金体系維持原資8,801円（3.06％）の、1人平均で14,801円（5.14％）の高い水準で妥結した。

一方、UAゼンセンの主力組合の流通部門のスーパーマーケットは、消費増税後の売上げ伸び悩みの影響もあり、2％台の妥結結果となった。流通部門では、マルエツが、賃上げ分3,844円（1.3％）（ベア3,500円プラス手当改定344円）プラス賃金体系維持原資4,247円（1.43％）の1人平均賃上げで8,091円（2.73％）、ライフは、賃上げ分（ベア）2,046円（0.74％）プラス賃金体系維持原資4,257円（1.53％）、1人平均賃上げ6,303円（2.27％）、いなげやは賃上げ分4,010円（1.28％）（ベア3,946円＋手当改定64円）プラス賃金体系維持原資3,537円（1.13％）、1人平均賃上げは7,547円（2.41％）でそれぞれ妥結した。

また、UAゼンセンは組織人員約150万人のうちの半数をパート社員などの短時間労働者が占めており、パート賃上げの相場形成役が期待されている。4月7日時点の集計によると、賃上げ率で非正規社員が正社員を上回るケースも目立った。「賃金引上げ分」と時給引上げ全体を正社員の引上げ率と比べると、「賃金引上げ分」では83.3％の組合が正社員を上回る率を獲得。時給引上げ全体では4割以上（44.7％）の組合が正社員を上回った。妥結した42組合のうち35組合（83.3％）で賃上げ率が正社員を上回った。

また、契約社員の妥結実績（単純平均）は、「賃

金引上げ分」が1,635円（0.83％）で，引上げ額全体では4,237円（2.14％）となっている。契約社員についても妥結した69組合（2万3,000人）の賃上げは4,314円（2.16％）で，こちらも正社員を上回る率で妥結したところが23組合（76.7％）にのぼった。

● 公益，交通・運輸などでも前年を上回る回答に
　──背景に人材確保の激化

このほか，人手不足に直面する産業でも積極的な賃上げ回答を出す企業が多くみられた。人手不足下で優秀な人材の確保にしのぎを削る情報・通信系では，NTT東・西日本，ドコモなどのNTTグループ主要8社の労組が，単純平均で月額2,400円（前年比800円増）の回答を引き出した。またKDDI労組は，正規労働者でNTTを上回る平均2,700円，さらに非正規労働者にも一律で月給を4,800円引き上げる回答を引き出した。

日本郵政グループの労使交渉は19日，正社員の労働条件改善について，組合員平均で基準内賃金の2％にあたる平均6,000円の要求に対し，会社側が月例賃金1,000円の引上げを回答し，決着した。年間一時金は，前年比0.3カ月増の3.8カ月で妥結している。日本郵政のベースアップは2年連続になる。

人手不足だけでなく，採用戦線も熾烈化している交通・運輸関係の共闘傘下でも，早期解決の動きが目立った。航空連合傘下のJALとJALGSが3月12日に2,000円，翌日にANAが1,000円の回答を得た。交通労連傘下でも，2日に山形交通が1,000円を回答したのに続き，岡山県貨物運送（7日，916円），近物レックス労組（11日，2,040円），第一貨物（13日，1,248円），飛騨運輸（14日，1,400円）で，いずれも集中回答日より前に回答が示されている。人材争奪戦の様相を呈しているこうした業種では，集中回答日前に高めの回答を提示することで，日程がタイトとなった新卒採用戦線において，企業のイメージアップにつなげる狙いがあるとみることもできる。

● 鉄鋼・造船重機，金属機械などの動向

基幹労連傘下の交渉は，月例賃金については，前年に賃金改定年として2年分の賃上げを妥結しており，2015年は新日鐵住金，JFEスチール，IHI，三井造船，住友重機などで1,000円，神戸製鋼は2,000円の賃金改善を実施する。今季の交渉で決める一時金は，三菱重工が59万円プラス4カ月プラス生産協力金4万円，住友重機が5.3カ月，IHIが5.43カ月と，前年を上回る水準で決着した。

JAMに加盟する大手組合では，3月18日夕刻までに，オークマ，島津，アズビル，シチズン，ジーエス・ユアサ，NTN，日本精工，クボタ労連，コマツ，井関農機が回答を引き出し，2,000～3,000円台のベアを獲得した。

一時金は，半期要求組合（667組合）の回答は179組合の平均で2.10カ月，妥結は73組合の平均で2.26カ月となった。同様に，年間要求組合（447組合）をみると，回答は107組合の平均で4.40カ月，妥結は35組合の平均で4.66カ月。妥結額を同一単組で前年と比較すると，半期が0.09カ月増，年間が0.28カ月増となった。

● マインド・リセットから広がる人材への投資

都市銀行では2014年に引き続いて賃上げが実施される見通しとなっていることに加え，生命・損害保険大手では十数年ぶりの賃上げが実施された。このように，業績改善による支払い余力の拡大，経済の好循環への貢献といった共通認識の醸成に加え，労働力需給の逼迫が圧力となり，賃上げの流れは2014年よりさらに広がった。

残された課題は，1年半以上続く実質賃金の低下がいつ反転上昇に転じるかという点と，雇用労働者の7割を占める中小企業への賃上げ波及，雇用者の4割弱にまで拡大した非正規雇用者の処遇改善となる。

中小企業への波及については，円安などで原材料費が上昇した分を適正に価格転嫁できるよう，経済界をあげて協力することで政労使合意しており，それを具体的に実践できるかどうかがカギに

なる。

非正規雇用の賃上げ動向をみると，こちらも人手不足を背景に，2014年より時給の引上げ幅が大きくなっており，労働条件の底上げにつながるものと期待された。これに加えて，正社員化の推進など，制度的な雇用安定の措置もさらに拡大することがより重要になる。2月に発表された厚労省の労働経済動向調査では，リーマンショック以来初めて，パートタイマーより正社員の不足感が上回った。産業別にみても，非正規活用の度合いが強かったサービス業でも，パートより正社員の不足感のほうが高い。

こうした点をみても，グローバル経済の大きな変調がないかぎり，長期デフレからの脱却に向けたマインドリセットを終えつつある今，新たな成長分野の原動力となる人材への投資（賃上げ・処遇改善）の動向がカギとなってきた。

●政労使合意の浸透と人手不足が，中小企業での賃上げのカギに

こうしたなか，2015年4月2日に開かれた「経済の好循環実現に向けた政労使会議」で，「価格転嫁や支援・協力についての取組策およびサービス業の生産性向上に向けた取組策」が合意された。これを受け政府は，原材料・エネルギーコストの増加に伴う価格転嫁対策について，「原材料価格が大きく変動する場合は定期的に価格交渉を実施する」などの政府の取引指針を遵守するよう14業種に要請した。また，経済産業省が2015年9月末までに大企業500社を立ち入り検査し，違反が見つかれば行政指導などで是正を促すことになった。さらに，経団連は価格転嫁に向けた取組みとして，原材料費や需要の変動に伴う損益の分担方法につき，発注元と取引先があらかじめ合意することなどを会員企業に協力要請した。こうした合意がなされたことは，中小企業における賃金決定に少なからず影響を与える。

会議のメンバーである鶴田欣也全国中小企業団体中央会長は，席上，経団連の取組みを歓迎するとともに，中小企業が賃上げを行うには，適正な価格転嫁が進み，企業収益が改善することが必要であることを訴えた。

トヨタ自動車の豊田章男社長は新年早々，「裾野までいきわたるよう交渉を進めたい」と発言。また，取引先から購入する部品について，年2回実施していた値下げ要請を，2014年度下期に続いて15年度上期も見送る方針を固めたとの報道があるなど，同社の動向がどのような影響を及ぼすかについても注目された。

一方，過去を振り返ると，中小企業にとって賃上げに踏み切らざるを得ない要因として，人手不足が大きく影響していたことがわかる。事実，労働力需給が逼迫していた1990年代の前半で，中小企業の賃上げ率が主要企業を上回った年が2回ある（1992，93年，労働省〔当時〕調査）。労働力需給の逼迫が，中小企業の賃上げにさらなる影響を及ぼす可能性も高まった。

●新たな成長に必要な士気を高める人的投資

大手企業の交渉経過をみると，「賃上げは日本経済と景気の回復に不可欠なもの」との認識が労使双方に浸透してきた。集中回答日の直前となる3月13日，日本電機工業会の定例会見で中西宏明会長（日立製作所会長）が，「経済成長のベースとして，長い間賃上げが凍結されてきたという現状は，たしかに消費マインドの足を引っ張ってきた要因ではないかという反省はある」と発言した。

バブル経済の崩壊以降，雇用の安定・維持が労使にとって最優先の課題となり，日本経済の再生にとっても，債務・雇用・設備の"3つの過剰"の解消が至上命題だった。リストラ計画を発表すると市場が好感反応を示し，株価が上がることもあった。加えてデフレの進行により，労働側が全体的に賃上げを求めることは，事実上困難な時期が長く続いた。

しかし，2015年春の大手企業の賃上げ回答に対して，株式市場は逆の判断を下し，トヨタ自動車や日本航空など"賃上げ企業"の株価が上がるという現象が生まれた。また，日本経済新聞（3月19日朝刊）が実施した主要企業経営者に対するアンケート（106社が回答）によれば，賃上げの理

由（複数回答）でトップに挙がったのは「従業員の士気を高めるため」（51％）であり，これに「業績が回復したため」27％と「景気に配慮するため」26％がほぼ同率で続いた。

政労使会議や2014年春闘からの労使交渉・協議を通じて，榊原定征経団連会長のコメントにもあるように，日本経済を縮小均衡から拡大基調へ転換させ，従業員の士気を高めて企業を新たな成長軌道に乗せるためにも，「人材への投資＝賃上げ」が重要――というベクトル合わせが進展してきた。さらに，労使間で「賃上げが経済の好循環につながる」という共通認識が醸成されてきた。

● **最終集計で賃上げは前年を上回り，公務員・最低賃金にも波及**

厚生労働省が2015年7月28日に発表した「2015年民間主要企業の春季賃上げ要求・妥結状況」（資本金10億円以上かつ従業員1,000人以上の労働組合のある企業）によると，妥結額が把握できた314社における賃上げの平均妥結額は7,367円で，前年（6,711円）に比べて656円増加した。交渉前の平均賃金のベースに対する賃上げ率は前年比0.19ポイント増の2.38％となった。賃上げ率は1998年（2.66％）以降で最も高い水準となった。

こうした民間の賃上げ動向は，人事院勧告にも反映された。人事院は2015年8月6日に2015年度の国家公務員の月例給を0.27％（1,090円）およびボーナス（期末・勤勉手当）を0.15カ月それぞれ引上げるよう国会と内閣に勧告した。月例給とボーナス両方の引上げ勧告は7年ぶりとなった。

さらに，賃上げの動向は地域別最低賃金の引上げにもつながった。各都道府県の地方最低賃金審議会で調査・審議が行われた結果，全国加重平均額は前年を18円上回る798円に引上げられた。最低賃金が時給に一本化された2002度以降で最高の引上げ額となった。

2016年春闘

「人手不足」「格差是正」で春闘メカニズムに変化

【2016年春闘関係の特徴，主な出来事】

連合，大手追従・大手準拠の構造転換にチャレンジ

連合，底上げ・底支え，格差是正で2％程度を基準，定昇相当分
（賃金カーブ維持分）を含め4％程度と要求設定

大手の賃上げ回答はペースダウン

中小の賃上げ，非正規の賃上げが正社員を上回るケース発生

【社会・経済の主な出来事】

日本銀行マイナス金利（2016年1月）

参議院選挙（2016年7月）

【世　相】

爆買い，一億総活躍社会，ドローン

1．2016年春闘労使交渉の焦点

■大手準拠構造の転換をめざす

　政府だけでなく労使とも「デフレからの脱却」「経済の好循環実現」という２大スローガンの下，2014，2015年と２年連続での賃上げを拡大させてきた「春闘」が，大きな転換点に直面したのが2016年春闘だった。

　まず連合は，春季生活闘争方針を決定した2015年11月の連合中央委員会で，「大手追従・大手準拠の構造を転換する取組みにチャレンジする」と宣言した。さらに，石油危機以降，春闘の相場形成に影響力を及ぼしてきた金属労協も2016年闘争の方針を決めた2015年12月の協議委員会で「2016年闘争は『転換点の春闘』にしなければならないと考えている」（浅沼弘一事務局長）と総括答弁。この背景には，金属労協，連合とも，規模間・雇用形態間の格差を縮めていくための「底上げ・底支え」「格差是正」を闘争方針の最重点課題に据えたことがある。全労連・純中立組合も「底上げと格差是正」に力点を置き，労働側にとって春闘史上初の試みとなった。

　一方，経営側は2015年11月の「未来投資に向けた官民対話」で，榊原定征経団連会長が，賃上げに向けた努力と取引価格の適正化などを明記した2014年の政労使会議の取りまとめに則って，来春も「収益が拡大した企業に対し，今年を上回る賃金引上げを期待し，前向きな検討を呼びかける」と述べた。経常利益が過去最高水準まで高まるなか，「前年を上回る賃上げ」に対する期待感を組合の要求提出前から示したことになる。

　まずここで，交渉の順番が逆転している。この発言の背景には，財界の法人税減税に対する期待がある。これを受けて安倍首相は「新３本の矢」の目標である2020年頃の名目GDP600兆円達成に向け，「最低賃金については年率３％程度を目途として，名目GDPの成長率にも配慮しつつ引き上げていく」と表明した。

　政労使会議の合意を前提に展開した2014，2015

▲集中回答日に向けて要求実現を求めた2016年３月３日の中央集会（東京・後楽園）

年の労使交渉は，マスコミから「官製春闘」とネーミングされた。労使自治を前提とした交渉に先んじてあらかじめ政労使合意のキャップがはめられたことで，すでに順番が逆転していたという見方もできる。そして2016年に及んで，労働側自体が従来の大手の相場が波及するトリクルダウン型・相場波及型からの決別へと転換した。大手（賃上げ）→中小（賃上げ）→最賃（最低賃金）→人勧（人事院勧告）という相場波及が従来の流れだったが，安倍首相の表明にもあるように，2016年春闘に向けては，先に「最賃」の相場観が打ち出されるという，決着順が逆となる「逆転現象」が生じつつあった。

　人手不足による労働市場の逼迫が賃上げの後押しになるのが，通常の経済原則だった。しかし，2015年最低賃金改定の目安審議で参照される，一般・パートを含む賃金改定状況調査結果の第４表の賃金改定率は0.9％にとどまった。結果，成長戦略の趣旨を踏まえ，公益側から示された改定目安は全国加重平均で18円（2.31％）と，大手企業の賃上げ率に近い数字となった。従来はこの第４表をベースにした改定目安が示されることが多かった点からすると，すでに2015年から最賃への相場波及の流れは断ち切られていたとみることもできる。

■春闘草創期への立ち返りか
　——歯止めがかからない規模間格差

　1955年に始まった春闘は2015年に還暦を迎えた。定年後、働き方が激変するように、春闘の機能にも変化が生まれようとしていた。先に見た「逆転」現象だけではなく、春闘スタート時の課題に立ち返りつつあったともいえた。

　春闘草創期の結果は、労働側にとって惨憺たるもので、2〜5％程度の賃上げで終わり、賃金実態は戦前水準にも達しないままだった。

　この頃の格差問題というと、二重構造論として規模間の大幅な賃金格差が取り上げられていた。その後は、1960年以降に本格化する高度経済成長と春闘の相場波及効果があいまって、大手と中小の賃金格差は縮小し、この議論は忘れ去られてきた。1965〜1981年の間、大企業より中小企業の賃上げ率が上回り（労働省調査）、毎年の賃上げが企業間規模の格差縮小に寄与した。しかし、バブル崩壊以降、規模間格差は年を追うごとに拡大している。さらに、賃上げが復活したといわれる2014、15年の2回の春闘で、大手は順調に賃上げ企業数・水準とも高まってきたが、中堅・中小はそれに追いつけず、規模間格差はさらに拡大した。

■労働側の狙いと来春に向けた方針
　——「付加価値の適正配分」を重視

　2016年春闘の主要組織の闘争方針の特徴点を概観すると、まず連合は、2016春季生活闘争方針の冒頭で、「日本経済の『デフレからの脱却』と『経済の好循環実現』のためにはすべての働く者の賃金の『底上げ・底支え』と『格差是正』の実現が不可欠である」と主張。組合員だけでなく、すべての働く人々の底上げをめざす。そのために「春季生活闘争が持つ日本全体の賃金決定メカニズムを活かしつつ、とりわけ中小企業で働く仲間や、非正規労働者の処遇改善に向け、より主体的な闘争を進め、大手追従・大手準拠などの構造を転換する運動に挑戦する」と強調した。大手の上げ幅を中小に波及させる、相場波及型からの脱却をめざす姿勢を鮮明にしたといえる。

　方針の「基本的な考え方」のなかで、中小企業では大手企業などの納入先から、納品単価の切り下げを迫られ、賃上げ原資を捻出できない場合もあることから、「サプライチェーン全体で生み出した付加価値の適正な配分に資する公正取引の実現を重視し、その効果が広く社会に浸透する取組みを行う」とした。

　また、人手不足局面にあることも踏まえ中小企業における「人への投資」を求め、人手不足を交渉のテコとする。賃上げ幅については「賃上げ要求水準はそれぞれの産業全体の『底上げ・底支え』『格差是正』に寄与する取組みを強化する観点から2％程度を基準とし、定期昇給相当分（賃金カーブ維持相当分）を含め4％程度」とした。

　ここで明らかとなったのが、定期昇給＋過年度物価上昇分プラス生活向上分（生産性、GDPの伸びなど）という従来の要求の算定式を使わないということだ。2％程度の賃上げ要求の根拠については、「デフレからの脱却」と「経済の好循環実現」を図るために、「マクロの観点から雇用労働者の所得を2％程度引き上げることが必要」との解説があるだけである。

　一方、金属労協は賃上げ要求基準を「賃金制度維持分を確保したうえで3,000円以上の賃上げに取り組む」とした。協議委員会で相原康伸議長（自動車総連会長）は、「2016年闘争の最大の取組み課題は賃金の底上げと賃金格差の是正」と強調。賃上げ獲得組合は2年連続で拡大しているが、2015年闘争で賃上げ要求した組合は全単組の7割、うち実際に賃上げを獲得した組合は回答引き出し組合の6割にとどまっており、この結果、この2年で大手と中堅・中小の格差がさらに拡大した。こうした経過を踏まえて、「2016年闘争においてはまず、中堅中小労組を念頭に賃上げ要求組合、そして、賃上げ獲得組合の拡大を図らねばならない」と呼びかけた。

　所定内賃金の平均を30万円とした場合、3,000円は連合方針の2％の半分程度となるが、最大課題である格差是正について、「金属労協の5産別が一枚岩となって3,000円以上の賃上げに取り組むこと」を最重視した要求基準だといえる。さら

に，この取組みを後押しするため，企業間の付加価値の適正配分に向けて，適正な取引の確立とバリューチェーンにおける「付加価値の適正循環」の構築という新たな考え方を打ち出した。

■大手追従からの転換──初の試みに戸惑う労組

相原康伸金属労協議長は，トップを務める自動車総連の要求案（3,000円基準）について記者会見した際，「デジタルで具体的な数字を算出したものではない。置かれている経済の動向，生産性，生活周りなどさまざまな観点から出したもの」と説明した。そして，要求基準3,000円以上に結集することが重要と力を込めた。そして，大手相場波及型からの脱却の方策については，「頭を悩ませている。闘争方針を決める中央委員会には，具体的にバリューチェーンに対する付加価値の最大化・原価低減の評価，ひいては競争力の底上げにつながる方策と労働条件改善の両面にどう取り組むのかについて示していきたい。すぐさま実現できるとも限らず，少し息の長いテーマになる」との見解を示した。「サプライチェーン」ではなく，「バリューチェーン」と言い換えている点に，新基軸の意図を込めた。

連合・金属労協・産別がこうした格差是正を方針の前面に，新たな主張軸として「付加価値の適正配分」を打ち出したものの，具体的にどのように進めるかの方策については，単組・グループ労連等に検討を委ねている。

そのため，連合の闘争方針案を前提に開かれた産別の討論集会でも「デフレ脱却と経済の好循環等を理由とした賃上げ要求の根拠では経営側への説得は難しい」「これまで大手追従だった中小企業にとっては厳しい。個別賃金要求を行っていないところはさらに厳しい」（JAM），「賃上げ要求の交渉材料が乏しい。ベアの獲得は難しいのではないか」（フード連合）などの意見が出された。

なお，連合の中小共闘の要求基準は，10,500円以上（賃金カーブ維持相当分4,500円）と2015年と同水準。非正規共闘についても，①誰もが時給1,000円，②1,000円超の場合は時給の引上げは37

▲連合は中小企業支援のため相談ダイヤルを開設するなど取組みを強化した

円目安，③地域ごとの水準は「都道府県別の連合リビングウェイジ」を上回る水準──のいずれかに取り組むとしており，要求水準自体に前年と大きな変化はない。ただし，賃上げだけではなく，有期契約の無期転換や正社員化を促す取組みにより重点を置くスタンスを示した点が注目された。金属労協も，非正規雇用に対する要求項目のなかに，「正社員化」を初めて盛り込んだ。

各産別の要求も，連合の２％程度を前提に基準を設定する動きが目立つ一方，金属労協については，すべての単組が3,000円以上をベースに一丸となって「格差是正」に取り組むといった構図となった。

先に触れたように1950年代の二重構造は，春闘による所得の社会的再配分効果もあり，賃金格差は縮小し，「一億総中流意識」の醸成に寄与した。しかしこの頃，規模間格差は再び開き始め，さらに新たな二重構造ともいえる正規・非正規の雇用形態間格差が焦眉の課題となっていた。そして，所得の中央値の半分を貧困ラインとすると，「6人に１人」がそれに該当し，OECDの30加盟国中４番目にランクされるほど，「貧困」も社会問題としてクローズアップされている。第２の敗戦といわれた「バブル崩壊」後の停滞が四半世紀を経るなか，わが国の状況は一回転し，春闘が始まったころと似た課題に直面したのが，2016年春闘だったということもできる。

■人手不足はテコとなるか
　──二重構造にどうアプローチするのか

　金属労協の闘争方針には「人口減少社会に突入し，限られた人財の活用について，人財の確保・育成のための『人への投資』を求める取組みを強める」とある。労働側は人手不足を交渉の大きなテコとする意向だ。雇用情勢は失業率・有効求人倍率がバブル期の1990年代前半に戻り，2015年11月の労働経済動向調査（厚生労働省・四半期調査）でも，正社員の不足が18期，パートの不足は25期連続となった。賃金の引上げは雇用指標に遅行する傾向があるため，人件費のアップがこれから顕在化するとの見方も出てきた。

　2015年の後半になってようやく，実質賃金がプラスに転じたものの，人手不足は賃金の上昇につながらない。最近の厚労省の分析では，人手不足感の強い医療福祉，建設業などで賃金の伸びが弱いことを指摘している。この間，就業者数が伸びた医療・介護といった分野は，国の規制産業でもある。このように需要が拡大し，労働市場が逼迫しても賃金に結びつかないことに関連しているようだ。

　産業間・規模間・雇用形態間の格差是正に向けて，労働側もこれまで手をこまねいていたわけではない。産業・規模間の格差是正に向けては，JAMなどは，賃金実態の把握から始め，年齢・銘柄別の絶対水準を重視する「個別賃金要求方式」に重点を移している。賃金制度が整備されておらず，定昇制度が確立していない企業の多い私鉄総連は，2015秋季のストを背景とした産別統一闘争として「賃金制度の確立」を掲げた。

　非正規の処遇改善関係では，組合員の半数をパートなどの非正規が占めるUAゼンセンでは，非正規の時給引上げ要求を正社員と同率に設定し，率では正社員を上回る結果を，2015年の交渉で数多く引き出している。

　こうした取組みに加え，古くて新しい二重構造という課題にどうアプローチするかが，最大の注目点となった。自動車総連などでは，メーカーから販売まで企業グループごとに格差の是正を積み上げているケースもある。しかし，大多数の組合はこうしたアプローチをしたことがない。企業グループ内だけでなく，系列・下請けの中小を含めた「付加価値の適正配分」について，どのように交渉テーブルに乗せるかが最初のハードルとなる。労働側の意図どおり，転換点となるのか。2016年春闘は，その最初の関門となった。

2．2016年労使交渉の結果と評価

●大手はペースダウン
　──中小，非正規労働者で新たな賃上げ動向

　デフレ脱却と経済の好循環実現という課題の解決に踏み出してから，2016年春闘は3巡目となった。集中回答日以降の回答状況をみると，3年連続で，定期昇給相当分を除くベースアップや賃金改善が多くの企業労使で合意された。

　しかし，2016年3月16日の大手企業の集中回答日をめぐる報道では，賃上げ水準に過去2年ほどの勢いがなかったことから，「ベア失速」「官製春闘行き詰まり」などの論調が目立った。

　一方で，当該労使は，決して否定的に評価していない。労使とも共通していたのは，3年連続の"賃上げ"実現を評価していること，また，中小企業や非正規労働者への波及に期待を表明している点だ。

　2016年も，安倍政権から企業に対して前年を上回る賃上げ要請が行われた。一方の組合側は，足元の物価上昇が前年度比ゼロ近辺で推移し，経済成長もほとんどみられないなか，格差是正・底上げに配慮した要求・交渉を意識。とくに，相場リード役の金属労協系では，多くの組合がベア・賃金改善分を前年比で半減させた要求を組んだ。経営側は，政府などからの「社会的要請も重視」（榊原定征経団連会長）し，労働側も「社会的責任を果たす闘争」（有野正治電機連合委員長）との位置づけで交渉に臨んだ。ところが，年明け以降の中国経済の減速に端を発した円高・株安などで，企業業績の先行きに一挙に暗雲が広がったことが，賃上げに影を落としたことは否めない。

　量的な面に着目すると，メディアが指摘するよ

うに，"官製春闘" 3巡目にして大手の賃上げはペースダウンした。しかし，質的な面に目を転じると，変化の芽が生まれたのもたしかだ。2016年3月末時点の連合，金属労協の集計によると，ベア・賃金改善分につき300人未満の回答率または額で平均を上回る動きが出てきた。さらに，パート・契約など非正規労働者の賃上げ額・率が，正社員を上回るケースも随所でみられた。

こうした質的な変化の背景には，労働組合が格差是正を柱にした闘争方針で臨んだこともあるが，最大の要因は人手不足と考えられる。過去にも労働需給が逼迫していた時期に，中小の賃上げ率が大手を上回ることは珍しくなかった。しかし，この時期の中小企業や非正規労働者の賃上げ増という状況が，生産年齢人口の減少という構造的な要因によるものだとすると，春闘メカニズムが変化したとみることもできる。

●自動車大手は1,100～3,000円の幅で分散

2016年3月16日の集中回答日，相場形成役として注目されるトヨタは前年実績を2,500円下回る1,500円の賃金改善を回答，電機連合傘下の大手メーカー労組には前年実績の半額となる賃金改善1,500円の統一回答が示され，それぞれ収束した。

賃金交渉の場となるトヨタの労使協議会で豊田章男トヨタ自動車社長は，「為替の動向も含め，経営を取り巻く環境の，いわゆる『潮目が変わった』」と語ったという。電機大手が1,500円で決着する方向性を固めるなか，史上最高益となるトヨタ自動車については，一時，それを上回る「2,000円軸」との観測記事も流れていた。しかし，経営側の先行きに対する危機感は強く，回答日1週間前の労使協議では役員から「現在の厳しい経営，競争環境，極めて優位性のある当社の賃金水準，上昇していない物価状況などを合わせて考えると，本年の賃金制度維持分を上回る賃金引上げは，1,000円に及ばない」との発言が出ていた。結局，最終的な回答は8,800円（制度維持分7,300円＋賃金改善分1,500円）だった。

自動車総連傘下の大手メーカー組合は，いずれもベア・賃金改善3,000円を要求。日産が組合要求どおり3,000円の満額回答で天井相場となり，本田技研・三菱自工の1,100円を底に，1,100～3,000円の幅で回答が分散した。

一方，自動車大手メーカーの年間一時金は，各企業の好調な業績を反映し，いすゞ，ヤマハ発動機を除いた9組合で満額回答となった。トヨタの257万円（7.1カ月）を筆頭に，富士重工（6.5カ月），いすゞ（6.1カ月），日野自工・ヤマハ発動機（各6.0カ月）が6カ月超となった。自動車総連の集計（3月21日現在）によれば，前年と月数比較可能な組合のうち99単組（全体の63.9％）で前年回答月数以上を獲得していることから，より一時金に比重を置いた配分がなされたといえる。

●1,500円相場を形成した電機大手の労使交渉

電機連合（62万人）傘下の大手組合は，業績が低迷している東芝とシャープを除き，闘争体制を背景に要求・回答で足並みをそろえる統一闘争を展開。開発・設計職基幹労働者（30歳相当）の個別ポイントでの統一要求基準である賃金水準3,000円の改善要求に対して，各社1,500円の統一回答で収束した。この1,500円が2016年交渉の相場を形成したことは間違いないが，前年実績の3,000円からは半減した。有野正治電機連合委員長は，交渉入りしてから各社で業績見通しの下方修正が相次いだことや，2年連続の賃上げによる累積が合計5,000円と，会社にとって重荷となっていたことなどから「前年，前々年とは経営側の姿勢が違った」と交渉を振り返っている。

年間一時金は，交渉組で日立5.69カ月，三菱5.94カ月，富士電機5.3カ月，沖電気4.8カ月，明電舎5.1カ月，パイオニア4.0カ月となった。富士電機と明電舎の2組合が前年実績を上回った。

●鉄鋼は2年分で2,500円，造船・重機，非鉄・金属は2016年度分1,000円・1,500円に分裂

基幹労連では，傘下の鉄鋼，造船重機，非鉄金属などの大手メーカー労組の賃上げ交渉は，新日鐵住金，JFEスチール，神戸製鋼所，日新製鋼の鉄鋼大手メーカー4社は2年分で2,500円（2016

年度1,500円, 2017年度1,000円）の賃金改善，三菱重工業，IHI，川崎重工などの造船重機大手は2016年単年度で1,500円の賃金改善で決着した。非鉄金属は，三菱マテリアルが2016年度1,000円の賃金改善を獲得したものの，DOWAホールディングスは賃金改善分ゼロで収束した。

基幹労連は，複数年協定にすべての部門が移行してから6ラウンド目となる2016，17年度は，2年分の賃金改善要求につき「8,000円を基準」としていたが，造船重機と非鉄金属は2016年度に限った回答で決着し，統一闘争のあり方に課題を残した。

●デフレ脱却には「力不足」，格差是正で新たな芽も

回答状況について安倍首相は2016年3月24日の第4回経済財政諮問会議で，「今年の春闘では，企業収益が過去最高であるなかで，欲をいえばもう少し力強さが欲しかった」と述べた。デフレ脱却に向けて，実体経済面から賃上げと設備投資に期待をかけていただけに，近年にない大幅賃上げとなった2015年と比べると，2016年における大手の妥結結果は「力不足」かもしれない。

その背景には，もともと物価水準が前年度比ゼロ近辺にあり，経済成長の伸びがほとんどない状況下，組合にとっても「定昇プラス過年度物価上昇分プラス生活向上分（GDPの伸び等）」という算定式が機能しないなかで要求を組み立てなければならない難しさがあったといえる。

そして，労働側が重視したのが，規模間，雇用形態間などにおける格差の是正，底上げだった。この点について安倍首相は，同会議で「非正規で働く方の賃上げ幅の拡大や，同一企業グループ内での賃上げ幅の格差是正など，経済の底上げにつながる新たな工夫として評価できる」とも述べており，ここにも春闘メカニズムの質的な変化の側面をみることができる。

●金属労協集計では，中小が額で大手を，UAゼンセン集計では率でパートが正社員を上回る

変化の側面として，労働側の賃上げ集計をみると，金属労協の回答状況集計では，回答を受けた1,350組合のうち賃上げ分を獲得したのは865組合で，賃上げ（ベア・賃金改善分）額の平均は1,249円。規模別では1,000人以上が1,122円，300～999人は1,128円，299人以下は1,281円となり，規模の小さい組合ほど獲得額が高くなっている。これは，1995年に規模別に統計を取り始めて以来，初めてのことだという。

連合回答集計（2016年3月30日時点，加重平均）でも，300人未満の引上げ率（2.00％）と平均（2.09％）の間に大きな開きはない一方，非正規労働者の賃上げは，時給制は前年同期比で1.13円上回り，月給制でも額で217円（2.22％増）となり，引上げ率では正規労働者を上回っている。また業種別で，300人未満で額・率とも前年実績を上回っているのは，商業流通（34組合の1人平均で771円・0.34％増），交通運輸（108組合，28円，0.14％増），サービス・ホテル（23組合，185円，0.02％増）となっている。いずれの業種も，人手不足が深刻化しているという共通点がある。

また，UAゼンセンによる2016年3月末時点での妥結状況をみても，300人未満のベア等の引上げ額・率とも，全体計（加重平均）を上回っている。300人未満の1,468円（0.56％）に対して，全体計は1,370円（0.50％）である。前年同組合との比較では，300人未満が前年比プラス110円（0.04％）と回答を積み上げているが，全体平均ではマイナス13円（0.02％）となっている。

UAゼンセンでは，パート・契約社員が組合員の過半数を占めるなか，定昇相当分を含めた正社員の1人あたり引上げ率（2.22％）よりも，短時間労働者の時給引上げ率（2.27％）が上回った。データがとれる2002年集計以降，賃上げ率で正社員よりも短時間労働者が高くなるのは2016年が初めてのことだった。このように，これまで春闘相場を牽引してきた金属大手ではなく，非製造業または中小企業，非正規労働者を多く活用する内需関連サービス企業で，賃上げの勢いが前年以上に強まった。これを踏まえ，2016年4月1日に会見した神津里季生連合会長は「底上げができており，かつてない成果が得られている」と評価した。

● 非正規労働者の処遇改善が前面に
　――NTT，JPグループの交渉

　三村明夫日本商工会議所会頭は，「中小企業が賃上げを実施するのは，人手不足を背景とした防衛的なもの」と要因分析する。支払い能力面の制約は大きいものの，人材確保面で大手企業の後塵を拝さないために，中小企業世間相場並みの賃上げ・初任給としていかなければ，人材の確保・定着はおぼつかない。三村会頭が指摘するように，中小企業では人手不足が賃上げを後押ししている面があるとはいえ，規模間格差の縮小をめざした労働側のシナリオに沿った動きがみられた。

　交渉の場における非正規労働者の処遇改善の具体例をみてみよう。民営化後，非正規労働者比率がとくに高まったNTTグループと2015年秋に上場した日本郵政グループでは，非正規労働者の処遇改善をめぐる交渉が前面に出た。東洋経済新報社の「非正社員の多いトップ500社」によると，非正規労働者数が最も多いのは総合スーパー最大手イオン（24万人），2位に日本郵政（16万人），3位は日本電信電話（10万人）となっている。

　NTTグループの各社労組で構成するNTT労働組合は，今季交渉で正社員だけでなく，60歳超継続雇用の月給制社員と契約社員についても，同額の月額1人平均4,000円の賃金改善を求めた。その結果，正社員の月例賃金を平均1,600円引き上げることで決着する一方，一部の定年後継続雇用社員と非正規労働者についても平均1,100円の賃金改善で合意。同額決着とはならなかったものの，収束できる有額回答で折り合った。

　NTT労組と同じ情報労連傘下のKDDI労組は，非正規労働者を含め平均3,300円の賃金改善を要求し，回答は正社員が総合職で一律500円，総合職以外で一律1,000円だったが，会社側の月給制非正社員に対する回答は要求よりも高い平均5,457円（前年4,800円）の引上げだった。

　日本最大の単組である日本郵政労組は，正社員の基準内賃金1人平均6,000円の引上げを求めた。これに対し会社側は，経営基盤がぜい弱であること，マイナス金利政策が金融2社に影響を及ぼす可能性があることから「困難」とし，年間一時金は前年比0.2カ月増の4.0カ月に増額させるものの，正社員のベアは見送りで決着した。一方，期間雇用社員が無期への転換を申し込む時期について，改正労働契約法に基づく2018年4月から，2016年10月に前倒しすることで合意。さらに期間雇用社員にも，2016年度に限り夏季一時金として1万円を上限に上乗せするなど，非正規労働者に重点を置く交渉展開となった。

　こうした回答の背景には，正社員並みに基幹化した非正規労働者の貢献に報いなければ職場が回らなくなっているという現実を見逃すことができない。労働組合による雇用形態間の格差是正に向けた具体的な取組みも，これを後押しした。

● 新たな取組みとしての付加価値の適正循環

　さらに注目されるのが，連合が2016年闘争で，大手追従・大手準拠から脱却するために闘争方針で打ち出した「サプライチェーン全体で生み出した付加価値の適正な分配に資する公正取引の実現を重視し，その効果が広く社会に浸透する」ことをめざした新たな取組みだろう。

　その具体的な成果と評価するのは早計かもしれないが，注目すべき動きがみられた。賃上げ交渉ではトヨタグループ内で，日野自工とダイハツがトヨタと同額の1,500円（賃金改善分，以下同じ）で決着。これまでは，トヨタの回答からマイナスアルファの流れが形成されていたが，ここにきて変化がみられた。さらにデンソーやアイシン精機，トヨタ自動車北海道，トヨタ自動車九州，岐阜車体工業などのグループ企業の回答も1,500円で横並びとなり，豊田鉄工はそれを上回る1,600円で決着している。

　ANAグループでは，全日本空輸の正社員について1,500円で収束した一方，ANAベースメンテナンステクニクス（3,000円），ANAケータリングサービス（2,500円），ANAエアポートサービス（1,500円）など，主なグループ企業では800～3,500円の回答が示されている。

　グループ企業の人材の確保・育成なくして，グ

ループ全体の存続は難しくなってきている現実が，処遇改善に結びつき出したともいえる。

● **重要性増す人材の確保・定着策と働き方改革**

かつて，中小企業でも人材確保が大きな経営課題だった高度成長期やバブル崩壊直後に，賃上げ率が大手企業を上回ることは珍しくなかったことは前述のとおりである。非正規労働者はバブル崩壊以降，労働者比率を急拡大させ，今日正社員並みに基幹化しているが，その正社員を上回る賃上げ増勢は，人手不足という要因にとどまらず，働き方改革の関連で関心が高まってきた「同一労働同一賃金」の議論と無関係ではないだろう。同一業界内の正社員でも，企業間で一時金を含めた年収の差は相当大きくなっている。

2015年春闘で大手は大幅賃上げとなったものの，中小の賃上げは勢いに欠け，逆に規模間格差の拡大が露見した。生産年齢人口が減り始めたという構造的変化の深刻さが，まだ社会全体の認識として浸透していなかったことがあったのかもしれない。

さらに2016年春闘では，働き方改革を見据えた労使合意もみられた。たとえば，電機連合傘下の多くの組合は，山の日（8月11日）のカレンダー協約化により，年間休日1日増加の所定内短縮を合意している（実質ベア約1,200円に相当）ほか，日立は，介護休職社員に対して3カ月間の国の介護休業給付金終了から9カ月間，賃金の50％を給付する制度を創設することで合意した。また，パナソニック，三菱，富士電機，明電舎などの大手電機メーカーでは，介護休暇制度の充実策として半日単位での取得を可能にするなど，介護休職・休業について条件改善したところが多い。

介護をはじめとした理由で，働き方に制約を受ける人が確実に増えている。こうした意味からも，長時間労働の削減，働き方改革は待ったなしの課題となっている。

2015年に60年目を迎えた春闘は，「格差」という課題に春闘が無関係ではいられなくなったことで，ひとつの転換点にあったといえよう。

2017年春闘

賃上げ相場形成に構造変化

【2017年春闘関係の特徴，主な出来事】

安倍首相，経済界に賃上げを要請（4年連続）

4年連続のベア回答，トヨタ超え相次ぐ

一時金は前年より増加傾向

働き方改革をめぐり時間外上限規制，インターバル規制などの協議

労基法改正案をめぐっての労使トップ協議（2017年春～夏）

【社会・経済の主な出来事】

アメリカ，トランプ大統領選出（2016年秋）

イギリス，EU離脱の国民投票

電通第二の過労死事件

【世　相】

神ってる，ポケモンGO

2017年

1．2017年労使交渉の焦点

前年の2016年は、海外では英国のEU離脱、米国大統領選でのトランプ氏勝利など、先行きの不透明感が増した1年だった。こうした海外情勢がわが国の政治・経済に影響を及ぼし、先行きが見通しにくい情勢だった。ただし、中・長期を見据えたとき、すでに進行していたことながら、国内的な課題がはっきりした年だったといえる。すなわち、少子高齢化の進展による人口の減少、これを前提にした社会・経済の再設計が先送りできないことが、より明確になった年であった。

2015年度平均の完全失業率は3.3％で19年ぶりの低い水準となり、有効求人倍率は同年度平均で1.23倍と、24年ぶりのバブル期に匹敵する高い水準となった。しかし、この数字の背景にあるのが、産業を問わず大きな経営課題となってきた人手不足である。労働政策研究・研修機構の「人材（人手）不足の現状等に関する調査（2016年）」では、企業の5割が人手不足だと感じており、うち7割がこの不足状態が継続・慢性化するとみていた。そして、この人手不足が引き起こす、長時間労働の是正も先送りが不可避の課題となってきた。

そして、高止まり感はあるものの、4割近くに達した非正規雇用の処遇改善も先送りできない課題となった。安倍政権の働き方改革に対する評価はまちまちだが、長時間労働の是正と正規・非正規間の格差是正は、どの政権であろうと、優先度の高い政策に位置づけられたことだろう。

「経済の好循環実現に向けた政労使会議」を経て、2014年から蘇った賃上げ春闘は、メディアからは「官製春闘」と名づけられた。実際に交渉で対峙する労使の当事者からすると、本意ではない取り上げられ方をされてきた。久方ぶりに3年続いた2％以上の賃上げだが、消費性向が上向かないこともあり、安倍首相は、4年連続の賃上げを経済界に要請した。

■労組も非正規抜きの組織基盤の維持が不可能に

2016年の「労働組合基礎調査」によると、組合員数は994万人と前年より58,000人（0.6％）増えたが、就業者数の増加もあり、推定組織率は17.3％と前年より0.1ポイント低下した。組合員数が増加した主な要因は、女性とパートタイムの組合員数の増加（女性が72,000人、パートタイムが106,000人の前年比増）である。パートタイム組合員は前年比1.0ポイント上昇し、組合員全体に占める割合も11.4％となった。これが意味するところは、組合組織率の底支えとなっているのはパート組合員の伸びだということである。

2016年12月20日、政府の働き方改革実現会議で、正社員と非正規労働者の不合理な待遇の格差をなくす「同一労働同一賃金」の実現に向けた「ガイドライン案」が報告された。通勤手当や出張旅費、食事手当、慶弔休暇は非正規を対象外とする格差を認めず、正社員と「同一の支給をしなければならない」と明記。基本給や賞与も、仕事を進める能力や成果などが同じなら、同水準の支給を原則とした。安倍首相は同一労働同一賃金の実現にあたって、正社員の処遇は下げない前提で実施するとした。しかし企業にとって、これらの施策はすべてコストとして跳ね返ってくることから、労使間の分配をめぐる交渉・協議の場面に大きく影響してくることは避けられない。

一方、人手不足の影響はついに営業時間の見直しの形で表れてきた。パート・アルバイトの確保が困難になってきた外食産業では、24時間営業の見直しを相次いで発表した。24時間営業は、正社員の長時間労働も助長してきただけに、営業時間をめぐる変化は、人手不足と長時間労働という構造的な問題の実質的な解決が始まる兆しでもあった。

■「経済の自立的成長」に向け、労働側は4年連続の2％超賃上げをめざす

2017年春闘の労働側の要求は、2016年に準じるものの、雇用形態間・規模間の格差是正をより強く打ち出している点が特徴だった。春闘における賃上げ要求で、最も重視されてきた過年度物価上昇がゼロ近傍で推移していることもあり、これを根拠とする要求自体が困難だった。労働側は、こ

れまで政府と同じ「経済の好循環実現」をスローガンに掲げていたが，連合の2017春季生活闘争方針では，「経済の自律的成長」「社会の持続性」の実現に代え，所得の向上による消費拡大を前面に打ち出した。そのためには，組合員だけでなく，すべての働く者の賃金の「底上げ・底支え」と「格差是正」が不可欠であると強調する。「経済の自律的成長」「社会の持続性」を実現するためには，なかなか着火しない賃上げによる個人消費の拡大と企業の設備投資が何よりも必要だ，との考えに立つ。そのため闘争方針では，マクロの観点から雇用労働者の所得の2％以上引上げが必要だとし，具体的な要求基準として，2016年と同じ内容の「2％程度を基準とし，定期昇給相当分（賃金カーブ維持相当分）を含め4％程度」とした。

この方針決定に先立って安倍首相は，2016年11月16日の「働き方改革実現会議」で，「少なくとも今年並みの水準の賃上げを期待している。とくにベアを3年連続で実施してきているので，4年連続の実施をお願いしたい」と，経済界に4年連続の賃上げを要請した。

これに対して，榊原定征経団連会長は2016年12月の定例会見で，「賃金引上げの勢いの継続が必要」「ベアはひとつの選択肢。年収ベースでの賃金引上げに向け，総合的な処遇改善が重要」などと述べた。こちらも2016年に引き続き，年収ベースでの賃金上昇は許容する考えを示したものといえる。こうした動向をみると，政労使のベクトルに大きな差はなかった。

■中小への波及のために「絶対額重視」，政府も公正取引にテコ入れ

表面に表れる数字に限ると，変化が見出しにくい2017年春闘ということになる。そこで，「底上げ」「底支え」による格差是正がどこまで進むかが，最大の注目点になる。そのテコとなるのが，上げ幅ではなく，絶対水準への到達目標の設定と公正取引の推進になる。

高度成長期においては，大手と中小間の賃金格差が二重構造問題として，大きな課題となっていた。それが，春闘による賃上げ相場の波及効果によって是正されてきた。そして，一億総中流社会が築き上げられた。しかし，バブル崩壊以降，規模間格差は再び開き始め，新たな二重構造問題として顕在化してきた。価格競争力が弱く，取引においても，コストカットや賃金抑制でしのいできたことが，労働条件にしわ寄せされてきたともいえる。

こうしたなか，「名目賃金の到達目標の実現やミニマム基準の確保」をより前面に打ち出したのが連合の闘争方針だった。そのため，賃金の上げ幅だけでなく，めざすべき賃金水準への到達など「賃金水準の絶対値」にこだわり，産別には，それぞれ産業ごとに設定する個別銘柄の最低到達水準・到達目標水準を明示し，社会的に共有することを従来にも増して求めている。

これを受け，JAMは2017年春闘を「個別賃金要求元年」と位置づけた。物価上昇がないなか，統一要求・統一回答を求める一律ベア方式は限界にきている。しかし，中小製造業の賃金水準が相対的に低下している現状では，人材の確保はますます困難になる。こうした事情が「個別賃金」による絶対額重視の背景にある。また，2017年からスタートした「生み出した価値にふさわしい価格取引実現に向けた環境の整備」にも力点を置く。

連合は「サプライチェーン全体で生み出した付加価値の適正分配」の運動を前進させ，中小企業の経営者団体と認識を共有化，相談ダイヤルの設置などで取組みを強化した。一方，政府も公正取引にテコ入れをした。世耕弘成経産相は働き方改革実現会議の場で，下請取引適正化に関する政策パッケージとして，①下請代金法の運用強化，②適正取引・付加価値向上の促進，③支払条件の改善——などに関連するルールを改正すると表明した。

■長時間労働があたり前の働き方は「塩漬け状態」のまま

長時間労働と人手不足は密接な関係にある。労働政策研究・研修機構が実施した長時間労働に関する調査（「労働時間管理と効率的な働き方に関する調査」，「労働時間や働き方のニーズに関する

調査」)(2015年)と先の人手不足調査によると，人手不足が職場に与える最大の影響として，「時間外労働の増加や休暇取得数の減少」が突出して多い。こうした長時間労働の職場で働く労働者ほど，転職志向が強い。人手不足下で離・転職が発生するとその穴は埋まらず，長時間労働が増長されるという悪循環に陥る。

こうしたなか，電通の新入社員だった女性が過労自殺した事件は大きな衝撃を与えた。過去に過労自殺の経験があるにもかかわらず，同社の社員に対する「働かせ方」は旧態依然としたものだった。週40時間制への移行後，1990年代前半に進んだ労働時間短縮は，その後，ある大手労組委員長の言葉を借りるならば，「塩漬け状態だった」といっても過言ではない。バブル崩壊以降の減量経営，非正規雇用への置き換えが進むなか，正社員の働き方は長時間労働があたり前の「塩漬け状態」が続いた。

育児だけでなく，介護で働き方に制約を受ける層も厚みを増していく。長時間労働を前提とした無制限な働き方が許容される時代ではなくなったとの認識が広がっていく必要がある。過労死弁護団による労働相談が始まってから四半世紀を経て，ようやく2014年に「過労死等防止対策推進法」が成立した。この間，過労死・自殺した人の数は優に千人を超えるだろう。こうした犠牲のうえにようやく法律が制定されたともいえる。

労働力供給が制約されるなか，働く人が長時間労働によって疲弊していく悪循環は，断ち切らなければならない。そのため連合は，改正労働基準法に盛り込まれている，労働時間規制を適用除外する「高度プロフェッショナル制度」の導入阻止を主張した。

労働時間については，業種・業態によって企業の運用実態が異なることもあり，たとえば産別が三六協定の特別条項における月間・年間の上限について具体的な数字を出すことに，抵抗感を示す単組も少なくない。そのため，まず厚生労働省の時間外規制に関する検討会の動向を様子見しているというのが実情だった。時間外規制については，労使自治のなかでその最適解を探る形をとってきたが，塩漬け状態から脱するためには，政治主導の必要性も高まっていたといえる。連合の闘争方針をみると，「労働時間に関する協定・規約の見直し・強化（特別条項付三六協定の適切な上限時間設定や適用にあたっての事前労使協議），勤務間インターバル規制（原則11時間・導入など）や，労働時間管理の強化などにより，過重労働対策を進める」とあるだけで，全体を牽引する推進力に乏しいといわざるを得なかった。

■「同一労働同一賃金」の先を射程に
　　——雇われない働き方も拡大

パート・契約社員など非正規雇用約90万人を組織しているUAゼンセンは，2015年から1年間で，7万人超の組織化に成功しており，その大半がパート等の非正規組合員である。

その正社員の2017年の賃上げ要求案は，前年を踏襲し「賃金体系維持分に加え2％基準で賃金を引き上げる」だが，短時間組合員の要求基準については「賃金体系維持分を含めて要求総額として3％基準の引上げ」を要求した。パートについては賃金構造維持分を1％とみなしており，賃上げ要求については正社員もパートも同率の2％要求基準で臨んだ。そして，「格差是正が必要な場合は，正社員以上の要求を行う」との文言も入れた。2015年春闘で結成以来初めて，パート組合員の賃上げ率が，正社員組合員を上回った。率による押上げによって，正社員との格差をより縮小させることを狙った。

パート比率の高い職場では，「同一労働同一賃金」の実現のためガイドライン案に盛り込まれた，通勤手当，食事手当，慶弔休暇などは獲得済みの組合も多い。手当や福利厚生に関して，企業側は具体的な改善を迫られそうだが，すでに導入されているこうしたケースが参考になる。

政府の働き方改革の実現会議のメンバーで，この間の「同一労働同一賃金」をめぐる議論で中心的な役割を果たした水町勇一郎東京大学社会科学研究所教授は，欧米で拡大しつつある「雇われない働き方」の研究に力点を置きたいと語ってい

る。非正規雇用の先に欧米では，この新しい働き方がすでに大きな課題となりつつあった。

■ **既存の労使団体を利害代表とする政策決定にも変化が**

神津里季生連合会長は，2017年春闘は分水嶺となるとみていた。物価上昇を前提とした従来の延長線上の賃金要求から決別し，経済の自律的成長に必要な賃上げが実現するかどうかの試金石ともなるからだ。2016年春闘において，減収でも賃上げを実施した企業が多数存在したことをその先駆けとみる。

春闘は，今や正社員の賃上げだけが中心課題ではなく，非正規の処遇改善や長時間労働の是正も重要な交渉事項となっている。労働政策関係では，労使交渉により法律を上回る合意が形成され，それが，社会に普及していくことで，立法化されるパターンが望ましいものとされてきた。しかし，長時間労働のように塩漬け状態が長く続いたため，政府のイニシアチブで規制が強化されるケースが出始めた。

また，これまでは，厚生労働省の労働政策審議会で，公労使の議論による利害調整を経て，法律・指針案などが形成されてきた。しかしこの機能についても，同省に設置された有識者会議から見直しの方向が提起された。労働政策審議会の下に新たな部会（基本部会）を設け，個人請負など，これまでの議論の枠組みに入ってこない課題について議論することとなった。そして，これまでは労働団体や経済団体から推薦された労使の代表が委員を務めていたが今後は，産業・就業構造の変化に配慮し，サービス業やIT関連企業の委員を増やすこととなった。

IoTやAIの進展によるネット上の働き方の普及が，これまでの労使関係を大きく変質させるきっかけとなることは想像に難くない。兼業・副業が広く許容されるようになると，これまでの利害代表としての労使団体のポジションも大きく揺らぐことになる。経済産業省では「雇用によらない働き方」に関する研究会が立ち上げられ，ネット企業などが加盟する新経済連盟は，ライドシェアに

▲2017年2月2日に連合と経団連はトップ懇談会を開催，2017年春闘に向け，意見交換した

ついて規制を緩和するよう求めていた。

■ **日本は米国の後をたどるのか**
　　——まさに「分水嶺」の春闘に

米国ではインターネットを媒介として雇われない就業形態であるシェアリングエコノミーで働く人が1,000万人を超えたと報告されている。そのアメリカで起こっていることは，わが国の将来を暗示している。メディアの予想が外れた2016年の大統領選にその社会構造の変化が映し出されている。

2016年の大統領選挙では，ヒラリー陣営は私用メール事件で攻撃され，トランプ陣営もロシアが同候補を勝利させるためハッキングを行ったとの疑惑が浮上した。選挙戦における世論形成にSNSをうまく使ったトランプ陣営が最終的に勝利を手にしたが，サイバー空間の攻防が選挙戦に大きく影響する時代となった。

その裏で進行していたのは，20世紀まで特定の既得権益を代表していた利益団体が，その基盤を大きく後退させてきた現実である。それは，労使関係にも及んでいる。トランプ氏の勝利で，国の分断が露見したことを受け，労使関係研究の権威トーマス・コーカン・マサチューセッツ工科大学教授は，「この現象は，働く人が能力を向上させて企業活動に貢献し，企業は安定した雇用と労働条件，社会保障で労働者に報いるアメリカの『社会契約（Social Contract）』が1980年代に崩壊し

たことに端を発している」と分析する。そして，労働運動，企業活動，教育といった社会システム全般にわたる新たな「社会契約」の再構築が必要だとし，「長期的な投資を重視することによって，雇用創出に必要不可欠な労働者の訓練と研究開発に対する投資を妨げてきた短期志向を終わらせよう」と呼びかけた。

米国労働総同盟・産別会議（AFL-CIO）のスウィーニー会長は2006年に日本で講演した際，「私たちの現在はあなた方の将来かもしれない」と予言めいた話をした。2006年当時の米国は，格差の拡大に歯止めがかからず，貧困層の増大と中間層の崩壊が社会不安を増長していた。この姿は現在の日本に重なる。

バブル崩壊までの春闘は，少なくとも所得格差の是正につながる社会的再配分機能として，その役割を果たしてきた。ここにきて，賃上げだけではなく，格差是正や働き方自体の見直しもその射程に入れなければならない。そこで，労使がその解決の牽引役となることができるのか。まさに分水嶺にある。

2．2017年労使交渉の結果と評価

●4年連続でベア相当分の賃上げが実施

2017年春闘は，3月15日の集中回答日に大手企業が一斉に組合に回答を示した。全体的には，基本給を引き上げるベースアップもしくは賃金カーブなどを是正する賃金改善という形で，定期昇給相当分だけではない賃金の積み上げが示された。

アベノミクスが始動してから4年連続で，賃上げが実施されたことになるものの，その引上げ幅は前年割れとなるケースが多かった。たしかに，メディアが名づけた「官製春闘」は4年目に「失速」した感は強い。前年並みのベアを経済界に要請した安倍首相も，「欲をいえばもう少し力強い賃上げを望みたかった」と述べた。

しかし，賃上げが復活したこの4年間の経緯からみえてくるのは，人手不足の影響と産業構造の転換が，賃上げ相場の形成の力関係に変化をもたらしてきたことである。

第1次オイルショックを経て，賃上げ交渉のパターン・セッター役が，1970年代の後半に鉄鋼から自動車に移った。業界盟主のトヨタ自動車の回答が天井相場となるパターンが，それ以降ほぼ40年にもわたって続いてきた。しかし，2017年の交渉ではそのあり方が明確な事実を伴いながら変化した。その背景には，人手不足に加え，第4次産業革命ともいわれる新たな成長分野への産業シフトも影響していることがあげられる。輸出主導型の製造業をパターン・セッターとして雁行型的に相場が形成される時代ではなくなってきたともいえる。

さらに春闘は，正社員の賃上げだけが中心課題ではなくなっていることは，この数年来の交渉内容をみても明らかである。非正規労働者の処遇や長時間労働の是正など，職場で働く人すべての環境を整えることが重要な交渉事項になっている。また，政府の働き方改革実現会議の動向もあり，春闘時に労働時間をめぐる議論が久しぶりに表舞台に登場したことも，春闘の変化を特徴づけた。

●規模間・雇用形態間の格差是正で進展

連合が3月24日に発表した第2回集計によると，定昇相当分込みの組合員1人あたりの回答平均額は6,224円（2.05％）で，前年同時期よりマイナス111円（0.05ポイン減）とほぼ横ばいとなった。このうち，300人未満の中小の回答平均は賃金ベースの違いから5,052円と低いものの，率は2.00％で全体平均と遜色がない。前年と同一組合の比較では全体平均の引上げ額908円より，300人未満の方が946円で上回った。連合によると今季の特徴は，中小での回答の出方が早いことだ。人材確保のために処遇改善が避けられない中小企業の実情が表れているともいえる。

もう1つの2017年交渉の特徴は，相場形成面に変化が表れている点だ。これまでは，自動車と電機の大手が賃上げのパターンセッターとして絶大な影響力を持っていたが，賃上げ春闘復活から4年を経て，様変わりの様相を呈してきた。金属関

連が1,000〜1,500円に集中した一方で，食品等の内需関連の製造，また流通・小売で2,000円を超える賃上げが少なくない。

また，規模間格差の是正に向けて前年から開始された公正取引の推進といった新たな取組みが，回答に反映されてきた。トヨタグループ内では，賃金改善部分だけを比較すると，トヨタの1,300円を上回る回答が目白押しとなっている。さらに，前年から顕著となってきた，正社員の賃上げ率をパート・契約社員が上回るケースも珍しいことではなくなった。これも人手不足の影響とみることができるが，同一労働同一賃金の実現の前提となる均等・均衡の考え方が，交渉にビルトインされたためだろう。トヨタでも期間従業員の日給が，組合側の要求どおり150円引き上げられた。月20日勤務に換算すると月額3,000円のアップとなり，正社員を上回った。

こうした動向を踏まえて，神津里季生連合会長は3月17日の会見で，「大手と中小でまったく遜色がない。大手追随・準拠からの脱却の考え方が前年にも増して定着しつつあるのではないか。賃金のアップ率も非正規労働者が正社員を上回っている」と，2017年の特徴を語った。

●自動車は先行き不透明感が影落とす
―盟主トヨタからの引き算春闘に異変

毎年の春闘での相場形成役として注目度の高い大手自動車メーカー11社の交渉は，本田技研だけが前年実績を上回り，前年実績と同額がダイハツとヤマハ発動機に限られ，トヨタ，日産など8社は前年を下回った。トランプ政権が通商政策で日本の自動車メーカーを名指ししたこともあり，先行き不透明感が交渉に影を落としたといえる。毎回相場形成役と目されるトヨタは，基準内の引上げ額は1,300円と前年実績（1,500円）を下回ったが，家族手当を充実させる原資として1,100円を合わせて回答した（自動車総連の発表では制度維持分7,300円に2,400円を加えた9,700円）。メーカーでは本田技研が唯一，前年実績（1,100円）を超える1,600円で妥結。賃上げ分に限ると，本田技研がトヨタを上回ったのは史上初となる。2016年に満額回答（3,000円）だった日産は，前年実績を1,500円下回る「平均賃金改定原資7,500円」で決着した。一方，ダイハツは賃金改善分1,500円，ヤマハ発動機も1,500円の回答でトヨタを上回り，前年同額決着となった。また，前年割れながらスズキが1,500円，日野自工が1,400円で決着しており，トヨタからの引き算回答が不文律であったメーカー間の力関係に変化がみられた。

上部団体の自動車総連は，付加価値の適正循環という企業グループ内の格差是正に向けた取組みを2016年から始めている。その2年目の取組みが交渉結果にどう反映されるかが注目されたが，これをトヨタグループに限ってみると，デンソー，アイシン精機，豊田自動織機，トヨタ車体など10社以上がベア相当分で1,400〜1,500円を回答しており，トヨタ超えとなった。第1次オイルショック後，賃上げ交渉のパターンセッター役が，鉄鋼から自動車に移ったのが1970年代の後半。自動車といっても，業界盟主のトヨタの相場が天井となるパターンが，それ以降ほぼ40年にもわたって続いてきた。2017年春闘で，その構造に異変が生じたのは間違いなさそうだ。

一時金はメーカー11組合のうち，トヨタ（230万円・6.3カ月），日産（230万100円・6.0カ月），本田技研（5.9カ月・223万2,000円），ダイハツ（5.5カ月），富士重工（6.2カ月），日野（5.7カ月・154万1,600円），ヤマハ発動機（5.8カ月）の7組合が満額回答となった。

●電機労使の交渉では過去3年の累積が重石に

大手電機メーカーの交渉は，開発・設計職基幹労働者（30歳相当）の個別ポイントで，前年より500円ダウンの1,000円の引上げで決着した。電機連合と大手メーカー4社の労務担当役員が産別労使交渉の場で，長時間労働の是正に向けて労使協力することをうたった共同宣言を取り交わしたことが特筆される。

パナソニックや日立など統一闘争を担う中核の11労組（東芝とシャープは離脱）は，終盤で闘争行動（無期限の時間外・休日出勤拒否）を回避す

▲電機産業労使は第4回産別労使交渉では『長時間労働の是正をはじめとする働き方改革』に関する労使共同宣言を確認した（3月11日）

るための歯止め基準を1,000円に設定し、最終交渉に臨んだ結果、すべての組合がクリアし、決着した。業績にばらつきが目立つなか、統一闘争方式で同額決着を続けてきた電機労使にとって、過去3年間の賃金改善の累積は小さなものではなかった。2014年2,000円、2015年3,000円、2016年1,500円で、累積額は6,500円となる。1995年から現在の要求方式につながる個別賃上げ方式に切り替えて以降をみても、過去3年連続したときの実績でも累積で3,000円以上となったことはない。今季交渉では、この累積が労組にとって相当の重石となった。

一時金は11組合のうち、交渉方式で回答を引き出した日立5.71カ月（要求5.9カ月）、三菱5.83カ月（同6.14カ月）、富士電機5.35カ月（同5.5カ月）、沖電気4.2カ月（同5.0カ月）、明電舎4.7カ月（同5.3カ月）、パイオニア4.1カ月（同4.5カ月）となり、日立と富士電機、パイオニアが前年実績を上回った。それ以外は業績連動算定方式となっている。

● 前例のない「電機・トヨタ超え」で決着した化繊，食品，流通・小売

JAM傘下の大手組合では、島津、NTN、日本精工、クボタ、コマツなどが15日までに決着したが、賃金改善額が1,000円に満たない回答も目立った。また、三菱重工、川崎重工、IHI、住友重機、三井造船、キャタピラージャパン、日立造船の総合重工大手の各組合は、2016年春闘と同額の組合員平均4,000円の賃金改善を求めたが、前年実績を500円下回る1,000円で決着した。

このように、金属大手では前年実績を下回るトレンドが形成された。その一方、内需系に目を転じると、これまで相場形成のメルクマールと目された電機の1,000円相場超え、またトヨタ超えの回答が目につく。

UAゼンセン傘下の化繊関連では賃金体系維持分を除き、旭化成1,480円（0.43％）、東レ1,200円（0.41％）、帝人1,400円（0.43％）で決着。これまで化繊関連では、例年、自動車、電機の妥結水準を下回るのが通例だったが、2017年春闘は電機の1,000円相場を超えた。本部によると「化繊の妥結額が電機を上回ったのは、少なくとも90年代以降では初めて」という。

また同産別がカバーしている流通・小売系ではマツモトキヨシ4,000円、マルエツ3,200円、いなげや3,027円、ヨークベニマル2,694円、ニトリ1,644円など、1,500～4,000円の範囲で高めのベア回答が目につく。

UAゼンセンが3月23日時点でまとめた妥結状況によると、正社員で賃金体系維持分が明確な104組合のベアを含む賃上げ分の妥結額は単純平均で1,505円（2.29％）となり、前年と比較できる99組合では、前年をわずかながら上回った（132円・0.05％増）。

また、同産別は大手スーパー等のパートタイマーを組織化していることから、約160万人の組織人員の半数を短時間組合員が占めている。妥結した92組合の短時間組合員の平均引上げ率は2.56％で、この時点では正社員の引上げ率を上回っていた。前年の最終集計では、組織結成以来、初めて率で正社員組合員を短時間組合員の賃上げ率が上回っており、同様のトレンドが形成されつつあった。この背景には流通・小売現場における人手不足がある。しかし、それだけではなく、基幹的労働力となってきたパートタイマーに賃上げ率で正社員と同等の取り扱いをしないと、人材の定着に支障をきたしかねないという、職場における環境変化も見逃せない。

● **人材不足が顕著な食品製造・情報通信関連でも「電機・トヨタ超え」**

食品製造関係のフード連合では，前年を上回る回答が相次いだ。味の素の10,000円という満額回答を筆頭に，ナンチク6,823円，日本製粉3,300円，JT2,500円，ロッテ2,304円，森永製菓2,000円，明治グループ2,000円，サッポロビール2,000円，TaKaRa2,000円などで，2,000円超の回答が示された。

この回答を受けフード連合は「『人財不足への対応』に迫られている今春闘は『格差縮小』を図るための『千載一遇チャンス縮小』」であるとのコメントを発表し，「食品関連産業で働く労働者の相対的地位向上」に向けて，中小組合へ確実に波及させるとした。

NTTグループの労使交渉はNTT東・西日本，ドコモなど主要8社で，正社員の月例賃金を平均1,400円改善することで合意した。前年実績を200円下回ったが，こちらも「電機・トヨタ超え」の結果となった。民営化後のNTTの交渉では，大手電機の相場が有力な参考指標となる一方，自動車とくにトヨタの賃上げを超えることについて，経営側の抵抗感が強かった。こうしたなか，月例賃金については，2016年1,600円，2017年1,400円と2年連続でトヨタを上回った。

AI，IoTの進展など，情報通信は第4次産業革命を担う成長産業として，ますます優秀な人材を確保しなければならない。たとえば自動運転をみても，情報通信と自動車は技術の融合が不可欠だ。こうした産業構造の転換も，賃上げに映し出されてきているのではないだろうか。またNTT労使は，正社員にだけ適用されていた食事補助を廃止し，有期社員も含めた新たな手当（フルタイム月額一律3,500円）の創設を合意。今後，各労使で課題となる同一労働同一賃金のガイドラインへの対応として，先進事例のひとつとなった。

● **「こうした動きが引き続き広がっていくことに期待」（榊原経団連会長）**

こうした結果を踏まえて，榊原定征経団連会長は3月17日の記者会見で，「現在までの妥結結果をみるかぎり，多くの企業でベア実施を回答している。賞与・一時金についても，満額，あるいは前年実績以上の回答となっている。ベアについては金額ばかりが注目されるが，大事なことは4年連続でベアが実施されるということ。この4年間の累積効果は相当大きく，消費喚起に向けた大きな後押し効果を発揮すると期待している。とりわけ，中小企業では，人材不足の状況下，人員確保への対応という要素があったと思うが，先行き不透明ななか，相当に高い水準で賃金引上げがなされた。総じて2017年春闘の春季労使交渉は賃金引上げのモメンタムの継続，年収ベースで前年を上回る賃金引上げといった経団連の呼びかけに沿うものであり，評価している。こうした動きが引き続き広がっていくことを期待したい」と述べた。

取引慣行の見直しについては，政府も「下請代金支払遅延等防止法」（下請法）の一部を50年ぶりに見直し，支払手形の期間短縮を促すなど，下請け業者への支払いルールを厳格化した。併せて，下請け企業が不利益を被ることがないような環境整備，収益性向上を後押しし，賃上げしやすい環境整備を進めている。こうした取組みの成果が実を結ぶまではやや時間を要するとはいえ，規模間格差の拡大に歯止めをかけるためにも，中小・地場へこうした支援は欠かせない政策対応といえる。

● **春季交渉と同時進行した時間外上限規制の労使トップ協議**

先の榊原経団連会長の会見のなかで2017年春闘の特徴として，「今春闘の労使交渉の特徴は，働き方改革を労使交渉の項目のひとつに取り上げていることであり，これが処遇改善へとつながる動きとなっている」という発言があった。賃金とは異なり，働き方改革をめぐる協議は通年課題として対応するケースが大半である。そのため，今季交渉で目に見える成果を導き出したケースは限られる。とはいえ，同時進行していた時間外の上限規制に関する経団連と連合トップによる協議に大きな注目が集まった。

3月13日に合意に達した内容を踏まえて，同月

28日に労働界・産業界のトップと有識者で構成する働き方改革実現会議（議長・安倍晋三首相）が開かれ，罰則付き時間外労働の上限規制の導入および同一労働同一賃金に向けたガイドライン整備・法改正などを柱とする「働き方改革実行計画」が決定された。以降は計画に盛り込まれたロードマップに沿って，関連する法律の改正やガイドラインの策定が進められることになった。

最も労使関係者の関心を集めた時間外労働の上限規制に関する具体的な対応については，一月の上限については労使の調整がつかなかったことから，首相からの裁定を受け入れ，「月100時間未満」で決着した。

労使合意した時間外労働の上限規制等に関しては，まず，週40時間を超えて労働可能となる時間外労働時間の限度を，現行の厚生労働大臣告示を法律に格上げし，原則として，月45時間，かつ年360時間とし，違反には以下の特例を除いて罰則を科す。特例としては，臨時的な特別の事情があり，労使が合意して労使協定を結ぶ場合でも，上回ることができない時間外労働時間を年720時間（＝月平均60時間）とする。かつ，年720時間以内であっても，一時的に事務量が増加する場合に最低限上回ることのできない上限を，以下のとおり設ける。①2カ月，3カ月，4カ月，5カ月，6カ月の平均で，いずれも，休日労働を含んで80時間以内を満たさなければならない，②単月では休日労働を含んで100時間未満を満たさなければならない，③加えて，時間外労働の限度の原則は，月45時間，かつ，年360時間であることから，これを上回る特例の適用は，年半分を上回らないよう，年6回を上限とする──ことになった。

● 「働き方改革」はどこまで進んだのか
　　──長時間労働と人手不足

長時間労働と人手不足はそれぞれ裏腹の関係があり，双方向からの対策が求められる。この点で最も関心を集めたのが，ヤマト運輸の労使交渉だろう。3月16日のヤマト運輸の労使交渉での，大口荷主への値上げ要請や総量抑制，一部の時間帯指定廃止，再配達受け付け時間の前倒し，勤務間のインターバル規制など「働き方改革」にかかわる妥結結果が，メディアで大きく報じられた。

連合をはじめ労働側が法制化を求めた勤務間インターバル規制については，働き方改革実行計画で，「労働時間等の設定の改善に関する特別措置法を改正し，事業者は，前日の終業時刻と翌日の始業時刻の間に一定時間の休息の確保に努めなければならない旨の努力義務を課す」という内容で決着した。働き方改革実行計画に盛り込まれた内容は，具体的な実施に向けた法整備など，実現にはまだ時間を要する。そのため，各企業の労使はまず，職場の課題を洗い出し，実態に即して必要な対策を労使協議で詰めていくことになるだろう。

なお，UAゼンセン傘下では今季交渉で5組合がインターバル規制の導入を果たし，2組合で適用対象者の範囲拡大や時間延長（8時間→11時間）を獲得した。

一方，今季交渉のなかでも深夜勤務ゼロや具体的な月間残業時間の削減目標（KPI）を設定し，継続的・段階的に労使で進めることを確認したケースもみられた。

同一労働同一賃金関係でも，UAゼンセン傘下で，契約社員への家族手当支給，通勤手当改善，契約社員の休日増など，職場の実態に即して地道に均等・均衡処遇に向けた制度の確立・改善を進めた組合がある。

働き方改革実行計画のロードマップは，10年先を見据えたプランとなっているものも多い。人口減少下で限られた人材を磨耗させることなく，最大限その能力を発揮してもらうことこそ，労使に課された最大の課題だろう。

● 人事・処遇制度全般の整備・見直しが不可欠に

過年度物価上昇がなく，企業業績が全般的に前年よりダウンするなか，労組側はミクロ面では企業の成長のためには「人材への投資」が不可欠であり，マクロ面でも経済の自律的な成長には内需を喚起するための賃上げが必要だと主張した。これに対して経営側は政府からの要請を受け，社会的な責任を果たすための賃上げには理解を示し

が，ベア・賃金改善の積み上げによる固定費の増加に加え，先行きへの懸念も強く，前年を下回る結果での落着となった。

　また，マスコミが名づけた「官製春闘」は失速したかもしれないが，厚生労働省が調査した大手企業312社の賃上げ率は2.11％で，2％以上の賃上げが4年連続となったこと，金属労協傘下組合では，初めて299人以下組合の賃上げが1,000人以上組合の賃上げを上回ったこと，UAゼンセンでは2年連続パートの賃上げが正社員を上回ったことなど，春闘の構造転換という意味では，2017年春闘は象徴的な春闘だったといえよう。一方で，同一労働同一賃金の関連では，改正労働契約法第20条で規定する不合理な労働条件の相違の禁止をめぐって，定年再雇用者などの処遇見直しも焦点となった。

　本格的な対応が求められる「働き方改革」の労使協議に加え，正社員の賃上げだけでなく，同一労働同一賃金の観点からの人事・処遇制度全般の整備・見直しが労使にとって大きな課題となって迫ってきたのが，2017年春闘だったといえる。

2018年春闘

顕在化した波及の構造変化

【2018年春闘関係の特徴，主な出来事】

安倍首相，経済界に3％賃上げを要請
連合の要求基準は，前年と同じ。生産性三原則に基づいた「人への投資」を強調
賃上げ，一時金ともに前年を上回る
トヨタ労使が回答・妥結額公表せず
長時間労働の是正に向けた労使合意・協議進む

【社会・経済の主な出来事】

働き方改革国会，働き方改革関連法成立（2018年6月）
正社員の有効求人倍率が初めて1倍超に（2017年）

【世　相】

インスタ映え，忖度，フェイクニュース
○○ファースト

1．2018年労使交渉の焦点

　2018年の春闘スタート前を概観すると，経済は緩やかな回復が継続し，2017年に正社員の有効求人倍率が集計開始以来初めて1倍を超え，さらに完全失業率も3％台を下回る水準で推移するなど，雇用情勢は着実に改善していた。労働需給の逼迫による賃金の増加が期待されるなか，2014年からは政府の賃金引上げに向けたテコ入れもあり，ほぼ2％超の賃上げが4年連続で実施された。しかし，消費者物価の変動がマイナスに寄与していることなどから，実質賃金は前年同月比でプラス・マイナスを繰り返し，ほぼ横ばいで推移した。一方，2016年度の企業収益は過去最高値となり，2017年度はさらなる更新が予想された。雇用情勢，企業業績とも改善の勢いが増しているのに対し，賃金上昇の勢いが乏しい状態が続いていた。

■「春闘の意義」を改めて強調

　2018年春季生活闘争の方針で連合は，「わが国における賃金決定メカニズムとしての春季生活闘争の重要性を再認識」することの意義を強調した。労働組合の組織率は低下を続けているが，「春闘」を通じた賃金決定の影響力が大きく減じている訳ではないとした。

　1955年に始まった春闘は，高度成長期，石油危機，円高不況，バブル崩壊後のデフレと長期停滞などの経済変動に直面し，その局面を乗り切るために，労使がそれぞれに解を導き出してきた。

　最近では，経営側はグローバル競争の激化などを根拠に，労働側の戦術である「横並び」決着を排除し，個別企業の「業績」「支払い能力」を重視する姿勢を打ち出してきた。労使が個別企業レベルの懸案課題を議論する場としての「春討」の意義は認めつつも，賃上げ（ベア）相場が波及する形での「春闘」の終焉を唱えてきた。

　この間の労使交渉はデフレ経済の長きにわたる定着が春闘の性格を大きく変質させてきたといえる。

15年に及ぶデフレ下で浸透した成果主義型の賃金制度改革により，定昇の廃止および水準の見直しが実施された。組合の要求が賃金カーブ・定昇維持といっても2％を切る水準での決着が定着し，賃上げが復活したといっても，賃金カーブ全体を底上げする「ベア」ではなく，特定層や高評価者への配分を選択した企業労使が増えたということだろう。

　冒頭の連合方針は，2000年以降の賃金決定構造の変化に対して，改めて春闘の意義を強調したものといえる。

■2017年春闘で顕在化した相場の形成・波及における構造変化

　賃上げ春闘が復活して4巡目となった2017年春闘は，自動車・電機といった大手労使の交渉が賃上げのパターンセッターとなり，それが中小企業に波及していくトリクルダウン型の波及システムに大きな変化がみられた。これまでの相場形成役だった自動車・電機など金属大手の回答は総じて2016年の実績を下回ったこともあり，安倍首相は「欲を言えばもう少し力強い賃上げを望みたかった」と述べた。

　しかし，その後の推移をみると，これまでの相場形成・波及メカニズムに構造的な変化の兆しがみられた。まず，非製造業系で金属大手を上回る回答がみられたほか，中小企業や非正規労働者の賃上げ率が大手や正社員を上回る傾向が表れている。賃上げ春闘が復活してから4年目を経て生じた，春闘の構造変化を象徴する異変は，①大手の相場形成・リード役の不在，②大手を上回る中小における賃上げ動向，③引上げ率で正規を上回るパート社員の賃上げ——といった形で，顕在化している。

　たとえば自動車関係では，相場形成役のトヨタは基準内の引上げ（定昇相当除く）1,300円で前年実績を200円下回った。一方，本田技研が前年を500円上回る1,600円，スズキも300円増の1,500円，前年同額がダイハツとヤマハ発動機で1,500円，前年割れながら日野自工が1,400円となった。このように，これだけ多くのメーカーがトヨタ超

え回答したのは，前例がない。業界トップのトヨタの賃上げを上回らないという不文律が崩れたといえる。また，トヨタ自動車のグループ企業労組でつくる全トヨタ労連でも，加盟組織の約3割にあたる37組合でトヨタの1,300円を上回った。

このように，業界トップ企業の賃上げが天井相場となるのではなく，同一産業内でも，〝横にらみ〟意識が薄れ，個別企業の置かれた状況に応じたベアや賃金改善の回答が出てきている。企業グループ内においても同様の動きが見られ，親会社を上回るベア回答も珍しいことではなくなった。第4次産業革命ともいわれる産業構造の大転換が，春闘にも影響を及ぼしてきたといえそうだ。

■**賃上げ率で中小および非正規雇用が正社員を上回るトレンドが生まれる**

中小企業および非正規雇用において加速しつつある賃上げトレンドを，データに即してみる。

連合が2017年7月5日に発表した2017闘争の回答集計結果によると，平均賃金方式（集計組合員数による加重平均）による賃金引上げは300人以上で前年比マイナス109円の5,909円となる一方，300人未満では同比プラス150円の4,490円となり，若干ではあるが規模間格差の是正が図られている。

2015年と2016年の回答では，大手と中小の引上げ額に乖離がみられ，賃上げが実施されたとはいえ，規模間格差は拡大した。それが，2017年春闘で若干とはいえ，規模間格差の是正が図られた。

大企業の経常利益が大きく改善するなか，政府も中小企業との格差是正を重要な政策課題と位置づけた。中小企業の賃金の底上げを促すため，公正取引の推進にテコ入れするなど，さまざまな施策を講じた。

労働側も，連合が2017年の闘争方針で，「大手追従・大手準拠などの構造の転換」と「サプライチェーン全体で生み出した付加価値の適正配分」を初めて打ち出す。産別レベルでも自動車総連が，2016年の闘争から企業グループ内の格差是正を進めるため，付加価値の適正循環の取組みを開始した。

他方，非正規雇用でも賃上げ率が正社員を上回るトレンドが継続している。UAゼンセンが2017年4月末時点でまとめた交渉状況によると，同時点で，全体で組合員約118万人が妥結しており，パートタイム労働者の1人あたりの平均引上げ率（定昇，ベア等込み）は2.31％となり，正社員の引上げ率1.99％を上回っている。この逆転現象は2016年から生じており，2年連続でパートタイム組合員が正社員組合員の引上げ率を上回るトレンドが形成されている。

UAゼンセンは，この背景として，最低賃金の引上げと，2016年末に政府から示された同一労働同一賃金ガイドライン案の影響をあげている。こうした動向は，正社員の処遇改善を中心になされてきた企業内の分配構造に変化が生じつつあることを示しているのかもしれない。

■**構造転換しつつある「春闘」**
──働く人すべての環境整備が課題に

連合は2017年12月5日の中央委員会で2018春季生活闘争の方針を決めた。今回の方針は，賃金の「底上げ・底支え」「格差是正」「大手追従・大手準拠などの構造を転換する運動」の継続を掲げるとともに，すべての労働者の働き方の改善についても同レベルの取組みとすることが特徴である。具体的な賃上げ要求水準は，前年と同じく2％程度を基準とし，定期昇給相当分（賃金カーブ維持相当分）を含め4％程度としている。連合が賃上げ要求水準を掲げるのは5年連続，「2％程度を基準」とするのは3年連続となる。

そして，連合と交渉リード役の金属労協が共通して掲げているのが，生産性三原則＝「雇用の維持・拡大」「労使の協力と協議」「成果の公正分配」に基づいた「人への投資」ということになる。企業収益だけでなく，生産性の上昇と賃金がリンクしなくなった現状を踏まえ，「成果の公正配分」を強く求めた。

賃上げについては，2017年の連合全体平均では2％を切っているだけに，2018年闘争ではそれにどの程度上積みできるのかが，問われる。1980年代までは要求に対する妥結率（達成率）は7～8割となっていたが，2014年以降の賃上げ復活春闘

における要求に対する妥結率は5割程度にとどまる。安倍首相が3％の賃上げを経済界に要請しているだけに、連合と傘下組合の力量が問われた。

今や正社員の賃上げだけが春闘の中心課題でなくなっていることは、2017年の交渉内容をみても明らかだ。非正規労働者の処遇や長時間労働の是正など、職場で働く人すべての環境を整えることが重要な交渉事項になっている。

2．2018年労使交渉の結果と評価

●進む春闘の構造変化

賃金改善やベースアップという実質的な賃上げが2014年春闘から復活して、5年目を迎えた。安倍首相が3％の賃上げを経済界に要請していたため、賃上げの水準に関心が集まる一方、春季交渉のスタートとほぼ同時期に開会した通常国会を、首相が「働き方改革国会」と命名したことから、従来にも増して注目度が高い春闘となった。長時間労働の是正や同一労働同一賃金に関連する法改正を先取りした交渉・協議が進展したことも、2018年春闘を特徴づける動きといえる。

2018年3月14日の集中回答日で、金属労協傘下組合における賃上げ分の獲得額が過去3年間で最も高い水準となるなど、全体的には前年を上回る回答が示された。ただし、賃上げ面では、2017年あたりから生じていた、大手から中小・非正規への波及システムの構造転換がより顕在化した。

賃金の引上げ関連では、労働側は個人消費の喚起によるデフレ脱却というマクロの目標、また各企業における「人への投資」というミクロの視点から月例賃金の引上げを重視。一方、企業側は「人への投資」の重要性は認めつつも、一時金・手当などを含めた年収ベースでの3％相当の原資の投入を1つのメルクマールとした。このため、労使のベクトルに違いがあり、その差をどう交渉で埋めるのかが大きな争点となった。

中小企業では、賃上げ率だけではなく一部では額自体が大手企業を上回るトレンドが加速した。さらに、3年連続で賃上げ率が正社員よりもパートタイマーのほうが上回った。前年の2017年あたりから顕在化した、春闘におけるこうした構造変化の芽が、2018年春闘ではさらに拡大した。

企業の収益、雇用情勢がそれぞれ好調のなか、人手不足への対応も大きな論点となった。働き方改革を絡めて、企業はどんな形で従業員に還元するのか。この点で労使は、正社員だけでなく、職場に働くすべての人に対する処遇および働き方の改善を進めるというベクトルは共有できていたともいえる。最終局面では、その幅寄せが難航したとみることができる。その変化を示す最大の異変は、相場形成を担ってきたパターンセッターの不在であり、それが2018年春闘ではより鮮明になった。40年以上も続いたトヨタ労使が形成した賃上げ相場を横にらみする構造が、2018年春闘では完全に転換した点を見逃すことはできない。

●賃上げ、一時金とも前年上回る

2018年3月14日、金属労協加盟の主要労組に対して経営側が、一斉に回答を示した。傘下の大手組合の集計（15日現在）によると、集中回答日までに52組合が回答を引き出し、うち賃上げ分を獲得した51組合の賃上げ額の平均は1,548円で、前年実績（1,051円）を上回り、大多数の大手企業で5年連続の賃上げが実施されたことになる。一時金は交渉方式をとる29組合の平均月数で5.37カ月（前年実績5.14カ月）となり、前年実績を上回った。企業業績の向上分は、より一時金に配分されたといえる。

記者会見した高倉明議長は、今季交渉について、「産業・企業の生き残りについての論議が熱心に真摯に行われ、例年より論議に時間を費やしたことから、賃上げの具体的な交渉は最終局面までずれ込んだ」と分析。そのうえで、ほとんどが前年実績を上回ったことを受け、「人への投資による組合員の意欲・活力向上、企業基盤の強化に寄与するものと確信する」と評価した。

具体的な数字が最終局面まで見えてこなかった背景は、トヨタ労使が発表した回答表示に表れている。

● トヨタが賃金改善額を非公開
　── トヨタ天井相場からの転換

大手自動車メーカー労組が揃って3,000円の賃金改善を要求していた自動車総連では，前年実績プラスアルファの流れが形成され，大手ではほとんどの組合が2017年を上回るベア・賃金改善分を獲得した。

このなかで，春闘の構造変化を映し出す象徴的な出来事が，トヨタ自動車が，妥結した正社員の賃金改善額を非公表としたことだった。1970年代後半から，賃上げ交渉のパターンセッターがそれまでの鉄鋼から自動車に移り，トヨタの回答が天井相場となる時代が長年続いてきた。しかし2018年春闘で，賃金改善分の額を示さなかったことで，「トヨタ・マイナスアルファ」という賃上げ相場波及の図式が崩れることになる。

同一産業内でも，〝横にらみ〟の意識が薄れ，各企業の置かれた状況を反映した回答が前年にも増して目立った。また，同一企業グループ内でも親会社を上回るベア回答が示されるケースも増えている。こうした動きも，春闘の構造変化の一端を示している。相場形成役だった大手自動車メーカーの回答状況をみると，すべて前年実績を上回るベア・賃金改善分の回答を示した。大手メーカー11組合への回答（平均賃上げ）をみると，日産が要求満額の「平均賃金改定原資9,000円」（賃金改善分は3,000円），本田技研が「1,700円」（前年比100円増）の賃金改善，マツダが「賃金引上げ1,400円」（同300円増），三菱自工が「賃金改善分1,500円」（同500円増），スズキが「賃金改善分組合員1人平均2,400円」（同900円増），SUBARU（スバル）が「賃金改善分1,300円」（同200円増）プラス「直接部門の担当，および間接部門の係長・担当に10,000円／月の役職給を支給」などとばらついた。

トヨタ労組が上部団体に報告した内容は「一般組合員の賃金改善分は前年を上回る」だが，金額は未公表（前年1,300円），企業サイドの回答表示は「『人への投資』も含め一般組合員，スキルドパートナー，パートタイマー，シニア期間従業員

▲トヨタの回答に具体的な賃金改善額が明示されなかったことが波紋を広げた（2018年3月14日金属労協）

併せて11,700円」となっている。新聞報道では，「トヨタの回答をみてから自社の回答を決めるという慣習が，それぞれの労使の真剣な話し合いを阻害している」（豊田章男社長2018年3月14日付読売新聞）との内容が伝えられ，回答後は同社の上田達郎専務役員からベア非公表について「『トヨタ・マイナスアルファ』からの脱却」という理由が語られた（15日付日本経済新聞）。非公開とすることで，トヨタからのマイナスアルファで形成される相場波及システムが，今後は機能しなくなる。加えて，正社員だけでなく職場に働く人すべてを射程に入れた回答内容という点でも，春闘の変化を示す象徴的な結末ともいえる。

トヨタグループのデンソー，アイシン精機，豊田自動織機などは，賃金改善分を前年と同額の1,500円とすることで決着。トヨタ本体の改善額を上回っており，グループ内の格差是正が2年連続で進展したことになる。

年間一時金をみると，大手はすべてが満額回答となり，業績向上分が反映されている。

● 1,500円の相場観を形成した電機連合および基幹労連傘下の交渉

電機連合の大手メーカー13組合の賃上げ交渉は14日，開発・設計職基幹労働者（30歳相当）の個別ポイントの賃金水準について，前年実績を500円上回る1,500円で決着した。2018年闘争では，前年離脱していた東芝とシャープの組合が復帰

し，6年ぶりにすべての中闘組合が統一闘争に参加した。

非正規雇用の底上げにつなげるための産業別最低賃金（18歳見合い）では，現行の協定額を1,000円引き上げ162,000円（時給換算1,046円）とすることで労使が折り合った。

一時金は13社のうち，業績連動方式をとらない日立，三菱，シャープ，富士電機，沖電気，パイオニアの6組合が交渉方式で回答を引き出した。日立は6.0カ月（要求6.1カ月），三菱が6.13カ月（同6.43カ月），シャープが4.3カ月（同5.0カ月），富士電機が5.55カ月（同5.7カ月），沖電気が4.3カ月（同5.0カ月），パイオニア4.0カ月（同4.5カ月）となっている。

基幹労連傘下組合もほぼ1,500円の水準で決着。2年サイクルで交渉を進めている新日鐵住金，JFEスチール，神戸製鋼所，日新製鋼の鉄鋼大手メーカー4社の労働組合は，「2018年度3,500円，2019年度3,500円」の賃金改善を求めたが，各社の回答は，賃金改善への財源投入として「2018年度1,500円，2019年度1,500円」となった。2年前の交渉では2016年1,500円，2017年1,000円だった。造船重機は2018年の単年度で1,500円の賃金改善の回答を受けた。

結果的には，電機連合と基幹労連が1,500円程度という今季の金属関係の賃上げ相場を形成したことになる。非鉄では，住友金属鉱山の組合が2018年度について満額回答となる3,500円の賃金改善を獲得した。

年間一時金は，鉄鋼大手4社がすべて業績連動方式。造船重機大手は，三菱重工が「年間5.7カ月プラス生産協力金2万円」，川崎重工は業績連動方式，IHIは「年間5.0カ月プラス協力金3万円」，住友重機は5.68カ月，日立造船は「16万円プラス4カ月」など，非鉄大手は住友金属鉱山だけが交渉方式で，年間181万円プラス特別一時金3万円で決着した。

● 内需系で，金属大手を上回る2,000〜4,000円の回答

内需系企業では，人手不足を背景に，ベア・賃金改善分として前年実績以上の回答を示した企業が目立った。UAゼンセン傘下の先行グループでは，124組合の正社員に対する賃上げ回答は定期昇給相当分を含めて7,417円（2.50％）となり，金属関係の引上げ水準を上回った。そのため，本部は「先行相場形成の役割を十分に果たすことができた」としている。

内容をみると，流通・小売，外食などではスーパーのライフで組合要求どおりの7,044円の満額回答でスタートし，イトーヨーカドー2,000円，すかいらーく2,500円，マルエツ3,200円，マツモトキヨシ4,223円などで，2,000〜4,000円の回答となった。また，スト権を事前に確立した化学素材の主要労組では，賃金引上げ分として，旭化成2,400円（前年比920円増），東レ1,900円（同700円），帝人1,900円（同500円），クラレ2,300円（同950円）で妥結。電機大手の回答水準（1,500円）を2年連続で上回る決着となった。

NTTグループ8社では，1,800円（基準内および成果手当，前年実績1,400円）の回答を示した。KDDIも1,782円を回答している。

定昇相当以外の賃上げ回答が復活して以降の主要産別・組合の回答状況をみても明らかなとおり，NTTグループでは2016年春闘から電機・トヨタの回答を上回って推移しており，先に触れた化繊関係でもこれまで抵抗感が強かったといえる電機大手超えも2年連続となった。横にらみ意識が薄まってきたことがうかがえる。

人手不足が深刻化する運輸関係でも，前年を上回る賃上げ回答となった。運輸労連傘下では，ヤマト運輸が3,327円，名鉄運輸が2,404円，全新潟運輸が3,103円の回答を受けた。交通労連傘下でも，日本梱包運輸倉庫2,378円，飛騨運輸2,068円，西肥自動車3,500円などとなっている。

このほか，JEC連合傘下では富士フイルムが8,300円（2.20％，賃上げ分1,500円），フード連合傘下のサッポロビールもベア2,000円を引き出した。

表 2014〜2018年のベア・賃金改善分の賃上げ回答

産別，単組	2014年	2015年	2016年	2017年	2018年
自動車総連					
トヨタ労働組合	2,700円	4,000円	1,500円	1,300円	前年を上回る
電機連合					
中闘組合（注1）	2,000円	3,000円	1,500円	1,000円	1,500円
基幹労連					
鉄鋼総合・総合重工	1,000円	1,000円	1,500円	1,000円	1,500円
情報労連					
NTT労働組合	1,600円	2,400円	1,600円	1,400円	1,800円

(注) 中闘組合とは，日立労，パナソニック等の5組合。

● **前年に続き企業規模間の格差是正が進展**

JAMでは，組合員数が300人未満の組合が獲得した賃金改善分の平均額が大手を含む全体平均を上回るなど，規模間の格差改善が前年に続き進展した。先行の大手ではアズビル（2,351円）とコマツ（2,000円）は2,000円以上の賃金改善分を獲得。このほかオークマ（1,508円），島津（1,500円プラス福利厚生カフェテリアプラン改善原資），日本精工（35歳個別1,500円プラス住宅手当）は1,500円程度の賃金改善分を引き出し，クボタ労連（ベア1,000円），ヤンマー（1,000円），井関農機（1,000円）の各農機メーカーは揃って1,000円の獲得となった。

その一方，2018年3月13日までの集計によると，回答を引き出した76組合の賃金改善分の平均は1,804円だが，300人未満（57単組）の組合をみると1,854円，さらに100人未満（22単組）ではこれを上回る2,251円となり，中堅・中小が全体平均を上回っている。

また，UAゼンセンでも中堅・小組合の妥結水準が大手を超える傾向が強まっている。2018年3月23日時点での集計によると，300人未満の組合の妥結平均額（定昇相当分とベア等の合算）の7,634円は，300人以上の平均額（7,096円）を大きく上回っている。

このように，前年に引き続き企業規模間格差の是正が進展している背景として，人手不足が影響していることがあげられる。3月12日に内閣府が発表した第56回法人企業景気予測調査（2018年1〜3月期調査）によると，利益分配のスタンスとして大手は「設備投資」（64.4％），中堅は「内部留保」（56.4％）がトップだったが，中小企業は「従業員への還元」（58.6％）がトップだった。

安河内賢弘JAM会長は，「中小企業では歴史的な人手不足のなかで，残業・休日出勤を強いられている」などとしており，「従業員への還元」は中小企業にとって欠かせないものとなっている。

● **UAゼンセンではパートが正社員の賃上げを3年連続で上回る**

UAゼンセンの組合員の過半数を占めるパートタイマー組合員に対する1人あたりの平均引上げ率は2.86％となり，正社員の賃上げ率の2.46％を超えた。パートの賃上げ率が正社員を上回る傾向は3年連続となる。

UAゼンセンでは，正社員と同率の賃上げ要求を掲げて交渉を進めたことがこうした結果につながっている面がある。ただし，2018年春闘は金属労協関係でも，トヨタ自動車の回答のように非正規に対する処遇改善で進展がみられたのが特徴といえよう。日産でも正社員と同水準のシニアパートナー組合員の月次給を3,000円，パートナー組合員の時給を20円引き上げた。また，本田技研でも定年後再雇用者について正規の賃上げと連動させた。スバルでも再雇用者（シニアスタッフ，シニアパートナー）について，一般組合員の賃金改善と同額を増額し支給する。

さらに，改正労働契約法20条関連（不合理な労働条件の禁止）の裁判，同一労働同一賃金関連法案の動向も，影響を与えた。NTTグループの労使はすでに2017年12月の段階で，有期雇用者および60歳超え雇用者を含めた雇用形態にかかわらず

適用され，入社から退職までのライフイベントを支援する「新たな福利厚生パッケージサービス」の基本項目について合意した。KDDIでは契約社員に過去最高となる一時金11万円の支給を回答。こちらも正社員との格差是正が背景にある。

単一労組で国内最大の日本郵政グループ労働組合は，2018年春闘のなかで，正社員と期間雇用社員との格差是正の取組みを重点化。非正規に適用されておらず，客観的に合理性が乏しいと考えられる5つの手当と3つの休暇制度を対象に，見直しや拡大を求めた。その結果，一般職の住居手当の廃止（経過措置10年），寒冷地手当の見直し（水準を圧縮し調整手当に再編），年末年始手当を廃止し年始分は期間雇用社員・アソシエイト社員（無期契約社員）にも支給，すべてのアソシエイトへの夏期・冬期休暇（有給）の1日付与──などを合意した。なお，正社員の月例賃金の改善は3年連続で見送られた（定昇実施のみ）。

こうした非正規雇用の処遇改善が進展する背景には，①最低賃金の2年連続3％の引上げ，②人手不足，③改正労働契約法の無期転換ルールの実施を踏まえた処遇改善──の動向がある。UAゼンセンの有期雇用者の無期転換の取組みでは，2018年3月14日時点で，パートは集約対象組合の78.1％，契約社員では79.2％で，改正労働契約法・無期転換ルールを労使確認した。この確認内容について，無期転換の権利が発生する時期をみると，パートでは3割の組合が5年未満，契約社員では4割の組合が5年未満となっている。

●長時間労働の是正に向けた労使合意・協議も進展

「働き方改革国会」は，法案審議の前から裁量労働制の調査に関する不適切データの問題をめぐって，混迷の度を深めた。その一方，長時間労働の是正に関する交渉・協議が進んだケースもある。

連合が2018年4月6日に公表したとりまとめによると，長時間労働の是正関係では，三六協定の点検や見直しについて，1,388件の要求・取組みがあり，回答・妥結は618件となった。その回答・妥結の内訳は，①三六協定は「月45時間，年360時間以内」を原則に締結が355件，②やむを得ず特別条項を締結する場合も，年720時間以内とし，原則を踏まえ，より抑制的な時間となるよう取り組むが367件，③休日労働を含め年720時間以内となるように取り組む──が352件となっている。

このほか，時間外・休日割増率引上げの取組み（要求・取組み640件で回答・妥結81件），インターバル規制の導入に向けた取組み（同293件で同104件），事業場外みなし労働者，管理監督者も含めたすべての労働者の労働時間管理・適正把握の取組み（同654件で同180件），事業場外みなしおよび裁量労働制の適正運用に向けた点検（同667件で同172件）などとなっており，働き方改革関連法に盛り込まれる長時間是正策を先取りした労使協議・交渉が進んでいることがうかがえる。

法案で義務化が見送られた勤務間インターバルについて，具体的に今季交渉で合意された事例として，日立が深夜労働実施者を対象とした勤務間インターバル（11時間）の導入，UAゼンセンのまとめでは，勤務間インターバル規制の導入はイズミヤ，ウエルシアなど18組合から，結果が報告された。

●労使トップが出だしの回答状況を高く評価

大手の先行回答が出た段階で，労使がそれぞれ見解を発表した。連合は2018年3月14日，「回答水準は前年水準を上回る基調にあり，追い風となる成果だ」などとする闘争アピールを公表。神津里季生連合会長は記者会見で「交渉を継続している組合に向けて元気の出る内容」と語った。

一方，榊原定征経団連会長も同日，「多くの企業において，前年を超えるベースアップによる月例賃金の引上げや，好調な業績を反映した賞与・一時金の大幅な増額など，経団連が『経労委報告』で示した基本スタンスと『3％の賃金引上げ』との社会的期待も踏まえながら，経営側が積極的に対応した結果である」と評価。そのうえで，「これから交渉を行う企業においても，自社の収益に見合った前向きな検討を行っていただき

たい」と要望するコメントを発表した。その後，交渉が本格化する中小企業での交渉で，こうしたモメンタムが引き継がれ，賃上げが広く拡大していくことに労使とも期待感を表明した。

また，小林喜光経済同友会代表幹事は，「世界経済の先行きに不透明感が高まっている。こうしたなかにあって，大手企業を中心に，一時金を含めた賃上げの動きが5年にわたり続いたことを歓迎する」「企業が継続的な賃上げを行ってもなお，現役世代の社会保険料負担の増加が可処分所得の伸びを抑制しており，日本経済の持続的な成長のために不可欠な個人消費の活性化を阻害している。こうした現状を踏まえ，政府には，後期高齢者支援金制度の見直しを含む，税と社会保障に関する抜本的な対策を早期に実施することを望む」などとするコメントを発表。企業労使の努力だけでは限界があることから政府に対するさらなる役割発揮を求めた。

● 今後の課題は何か
──「人への投資」に関するベクトル合わせ

労使団体が示した2018闘争方針・交渉指針には，2018年春闘の特徴点がすでに記されていたといってよい。

連合の2018春季生活闘争方針では，「『『底上げ・底支え』『格差是正』と『すべての労働者の立場に立った働き方』の実現を同時に推し進めよう！」と呼びかけた。一方の経団連の「2018年版経営労働政策特別委員会報告」では，パート・有期契約社員の処遇改善として，具体的には「正社員化のさらなる推進や，賃金・時給の引上げ，賞与・一時金の支給・増額，福利厚生面の拡充などを労使で前向きに協議すべきである」「同一労働同一賃金への対応として，企業内における正社員との不合理な処遇格差の解消を徹底する必要がある」と述べていた。

労使ともそろって職場に働くすべての人の処遇改善・見直しを前面に打ち出したことに，2018年交渉の内容面における変化が表れている。その意味で大きな転換点となった春闘だったといえる。

働き方改革の関連で，正社員については長時間労働の是正の協議，有期契約社員では同一労働同一賃金を先取りした協議が進んだ。その結果，先にみた労働時間短縮のほか，育児・介護のため時間単位で取れる休暇の創設や非正規社員の待遇改善に取り組む企業も増えた。

これに加え，4月から実施された改正労働契約法の無期転換ルール，さらに人手不足を背景とした正社員登用も進むなか，労使共通のテーマである「人への投資」について，今後は労使のベクトル合わせがより重要になる。さらに世界的規模での競争を余儀なくされる第4次産業革命への備えについて，競争力強化につなげるための人材育成・活用のありかたに関する協議もますます重要性を増していくことになろう。

「経営労働政策特別委員会報告」（経労委報告）のタイトル一覧（1989～2018年）

年	サブタイトルと主な主張点
1899年	真の豊かさの実現のために
1990年	政治，経済，社会の健全な発展を考える
1991年	新時代へのわが国の対応と経営者の選択
1992年	新時代の経済・社会と労使関係を求めて
1993年	新しい国際化時代における日本と労使の選択――「雇用の維持・確保こそが最重要の課題」
1994年	深刻化する長期不況と雇用維持に向けての労使の対応――「賃上げの原資は雇用の安定にあてるべき」
1995年	日本経済の再活性化と経営者，労使の課題――「横並び，世間相場重視という賃金決定方式の再検討」
1996年	構造改革によるダイナミックな日本経済の実現に向けて――「雇用維持を最優先，ベースアップは論外」
1997年	雇用安定と国民生活の改善をめざす構造改革，『第3の道』の模索――「雇用安定を最優先，総額人件費管理を」
1998年	危機からの脱出―第3の道を求めて――「マクロレベルでみると賃上げの余地はない」
1999年	ダイナミックで徳のある国をめざして――「許される総額人件費の中で雇用の安定を最優先」
2000年	人間の顔をした市場経済をめざして――「雇用・賃金・労働時間が総額人件費，ワークシェアリングの検討を」
2001年	多様な選択肢をもった経済社会の実現を――「これ以上の賃金水準の引き上げは困難」
2002年	構造改革の推進によって危機の打開を――「雇用の維持が最重要，賃金引き上げは論外」
2003年	多様な価値観が生むダイナミズムと創造をめざして――「もはや社会的相場形成を意図する『春闘』は終焉した」
2004年	高付加価値経営と多様性人材立国への道――「賃金を減額改定するベースダウンも『労使の話し合いの対象に」
2005年	労使はいまこそさらなる改革を進めよう――「今後，賃金の引き上げ・引き下げは『賃金改定』と称すべき」
2006年	経営者よ　正しく　強かれ――「賃金などの労働条件の改定について，働く人の意欲を高める適切な舵取りが望まれる」
2007年	イノベーションを切り拓く新たな働き方の推進を――「『ワーク・ライフ・バランス』の実践を，賃金水準を一律に引き上げる余地はない」
2008年	日本型雇用システムの新展開と課題――「企業と家計を両輪とした経済構造を，恒常的な生産性向上があれば総額人件費の改定原資に」
2009年	労使一丸で難局を乗り越え，さらなる飛躍への挑戦を――「市場横断的ベースアップ，個別企業における一律ベースアップとも考えにくい」
2010年	危機を克服し，新たな成長を切り拓く――「中長期的視点に立った『総額人件費管理の徹底』」
2011年	労使一体となってグローバル競争に打ち勝つ――「課題解決型労使交渉・協議（春の労使パートナーシップ対話）」「賃上げより雇用を優先した交渉が重要」
2012年	危機を乗り越え，労使で成長の道を切り拓く――「定期昇給の延期・凍結も含め，厳しい交渉の可能性も」
2013年	活力ある未来に向けて　労使一体となって危機に立ち向かう――「雇用の維持・安定を最優先，ベースアップの余地なし」
2014年	デフレからの脱却と持続的な成長の実現に向けて――「業績が好調な企業は，拡大した収益を雇用の拡大，賃金の引き上げに振り向けていくことを検討」
2015年	生産性を高め，経済の好循環をめざす――「定期昇給の実施や業績改善分の賞与・一時金への反映，諸手当の改定や特定層の賃金水準の引き上げも検討」
2016年	人口減少下での経済の好循環と企業の持続的成長の実現――賃金引上げの方法は，定期昇給の実施，全体的ベースアップに限らず，さまざまな選択肢
2017年	人口減少を好機に変える人材の活躍推進と生産性の向上――「『年収ベースの賃金の引き上げ』に前向きに検討することを求めたい」
2018年	働きがいと生産性向上，イノベーションを生み出す働き方改革――「『3％の賃金引上げ』との社会的期待を意識し，自社の収益に見合った前向きな検討を」

資料出所：2002年までは『労働問題研究委員会報告』（労問研報告），2003～2015年までは「経営労働政策委員会報告（経労委報告）」，2016年以降は「経営労働政策特別委員会報告」（経労委報告）。主な主張点は著者によるもの。

第3章
春闘の性格を大きく変えたアベノミクス

年	主な出来事
2013	2012年12月、アベノミクスの始動 「財政出動」「金融緩和」「成長戦略」の3本の矢
14	2013年9月、「経済の好循環実現に向けた政労使会議」 2013年12月、合意文書 5〜6年ぶりの賃上げ要求復活（2014年春闘）
15	2014年9月、「経済の好循環実現に向けた政労使会議」 一億総活躍プラン――生産性向上、女性の活躍推進、働き方改革
16	格差是正に焦点
17	相次ぐトヨタ超え回答
18	2017年12月、安倍首相、3％の賃上げを経済界に要請

2章では，21世紀になってからの各年の春闘の動きを追ってきた。この間，とくに，2012年12月に始まり，現在に至るアベノミクス（デフレからの脱却をめざし，経済成長率3％をめざす経済政策）の春闘への影響は大きかった。2013～2018年春闘によって，春闘は大きく性格を変えたともいえる。ここで改めて，アベノミクスのもたらした春闘の変化と，課題をまとめてみたい。

1．デフレ脱却に向け「経済の好循環実現に向けた政労使会議」を設置

2012年12月に第2次安倍政権が誕生し，いわゆる「アベノミクス」が始動する。アベノミクスとは，「財政出動」「金融緩和」「成長戦略」という「3本の矢」によって，長期のデフレから脱却し，名目経済成長率3％等をめざす経済政策である。「財政出動」は，東日本大震災からの復興促進等を軸に，老朽化した道路や橋の再築・修復，学校の耐震補強など公共事業を中心に総額20兆円規模にのぼる。「金融緩和」はインフレターゲット（物価上昇率の目標）を2％に設定し，日本銀行が積極的な通貨供給を行う。また，「成長戦略」は研究開発・イノベーション創出促進，省エネルギー・再生可能エネルギー投資の促進，新ビジネスへのチャレンジなどが柱となっている。

同政権は，政権がめざす「デフレ脱却」と「経済の好循環実現」に向け，賃金の引上げにつなげるためのさまざまな政策を繰り出してきた。

第1に，首相自ら政権発足直後から経済界に賃金引上げを要請しただけでなく，継続的な賃上げ実現に向けた共通認識を醸成するため，労使および有識者をメンバーとする政労使会議を設置した。

第2は，税制面からの後押しや中小企業の賃上げ環境を整えるための公正取引の推進がある。

第3は，最低賃金の引上げなど，全体の底上げに向けた取組みをあげることができる。

第1に関連して，まず，2013年9月に政労使のトップと有識者による「経済の好循環実現に向けた政労使会議」を設置した。「景気回復の動きをデフレ脱却と経済再生につないでいくには，企業の収益拡大が速やかに賃金上昇や雇用拡大につながり，消費の拡大や投資の増加を通じて，さらなる企業収益の拡大に結びつく『経済の好循環』を実現すること」を目的に，経済界，労働界，政府がそれぞれ取り組むべき課題，およびその対応についての共通認識の形成をめざした。

同年12月には，賃金引上げに向けて，政労使がそれぞれの立場で取り組む事項を明らかにする合意文書がまとまった。文書は，①賃金上昇に向けた取組み，②中小企業・小規模事業者に関する取組み，③非正規雇用労働者のキャリアアップ・処遇改善に向けた取組み，④生産性向上と人材の育成に向けた取組み——の4本柱で構成。賃金の上昇については，「経済の好転を企業収益の拡大につなげ，それを賃金上昇につなげていくことが必要である」とし，こうした好循環を全体に波及させるとともに，持続的なものとしなければならないと明記した。

翌2014年も政労使会議は継続され，同年12月に確認した文書には，賃金の上昇による消費の拡大という好循環を継続的なものとし，デフレ脱却を確実なものとするためには，企業収益の拡大を賃上げや設備投資に結びつけていく必要があると明記。さらに，「サービス業等の生産性向上」「休み方・働き方改革」「プロフェッショナルの人材還流円滑化」「女性が働きやすい制度等への見直し」などを新たに盛り込み，これまでの合意内容のフォローアップも行うことになった。この合意のなかには，アベノミクス第2ステージの新3本の矢（①希望を生み出す強い経済，②夢をつむぐ子育て支援，③安心につながる社会保障，2015年9月24日）として，「一億総活躍プラン」の柱となる「生産性向上」「女性の活躍促進」「働き方改革」といった，基軸となる政策の萌芽がみられる。

また，政府と経済界の代表が，民間設備の拡大に向けた取組み等を議論するための会合である「未来投資に向けた官民対話（官民対話）」（2015年10月16日初会合）も設けられた。政府が企業に

対して設備投資や賃上げを促す一方で，企業の競争力を強化するために，法人税減税や規制緩和といった環境整備について論議され，賃上げについても重要課題の1つとなった。

2．賃金上昇に向けた税制面および公正取引推進関連の取組み

次に，税制面と公正取引の推進について政府が関与した取組みを概観する。

政府が賃上げ環境の整備として打ち出したのが2013年度税制改正で，企業の賃上げの動きを後押しするために，給与を増やした企業を減税する「所得拡大促進税制」が創設された。同制度は，企業が給与等の支給額を増加させ，それが特定の適用要件を満たした場合，法人税額の一定割合が税額控除される制度である。政労使会議の合意文書での政府の役割としては，賃金引上げのための環境整備として，所得拡大促進税制の拡充や復興特別法人税を1年前倒しでの廃止することなどが盛り込まれた。

また，政労使会議の2年目の合意文書では，経営側の取組みとして，2015年4月からの消費税増税の影響，円安などによる取引企業の仕入れ価格の上昇等を踏まえた価格転嫁への支援・協力について総合的に取り組むことを確認した。「物価や仕入れ価格上昇に伴う転嫁について，とくに中小企業・小規模事業者を調達先とする企業は，復興特別法人税の廃止の趣旨を踏まえて，取引価格の適正化に努める」との文章が盛り込まれた。

さらに政府は，大企業の経常利益が大きく改善するなか，中小企業との格差是正を重要な政策課題と位置づけ，中小企業の賃金の底上げを促すため，公正取引の推進にテコ入れする。2016年後半から，政府は取引慣行の見直しに向けた具体策を打ち出す。下請取引環境の改善に向け，業種横断的なルールの明確化・厳格な運用（「不適正な原価低減活動」や「金型の保管コストの押しつけ」等の行為を違反事例に追加，親事業者・大企業は，下請代金の支払いを手形ではなく，可能な限

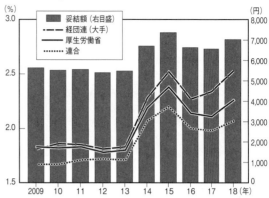

図1　賃上げ集計結果の推移（厚生労働省，連合，経団連）

資料出所：厚生労働省「民間主要企業春季賃上げ要求・妥結状況」，経団連「春季労使交渉・大企業業種別妥結結果（加重平均）（最終集計）」，連合「春季生活闘争最終回答集計結果」
（注）1．妥結額は，厚生労働省．「民間主要企業春季賃上げ要求・妥結状況」の集計対象は，原則として，資本金10億円以上かつ従業員1,000人以上の労働組合がある企業（加重平均）。
2．経団連（大手）の集計対象は，原則として東証一部上場，従業員500人以上の企業。
3．連合の数値は規模計で，299人以下の中小組合を含む。

り現金で行う等）を進めた。併せて，サプライチェーン全体での「取引適正化」と「付加価値向上」に向けて，自動車業界など業種別に自主行動計画の策定を要請した。その結果，2017年3月末現在で8業種13団体が計画を策定した。このように政府は下請企業が取引上不利益を被ることがないような取組みを強化し，中小企業にとって賃上げしやすい環境の整備を進めた。

労働側も，連合が2017年の闘争方針で，「大手追従・大手準拠などの構造の転換」と「サプライチェーン全体で生み出した付加価値の適正配分」を前面に打ち出す。産別レベルでも，自動車総連が，企業グループ内の格差是正を進めるため，2016年闘争から付加価値の適正循環の取組みを開始した。規模間格差の拡大に歯止めをかけるためにも，中小企業へのこうした支援は欠かせない政策対応といえる。

政労使合意や政府による賃上げを促進するための政策が推進されるなか，労使交渉が展開された結果，2014年の民間大手企業の賃上げ率（厚生労働省調査）は，13年ぶりに2％台に乗った。その

図2 現金給与総額，所定内給与，実質賃金（現金給与総額）の動き

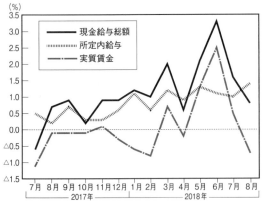

資料出所：厚生労働省「毎月勤労統計調査」
（注）規模5人以上。

図3 経常利益・雇用者報酬の推移

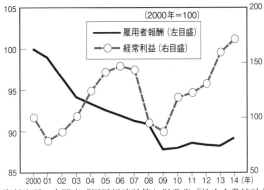

資料出所：内閣府「国民経済計算」，財務省「法人企業統計」
（注）雇用者報酬・経常利益は，雇用者1人あたりに割り戻したもの。

後，春季労使交渉における賃金改定については，2014年以降5年連続で，ほぼ2％超の賃上げが実現している（図1）。

3．賃上げ復活による変化と顕在化した課題

(1) マイナスが続いた実質賃金，企業収益の伸びと所得に乖離

アベノミクス第1ステージでは，大胆な金融緩和によって円高が是正され，輸出企業の収益は大きく改善した。さらに経済対策の効果や雇用・所得環境の改善などを背景に，非製造業の収益も増加基調に転じた。しかし，2014年4月の消費税引上げは，2四半期連続したGDPのマイナスや消費者マインドの低下につながり，経済の好循環実現には至らなかった。

アベノミクスの第1ステージでは，円高是正や国内景気の回復によって企業収益は大幅に改善した。その結果，大企業を中心に久しぶりの賃上げが実施されたものの，中小企業またパートタイム労働者などの非正規雇用の処遇改善といった全体の底上げには至らなかったといえる。

2014年以降，名目賃金は増加基調に転じたが，その後も消費者物価の上昇に賃上げが追いつかず，物価変動を調整した実質賃金は2013年7月以降のマイナス基調から脱することができなかった。

こうした動向を踏まえて，前年に引き続き2014年9月から再開された「経済の好循環実現に向けた政労使会議」の冒頭，安倍首相は，「賃上げの流れを来年，再来年と続けていき，全国津々浦々にアベノミクスの効果を浸透させていきたい。そのためにも，とくに円安のメリットを受けて高収益の企業については，賃上げ・設備投資に加え，下請企業に支払う価格についても配慮を求めたい」と経済界に再度，異例の要請を行った。

その後，二度にわたる政労使合意によって，労使の社会的な責任として継続した賃上げが必要との共通認識が広がったこともあり，2016年にようやく5年ぶりに実質賃金が前年比0.7％増に転換。2017年も年平均で同0.7％増と，2年連続で前年比プラスをかろうじて維持した（図2）。2018年に入ると，月によってプラスとマイナスの振れ幅が大きく，明確に実質賃金が上昇に転じたとは言い難い状況が続いている。

こうした取組みの過程を経て，企業収益の伸びほどに所得が伸びないという新たな課題も顕在化してきた。

図3によって，経常利益と雇用者1人あたりの報酬の推移についてみると，経常利益は2001年以降増加基調で推移した後，リーマンショックでの大幅減を経て，2010年から持ち直しの動きをみせ

図4 売上高経常利益率，売上高人件費比率の推移

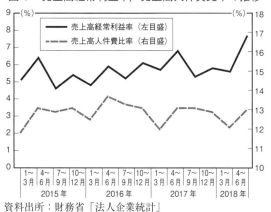

資料出所：財務省「法人企業統計」

図5 内部留保と労働分配率の推移

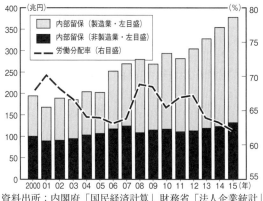

資料出所：内閣府「国民経済計算」，財務省「法人企業統計」

た。2007年までの景気回復局面と比較しても，大きく増加している。そして，アベノミクス始動以降の円高是正や株高などの収益環境の好転により，企業の経常利益は2013年から大きく増加し，製造業と非製造業のいずれも過去最高水準となっている。

その一方で，1人あたり雇用者報酬は2000年当時の水準と比較して長期的には減少傾向で推移しており，2010年以降は，経常利益と同じく増加しつつあるが，好調な推移が続く経常利益とは対照的に，その伸びは緩やかなものとなっている。このように，企業の経常利益と労働者の賃金上昇の関係性は弱まってきているとみることができる。

また，賃上げが復活した2015年以降の売上高経常利益率と売上高人件費比率の推移をみても，経常利益率の伸びに比べて，人件費比率はそれほど高まっていないことがわかる（図4）。

企業利益が雇用者に分配されなくなった理由として指摘されることの多い，企業の内部留保（利益剰余金）の推移についてみる（図5）。1990年代後半の金融危機を乗り越えて以降，自己資本および財務体質の強化・改善を目的として，2000年から現在にかけて内部留保は増加傾向を続けており，とくに景気が持ち直した2013年以降は大幅に増加している。その金額は2017年10～12月期に400兆円に上っており，さらに2018年4～6月期には450兆円までに積み上がり，過去最高水準を更新し続けている。

他方，労働分配率の推移をみると，景気後退期には上昇し，回復期には下降する傾向にあるものの，現在の景気拡大局面においては，リーマンショック以前の拡大局面だった2005～07年頃と比較しても低い水準にある。とくに2012年以降は低下傾向が著しく，2016年はわずかに上昇に転じたものの，2017年は再び，減少に転じた。

このように，企業利益と雇用者報酬との関係については，内部留保の増加等の要因によって，持続的に増大してきた経常利益の雇用者への分配が弱まってきていると考えられる。

こうした内部留保が積み上がる傾向について，経団連は「2017年版経営労働政策特別委員会報告」で，「大企業1社平均の利益余剰金の額は359億円となるが，そのすべてを現金・預金で保有しているわけではないことは明らかである。利益余剰金の多くは，生産設備などの投資や，近年では海外企業のM&Aなど，積極的投資として活用されている」として，内部留保は企業の持続的な成長と今後の競争力強化に不可欠な「成長投資」の原資であると反論する。とはいえ，経済の好循環を継続していくためには，これらの企業の動向を踏まえつつも，適切に雇用者の賃金底上げに向けた対応を進めていくことが重要と考えられる。

(2) 賃上げは復活したが，配分のあり方は様変わり

2014年春闘では，久しぶりに定期昇給相当分（平均で2％弱程度）だけではない「賃上げ」分

が，多くの企業で回答に盛り込まれた。ただし，過去十数年の春季労使交渉（春闘）を振り返ると，賃上げの代名詞だった「ベースアップ（ベア）」の文字は組合側の要求からはほとんど姿を消していた。2014年の春闘における賃上げ回答をみると，一部で「ベア」の表現が復活してはいたものの，単純に従来型の「春闘」がカムバックしたと言い切れない変化がみてとれる。

この間，経営側はグローバル競争の激化などを根拠に，労働側の戦術である「横並び」決着を排除し，個別企業の「業績」「支払い能力」を重視する姿勢を前面に打ち出してきた。労使が個別企業レベルの懸案課題を議論する場としての「春討」の意義は認めつつも，賃上げ（ベア）相場が波及する形での「春闘」の終焉を唱えてきた。

経営側のこうした対応だけでなく，この間の労使交渉の動向を振り返ると，「デフレ」経済の長きにわたる定着が「春闘」の性格を大きく変質させてきたといえる。

2014年春闘の結果をみても，過去への回帰を確認できる回答は見出せない。たとえば，回答表記には「ベア」という表現はあるものの，「賃金改善」「賃金改定」などの表現も散見される。

こうした表現が盛り込まれた背景の1つに，15年に及ぶデフレ下で浸透した成果主義型の賃金制度の影響があるものとみられる。賃金カーブ全体を底上げする「ベア」ではなく，特定層や高評価者への配分を選択した企業労使が増えたということだろう。2014年の経団連「経営労働政策委員会報告」も，特定層への配分を主張していた。個別企業の具体的回答のなかにも，「若年層配分」といった賃上げ原資を一部に重点配分する表現がみられる。

(3) **最低賃金の引上げは続くものの，雇用への影響は限定的**

過去の政権に比べて，安倍政権は最低賃金引上げに積極的な姿勢を示している。安倍政権の発足以前から最低賃金の引上げについては，政労使で目標金額とおおまかな年限が合意されてきた。

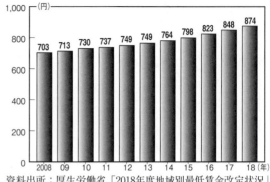

図6　地域別最低賃金の全国加重平均額の推移

資料出所：厚生労働省「2018年度地域別最低賃金改定状況」

2010年，当時の民主党政権下で鳩山首相が主導して開かれた「雇用戦略対話」で，「目標案としては，できる限り早期に全国最低800円を確保」することなどが政労使間で合意された。

2012年末に発足した第2次安倍政権の下では，賃金上昇と企業収益向上の好循環を実現する観点から，「最低賃金の引上げに努める」（「日本再興戦略」2013年6月）との方針が示された。さらに，翌14年6月に閣議決定された「日本再興戦略（改訂2014）」では，最低賃金の引上げについて，初めて「年率3％程度」を伸び率の目途とすることが明記された。

その後，2015年11月の経済財政諮問会議で安倍首相が，「最低賃金を，年率3％程度を目途として，名目GDPの成長率にも配慮しつつ引き上げていくことが必要である。これにより，全国加重平均が1,000円となることをめざしていく」と発言し，関係大臣に対応を指示した。最低賃金を年率3％程度のペースで引き上げるだけでなく，金額面でも1,000円をめざすことが示されたことになる。

これを受け，2016年度の最低賃金引上げは25円（前年度比プラス3.1％）となった。最低賃金が日額との併記ではなく時間額に一本化されてから比較可能な2002年度以降で，最大の引上げ幅となった。こうした政策的な後押しもあり，2012～2016年の4年間で，最低賃金は全国加重平均で749円から823円へと，大幅に引き上げられた。

翌年，2017年度の地域別最低賃金の引上げ目安

を審議する中央最低賃金審議会は、7月25日に全国平均で25円（3.0％）の引上げを決めた。続く2018年の中央最低賃金審議会での審議に先立ち、政府は、6月15日に閣議決定した「経済財政運営と改革の基本方針2018」および「未来投資戦略2018」のなかで、最低賃金について「年率3％（程度）を目途として、名目GDP成長率にも配慮しつつ引き上げ、全国加重平均が1,000円となることをめざす」との方針を3年連続で盛り込んでいた。その結果、2018年の引上げ額も全国加重平均は26円となり、引上げ率に換算すると3.1％（前年度は3.0％）となった。3％以上の引上げは3年連続となる（図6）。

アベノミクスの下で最低賃金が大幅に引き上げられる一方、正規・非正規とも雇用の改善が続いている。こうした動向をみると、最低賃金の引上げが及ぼす雇用への影響は、極めて限定的になっているといえる。

また、雇用の質的な面に着目すると、15～54歳層については、2013年1～3月期以降、「非正規雇用から転換した正規雇用労働者」の数が「正規雇用から転換した非正規雇用労働者」の数を上回り続けており、とくに15～34歳において非正規雇用から正規雇用へ転換する傾向が顕著となっている。

さらに、2018年3月に働き方改革関連法が成立し、正規雇用労働者と非正規雇用労働者との間の不合理な待遇差が禁止されることになった。2020年4月1日から施行される関連法への対応を踏まえると、非正規雇用の処遇改善は労使にとってよりウエイトを増すことになるだろう。

4．2017年春闘で顕在化した相場の形成・波及における構造変化

賃上げ春闘が復活して4巡目となった2017年春闘は、これまでの、自動車・電機といった大手が賃上げのパターンセッターとなり、それが中小企業に波及していくトリクルダウン型の波及システムに大きな変化がみられた。これまでの相場形成役だった自動車、電機など金属大手の回答は総じて前年実績を下回り、前年並みのベアを経済界に要請した安倍首相も、「欲をいえばもう少し力強い賃上げを望みたかった」と述べた。

しかし、その後の推移をみると、これまでの相場形成・波及メカニズムに構造的な変化の兆しが出てきている。まず、非製造業系の企業で金属大手企業を上回る回答がみられたほか、中小企業や非正規労働者の賃上げ率が大手や正社員を上回る傾向があらわれている。賃上げ春闘が復活してから4年目を経て生じた、春闘の構造変化を象徴する異変は、①大手の相場形成・リード役の不在、②中小の賃上げが大手を上回る動向、③パート社員の賃上げが正規を上回る――といった形で、顕在化している。

たとえば、相場形成役のトヨタは基準内の引上げ（定昇給相当除く）1,300円で前年実績を200円下回った。一方、本田技研が前年を500円上回る1,600円、スズキも300円増の1,500円、前年同額がダイハツとヤマハ発動機で1,500円、前年割れながら日野自工が1,400円となった。このように、これだけ多くのメーカーがトヨタ超えを回答したのは、前例がない。業界トップのトヨタの賃上げを上回らないという不文律が崩れたといえる。

また、トヨタ自動車のグループ企業労組でつくる全トヨタ労連でも、加盟組織の約3割にあたる37組合でトヨタ自動車の1,300円を上回った。

このように、業界トップ企業の賃上げが天井相場となるのではなく、同一産業内でも〝横にらみ〟意識が薄れ、個別企業の置かれた状況に応じたベアや賃金改善の回答が出てきた。企業グループ内においても同様の動きがみられ、親会社を上回るベア回答も珍しいことではなくなった。

春闘における賃上げのパターンセッターは、1970年代後半に鉄鋼から自動車に移った。といっても、トヨタが天井となるパターンは約40年の長きにわたって続いてきた。第4次産業革命ともいわれる産業構造の大転換が、春闘にも影響を及ぼしてきたといえそうだ。

労働側は、賃上げパターンセッターのあり方に

図7 大企業と中小企業における賃上げ率（合計）の推移（組合員数ベース）

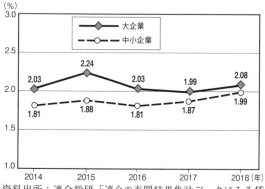

資料出所：連合総研「連合の春闘結果集計データにみる賃上げの実態2018」

図8 正社員と短時間組合員（パートタイマー）の賃上げ率比較（制度昇給，ベア等込み）

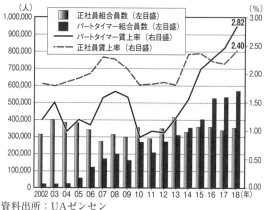

資料出所：UAゼンセン
（注）1．2012年以前はUIゼンセンの数字。毎年の集約の時期は，4月上旬ではあるが，若干前後する。
2．各年の交渉状況により，妥結組合数には変動がある。

ついてはすでに，連合が2013年春闘を総括した「2013春季生活闘争まとめ」で課題を提起していた。「春季生活闘争の枠組みについては，産業構造の変化や，同一産業内でも企業ごとに業績に乖離があるなかでは，特定の産業・企業がいわゆるパターンセッターを担い，トリクルダウン的に社会的波及を図ることが困難な状況」との見方を示していた。そして，全体の底上げ・底支えによるボトムアップが必要だとの方針を前面に打ち出しており，人手不足の追い風もあり，賃上げ春闘復活4年目で，その戦略が実を結びつつあったとみることもできる。

こうした異変が生じた大きな要因としては，当然のことながら人手不足がある。日本商工会議所の調査によると，2017年度に定期昇給やベースアップを実施した目的のうち，最も多かったのが「人材確保・定着」（82.8％）だった。

5．賃上げ率で中小および非正規雇用が正社員を上回るトレンドが生まれる

前述した中小企業および非正規雇用において加速しつつある賃上げトレンドを，データに即してみてみる。

まず，規模別の賃上げ状況については，先にみたように，2018年の連合の最終集計結果によると，平均賃金方式で回答を引き出した5,575組合の回答（集計組合員数による加重平均）は，5,934円（2.07％）だったが，組合員数300人未満の中小（4,073組合，約38万人）は4,840円（1.99％）となり，率でみると大手と中小の間に大きな差はみられない。300人未満の実績を2017年と比べると，額で350円増，率で0.12ポイント増となり，率では全体集計よりもプラス幅が大きくなっている。

また，連合総研が2018年10月に発表した「連合の春闘結果集計データにみる賃上げの実態2018」によると，2104年春闘以降で共通サンプルによる前回春闘との結果について大企業と中小企業を比較すると，2015年には格差が拡大したものの，2016年以降その差は縮小している（図7）。

さらに，非正規雇用の賃上げ率が正社員を上回るトレンドが継続している。流通・小売などのパートタイム労働者の組合員が過半数を占めるUAゼンセンが2018年4月2日末時点でまとめた交渉状況によると，パートタイマーを組織している165組合，契約社員を組織している52組合が妥結しており，パートタイマー・契約社員あわせて，584,000人の組合員がその対象となる。その結果は，1人あたりの平均引上げ率（制度昇給，ベア等込）でみるとパートタイマーは2.82％とUAゼンセン傘下の正社員の2.40％を大きく超え，3年連続でパートタイマーが正社員を超える結果

図9　有効求人倍率の推移（季節調整値）

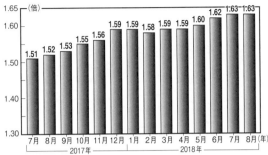

資料出所：厚生労働省「一般職業紹介状況」

図10　雇用人員判断D.I.（「過剰」－「不足」）の推移

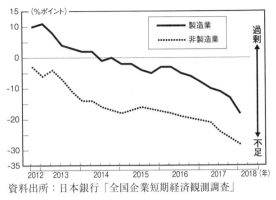

資料出所：日本銀行「全国企業短期経済観測調査」

となった（図8）。

　UAゼンセン本部は，この背景として最低賃金の引上げと，政府から示された同一労働同一賃金ガイドライン案の影響をあげる。こうした動向は，正社員の処遇改善を中心になされてきた企業内の分配構造に変化が生じつつあることを示しているといえるのかもしれない。

6．賃金体系・決定システムをめぐる課題

(1) 少子高齢化による人手不足が継続・深刻化へ

　少子高齢化の進行により，わが国の生産年齢人口は1995年をピークに減少に転じており，総人口も2008年をピークに減少に転じている。少子高齢化の影響もあり，労働市場では需給が引き締まり，人手不足の状況はバブル期並みとなっている。しかし，賃金の伸びは，過去の労働需給が逼迫していた局面と異なり，緩やかなものとなっている。

　2017〜2018年の有効求人倍率の改善は，求人数の増加と求職者数の減少が背景にある。有効求人数は，リーマンショック後の2009年には120万人台で推移していたが，その後長期にわたって増加が続いている。その背景として，高齢化やインバウンド需要の高まりなどがあり，リーマンショック後は，医療・福祉や卸売・小売，飲食・宿泊などでの求人数が増加してきた。2016年以降は建設業も増加に転じ，2016年後半からは業績が改善した製造業も求人数が増加している。2018年9月の有効求人倍率（季節調整値）は1.64倍まで上昇しており，この水準は1974年1月以来，44年8カ月ぶりの高水準となった（図9）。

　企業の雇用人員判断D.I.（「過剰」－「不足」）の状況をみると，完全失業率が低下し，有効求人倍率が上昇傾向に転じた2009年から企業の不足感が強まり出し，非製造業では2011年10〜12月期，製造業では2014年7〜9月期から不足超過の状態にある（図10）。また，労働政策研究・研修機構の「人手不足の現状等に関する調査」（2016年）によると，人手不足を感じている企業の7割超が，いっそうの深刻化や慢性的な継続を予想している。

(2) なぜ労使は賃上げに慎重なのか
　　　──白書はリスク回避意識を指摘

　このように労働力需給が逼迫しているにもかかわらず，賃金の伸びは緩やかとなっている。その要因について，2017年7月21日に発表された「2017年度年次経済財政報告（経済財政白書）」（内閣府）は次のように分析している。

　まず，白書が指摘する要因としては，フルタイムで働く「一般労働者」の名目賃金が緩やかに増加する一方，パート労働者の労働者全体に占める割合（パート比率）は上昇を続けており，労働者全体でみた名目賃金上昇率を押し下げていることをあげる。ただし，先にみたように正社員化の進展など，2017年に入ってからパート比率の伸びが鈍化していることから，パート比率による平均賃

金の下押し圧力は縮小しているとする。

　一方、バブル期並みの労働力需給逼迫に直面しながら、当時ほど名目賃金の上昇がみられない要因として、白書は、1991年度の経済白書（経済企画庁・1991年）を引用し、バブル期の人手不足状況について、企業は人材確保のため、賃金の引上げではなく、労働時間の短縮によって待遇改善を行ったとの分析結果を紹介する。当時は、週40時間制への移行を柱とする労働基準法の改正による労働時間短縮の動きもあり、「人手不足のなか、企業が1人あたり労働時間を削減しつつ、労働者数を増やすことで労働需要を満たそうとする行動は、現在の『働き方改革』と相似形であり、人手不足下では不可避なものといえる」との見方を示した点が注目される。

　また、バブル期には積極的な設備投資を背景に資本装備率（雇用者1人あたりの資本ストック）が年平均3％以上増加していたのに対し、2012～2015年の3年間の平均で、やや減少していることをあげ、「名目賃金の上昇率を引き上げるためには、労働生産性の上昇による底上げが不可欠である」と強調する。

　その一方、労働力需給が逼迫するなか、賃金上昇に勢いがないもう1つの要因として白書は、労使のリスク回避的な姿勢が賃金引上げを抑制している可能性を示唆する。

　白書は「バブル崩壊以降長く続いた経済の低迷のなかで、雇用の維持のため労働者側は長く賃金抑制による人件費の抑制を甘受せざるを得ない状況が続き、賃金をめぐって労使間が厳しく対立する局面が少なくなったことが背景にあると考えられる」との見方を示す。さらに、人件費抑制の一環として、大幅な新規採用抑制が行われたため、「労働者は安定した職を得、それを維持することを優先する意識が強くなっている」と分析する。

　労働政策研究・研修機構の「第7回勤労者生活に関する調査（2015年）」(1999年から調査を始め、今回で7回目（1999年、2000年、2001年、2004年、2007年、2011年）。2015年に実施した調査は20歳以上の男女4,000人を調査対象に、2,118人から回答を得て

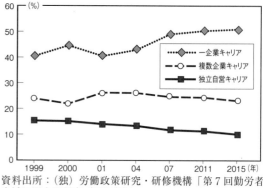

図11　望ましいキャリア形成

資料出所：（独）労働政策研究・研修機構「第7回勤労者生活に関する調査（2015年）」

いる。）によると、図表11にあるように、労働者の意識は、理想のキャリア形成として1つの企業に長く勤め、管理的な地位や専門家になるキャリアを望む者（「一企業キャリア」）の割合は、1999年の約4割から2015年には5割超となっている。

　他方で、複数企業での経験や独立を志向する層が減少しており、とくに独立自営キャリアは1999年の15％から10％まで低下している。こうした調査結果を踏まえて、白書は「時系列にみると、『一企業キャリア』を選択する割合が緩やかな上昇傾向を示す一方、『複数企業キャリア』『独立自営キャリア』を望む割合は、低下傾向を示している。こうした労働者側のリスク回避的な選好は、賃金上昇より雇用の安定を求める姿勢につながり、賃金決定に関する交渉力を弱めている可能性がある」と指摘する。

　一方、企業側のリスク回避的な姿勢の象徴としては、先にみた内部留保の増大といった形であらわれてきているとみることもできる。こうした背景を踏まえて、白書は「労使双方が変化を恐れ、経営の安定を優先する下では、互いが企業内の論理に基づき賃金交渉を行うため、外部の労働市場においていくら賃金上昇圧力が高まっても内部労働市場には波及しにくい」との見方を記している。

　また、バブル崩壊以降の雇用調整策として、正社員は現場の要員がタイトになるなか、恒常的な残業を余儀なくされてきた実態が同機構の調査から裏付けられている。定型的な業務は非正規雇用

の労働者に移行させつつ，人員削減分のコアの業務は正社員にのしかかってきた。そして，1990年前半の時短のトレンドは続かず，今に至るまで，正社員の長時間労働は是正されずにきた。

ルーティンの定型的な仕事を低コストの非正規労働者に担わせるという流れの定着が，新しい技術・イノベーションの導入を阻んできたとみることもできる。

(3) 修正が求められる賃金体系および賃金決定システム

バブル崩壊以降，長期にわたる景気低迷やデフレ経済を経験するなかで，労働組合側が賃上げ要求に自制的だったのは，高度成長期から踏襲されてきた，過年度物価の上昇分を次の年の春闘で取り戻すという，要求の組立て方そのものにあるともいえる。

わが国経済は1990年代後半以降，長期のデフレに陥り，消費者物価の長期推移をみると，1995年には前年比マイナス0.3％となった後，1999年から2005年までの7年間にわたり，マイナスが続くデフレを経験した（図12）。その間，賃上げ率が低下傾向にあった。経済が停滞するなか，企業や家計による消極的な行動が定着することで，需要の不足がさらに経済を縮小させ，物価の下落と賃金の減少が相互に起こるデフレスパイラルに陥っていた。

その後，アベノミクスでは2％の物価目標を設定しているものの，2016年以降は前年比1％前後の水準を上下している（図13）。

物価上昇率を重要な指標として総合的判断で決定する1990年以降の連合の賃上げ要求方針の推移をみると，極めて過年度物価に感応的な要求を組み立てていることがわかる（表）。

2000年代に入ると，組合の賃上げ要求からベースアップの文字は消え，長く定期昇給程度（賃金カーブ維持）の要求を続けてきた。一方，企業もこうした労組側の要求を踏まえ，物価が下落しても定期昇給をほぼ維持し，その代わりにベースアップを抑制してきたといえる。こうした経過の

図12 消費者物価指数の推移（2015年＝100，1947年～2017年 年平均）

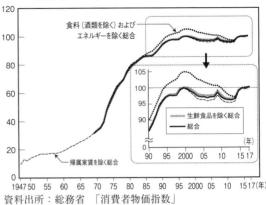

資料出所：総務省「消費者物価指数」

図13 企業物価指数および消費者物価指数（前年同月比）の推移

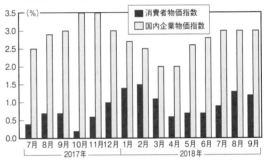

資料出所：総務省「消費者物価指数」，日本銀行「企業物価指数」

なかで，企業は雇用の安定・維持を前提にしつつ，賃金制度改革を試みてきたとみることができる。この過程で，定期昇給の廃止，および水準の見直しが実施されてきたことから，定昇維持といっても2％を切る水準での決着が定着してきたともいえる。

このときの人事・処遇制度の見直しについては，これまでの年功序列を前提とした集団的管理から，成果主義の導入による個別的管理に移行させることを大義名分としていた。しかし，事実上はバブル以降，過剰とされてきた労務費の削減を企図したケースも多かった。

こうした過去の経緯を振り返ると，少子高齢化により人手不足が深刻化し，同一労働同一賃金および働き方の多様化を含む働き方改革が実行されていくことになれば，従来のように物価動向や企

業の業績・支払い能力に重心を置いた賃金決定メカニズムは機能していかなくなることも想定される。また，第4次産業革命といわれるグローバルな構造転換のなかで，付加価値生産性の向上がこれまで以上に重視されるならば，従来の賃金制度で処遇しきれない層が拡大することが予想される。

さらに，安倍政権が進める公務員に対する65歳定年制の導入，継続雇用年齢の65歳以上への引上げという政策が推進されるならば，賃金体系の見直しは不可避となる。同一労働同一賃金の導入，第4次産業革命への対応，高齢者の活躍促進というベクトルが明らかになるなか，「春闘」を軸とする賃金決定もその影響を避けて通れない。こうした課題に対応するため，労働界再編30年を経たナショナルセンター・産別は，「春闘」における役割の再整理を求められることになるだろう。

7．政労使対話が促した「春闘」機能の転換と課題

「春闘」は60年を超える歴史を積み重ねてきた。しかし，労使双方から二度の「終焉」宣告を受けるなど，「春闘」は，職業人生に似て順風満帆ではなかった。こうしたなか，賃上げが復活した「春闘」は，再生に向けた新たな一歩を踏み出そうとしている。それを促す契機となったのが，安倍政権で設置された経済の好循環実現に向けた政労使会議だった。

ただし，第1章でみたように過去を振り返ると，今回の会議だけでなく，春闘の転換期にあたり，政労使対話の「場」の存在が大きな意味合いを持っていた。

1つは，1970年に労働大臣の私的諮問機関として設置され，政労使のトップおよび学識者が産業・労働政策全般について定期的に懇談する産業労働懇話会（産労懇）だった。この懇談会には首相や主要閣僚もゲストとして招かれ，政府からの報告などを基に情報交換が行われ，労使双方の相互理解が深まった。

また，2000年に入ってからの雇用危機にあたっ

表　連合の賃上げ要求方針（平均）の推移

年	賃上げ要求方針
1990年	8〜9％前後を目標
1991年	8〜9％中心
1992年	8％中心，2万円以上
1993年	7％中心，2万円以上
1994年	5〜6％，2万円以上
1995年	14,000円中心
1996年	13,000円中心
1997年	13,000円中心
1998年	13,000円中心
1999年	ベア3,200円以上
2000年	純ベア1％
2001年	純ベア1％
2002年	賃金カーブ+α
2003年	賃金カーブ維持分
2004年	賃金カーブ維持分
2005年	賃金カーブ維持分
2006年	カーブ維持＋賃金改善
2007年	カーブ維持＋賃金改善
2008年	カーブ維持＋賃金改善
2009年	ベア（1％台半ば）
2010年	賃金構造維持分
2011年	賃金構造維持分
2012年	カーブ維持＋回復分1％
2013年	カーブ維持＋改善分1％
2014年	定昇・賃金カーブ維持分（約2％）＋賃上げ（1％以上）
2015年	定昇・賃金カーブ維持分を前提に約2％以上の賃上げ
2016年	2％程度基準，定昇相当含め4％程度
2017年	2％程度基準，定昇相当含め4％程度
2018年	2％程度基準，定昇相当含め4％程度

ては，2002年3月に政労使で構成するワークシェアリング検討会議が，「日本型ワークシェアリング原則」を確認している。労働側は時短に伴う賃金抑制を容認しつつ，ワークシェアを活用した雇用維持・創出策に関する政策のフレームワークに合意した。

賃金・雇用のあり方について，最終的には個別企業における労使自治を前提とした交渉・協議で結論が導かれることになるが，日本経済が大きな危機に直面したこうした節目で，政労使対話の「場」が大きな意味を持ったことがわかる。

そして今回の政労使会議では，デフレ脱却に向けた経済の好循環を実現するために，継続的な賃金上昇が求められることを確認した。「春闘」については，先にみた労使からの「終焉」宣告だけでなく，メディア・学識者などから幾度となく，限界・行き詰まりを指摘され続けてきた。しか

し,「春闘」は生き延びてきた。還暦を迎えた「春闘」だが,これまでとは異なる社会的な役割を担いつつ,新たな歴史を刻み始めたといえる。

労働組合側の戦術である産業別統一闘争を軸に展開してきた「春闘」は,年を経るごとにその基盤が揺らいできた。それを端的に示すのが,労働組合の組織率の低下だろう。

春闘開始（1955年）から1975年まで,組織率は30％台半ばを維持してきたものの,それ以降はダウントレンドとなり,現在に至るまで歯止めがかかっていない（図14）。組合員数についても,組織率が高い大企業で,リストラなどによる従業員純減の影響が出始めた1990年代半ばから労働組合員数も減少に転じ,1,000万人を割り込んでいる。

このように,春闘の機会に集団的な労使交渉によって,賃金決定がなされる層が年々縮小している。それでも2000年代に入って増勢を強めてきた非正規雇用については,それに追いつくペースではないものの,パートタイム労働者の組織率が年々増加しており,春闘の枠組みに加わる非正規も増えてきている。

古くて新しい課題といえる中小企業における組

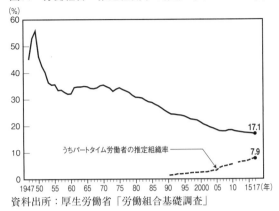

図14　労働組合　推定組織率の推移（1947〜2017年）

資料出所：厚生労働省「労働組合基礎調査」

織化の進展も,労組に改めて突きつけられている。従業員99人以下の企業における組織率は約1％にとどまっている。

こうしたなか,2013年から始まった政労使会議における,非正規雇用および中小企業対策も視野に入れた取組みは,「春闘」の新たな展開を象徴するものといえる。

継続的な賃金上昇が求められるなか,「春闘」は,これまでとは異なる社会的な役割を担いつつ,新たなステージに進もうとしている。

参考資料

〔政労使合意文書等〕

<資料１＞ 2000年から動き出したワークシェアリング議論 …………… P226
<資料２＞ 雇用問題に関する政労使合意 ……………………………… P231
<資料３＞ ワークライフバランス「憲章」と「行動指針」の策定 ………… P233
<資料４＞ 雇用安定・創出の実現に向けた政労使合意 ……………… P235
<資料５＞ 経済の好循環実現に向けた政労使の取組みについて ………… P238
<資料６＞ 経済の好循環の継続に向けた政労使の取組みについて ……… P240

〔参考論考〕

1990年代以降、正社員の賃金体系・賃金制度はどう変わったか

（荻野　登）…………… P242

〈資料１〉 2000年から動き出したワークシェアリング議論

　中央レベルで労使によるワークシェアリングの検討が始まったのは2001年に入ってからだった。前年の2000年11月に長崎県が主催したワークシェアリングに関する国際シンポジウムでパネリストとして参加した連合の笹森会長と鈴木忠雄・日経連副会長（メルシャン会長）が，日経連と連合による共同研究を実施するとの意向が双方から示された。

　これを受け，2001年４月以降，連合と日経連は「多様な働き方・ワークシェアリング」に関する事務局勉強会を設置したが，結果的には両者の関心事項を整理するにとどまった。

　ここまでは，ワークシェアリングに関する論争は，空中戦の状態だったといえる。日経連は多様な働き方の選択肢のひとつとしてワークシェアリングを位置づけた。一方，連合は時短による雇用創出にこだわるが，日経連はワークシェアリングがそのまま雇用増につながるという考え方をとらず，いわば「同床異夢」の状態が続いた。

　一方，政府が具体的な動きをみせたのもこの頃だ。2001年４月に発表された厚生労働省の「ワークシェアリングに関する調査研究報告書」でワークシェアを，(1)雇用維持型（緊急避難型），(2)雇用維持型（中高年対策型），(3)雇用創出型，(4)多様就業対応型――の４タイプに類型化。今後，重要となるワークシェアリングの類型を聞いたアンケート調査では，企業，勤労者とも，短時間勤務などを導入し勤務形態を多様化させて，女性や高齢者などの雇用機会を広げる「多様就業対応型」を最も多くあげた。

　このように，労使や政府の動きはあったものの，議論が深まるところまでは至らなかった。議論が本格的に動き出したのは，笹森清氏が2001年10月の大会で連合第４代会長に選出されてからだ。

　2001年10月18日，笹森・草野体制になって初の日経連とのトップ懇談で，「『雇用に関する社会合意』推進宣言」を共同で発表。宣言は，深刻な雇用情勢の打開策として，使用者は「雇用を維持・創出し，失業を抑制する」，一方，労働組合は「賃上げについては柔軟に対応する」などを盛り込み，労使の役割を明らかにした。

　宣言発表にこぎつけた背景には，最大のネックとなっていた所得抑制について連合側が，所定内労働の削減でカットした分賃金が少なくなるのはやむを得ないと踏み込んだことにある。これで，緊急避難的ワークシェアリングについての議論の土俵が整った。

日経連・連合　「雇用に関する社会合意」推進宣言

　日経連・連合は，1999（平成11）年10月，労使「雇用安定宣言」において，深刻な雇用情勢を打開するために労使が最大限の努力を傾注すべきこと，および雇用安定と雇用創出に向けて，それぞれが社会的役割を果たしていくことを確認した。

　しかし，わが国の景気が長期停滞するなか，不良債権処理など構造改革が今後具体化するのに加え，米国における多発テロにより世界経済は同時不況の様相を強めていることから，国内の雇用情勢は今後一段の深刻化が懸念される状況である。こうした状況を打開するため，上記1999（平成11）年宣言の趣旨をさらに発展させ，日経連・連合は下記事項につき，最大限の努力を傾注することを合意する。あわせて，政府施策のいっそうの充実を要請し，ここに政労使による「雇用に関する社会合意」の推進を期すものである。

１．雇用の維持・創出に関する社会合意の推進

　雇用情勢がいっそう深刻化する当面の事態を打開するため，日経連・連合は次の事項につき，最大限の努力を傾注するとともに，個別企業労使への働きかけを行うことを合意する。

(1) 当面の施策として――
　・経営側は，雇用を維持・創出し，失業を抑制すること。

・労働側は，生産性の向上やコスト削減など経営基盤の強化に協力するとともに，賃上げについては柔軟に対応すること。
(2) 雇用の維持・創出を実現するため，日経連・連合は多様な働き方やワークシェアリングに向けた合意形成に取り組み，労使は雇用・賃金・労働時間の適切な配分に向けた取組みを進めること。
(3) 労使は，仕事に応じた適正な評価と公正な処遇，職業能力の向上，労働時間管理の適正化，働き方の改善などに取り組むこと。

2．政府に対する要請と政労使による社会合意形成の推進

　雇用対策の策定・実行にあたっては，政労使の緊密な協力が不可欠である。政府に対し，先に決定した総合雇用対策をさらに拡充するとともに，労使の合意実現を支援し，雇用の維持・創出のため，次の事項を実施するよう要請する。
(1) 当面の施策として，一般財源を用いて，雇用のセーフティネットのいっそうの充実を実現すること。
(2) 職業紹介が適切に再就職に結びつくよう，訓練内容の見直しや職業紹介機能の充実を図ること。
(3) 税制や規制の改革などによって，住宅，情報通信，環境，福祉・医療などの分野をはじめとして新事業の育成を支援し，新たな雇用機会を創出すること。また，地域における労使および政労使による雇用創出プランの取組みを支援すること。
(4) 働き方の選択肢を拡大するため，税制・社会保障制度の早急な見直しを行うとともに，そのための環境整備に努めること。

　上記の取組みを実現するため，政労使雇用対策会議などを通じ，政労使による社会合意形成を推進する。また，日経連・連合は，施策の具体化を図るための検討の場を設置する。

2001年10月18日

　連合と日経連はこの宣言を受け，2001年10月末に「多様な働き方・ワークシェアリング問題研究会」を立ち上げ，議論を開始。その後，政府も関与の姿勢を明らかにした。同年11月27日に開かれた政労会見で，小泉首相が笹森会長に対して，労使が先行して取り組んでいるワークシェアリング論議について，政府も含めた政労使三者で話し合う場を今年中に設ける考えを示した。会談後，首相との非公式会談が官邸内で行われ，首相からは結論を3月までにまとめてほしいと要請があったという。

　2002年3月29日，前年11月から始まった政労使による検討会議で，日本型ワークシェアリングに関する原則を合意した。これが，今のところワークシェアリング議論の到達点であり，日本型ワークシェアリングを志向するためのスタートラインともいえる。

　三者の合意に署名した坂口力厚労相，奥田碩日経連会長，笹森清連合会長は，記者会見で，合意の意義をこう評価した。「環境整備に向けてさらに検討を深めていきたい」（坂口大臣），「生産性向上を視野に入れた取組みを望む」（奥田会長），「政労使の合意ができたことは画期的なこと」（笹森会長）。雇用問題に関してこうした形で合意が図られたことは初めてといっていいし，まさに「画期的」なことといえる。

ワークシェアリングに関する政労使合意

　現在，わが国では，少子高齢化，経済・産業構造の変化などが急速に進展するなかで，これまでの働き方やライフスタイルの見直しを行うことが必要とされている。他方，今後，不良債権処理の進展など構造改革が進むなかで，雇用情勢がさらに悪化する可能性も否定できないことから，失業の防止などにより痛みを最小限に抑え，国民の雇用不安を解消することが必要となっている。

　このようななかで，昨年10月，日本経営者団体連盟と日本労働組合総連合会が「雇用に関する社会合意推進宣言」を行ったことを踏まえ，政労使の三者でワークシェアリングに対する基本的な考え方につ

いての合意形成を図るため，昨年12月以来，「政労使ワークシェアリング検討会議」を開催し，精力的な検討を行ってきた。

　ワークシェアリングと呼ばれるものにはさまざまな形があるが，この会議では，わが国の経済社会の現状に鑑み，政労使の関心も高く，かつ，速やかに取り組む必要があると考えられるワークシェアリングについて検討を行った。

　今般，政府，日本経営者団体連盟および日本労働組合総連合会は，「ワークシェアリングについての基本的な考え方」について合意した（別紙）。今後，三者は，これらを労使関係者に広く周知するとともに，ワークシェアリングの実施のための環境整備の具体化に向けて，さらに検討を深めていくこととしたい。

　　　2002年3月29日

厚生労働大臣　　坂口　　力
日本経営者団体連盟会長　　奥田　　碩
日本労働組合総連合会会長　　笹森　　清

〈別紙〉

　　　　　　　　　　ワークシェアリングについての基本的な考え方

[ワークシェアリングの取組みに関する5原則]
1．ワークシェアリングとは，雇用の維持・創出を目的として労働時間の短縮を行うものである。わが国の現状においては，多様就業型ワークシェアリングの環境整備に早期に取り組むことが適当であり，また，現下の厳しい雇用情勢に対応した当面の措置として緊急対応型ワークシェアリングに緊急に取り組むことが選択肢の1つである。
2．ワークシェアリングについては，個々の企業において実施する場合は，労使の自主的な判断と合意により行われるべきものであり，労使は，生産性の維持・向上に努めつつ，具体的な実施方法等について十分協議を尽くすことが必要である。
3．政府，日本経営者団体連盟および日本労働組合総連合会は，多様就業型ワークシェアリングの推進が働き方やライフスタイルの見直しにつながる重要な契機となるとの認識のもと，そのための環境づくりに積極的に取り組んでいくものとする。
4．多様就業型ワークシェアリングの推進に際しては，労使は，働き方に見合った公正な処遇，賃金・人事制度の検討・見直し等多様な働き方の環境整備に努める。
5．緊急対応型ワークシェアリングの実施に際しては，経営者は，雇用の維持に努め，労働者は，所定労働時間の短縮とそれに伴う収入の取扱いについて柔軟に対応するよう努める。

Ⅰ．速やかに取り組むべきワークシェアリングの形
(1) ワークシェアリングとは，雇用の維持・創出を図ることを目的として労働時間の短縮を行うものであり，雇用・賃金・労働時間の適切な配分をめざすものである。
(2) わが国の経済社会の現状においては，雇用の維持・創出が強く求められる一方，生産性の向上が必要とされており，ワークシェアリングについても，これに資する形で実施することが必要である。
　　また，ワークシェアリングは，個々の企業における労使の自主的な判断と合意により実施されることが必要である。
(3) こうした観点から，わが国では，多様な働き方の選択肢を拡大する多様就業型ワークシェアリングの環境整備に早期に取り組むことが適当である。
　　また，当面の厳しい雇用情勢に対応するため，緊急対応型ワークシェアリングについて緊急的な取

組みを行うことが選択肢のひとつである。

Ⅱ．多様就業型ワークシェアリングのあり方
1．基本的考え方
(1) 労働者の働き方にはさまざまな形態がありうるが，個々の企業の労使がワークシェアリングの手法を活用して多様な働き方を適切に選択できるようにすることは，わが国の経済社会の現状において，次のような効果を有していると考えられる。
　① 国民の価値観の多様化や仕事と家庭・余暇の両立などのニーズに対応し，働き方やライフスタイルを見直すことができる。
　② 経済のグローバル化，産業構造の変化等に対応し，企業による多様な雇用形態の活用を容易にすることにより，経営効率の向上を図ることができる。
　③ 少子高齢化の進展や就業意識の多様化等に対応し，女性や高齢者を含む労働者の働き方に対する希望に応え，その能力を十分発揮させることにより，生産性の向上を図ることができるとともに，少子高齢社会における支え手を増加させることができる。
　④ 労働者と企業の多様なニーズに応え，労働力需給のミスマッチを縮小することができる。
(2) 労働者がその能力を十分発揮できるようにし，企業の活力を高めていくためには，多様な働き方が適切な選択肢として位置づけられることが必要である。そのため，個々の企業において，従来の雇用慣行や制度の検討・見直しに取り組み，多様な働き方のための環境整備を進めていくことが必要である。
2．実施にあたっての留意事項
　個々の企業においては，労使の自主的な判断と合意により，次のとおり，多様な働き方を実現するための環境づくりを進めることが望ましい。
① 正社員の短時間勤務や隔日勤務など多様な働き方の実現に向けての環境整備を図るため，賃金・人事制度に関し，職務の明確化，時間あたり賃金の考え方等について検討を行うこと。
② 多様な働き方および成果に見合った公正な処遇を図ること。また，使用者は，その処遇について十分な説明を行うこと。
③ 職務の性格に応じて短時間勤務等を実施する場合には，仕事の仕方の見直しを行うとともに，労働時間管理の適正化を図ること。
④ 多様な働き方に見合った企業内教育訓練や自己啓発の支援を行い，労働者の職業能力の向上を図ること。
3．政府の取組み
(1) 多様就業型ワークシェアリングの環境整備を社会全体で進めるため，短時間労働者等の働き方に見合った公正・均衡処遇のあり方およびその推進方策について，引き続き検討を行う。
(2) また，短時間労働者に対する社会保険適用のあり方については，2004年に行われる次期年金制度改正に向け，厚生年金保険の適用拡大について引き続き検討を行う。医療保険についても，検討を行う。

Ⅲ．緊急対応型ワークシェアリングのあり方
1．基本的考え方
(1) 現在，景気は悪化を続け，生産量や売上げが減少している企業では雇用過剰感に直面している。今後，不良債権処理など構造改革が進むなかで，個々の企業が雇用削減を続ければ，雇用情勢はさらに厳しさを増し，社会不安をも招きかねず，景気にさらなる悪影響を及ぼすことが懸念される。こうした観点から，失業者の発生をできるだけ抑制するための緊急的な対応が必要である。
(2) このため，今後2～3年程度の間，個々の企業において一時的な生産量等の減少に伴い余剰人員が発生した場合，当面の緊急的な措置として，労使の合意により，生産性の維持・向上を図りつつ，雇

用を維持するため，所定労働時間の短縮とそれに伴う収入の減額を行う緊急対応型ワークシェアリングを実施することが選択肢のひとつとして考えられる。
(3) 緊急対応型ワークシェアリングは，個々の企業において従来から行われてきた雇用調整措置とは異なる新たな雇用調整の手段として位置づけられるものである。また，その実施のタイミング，実施期間，対象範囲等については，個々の企業の実情に応じて判断されるべきものである。

２．実施にあたっての留意事項
(1) 緊急対応型ワークシェアリングの実施にあたっては，個々の企業の労使間で，次の点について十分に協議し，合意を得ることが必要である。
　① 実施および終了の基準，実施する期間
　② 実施する対象範囲（部門，職種等）
　③ 所定労働時間の短縮の幅と方法（１日あたり労働時間短縮，稼動日数削減等）
　④ 所定労働時間の短縮に伴う収入（月給，賞与，退職金等）の取扱い
　　（注）時間あたり賃金は，減少させないものとする。
(2) 労使の納得と合意が得られた場合には，労使間の合意内容について，協定を締結するなど明確化することが必要である。
(3) 緊急対応型ワークシェアリングの実施に先立ち，労働時間管理を徹底し，残業の縮減に取り組むことが必要である。
(4) 緊急対応型ワークシェアリングを実施する場合であっても，労使は，生産性向上やコスト削減など経営基盤の強化および新事業展開の努力を行うことが必要である。

３．政府の取組み
　緊急対応型ワークシェアリングに対する政府の財政的支援については，公平性の観点等にも配慮しつつ，今後２～３年間程度行われる新たな雇用調整の手段であるという観点に立って，具体的な支援方策について，引き続き検討を行う。

Ⅳ．政労使合意の周知等
(1) 政府，日本経営者団体連盟および日本労働組合総連合会は，この「ワークシェアリングについての基本的な考え方」を個々の企業の労使に周知するものとする。
(2) 日本経営者団体連盟および日本労働組合総連合会は，個々の企業の労使に対し，多様な働き方の実現に向けての環境整備に積極的に取り組むとともに，緊急対応型ワークシェアリングを実施する場合には適切に行うよう，働きかけを行うものとする。

Ⅴ．その他の事項
(1) 政府，日本経営者団体連盟および日本労働組合総連合会は，この「ワークシェアリングについての基本的な考え方」で検討を行うこととされた事項その他のワークシェアリングに関連する事項について，引き続きこの会議において検討を行うものとする。
(2) 政府は厳しい雇用情勢に対応し，総合雇用対策等各般の施策に基づき，引き続き次の取組みを推進するものとする。
　１）新市場・新産業の育成による雇用創出
　２）労働市場の整備
　　　多様な働き方に関する労働法制の見直しの検討
　　　労働力需給調整システム，職業訓練システム等の整備
　３）セーフティネットの整備

〈資料2〉雇用問題に関する政労使合意

雇用問題に関する政労使合意

2002年12月4日

　政労使は，2002年11月26日の内閣総理大臣からの要請に基づき，雇用問題への対処について検討を行い，今般，別紙のとおり，政労使三者が協力しあって取り組むことを合意した。

政労使雇用対策会議

〈別紙〉

　雇用情勢の悪化は我が国の社会の安定にとって深刻な問題であり，また，今後の経済の健全な発展，構造改革の推進の阻害要因ともなる。このため，雇用維持・確保は喫緊の課題であるとの共通の認識のもとに，国の基本をなす勤労者が仕事に意欲を持ち，企業が活力を持って活動できる社会の構築に向けて，政労使が協力しあって取り組む。

　政府は，この合意に基づき，補正予算および2003年度予算の編成ならびに関連法律案の提出など早急に必要な施策を樹立し実施する。労使団体は，政府の施策に理解・協力するとともに，相互理解に立って経営の安定と雇用の維持・確保に一致協力して取り組む。また，円満な労使関係，適正な労務管理のための協議を尽くす。

　今後，政労使においてさらに必要な協議を行い，一致協力して合意事項の拡大をめざし，経済発展と国民生活の安定・向上に寄与していく。

1　雇用の維持・確保
　経営側は，雇用の維持・確保が社会的使命であることを改めて認識し，これまで以上に雇用の維持・確保に最大限の努力を行う。
　一方，経営環境が厳しいなかで企業の雇用維持・確保努力には困難があり，雇用に関するコストの軽減が重要である。
　労働側においては，企業の雇用維持努力に対応し，ワークシェアリングを含めた就業形態の多様化，生産性の向上やコスト削減など経営基盤の強化に協力する。また，雇用コストを削減して雇用維持を図らなければならないような場合には労働条件の弾力化にも対応する。
　なお，労使は，労働時間管理など，労務管理上生じる個別的問題については協議を尽くして，問題解決にあたる。
　また，政府は，上記の労使の取組みに対応し，労働保険制度の効率化，重点化を行うとともに，企業による雇用維持・確保努力に対する支援措置を強化する。

2　就職促進
　現下の厳しい雇用失業情勢のもとにあって，意欲を持って求職活動を行う新規学校卒業者を含む求職者がその意欲を活かして仕事に就けるよう万全の支援を行うことは政府の責務である。
　このため，再就職促進体制の整備，雇用就業機会の拡大は急務である。また，雇用保険制度財源の適正な活用が不可欠であり，これらが有機的に連携した就職促進体制を構築する。

(1) 再就職促進体制の整備

　就職意欲の高い求職者に重点を置いた総合的，個別的就職促進体制を構築する。このため，民間の人材も活用しつつ，就職支援要員を増員し，求人開拓，キャリア・コンサルティング，職業紹介等のサービスを一体的に提供するなど公共職業安定所の機能改革を図るとともに，民間職業紹介機関の活用を図る。

　また，トライアル雇用やオーダーメイドの職業訓練を積極的に展開するほか，経営側が新卒者の採用や離職者の早期再就職のため講ずる措置に対する支援を強化する。

(2) 雇用創出

　今後，高度なものづくり産業の育成，金融の再生，物流拠点整備などの産業基盤の発展につながる構造改革を推進し，併せてサービス部門を主体とする雇用創出に積極的に取り組む。

　また，創業・新事業進出を活性化し，持続的な雇用機会の創出を図るため，創業時の最低資本金の特例等を内容とする中小企業挑戦支援法の円滑な施行を図るとともに，創業・新事業進出への資金供給の円滑化，技術開発による創業・事業化支援，創業・事業再生に資する人材育成，学生等に対する起業家教育，起業支援・評価体制の整備などを強化する。

　一方，構造改革にはある程度の時間がかかる分野もあることから，緊急的な雇用創出のための事業を展開する。

① 現在の緊急地域雇用創出特別交付金を増額するとともに，同事業における中小企業の活用のあり方についても検討する。

② また，不良債権処理の加速化による雇用失業情勢のさらなる深刻化に対応して，現在の緊急雇用創出特別基金を拡充し，離職者の就職・起業に対する支援や子会社，関連会社の設立等を含む雇用の場の拡大に努力する企業に対する支援措置を強化する。

③ さらに，緊急対応型ワークシェアリングの実施に対する助成の改善・拡充を図るとともに，多様就業型ワークシェアリングに関する政労使の協議を加速する。

(3) 雇用保険制度改革

　雇用保険制度については，厳しい雇用失業情勢及び保険財政にかんがみ，将来にわたりセーフティネットとしての安定的運営を確保するため，早期再就職を促進する給付水準の設定，通常労働者とパートタイム労働者の給付内容の一本化，倒産・解雇等による離職者等への給付の重点化，雇用保険三事業の重点化，合理化など抜本的な改革を進める。

　なお，制度の安定的運営を確保するために必要な保険料率の水準については，景気の自動安定化装置としての機能も考慮しつつ検討する。また，労災保険料率も併せて検討する。

3 労働市場改革

　現下の雇用失業情勢に対応するとともに将来の雇用機会の拡大，経済の発展を考え，就業形態の多様化を進めるため，必要な規制改革を推進し，労働法制の見直しを行う。

　また，中高年齢者の再就職が容易になるように現行の慣行の見直しを検討する。

〈資料3〉ワークライフバランス「憲章」と「行動指針」の策定

　経済財政，少子化対策，男女共同参画など，仕事と生活の調和に関連する会議における議論を踏まえ，経済界，労働界，地方公共団体の代表者，有識者，関係閣僚等により構成される「仕事と生活の調和推進官民トップ会議」（2007年7月設置。以下，「トップ会議」という。）が設置され，このトップ会議において，2007年12月18日，「仕事と生活の調和（ワークライフバランス）憲章」と「仕事と生活の調和推進のための行動指針」が策定された。

　トップ会議のもとにおかれた「仕事と生活の調和連携推進・評価部会」）では，PDCA（Plan-Do-Check-Action）サイクルに沿って，仕事と生活の調和の状況や取組みの進捗状況について点検・評価を行った。そのなかで，2010年には，リーマン・ショック後の経済情勢等の変化，労働基準法や育児・介護休業法等の改正等の施策の進展を受け，「憲章」・「行動指針」を見直す必要があるとの認識に至り，2010年6月29日に開催されたトップ会議において，政労使トップの合意のもと，「憲章」・「行動指針」が改定された。なお，2010年4月15日に，トップ会議に内閣総理大臣が加わっている。また，2016年3月7日には，経済情勢の変化や子ども・子育て支援新制度等の施策の進展を受け，「行動指針（数値目標）」が一部改正された。

仕事と生活の調和（ワークライフバランス）憲章

　わが国の社会は，人々の働き方に関する意識や環境が社会経済構造の変化に必ずしも適応しきれず，仕事と生活が両立しにくい現実に直面している。

　誰もがやりがいや充実感を感じながら働き，仕事上の責任を果たす一方で，子育て・介護の時間や，家庭，地域，自己啓発等にかかる個人の時間を持てる健康で豊かな生活ができるよう，今こそ，社会全体で仕事と生活の双方の調和の実現を希求していかなければならない。

　仕事と生活の調和と経済成長は車の両輪であり，若者が経済的に自立し，性や年齢などに関わらず誰もが意欲と能力を発揮して労働市場に参加することは，わが国の活力と成長力を高め，ひいては，少子化の流れを変え，持続可能な社会の実現にも資することとなる。

　そのような社会の実現に向けて，国民一人ひとりが積極的に取り組めるよう，ここに，仕事と生活の調和の必要性，めざすべき社会の姿を示し，新たな決意のもと，官民一体となって取り組んでいくため，政労使の合意により本憲章を策定する。

〔いまなぜ仕事と生活の調和が必要なのか〕
（仕事と生活が両立しにくい現実）

　仕事は，暮らしを支え，生きがいや喜びをもたらす。同時に，家事・育児，近隣との付き合いなどの生活も暮らしには欠かすことはできないものであり，その充実があってこそ，人生の生きがい，喜びは倍増する。しかし，現実の社会には，
・安定した仕事に就けず，経済的に自立することができない，
・仕事に追われ，心身の疲労から健康を害しかねない，
・仕事と子育てや老親の介護との両立に悩む

など仕事と生活の間で問題を抱える人が多くみられる。

（働き方の二極化等）

　その背景としては，国内外における企業間競争の激化，長期的な経済の低迷や産業構造の変化により，生活の不安を抱える正社員以外の労働者が大幅に増加する一方で，正社員の労働時間は高止まりしたままであることがあげられる。他方，利益の低迷や生産性向上が困難などの理由から，働き方の見直しに取り組むことが難しい企業も存在する。

（共働き世帯の増加と変わらない働き方・役割分担意識）

さらに，人々の生き方も変化している。かつては夫が働き，妻が専業主婦として家庭や地域で役割を担うという姿が一般的であり，現在の働き方は，このような世帯の姿を前提としたものが多く残っている。
　しかしながら，今日では，女性の社会参加等が進み，勤労者世帯の過半数が，共働き世帯になる等人々の生き方が多様化している一方で働き方や子育て支援などの社会的基盤は必ずしもこうした変化に対応したものとなっていない。また，職場や家庭，地域では，男女の固定的な役割分担意識が残っている。

（仕事と生活の相克と家族と地域・社会の変貌）
　このような社会では，結婚や子育てに関する人々の希望が実現しにくいものになるとともに，「家族との時間」や「地域で過ごす時間」をもつことも難しくなっている。こうした個人，家族，地域が抱える諸問題が少子化の大きな要因の1つであり，それが人口減少にもつながっているといえる。
　また，人口減少時代にあっては，社会全体として女性や高齢者の就業参加が不可欠であるが，働き方や生き方の選択肢が限られている現状では，多様な人材を活かすことができない。

（多様な働き方の模索）
　一方で働く人々においても，さまざまな職業経験を通して積極的に自らの職業能力を向上させようとする人や，仕事と生活の双方を充実させようとする人，地域活動への参加等をより重視する人などもおり，多様な働き方が模索されている。
　また，仕事と生活の調和に向けた取組を通じて，「ディーセント・ワーク（働きがいのある人間らしい仕事）」の実現に取り組み，職業能力開発や人材育成，公正な処遇の確保など雇用の質の向上につなげることが求められている。ディーセント・ワークの推進は，就業を促進し，自立支援につなげるという観点からも必要である。
　加えて，労働者の健康を確保し，安心して働くことのできる職場環境を実現するために，長時間労働の抑制，年次有給休暇の取得促進，メンタルヘルス対策等に取り組むことが重要である。

（多様な選択肢を可能とする仕事と生活の調和の必要性）
　いま，我々に求められているのは，国民一人ひとりの仕事と生活を調和させたいという願いを実現するとともに，少子化の流れを変え，人口減少下でも多様な人材が仕事に就けるようにし，わが国の社会を持続可能で確かなものとする取組みである。
　働き方や生き方に関するこれまでの考え方や制度の改革に挑戦し，個々人の生き方や子育て期，中高年期といった人生の各段階に応じて多様な働き方の選択を可能とする仕事と生活の調和を実現しなければならない。
　個人のもつ時間は有限である。仕事と生活の調和の実現は，個人の時間の価値を高め，安心と希望を実現できる社会づくりに寄与するものであり，「新しい公共」※の活動等への参加機会の拡大などを通じて地域社会の活性化にもつながるものである。また，就業期から地域活動への参加など活動の場を広げることは，生涯を通じた人や地域とのつながりを得る機会となる。

　　※「新しい公共」とは，行政だけでなく，市民やNPO，企業などが積極的に公共的な財・サービスの提供主体となり，教育や子育て，まちづくり，介護や福祉などの身近な分野で活躍することを表現するもの。

（明日への投資）
　仕事と生活の調和の実現に向けた取組みは，人口減少時代において，企業の活力や競争力の源泉である有能な人材の確保・育成・定着の可能性を高めるものである。とりわけ現状でも人材確保が困難な中小企業において，その取組みの利点は大きく，これを契機とした業務の見直し等により生産性向上につなげることも可能である。こうした取組みは，企業にとって「コスト」としてではなく，「明日への投資」として積極的にとらえるべきである。
　以上のような共通認識のもと，仕事と生活の調和の実現に官民一体となって取り組んでいくこととする。

　　　　　　　　　　　　　　　　　　　　　　　　　　（※行動指針は省略）

〈資料4〉雇用安定・創出の実現に向けた政労使合意

雇用安定・創出の実現に向けた政労使合意

　米国の金融危機に端を発した世界同時不況のなかで，景気は急速な悪化を続け，大幅な減産などにより，雇用失業情勢は深刻の度を増し，国民の雇用不安は拡大している。雇用失業情勢については，今後さらに厳しい局面を迎える懸念がある。

　雇用の安定は社会の安定の基盤であり，わが国における長期雇用システムが人材の育成および労使関係の安定を図り，企業・経済の成長・発展を支えてきたことを再認識し，雇用の安定に向け最大限の努力を行う必要がある。

　また，雇用の安定，さらには雇用創出の実現のためには，景気回復に向けあらゆる施策を総動員することと併せて，雇用の多くを占め，雇用維持に努力している中小企業の実情等に配意しつつ，実効性ある雇用の安定・創出策をさらに強化していくことが，喫緊の課題である。

　このようななかで，今般，政府，日本経済団体連合会，日本商工会議所，全国中小企業団体中央会および日本労働組合総連合会は，現下の雇用不安を払拭するためには，政労使の三者が一体となってこの難局に立ち向かうことが不可欠との共通認識に立って，別紙のとおり，雇用安定・創出の実現に向けて，一致協力して取り組むことに合意した。

　政労使はこの合意に基づき，企業が活力を持って活動でき，国の基本をなす勤労者が仕事に意欲を持ち，その持てる能力を発揮できる社会の構築に向けて，一体となって取り組む。

　政府は，早急にこの合意の実現に向け必要な施策を推進するとともに，労使は，政府の施策について理解・協力し，安定的な労使関係のもと，相互理解に立って経営の安定と雇用の維持・確保に一致協力して取り組むこととする。

2009年3月23日

内閣総理大臣　麻生太郎
（社）日本経済団体連合会会長　御手洗冨士夫
日本商工会議所会頭　岡村正
全国中小企業団体中央会会長　佐伯昭雄
日本労働組合総連合会会長　髙木剛

〈別紙〉

雇用安定・創出の実現に向けた5つの取組み

1．雇用維持のいっそうの推進

　景気が急速に悪化するなかで，雇用の維持は最重要の課題である。このため，労使は最大限の努力を行うこととし，わが国の労働の現場の実態に合った形での「日本型ワークシェアリング」ともいえるさまざまな取組みを強力に進める。この際，雇用が厳しい分野の労働者を，たとえば出向等により，一時的に雇用機会がある分野に，企業間レベルでつなぐ等，失業がない形での産業間労働移動の取組みなどを進める。

　このような取組みについては，個々の企業の労使間で，自主的に十分な協議を行い，労使の納得と合意を得る必要がある。その際，親会社たる大企業の労使は，下請労働者の雇用の維持・確保に最大限の配慮を行う。

経営側は，どのような経営環境にあっても，雇用の安定は企業の社会的責任であることを十分に認識し，個々の企業の実情に応じ，成果の適切な分配や，労働者の公正な処遇に配慮しつつ，残業の削減を含む労働時間の短縮等を行い，雇用の維持に最大限の努力を行う。また，失業がない形での労働者の送り出し，受け入れ等に努める。

　労働側は，生産性の向上は雇用を増大するとの認識のもと，コスト削減や，新事業展開など経営基盤の維持・強化に協力する。また，失業のない労働移動の取組みに協力する。

　政府は，残業の削減，休業，教育訓練，出向などにより雇用維持を図る，いわゆる「日本型ワークシェアリング」への労使の取組みを促進するため，雇用調整助成金の支給の迅速化，内容の拡充を図り，正規・非正規労働者を問わず，解雇等を行わず雇用維持を図るための支援などを早急に行う。

　また，雇用維持の観点から，中小企業の資金繰り支援に万全を期す。

2．職業訓練，職業紹介等の雇用のセーフティネットの拡充・強化

　雇用機会がある分野と雇用が厳しい分野との産業間，地域間のばらつきが大きいなかで，新たな産業分野での就職や，職種転換等を円滑に進めていくことが必要である。このため，職業訓練を重要な雇用のセーフティネットと位置づけ，強力に推進するとともに，広域的，機動的な職業紹介を実施できるよう，全国ネットワークのハローワークによるマッチング機能を最大限発揮させる。

　経営側は，訓練施設や人材を提供する等，労働者の職業訓練の実施に最大限の支援，協力を行う。また，ハローワークによる職業紹介に協力する。

　労働側は，自らの職業能力の開発向上に努力する。また，誠実かつ熱心に求職活動を行う。

　政府は，以下の支援を行う。

① 企業のニーズ，人材不足分野，新規雇用創出が期待される分野などの実態を踏まえた，職業訓練や研修の拡大，内容・期間の拡充・強化
② 現下の厳しい雇用失業情勢を踏まえた，全国ネットワークのハローワークの再就職・生活支援等の機能の強化および組織・体制の拡充・強化
③ 職業紹介，職業相談や能力開発に関する相談，生活相談等をワンストップで行える拠点の整備，また，政府と一体となって民間団体等が行っている就職支援の取組みの促進

3．就職困難者の訓練期間中の生活の安定確保，長期失業者等の就職の実現

　失業給付を受給できない者への支援が求められている。年長フリーターや母子家庭の母等のうち，失業給付を受給できない者への職業訓練期間中の生活支援，離職に伴い住居を失った者への住居や生活の支援，失業給付の支給が終了したものの，就職できない長期失業者へのカウンセリング等を組み合わせた就職支援など，就職と生活の支援を進める。

　経営側は，職業訓練の実施，求人の提供，労働者の受入れに最大限協力する。この際，過去の就業実態や離職状況にとらわれず，人物本位による採用を行うよう努める。

　労働側は，自らの職業能力の開発向上に努力する。また，ハローワークによる指導，援助に応え，誠実かつ熱心に求職活動を行い，就職できるよう努める。

　政府は，再就職が困難な者の就職を実現するため，ハローワークが中心となって，離職者等の就業意欲・能力の底上げを図り，上記の職業訓練中の生活保障，住居・生活支援，就職支援を強化する。

4．雇用創出の実現

　わが国の将来的な経済成長，国民生活の向上，産業競争力の強化，地域の活性化等につながる分野，とりわけ，医療，介護，保育，環境，農業，林業等，成長が見込まれる分野において，雇用の受け皿を確保するため雇用創出が必要である。地域の労使を含め関係者が協力して，「ふるさと雇用再生特別交

付金」,「緊急雇用創出事業」や,地方交付税の活用を通じて,地域における主体的な取組みを着実に進める。

経営側は,個々の企業の実情に応じ,新事業の開始や事業転換等に努める。また,「ふるさと雇用再生特別交付金」について,必要な支援に努める。

労働側は,新たな事業分野についての理解を深め,労働市場の実態を踏まえた適切な職業選択を行う。また,「ふるさと雇用再生特別交付金」について,必要な支援に努める。

政府は,財政出動による需要喚起をはじめ,産業政策,中小企業政策等の施策を総動員し,今後成長が見込まれる重点分野の雇用創出を図る。また,「ふるさと雇用再生特別交付金」等について,都道府県労働局と都道府県が一体となって推進するとともに,関係省庁間,関係者で協力し,早急かつ,効果的,効率的な実施を図る。

とくに「ふるさと雇用再生特別交付金」については,労使が必要な拠出を行うことができるよう都道府県に対し要請を行う。

5．政労使合意の周知徹底等

政府,日本経済団体連合会,日本商工会議所,全国中小企業団体中央会および日本労働組合総連合会は,この合意に盛り込まれたそれぞれの役割を十分果たすよう最大限の努力を傾注するとともに,この「雇用安定・創出の実現に向けた政労使合意」を個々の企業の労使に周知徹底し,このなかの労使の取組みについては,必要に応じ,その適切な実施が確保されるよう,働きかけを行う。

なお,仕事と生活の調和の実現は,生産性の向上を図りつつ,労働者が仕事と生活において生きがい,喜びを享受するために重要であり,2007年12月に取りまとめられた「仕事と生活の調和憲章」および「仕事と生活の調和推進のための行動指針」に基づき,政労使が一体となって,着実な取組みを進める。

〈資料5〉経済の好循環実現に向けた政労使の取組みについて（2013《平成25》年12月）

経済の好循環実現に向けた政労使の取組みについて

　政府は，デフレ脱却と経済再生を最優先課題として，日本銀行による「大胆な金融政策」，「機動的な財政政策」，「民間投資を喚起する成長戦略」からなる「3本の矢」を一体として強力に推進してきた。これらの政策の効果により，景気は緩やかに回復しつつあり，企業収益の拡大が進むなか，デフレ状況ではなくなりつつある。

　景気回復の動きをデフレ脱却と経済再生へ確実につなげるためには，企業収益の拡大が速やかに賃金上昇や雇用拡大につながり，消費の拡大や投資の増加を通じてさらなる企業収益の拡大に結び付くという経済の好循環を実現することが必要である。

　こうした認識のもと，経済界，労働界，そして政府が取り組むべき課題についての共通認識の醸成を図るため，2013年9月20日以来「経済の好循環実現に向けた政労使会議」を開催し，これまで5回にわたり真摯な議論を重ねてきた。

　本日，政府，日本経済団体連合会，日本商工会議所，全国中小企業団体中央会および日本労働組合総連合会は，別紙のとおり，経済の好循環の実現に向けて，一致協力して取り組むとの認識に至った。今後，それぞれが具体的な取組みを進めるとともに，その成果を確認する。

2013年12月20日

内閣総理大臣　　　　　　　　　　安倍　晋三
（一社）日本経済団体連合会会長　米倉　弘昌
日本商工会議所会頭　　　　　　　三村　明夫
全国中小企業団体中央会会長　　　鶴田　欣也
日本労働組合総連合会会長　　　　古賀　伸明

〈別紙〉

経済の好循環実現に向けた取組み

1．賃金上昇に向けた取組み

　デフレ脱却に向けて経済の好循環を起動させていくためには，まずは経済の好転を企業収益の拡大につなげ，それを賃金上昇につなげていくことが必要である。さらに，このような好循環を日本経済全体に波及させ，持続的なものとしていくことが必要である。

　政府は，引き続き「3本の矢」を一体として推進するとともに，企業による賃金引上げの取組みを促進するため，所得拡大促進税制を拡充するとともに，足元の企業収益を確実に賃金上昇につなげるため，「集中復興期間」における25兆円程度の復興財源を確保したうえで復興特別法人税を1年前倒しで廃止する。あわせて，賃金上昇等について経済界への要請等の取組みを行うとともに，地方の中小企業・小規模事業者への効果を含め，賃上げの状況についてフォローアップを行い，公表する。

　賃金は個別労使間の交渉を通じて決定するものである。そのうえで，政府による好循環実現に向けた環境整備のもと，労使は，各企業の経営状況に即し，経済情勢や企業収益，物価等の動向も勘案しながら十分な議論を行い，企業収益の拡大を賃金上昇につなげていく。

　その際，労働者の将来への安心感を醸成し，賃金上昇を消費拡大につなげていくという観点から，さまざまな対応を検討する。

２．中小企業・小規模事業者に関する取組み

　雇用者数の大部分を占める中小企業・小規模事業者においても，労使は，各企業の経営状況や今後の経済状況等に応じつつ，日本経済の好転によってもたらされた企業収益の拡大を賃金上昇につなげていく。

　政府は，中小企業・小規模事業者の事業革新や新陳代謝に必要な設備投資支援にあたり，賃上げを実施する事業者を優先採択するなど，賃金上昇を促す。さらに，中小企業投資促進税制の拡充等により，生産性向上を実現するための環境整備を図る。また，「消費税の円滑かつ適正な転嫁の確保のための消費税の転嫁を阻害する行為の是正等に関する特別措置法」に基づき，消費税の転嫁を阻害する行為の是正措置等を着実に実施する。

　企業は，下請関係を含めた企業間取引において，その製品やサービスの価値を適正に評価し，物価や仕入れ価格の上昇に伴う転嫁についてしっかりと取り組む。とくに，中小企業・小規模事業者を調達先とする企業は，復興特別法人税の廃止の趣旨を踏まえ，取引価格の適正化に努める。

３．非正規雇用労働者のキャリアアップ・処遇改善に向けた取組み

　近年増加している非正規雇用労働者について，労働市場の動向を踏まえつつその意欲と能力に応じて処遇の改善を図り，経済全体の底上げを図ることが必要である。

　労使は，正規雇用労働者と非正規雇用労働者という二元的な働き方を固定化させるのではなく，それぞれの職場のニーズに応じ，ステップアップのための多様な形態の正規雇用労働者の実現・普及や人事処遇制度の普及・活用に向けた取組みを進めることにより，非正規雇用労働者がその意欲と能力に応じて正規雇用労働者に転換する道筋を積極的に広げる。

　政府は，キャリアアップ助成金の拡充等を通じて，正規雇用労働者へのステップアップを支援する。

　また，企業は，意欲と能力のある，契約社員，派遣労働者，パート・アルバイト，嘱託等の非正規雇用労働者についても，必要な人材育成投資を行うとともに，業績と能力を評価し，これを処遇に適切に反映させる。

　政府は，これらの労働者に対する職業能力開発施策の充実を図る。

４．生産性の向上と人材の育成に向けた取組み

　経済の好循環を持続的な経済成長につなげるためには，不断の生産性の向上が必要である。厳しいグローバル競争に直面するわが国企業において，付加価値の高い製品やサービスの創造に加え，ブランド化等の差別化によるプロダクト・イノベーションを通じた新たな価値の創出が重要であり，とりわけ，その源泉となる人材育成が鍵となる。

　このため，企業は，設備投資や研究開発を積極的に行うとともに，従業員の雇用形態に応じ，専門性や知識の蓄積に向けて必要な教育訓練を推進する。また，女性の活躍の促進や多様な人材の活用を図るとともに，各個人の希望と企業経営上のニーズに応じた柔軟な働き方の実現に向け労使で積極的に話し合い，ワーク・ライフ・バランスのさらなる推進を図る。

　他方，労働者は，自らの職業能力の向上を通じて生産性を高めていくことが重要であるとの認識に立ち，中長期的なキャリア形成も見据えつつ，自己啓発による自らの能力開発に努める。

　政府は，企業におけるイノベーションによる新たな価値の創出を推進するため，設備投資や研究開発の実施を支援するとともに，中長期的なキャリア形成支援やワーク・ライフ・バランス推進のための環境整備を行う。

〈資料６〉経済の好循環の継続に向けた政労使の取組みについて（2014《平成26》年12月）

経済の好循環の継続に向けた政労使の取組みについて

　政府・経済界・労働界は，2014年９月29日以来，「経済の好循環実現に向けた政労使会議」を再開し，政労使を取り巻くさまざまな課題について，これまで４回にわたり，内閣総理大臣の出席のもと，真摯な議論を重ねてきた。
　本日，政府，日本経済団体連合会，日本商工会議所，全国中小企業団体中央会および日本労働組合総連合会は，別紙のとおり，経済の好循環の継続に向けて，一致協力して取り組むとの認識に至った。

2014年12月16日
内閣総理大臣　　　安倍　晋三
（一社）日本経済団体連合会会長　榊原　定征
日本商工会議所会頭　　三村　明夫
全国中小企業団体中央会会長　鶴田　欣也
日本労働組合総連合会会長　古賀　伸明

〈別紙〉
経済の好循環の継続に向けた政労使の取組み

１．昨年の政労使会議で取りまとめた取組みの継続
　2013年12月20日に取りまとめを行った「経済の好循環実現に向けた政労使の取組みについて」は，これを踏まえ，引き続き，①賃金上昇に向けた取組み，②中小企業・小規模事業者に関する取組み，③非正規雇用労働者のキャリアアップ・処遇改善に向けた取組み，④生産性の向上と人材の育成に向けた取組みを継続するとともに，フォローアップを今後も行っていくこととする。

２．賃金上昇等による継続的な好循環の確立
　企業収益の拡大から賃金の上昇，消費の拡大という好循環を継続的なものとし，デフレ脱却を確実なものとするためには，企業収益の拡大を来年春の賃上げや設備投資に結びつけていく必要がある。このため，政府の環境整備の取組みのもと，経済界は，賃金の引上げに向けた最大限の努力を図るとともに，取引企業の仕入れ価格の上昇等を踏まえた価格転嫁や支援・協力について総合的に取り組むものとする。

３．賃金体系の在り方
　賃金体系については，個々の会社の労使が十分な話し合いのもとでその会社に合った見直しに取り組んでいく。その際，政府は子育て支援を通じて少子化対策に努める一方，労使は仕事・役割，貢献度を重視した賃金体系とすることや子育て世代への配分を高める方向へ賃金体系を見直すことが一案である。若年層については，習熟期間であることを踏まえて安定的な昇給とする一方，蓄積した能力を発揮し付加価値の創出が期待される層では，個々人の仕事・役割，貢献度を重視した昇給とすることが考えられる。

４．サービス業等の生産性向上
　賃金の継続的上昇を実現するには労働の付加価値生産性の向上が不可欠である。特に雇用の７割強を占めるサービス業の生産性は伸び悩んでいる。景気回復で労働需給がタイトになった今こそ，サービ

業においても，生産性を向上させ，非正規雇用労働者について意欲と能力に応じて処遇改善や正規化を図るなどしっかりと賃金を引き上げられる環境を作り上げるときである。労使双方の一致協力による取組みを図るものとする。

5．休み方・働き方改革

休みとは，平日の骨休みではなく，人生を最適化する手段である。「休み方改革ワーキンググループ」の報告では，変革のための第一歩として，「プラスワン休暇キャンペーン（3連休以上が集中する秋を中心に，有給休暇を組み合わせて，4日以上の連休を実施する）」と地域ごとの「ふるさと休日（伝統行事，イベントのある市町村を中心に設定）」の2つのキャンペーンが提唱された。これらも勘案して，政労使一体となって，長時間労働を是正する意識改革を進め，休み方改革を推進していくこととする。働き方については，個々の従業員の創造性を発揮するためには，さまざまな働き方があってしかるべきである。労使はそれぞれの地域や仕事に応じて，個々人の時間を豊かにする働き方について議論を行い，ワーク・ライフ・バランスの実現につなげることが求められる。

6．プロフェッショナルの人材還流円滑化

地域の中小企業では，後継者，経営の中核を担う人材が不足している。他方で，豊富な経験をもつ大企業の熟年層は一定程度転職意向をもっているが，実際には多くが転職に結びつかず，能力を最大発揮できていない状況にある。こうした人材を地域につなげていく仕組みが必要である。このため，職業能力開発を進めるとともに，まち・ひと・しごと創生本部を中心に，都市圏から地方への円滑な人材還流が行われることをめざし，民間の力も活用して都市部のプロフェッショナル人材の発掘，相談窓口の整備等の地域の中小企業支援を推進する。

7．女性が働きやすい制度等への見直し

女性の活躍については，官民を挙げて推進する。政府は，女性が働くことで世帯所得がなだらかに上昇する制度となるよう税制や社会保障制度を見直す。配偶者手当についても，官の見直しの検討とあわせて，労使は，その在り方の検討を進める。

8．本取りまとめに係るフォローアップ

2014年12月16日付本取りまとめ（「経済の好循環の継続に向けた政労使の取組みについて」）については，継続的にフォローアップを行っていくこととする。

【参考論考】

1990年代以降，正社員の賃金体系・賃金制度はどう変わったか
～労働政策研究・研修機構の調査から～

荻野　登

　2000年代前半の春闘では，年功的賃金の見直しについても，労使協議が行われた。その結果，日本の労働者の賃金はどうなったのだろうか。労働政策研究・研修機構の調査を基に，賃金体系，賃金制度の動向を確認してみよう。

◇

　日本的雇用システムでは，年齢・勤続に伴って給与が上昇する「年功賃金」が賃金制度上の大きな特徴といわれている。基本給で年功的な給与項目のウエイトが高いほど，年齢や勤続を重ねるにしたがって給与が上昇することになり，賃金体系（カーブ）は右肩上がりとなる。こうした属人的要素による昇給制度は，改められなければならないとして，「職務給」の模索，「職能資格制度」（能力主義）の普及，「成果主義」の導入などによる見直し・修正が試みられてきた。しかし，賃金構造基本統計調査（厚生労働省）などのデータをみると，年齢や勤続を重ねるにしたがい給与が右肩上がりとなる男性の賃金プロファイルの傾きは1976年末および1995年と比べると若干緩やかになっているが，右肩上がりのカーブは依然として残っている（図1）。

1．「今後の企業経営と賃金のあり方に関する調査」（2008年）でわかる動向

⑴　「職責・役割」「職能」をより重視

　賃金カーブがややなだらかになった背景には，1990年代の採用抑制によって，長期雇用のもとにある労働者が絞り込まれるとともに，とくに2000年代に入ってから成果主義を導入する企業が増加

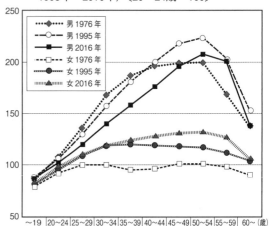

図1　年齢階級別にみた賃金カーブの変化（1976年→1995年→2016年）〔20～24歳＝100〕

資料出所：厚生労働省「賃金構造基本統計調査」
（注）1．1976年，1996年，2016年の各調査年での男女計の「20～24歳」の平均所定内賃金額を100としたときの各年齢階級の平均所定内給与額をあらわしている。
　　　2．19歳以下と60歳以上では調査年により年齢階級区分が異なるため，労働者数ウエイトを用いて区分を統合した値を推計した。

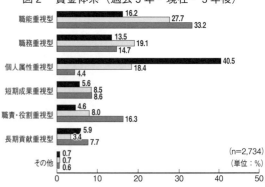

図2　賃金体系（過去5年・現在・5年後）

資料出所：労働政策研究・研修機構「今後の企業経営と賃金のあり方に関する調査」（2008年）
（注）■は過去5年，□は現在，■は5年後。

したことに加え，60歳以降の雇用継続を前提とした年功的な制度の見直しが進められたことがあると考えられる。

「今後の企業経営と賃金のあり方に関する調査」（従業員数50人以上の企業15,000社を対象に2008年12月8日～22日に実施。2,734社の回答を集計）は，賃金体系の現状や賃金制度の見直し・運用の動向に焦点をあて，その実態を明らかにすることを目的とした。

まず，自社の賃金体系について聞いたところ，「過去」（おおむね5年前）については，年齢・勤続・学歴などの「個人属性重視型」（40.5％）が最も多かった（図2）。また，「現状」においては，「職能重視型」（本人の職務遂行能力を重視）が最も多く（27.7％），次いで，「職務重視型（従事する職務・仕事の内容を重視）」（19.1％），「個人属性重視型」（18.4％）などの順となっている。

「現状」と「今後」との差をみると，「職能重視型」が5.5ポイントの微増，「職務重視型」が19.1％から14.7％へ4.4ポイントの減少となる一方，「職責・役割重視型」が8.0％から16.3％へ倍増している。

過去から現在への見直し，さらに今後の展望を含む時間経過のなかで，年功的要素を重視する「個人属性重視型」が大きく後退する一方，「職責・役割」「職能」の順で増加幅が大きくなっている。一方，成果主義賃金の典型といえる「短期成果重視型」については，現状（5.6％）と今後（8.6％）ともに1割に満たない。「人」基準から「仕事」基準へのキャッチフレーズで，成果主義導入の根拠となってきた「職務」重視の傾向も，頭打ちとなっている。今後の賃金体系としては，調査からは「職責・役割」「職能」をより重視する企業の意向が強まっている傾向を見出すことができる。こうしたデータは，2008年の調査当時，成果主義の見直しを志向する企業が増えていたことと符合する。

(2) **賃金カーブは「早期立上げ高年層下降型」を志向**

また，昇給を示す各社の賃金カーブについて聞

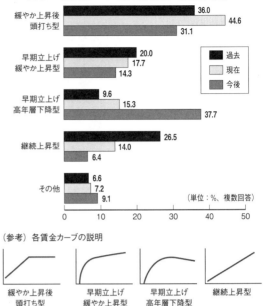

図3　賃金カーブと昇給状況（複数回答）

(参考) 各賃金カーブの説明

資料出所：図2と同じ。

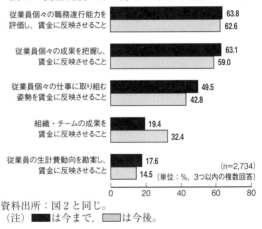

図4　賃金制度のあり方をめぐって重視すること

資料出所：図2と同じ。
(注) ■は今まで，□は今後。

いたところ，「過去」（おおむね5年前）および「現状」では「緩やか上昇後頭打ち型」（それぞれ36.0％，44.6％）の割合が高いが，「早期立上げ高年層下降型」が，「現在」に比べておおむね5年の「今後」（37.7％）の割合が，2倍以上の高い伸びを示している（図3）。

また，賃金制度の見直や運用にあたっては，「今まで」「今後」とも「従業員個々の職務遂行能力を評価し，賃金に反映させること」と「従業員個々の成果を把握し，賃金に反映させること」を

重視する割合がほぼ同率で，約6割を占める（図4）。

一方，今後重視すべきと考えることについては，「組織・チームの成果を賃金に反映させること」が今までに比べ，13.0ポイント増え，3社に1社（32.4％）が，よりウエイトを高めたいとしている。個々の実績を重視する成果主義型賃金制度に対する反省を反映しているとみることもできる。

(3) 賃金制度の見直しおよび運用の実態と課題

賃金制度の見直しについて，「2000年度以降に実施したこと」と「今後実施予定のこと」を聞いたところ，2000年度以降に実施したことでは，「評価による昇給（査定昇給）の導入」「評価（人事考課）による昇進・昇格の厳格化」をあげる割合がともに高く約4割（それぞれ39.2％，38.7％）となっている。また，「高年層の賃金カーブの抑制」（33.6％），「25～30歳前後の賃金水準の引上げ」（30.7％）についても，2000年度以降見直しを行ったと回答している企業が3割を超えている。今後の実施予定では，「評価（人事考課）による昇進・昇格の厳格化」（41.3％）をあげる割合が最も高く，次いで「評価による昇給（査定昇給）の導入」（31.8％），「評価（人事考課）による降格・降級の実施」（30.2％）などの順となっている（図5）。

ただし，規模別にみると制度の見直し・変更の内容に差異がみられる。制度の見直しや変更すべきという回答で20％超の回答を得た項目について，99人以下，100～299人以下，300人以上の規模別に，今後の賃金制度の見直しと変更すべきことは何かを聞いたところ，99人以下規模の企業では，「評価による昇給（査定昇給）の導入」「高年層の賃金カーブの抑制」など制度面の見直しをあげる割合が100人以上規模の企業より高い。反対に100人以上規模でみると，「評価（人事考課）による昇進・昇格の厳格化」「評価（人事考課による降格・降級の実施）」など，運用面の課題をあげる割合が高くなっている。

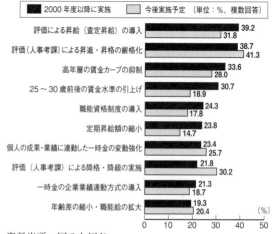

図5　賃金制度の見直し項目

資料出所：図2と同じ。
（注）回答水準が20％未満の回答項目については割愛した。

このことから，99人以下の小規模企業においては，賃金制度そのものの改革が必要と認識されている一方，100人以上規模の企業では，制度の見直しはひととおり行われたものの運用面での課題があり，見直しが必要とされている様子がうかがえる。

本来は能力主義に基づく職能資格制度をベースとした職能給が，実際は年功的に運用されてきたことに対する反省があって，いわゆる成果主義的な賃金制度の導入が進んだ。しかし，調査結果では改めて，職務遂行能力の意義が再評価されている。

この調査のデータを使った2011年版「労働経済の分析」（労働経済白書）は，「個々の労働者の評価方法として職務遂行能力の意義は，今後も高いと思われるが，一方で，業績・成果主義的な考え方は後退し，組織やチーム全体への貢献を行うことができるような人物や行動が改めて評価される方向へ転換していくようにみえる」と分析している。

調査結果にあるように，賃金体系は今後，現状の年功的なカーブを是正するための早期立上げ型だけではなく，中高年での引下げまでもイメージ（早期立上げ高齢層下降型）している。30代までの能力や技能・技術の習熟期間における勤続に見

表 月例賃金の構成要素（合計＝100）

区分	職能給	職務給	役割・職責給	成果・業績給	年齢・勤続給	その他
【非管理職層】						
規模計	33.4	16.8	10.9	9.0	25.4	4.5
10,000人以上	37.0	8.9	27.1	3.8	9.8	13.5
1,000～9,999人	37.1	17.2	16.8	7.4	16.7	4.8
300～999人	36.2	13.9	11.2	8.0	27.2	3.5
100～299人	32.4	17.2	8.7	9.8	27.6	4.4
99人以下	18.8	29.9	15.9	11.1	14.7	9.6
【管理職層】						
規模計	30.3	15.7	22.4	9.4	18.4	3.8
10,000人以上	14.1	16.7	24.6	15.2	6.3	23.3
1,000～9,999人	33.0	15.4	29.4	10.6	9.0	2.6
300～999人	30.8	14.2	22.9	9.0	19.9	3.2
100～299人	30.4	15.2	20.8	9.5	20.6	3.5
99人以下	22.9	30.0	19.9	4.4	12.4	10.4

資料出所：労働政策研究・研修機構「人材マネジメントのあり方に関する調査」（2014年）

合ったカーブは重視するものの，それ以降は，とくに管理職に近づくにつれて，職責・役割を重視する傾向が見てとれる。

一方，先に触れたように規模が大きい企業ほど，現在の課題は賃金制度自体にあるというより，評価制度の運用面にあると考えている。全体平均でも，今後は定期昇給額の縮小といった賃金体系の見直しよりも，「評価（人事考課）による昇進・昇格の厳格化」をあげる企業が最も多い。さらに，今後の制度見直しについての留意点としても，「一人ひとりの成果を把握し賃金に反映させる」「長期的な視点に立った労働者の職業能力の引上げのため，能力評価システムの充実」が必要との回答が過半数を超えており，企業は賃金制度の運用面や不満の高い評価制度の見直しや整備の必要性を感じていたことがわかる。

2．「人材マネジメントのあり方に関する調査」（2014年）でわかる動向

(1) **非管理職＝100～999人でウエイトが高い「年齢・勤続給」**

2008年に前掲調査を実施した後に，百年に一度の経済危機といわれたリーマンショックが発生し，さらに2011年には東日本大震災が日本経済を大きく動揺させ，賃金面でも大きなダメージを与えた。2009年には，特別給与（賞与等）を含む現金給与総額は，前年比3.9％減と大きく落ち込んだ（厚生労働省「毎月勤労統計調査」）。こうした経済危機を経たうえで，賃金制度はどのようになっているのか。制度の現状を分析するために，この調査では，基本給の賃金項目の構成とウエイトに焦点をあてている。

賃金体系は月例賃金の所定内給与のうち，いわゆる基本給の賃金項目の構成で形成される。賃金項目としては，年功カーブを描きやすい年齢・勤続給および勤続による能力の伸長を前提とする職能給のほか，職務給，役割・職責給，成果・業績給などからなる。

このうち，単一の項目のみで賃金体系を構成する企業もあるが，多くは複数の賃金項目を組み合わせるケースが多い。経団連「2014年人事・労務に関するトップ・マネジメント調査」（497社）によると，「単一項目」が20％，「2項目」が35％，「3項目以上」が45％となっている。

「人材マネジメントのあり方に関する調査」（従業員規模100人以上の企業10,000社を対象に，2014年2月12日～3月末日に実施。1,003社の回答を集計。集計には，回答のあった99人以下企業も含む。）から，賃金項目の構成ウエイトを管理職・非管理職別，企業規模別にみてみる。まず，非管理職（平均選択数2.1項目）について，従業員規模10,000人以上では「職能給」（37.0％），「役割・職責給」（27.1％）のウエイトが高いが，「年齢・勤続給」のウエイトは9.8％と1割を切っている（表）。100人以上の従業員規模では，「職能給」がすべて3割超でもっとも構成ウエイトが高

いという共通項を見出すことができる。99人以下では，「職務給」のウエイトが最も高い（29.9％）ことが特徴的である。

その一方，「年齢・勤続給」のウエイトが他の規模より高いのは従業員100～299人（27.6％），300～999人（27.2％）である点が注目される。こうしたいわゆる中堅・中小の企業で，年功的な賃金項目が見直されていない可能性が示唆される。

いわゆる成果主義型賃金制度の項目とされる「成果・業績給」については，全体で1割に満たず，10,000人以上では3.8％にすぎない。その一方，従業員規模の増加とともに「役割・職責給」のウエイトが高まっている点も注目される。

(2) 管理職＝中堅・中小で残る年功的賃金体系・制度

一方，管理職をみると，10,000人以上では「職能給」（14.1％），「年齢・勤続給」（6.3％）のウエイトが他の規模と比べて顕著に低く，運用面を含めると年功カーブを描きやすい賃金項目の見直しが進んでいることが示唆される（表）。

注目すべきは，全体平均ながら非管理職と管理職の「職能給」と「職務給」の構成ウエイトが，前者が3割程度，後者が約16％で大差がないことだろう。また，「成果・業績給」について，非管理職と同様に全体で1割に満たないが，10,000人以上では15.2％と若干高い割合となっていることを特徴点として見出すことができる。

その一方，100～999人の中堅・中小規模の管理職においても「年齢・勤続給」のウエイトが2割程度にのぼっており，他の従業員規模より頭1つ抜きん出ている感がある。管理職においても，同規模での賃金体系・制度見直しが若干遅れている可能性が示唆される。

管理職の賃金項目では規模の違いを問わず，「役割・職責給」が2～3割を占め，ウエイトを高めている点を指摘することができる。

この調査から指摘できるのは，先にみたように賃金項目の構成要素として「役割・職責給」の割合が高くなっていることであり，賃金制度見直しの方向性を示唆しているともいえる。

2014年12月16日に取りまとめられた政府の「経済の好循環実現に向けた政労使会議」の文書に，賃金体系のあり方に関する見直しが盛り込まれた。具体的には「労使は仕事・役割，貢献度を重視した賃金体系とすることや子育て世代への配分を高める方向へ賃金体系を見直すことが一案である。若年層については，習熟期間であることを踏まえて安定的な昇給とする一方，蓄積した能力を発揮し付加価値の創出が期待される層では，個々人の仕事・役割，貢献度を重視した昇給とすることが考えられる」としている。この見直しの方向は，すでに多くの企業で模索されつつあるともいえる。

ただし，大手企業ではこうした賃金体系の変化が制度的に裏付けられているが，この調査から，中小企業では依然として年齢・勤続によって賃金が決定する，年功色が強い体系が残存している可能性が示唆される。中小企業にとって，人材の確保・定着が非常に重要な経営課題となるなか，従業員にとって納得性の高い賃金・評価制度の確立が求められているといえる。

（本稿は労働政策研究・研修機構発行の第3期プロジェクト研究シリーズNo.4『日本的雇用システムのゆくえ』の「第5章 雇用ポートフォリオと正社員の賃金管理」より，著者執筆部分の一部を抜粋したものです。）

◆凡例

春闘　　　　春季闘争，春季生活闘争，春季労使交渉

日経連　　　　日本経営者団体連盟（1948〜2002年）
日本経団連　　日本経済団体連合会（2002〜2012年の略称）
経団連　　　　日本経済団体連合会（2012年以降の略称）

総評　　　　　日本労働組合総評議会（1950〜1989年）
同盟　　　　　全日本労働総同盟（1964〜1987年）
連合　　　　　日本労働組合総連合会（1989年〜）
全労連　　　　全国労働組合総連合（1989年〜）
産別　　　　　産業別労働組合
単産　　　　　産業別単一労働組合
単組　　　　　単位組合
金属労協　　　全日本金属産業労働組合協議会（英文略称：2012年までIMF-JC，2012年以降JCM）

トヨタ　　　　トヨタ自動車，トヨタ自動車の労働組合（以下，「住金」まで同様）
本田技研　　　本田技研工業
日産　　　　　日産自動車
日野自工　　　日野自動車
三菱自工　　　三菱自動車工業
松下　　　　　松下電器
日立　　　　　日立製作所
三菱　　　　　三菱電機
新日鉄　　　　新日本製鐵
NKK　　　　　日本鋼管
川鉄　　　　　川崎製鉄
神鋼　　　　　神戸製鋼所
川重　　　　　川崎重工業
住金　　　　　住友金属工業

自民党　　　　自由民主党

※原則として，社名，団体名等は，記述年当時のものである。

〈著者紹介〉

荻野　登（おぎの・のぼる）

1982年日本労働協会入職，在米デトロイト日本国総領事館勤務（1994～1997年），「週刊労働ニュース」編集長などを経て，2003年独立行政法人労働政策研究・研修機構発足とともに調査部主任調査員（月刊「ビジネス・レーバー・トレンド」編集長），調査・解析部次長，調査部長，主席統括調査員を経て，2017年4月から労働政策研究所副所長。著作・論文として，各年版の『賃金・労働条件総覧』［春闘をめぐる労働情勢分析］（経営書院）ほか多数。

平成「春闘」史

2019年1月23日　第1刷発行　　　　　著　者　荻　野　　登

発行者　平　　盛　之

発　行　所　㈱産労総合研究所
出版部　経営書院

〒112-0011　東京都文京区千石4—17—10　産労文京ビル
電話 03（5319）3620　振替 00180-0-11361

落丁・乱丁本はお取替えいたします　　　印刷・製本　中和印刷株式会社
定価はカバーに表示してあります。

ISBN978-4-86326-279-9　C2034